纪念孙中山先生创办中山大学90周年校庆丛书
Publications to Celebrate the 90th Anniversary of the Founding of Sun Yat-sen University by Dr. Sun Yat-sen

SI HUA NIAN

思华年

——中山大学外语人的故事

区鉷◎主编

中山大學出版社
SUN YAT-SEN UNIVERSITY PRESS
·广州·

图书在版编目（CIP）数据

思华年：中山大学外语人的故事/区鉷主编．—广州：中山大学出版社，2014.10
ISBN 978-7-306-05056-4

Ⅰ.①思… Ⅱ.①区… Ⅲ.①中山大学外国语学院—校史 Ⅳ.①G649.286.51

中国版本图书馆CIP数据核字（2014）第233900号

出 版 人：徐 劲
策划编辑：熊锡源
责任编辑：熊锡源
封面设计：林绵华
责任校对：彭冬敏
责任技编：何雅涛
出版发行：中山大学出版社
电 话：编辑部 020-84111996，84111997，84113349，84110779
发行部 020-84111998，84111981，84111160
地 址：广州市新港西路135号
邮 编：510275 传 真：020-84036565
网 址：http://www.zsup.com.cn E-mail：zdcbs@mail.sysu.edu.cn
印 刷 者：广州中大印刷有限公司
规 格：787mm×1092mm 1/16 25印张 572千字
版次印次：2014年10月第1版 2014年10月第1次印刷
印 数：1～5500册 定 价：100.00元

编者的话

2014年是中山大学建校90周年，同时是中山大学外语学科建立90周年。为此，中山大学外国语学院决定出版两本书以资纪念。其中一本属于正史性质，主要依据档案文件来编撰；这一本则是记录亲历亲闻的文集，有点口述实录的意思，故题名《思华年——中山大学外语人的故事》。

本书绝大部分文章由校友撰写，小部分是采访所得，还有一小部分收录自以往出版的文字。

根据叙事角度，本书大致分为“叙述编”、“自述编”和“采访编”。严格来说，“自述”也是叙述的一种，只不过用第一人称，讲自己的事。本书将“自述”独立成编，与“叙述”并列，不过是为了大致区分自己的故事和他人的故事而已。当然，就中不可能有明确的分野。其实，我中有他/她，他/她中亦有我，所以只能“大致区分”。

“叙述编”和“自述编”按作者在中山大学外语学科入学年度顺序排列，“采访编”则按被采访对象与中山大学外语学科产生交集的年代先后来排序。

所收文稿不做作者介绍，无论他们获得荣誉大小，拥有财富多寡，在本书出现的作者只有一个共同身份——中山大学外语人。

来稿长短不一，文风各异。编者尽量保留原稿风貌。表面看来全书风格不够划一，但从另一角度来看则是努力做到多角度、多层次地思华年，忆百态。

至于文章偶尔涉及的内容互相略有出入之处，编者不作订正，以尊重作者各自的记忆。当然，也有文责自负的意思。

文中出现如“中大”、“外院”之类不太规范但又十分亲切的简称，亦不置换为正式名称；偶尔出现方言词语如“单车”之类也保留。让此书略略带上“微信群”的弱弱的亲昵。

坦率地说，如果以文学作品的标准来衡量，本书确实欠缺文采，但唯以一“真”字博得存在——真诚的态度、真挚的感情、真实的故事！

最后——

感谢各位赐稿的和接受采访的中大外语人，没有你们，编这本书就是无米之炊；

感谢中山大学外国语学院领导为此书所做的组织策划工作；

感谢中山大学外国语学院校友会为此书所做的联络协调工作；

感谢彭冬敏、陈琼芝老师为此书所做的全面深入、细致具体的文字和技术处理工作；

感谢同是中大外语人的本书责任编辑熊锡源为此书所做的、既争分夺秒又认真严谨的书稿编辑工作！

区　鉷

2014年中秋之夜于康乐园

目　录

叙述编

博学爱才，匡谬解惑

——纪念戴镏龄先生 …………………………………… 王宗炎（ 3 ）

怀念戴镏龄老师 …………………………………… 陈永培（ 5 ）

忆我的父亲戴镏龄 …………………………………… 戴铭苏（ 7 ）

我的父亲张仲绛 …………………………………… 张洁梅（ 10 ）

父亲的壁炉 …………………………………… 张稻香（ 15 ）

白头佬吴继辉

——我亲爱的父亲 …………………………………… 吴玲玲（ 21 ）

父亲的脚印

——怀念父亲顾绶昌 …………………………………… 顾濬哲（ 23 ）

靠墙独坐 …………………………………… 卢　岚（ 28 ）

一朵馥郁芬芳的白兰花

——追忆朱白兰老师 …………………………………… 梁定祥（ 30 ）

"牛田洋"死里逃生 …………………………………… 雷夏鸣（ 33 ）

超越半个世纪的师生情结 …………………………………… 杨荷卿（ 35 ）

旧书明月伴吾师 …………………………………… 区　鉷（ 41 ）

青春矜盛年

——当年外语系丰富多彩的文体活动 …………………………………… 杨荷卿（ 44 ）

蒲龄恩其人其诗 …………………………………… 区　鉷（ 51 ）

"文革"记忆 …………………………………… 祝静钿（ 54 ）

朱白兰小传 …………………………………… 林　笳（ 58 ）

劫后余生

——7.28 牛田洋历险记 …………………………………… 唐　强（ 94 ）

便与先生成永诀 九重泉路尽交期 …………………………………… 黄建斌（ 98 ）

恩师情结伴终生 …………………………………… 丁官年（101）

秀才兵　牛友情 …………………………………… 周修文（103）

人遭劫难　书历沧桑 …………………………………… 黄建斌（135）

我陪外教住在黑石屋的日子 …………………………………… 张美芳（137）

毕业卅载忆中大

——感怀原外语系几位恩师 …………………………………… 陈　峰（140）

忆戴镏龄教授 …………………………………… 关庆宁（148）

父亲和周公的友谊 …… 王士惠（150）
既是严师又是慈母
——忆方淑珍教授 …… 关庆宁（152）
梁宗岱先生的药 …… 王士惠（156）
怀念原岛春雄老师 …… 李志泉（158）
重温校训 …… 乐　曈（161）
妈妈、爸爸、我和中大 …… 戴　凡（163）
忆王宗炎教授 …… 常晨光（167）
难忘的大三写作课 …… 梁志成（171）
叶浩秀 …… 叶双朋（172）
英语演讲比赛轶事 …… 高文平（173）
忘不了的山杜鹃 …… 黄涵梓（176）
纪念王宗炎先生 …… 丁建新（178）
鸡蛋花与龙舟雨
——忆敬爱的老师们 …… 张晓露（183）
她
——一个不忘本的中国人 …… 冉　聃（186）
布衣青灯佐以大气浩然　学贯中西辅以仁心厚德
——纪念王宗炎先生诞辰101周年 …… 赵萌萌（189）
缅怀王宗炎先生 …… 钟伟珍（191）

自述编

我的中大缘 …… 黄国文（195）
认准方向　讲究方法　站稳讲台 …… 伍谦光（199）
感恩母校　感恩老师 …… 陈禹山（202）
师恩深如海　缘系康乐园 …… 杨秀玲（205）
中山大学建校90周年随想 …… 陈昆明（208）
“熔炉”岁月的火花 …… 钟子美（213）
康乐园，我的伊甸园 …… 何海伦（217）
中大，我的太阳 …… 黄天源（220）
蔡腾，中国油画产业梦想家 …… 蔡向元（223）
长风破浪会有时，直挂云帆济沧海 …… 端木美（227）
我美好的圆梦之乡 …… 刘文立（230）
康乐园里的青春足迹 …… 唐　强（235）
我的乒乓趣事 …… 杨宗熹（239）
中大那些美好的日子 …… 余春容（240）
从贝岗村到中大校园 …… 吴红蕾（242）

难忘的大学时光 …………………………………………………………… 肖仲腾（244）
一个影响我人生的小故事 ……………………………………………… 马　军（246）
我自豪，因为我是中大外语人 ………………………………………… 夏纪慧（250）
回顾中大难忘的年月 …………………………………………………… 林湄湄（252）
我与中大的“童”缘 …………………………………………………… 韦启昌（257）
全心全意为同学服务 …………………………………………………… 胡伟明（260）
康乐园
——回顾中大校园生活，展望未来 ……………………………… 许思红（262）
中大、德语与我 ………………………………………………………… 范海珊（265）
初学者 …………………………………………………………………… 卢迎华（267）
勿忘初心，方得始终 …………………………………………………… 陈　亮（270）
缭绕紫荆花香的中大外院忆记二三事 ………………………………… 曾　沂（272）
小语种大世界 …………………………………………………………… 郭文静（276）
长大后我就成了你 ……………………………………………………… 潘　宁（279）
拙记 ……………………………………………………………………… 吴惠芬（281）
忆我的母校，我的中大 ………………………………………………… 胡希琴（284）
My Rap 我的说唱 ……………………………………………………… 余　俊（286）
那些在沕水晨读的日子 ………………………………………………… 冯建鹏（291）
予人玫瑰，手有余香 …………………………………………………… 张　倩（293）
“德”意清晨 …………………………………………………………… 张奕婷（296）

采访编

十载编书路　一生相伴情
——讲述外语学院退休教授陈珍广、祁庆生伉俪与
《英语名言引喻典故》的故事 ……………………………………………（301）
往事悠悠半世情　教学相长寄后人
——访 1950 级钟佑同校友 …………………………………………………（305）
缘定今生
——访 1952 级西方语言文学系黎汉材、曾美倩校友 ……………………（307）
人生博弈有道　进退适宜最佳
——访 1955 级黎导校友 ……………………………………………………（311）
一路走来　勤励睿勉　寄语师生　情真意切
——访 1957 级黄建华校友 …………………………………………………（314）
坎坷路上出英雄
——访 1958 级龚华基校友 …………………………………………………（319）
振兴中华，教育为先
——访 1959 级彭岷胜校友 …………………………………………………（323）

苦心孤诣治学　孜孜不倦育人
——访1960级梁启炎校友 …………………………………………（327）
五十二载中大情　一生一世外院人
——访1961级李友文校友 …………………………………………（330）
老照片的故事
——访1961级德语专业殷麦良校友 ……………………………（334）
黄家祐：慢慢走，慢慢看，慢慢学
——访1962级黄家祐校友 …………………………………………（336）
鸡尾酒人生
——访1964级德语黄国乐校友 ……………………………………（340）
磊落人生心坦荡
——访1964级硕士研究生苟锡泉校友 ……………………………（342）
心系中大
——访1973级吴红蕾（小惠）校友 ………………………………（346）
中大是我永远的家
——访1978级邹启明校友 …………………………………………（349）
诗意地栖居
——访1980级戴凡校友 ……………………………………………（353）
情牵中大　心系外院
——访1980级赵长冬校友 …………………………………………（358）
优雅专一　笃行不倦
——访1982级张朝阳校友 …………………………………………（361）
成长是我们的动词
——访1984级李广镇校友 …………………………………………（364）
驻守母校一线情
——铭记为深圳中大校友会默默奉献的12年青春 ………………（368）
万澜同杯青海蓝
——访2002级张凤鸣校友 …………………………………………（371）
生活在别处
——访2002级徐娴校友 ……………………………………………（376）
漫漫外院路，悠悠岁月情
——访原外国语学院院长吴之桐教授 ……………………………（381）
缘系中大　桃李成蹊
——访问肖洁文教授 ………………………………………………（385）

后记 ……………………………………………………… 许东黎（388）

叙述编

博学爱才，匡谬解惑
——纪念戴镏龄先生

1930级英文系　王宗炎

1953年夏天，在院系调整工作完成之后，中山大学几位领导讨论外语系主任的人选。出席的有校长许崇清，副校长冯乃超、陈序经。我是秘书，在旁记录。

冯乃超说："有人推荐戴镏龄，不过据说这人有点怪。"

陈序经说："凡是有学问的人都有点怪，不是吗？"

事情就这样定了。

四十多年后回头看看，说戴老有点"怪"，不是毫无道理。他这人不同凡俗，无论治学做人，走的都是自己选择的道路。

谁只要跟戴老共过事，就知道他爱才用才。梁宗岱从广西牢狱释放出来，他便欢迎梁到外语系教书。他所用的干部，如方淑珍、周光耀、王多恩、张鸾玲、胡东立，都各有所长。陈永祯往广西大学当外语系主任，是他推荐的。他重视吴继辉，虽然吴有点历史问题。在戴老眼里，人才至上，至于阶级出身、个人履历，则在次要之列。

桂诗春曾长期当外语系的骨干分子。他说："在戴老手下工作很顺利——把事情办妥，告诉他一声就行了。"

戴老的另一特色，是在科研工作方面乐于助人。他看稿十分认真。本校教师的文章，他看；外校不相识的人送来的，他也看。这里所谓看，不仅仅是从头到尾细读一遍，还包括翻书查书，追本穷源。

有一次，戴老脑子突然出问题，要送医院急救。原因就是看外校某人的论文，搞得太劳累了。

我有文章总是送戴老看，因为他心如明镜，拿回来时总是批注得密密麻麻，既提疑问，又摆证据，弄得我非再下功夫不可。

我读戴老的作品，远在彼此会面之前。40年代，他在储安平主编的《观察》上发表文章，我喜欢他那清新的文笔。在朱光潜主编的《文学月刊》上，他也发表过谈英国传记文学等等的文章，简短精辟，别开生面。

在谈文论学方面，戴老是十分严峻的。他告诉我，Dickens有某些段落风格欠佳。对于举世推崇的《管锥编》，他不感兴趣。他买过陈寅恪的诗文集，看过之后，一语不发就送给我。

我与戴老共事四十多年，得益很大。这里只谈两点。

50年代，我搞英语语法，也在国内英语刊物上发表一些短文。我发现，戴老的英语文章用词精当，远为我所不及。就是语法方面，由于他在爱丁堡大学接受了英国学者的衣钵，也很内行。这给我指出一条路——搞英语语法，要与英语词汇研究相结合。

五六十年代，由于桂诗春的怂恿，我和一些同事编了一本《英语语法入门》。当时同类的书寥若晨星。我们的小册子一上市就卖光，前后共销售20万册以上。我们沾沾自喜，认为书中例句既有适用性，又有“思想性”。可是戴老一句嘉奖的话也没说。他说：“编语法书，每一个句子都应该是引文。”我这才明白，学术性与真实性（authenticity）密不可分，例句即使没有错误，不是原装货就没有权威性。

戴老离开我们了。高文博学，爱才用才，乐于助人但是少所许可，看稿评文活像快刀割肉，毫不留情——这样的“怪”人今天往哪里找呢？

附怀戴老绝句二首

一

批判纷纷欲辩难，蜗居促膝且清谈。
玉楼赴召音容杳，寂寞萧斋夜雨寒。

二

伸眉昔喜聆高论，破箧今难理旧文。
桃李园中春色好，只伤花径不逢君。

怀念戴镏龄老师

1952 级英语　陈永培

热爱生活与学术的戴镏龄教授，在住院期间热切地期待着及早回到书房去，继续从事他的学术探索，却不幸溘然而逝，怎不令人无限痛惜！戴老之于我，既是严师，也是同志，是良师益友。如今他已抱憾长逝，我的怀念之情不时油然而生。

我从 1956 年至“文化大革命”开始的 10 年期间，一直和戴老同属一个党支部，每隔一周共同过组织生活一次。有时借用他家客厅在晚上开会，清茶一杯，大家交流思想，讨论工作，严肃认真而气氛融洽。彼此以同志相称，而不强调书记、主任或专家教授这些名义。我是最年轻的一个，所受的启发教育良多。戴镏龄同志给我的印象是，他作为一个党内的专家，决心跟党走，绝对服从党的领导，接受世界观的改造，注重党性修养和组织纪律。在晚年住院期间，他有时神志不清，但还念念不忘组织，记着按时交纳党费；他仍旧非常重视政治理论学习，经常看报，或请夫人读给他听，有一次他听完一篇关于学习邓小平理论的文章后，还要求替他把资料保存好，准备以后再学。他在 1984 年从系主任的岗位上退下来时，对于下一步怎样办系才好，有些自己的见解，但他不但在行动上服从党委领导，而且在思想上遵守组织原则，支持工作，言谈谨慎，注意影响，他的党性和组织纪律性是我学习的榜样。

戴老是一位严谨的学者，他对学术探索的执着令我惊叹。他在 1996 年病倒住院，基本痊愈时就急于出院了。接着便接受了为一套重要的英国文学译作撰写序文的请求。我猜想，他并非不懂得休养的必要，但是他把学术摆在至高无上的地位，而且有义不容辞，甚至“舍我其谁”的责任感。我曾劝他病后还需疗养，脑力不可过劳，只可惜他未能接受。果不其然，文章写成，他再次病倒，而且一病不起，痛哉惜哉！也是在那次痊愈出院后，他读到某著名杂志上一篇介绍英语学习词典发展史的文章。他对我说，此文材料不足，所述不能令人满意，并说，他要重新改写早已为我们的《实用英语学习词典》写好的代序《论现代兴起的英语学习词典》，令其更臻充实完善。我为了他的健康，力加劝阻，他也因忙于那另一序文，此事暂时作罢。不久，他再度住院，病情反复，有时不甚清醒，但依然惦记着学术工作。有一次，他眼望着病房中的柜子和粉墙，口中埋怨道：“这样的条件，叫我怎么工作？”后来他又提出要改写代序一事，而且不断坚持，师母无奈，只好请他通过电话跟我谈。他说要回中大找我，我说：“你不能走路，怎好来呢？”他说：“不怕，我有轮椅！”我赶快到医院见他，反复说明代序我已看过许多遍，觉得并无修改必要，何况词典马上要开印了，这才终于把他说服。对于戴老，学术就是生活，而生命是用以做学术的。

戴老师在学术问题上，对人对己要求都很严格，有的同志甚至称之为严峻。我早在青年时代对此就有体会了，并且从中得益。那是 1956 年的六七月间，我们毕业了，正在等待分配。我和几位同学相约到戴主任家中拜访，在交谈中按原定计划向他提出一个请求：请他支持和指导我们利用这段待分配的时间搞点翻译。没想到，他一口回绝了我们的要求，并教导我们说，翻译不易搞，我们还不具备条件，有时间不如多读书，多学习。我们固然服从了戴主任的指示，但心中有几分不解，觉得班上这几个最“拔尖”的同学，在三年级修习王宗炎先生讲授的翻译课时成绩优良，常受称赞，现在毕业了，还不能搞翻译？此事我一直牢记在心，随着时间流逝而加深理解，明白译事之难，不敢轻率从事。从今天的翻译状况来看，戴老当年的见解就更切中时弊了。

戴老对学术的严谨与严格终生未改。但他对别人的要求，则似在晚年渐变宽厚，一改中年峥嵘岁月时严字当头的习惯。我觉得他年高以后，对待求助求教者，无论资深专家还是中青年后学，总是有求必应，不吝惜时间精力，并且尽量给予肯定，似乎实行“以鼓励为主”的原则。对于我们编写的词典，他写的代序中也不乏赞赏之词，勉励有加。我想，果子是随着时间而变甜熟的。人们在五六十年代不会想到，今天国内有学人戏称戴老为“和善老人”的。

戴老辞世，国家损失一份宝贵财富，我们学院减少一根学术支柱，我本人失去一位良师益友。所幸他给我们留下的道德文章和严师风范，将永远激励我们在崎岖的学术道路上奋勇攀登。

谨赋数行，以表怀念：

一卷书成令誉隆[1]，
无言桃李遍西东。
峥嵘岁月先参党，
浩劫沧桑气尚雄。
造反抄家人战栗，
风清月白我从容[2]。
闲来欲问园中事，
何日花开别样红。

注：

［1］戴老早年翻译托马斯·莫尔（Sir Thomas More，1477－1535）的名著《乌托邦》，向中国读者介绍空想社会主义的进步思想，广受赞誉。

［2］每次批斗会后，戴老回到家中，走进书房，打开书本，坐得下来，读得进去，自得其乐。

忆我的父亲戴镏龄

戴铭苏

戴镏龄先生

想起父亲戴镏龄，往事如落叶缤纷，色彩斑斓，却不知拾掇哪一片。父亲曾说过：要学好外语，首先要学好中文！父亲这番话言犹在耳，让我感慨万千。

父亲对中文十分重视，一点也不亚于外语。我初中就读外语学校，由于学科设置偏重外文，对中文不那么重视，每周我从学校回家，父亲都会给我补补中文课，而有时我把老师批改的作文给他看，父亲总爱在上面圈圈点点，惹得我心生恼火，不免与其摩擦争吵。后来即使我们几个孩子长大了，天各一方，每次给父母写信，父亲都要仔细批阅，在我们的信上面修改错别字、修改文法，一封信上面密密麻麻地布满了他的批注，然后他又会将信寄回给我们。每次看到这些充满年迈父亲的笔迹的信笺，我们都感触良多，受益匪浅。“家书抵万金”，父亲家书的意义更不止于此。从此，每次给父母写信，我皆句句斟酌，再也不敢马虎了事，以一句“父母大人，我一切平安”式的简短话语用以应付。

父亲常说，中西语言是相互融会贯通的，中文学不好，外语也只能浅而为之。好久以来我不理解这句话的真正含义，直到我在工作中碰到翻译上的许多问题，才深感自己的底气不足，后悔当初没好好学习中文。

父亲爱看书，也爱买书，他对书的赤诚不是我三言两语可以道清的。妹妹铭扬说起这件事的时候，我感同身受：小时候，父母有时带我们去广州市区，抵达后，他们分头去购物，并约好时间在新华书店碰头，可每每到了既定钟点，我们在新华书店老等不到父亲；最后，我们总在外文书店或古籍书店（现科技书店）找到了他，此刻，他正深深沉浸在书海里，全然忘记了时间。父亲说，广州的书店书籍种类少，要找一本合适的书不容易，每次到外地开学术会议便是他跑书店购书的好时机，尤其北京、上海的书店，更是他淘宝的好去处。

关于父亲爱书，母亲还跟我们讲了这么一个故事：铭扬出生时，家里攒了 200 元钱，是母亲准备用来补身子的，最后这些钱母亲也没花费许多，倒是父亲把剩余的全拿去买书了，为此，母亲还不时“耿耿于怀”呢。

至今，我们家的客厅上方仍悬挂着一副集句联：“旧书不厌百回读，明月自满千家墀。”自我懂事起，它就一直挂在那儿，它是我父亲生前最喜爱的一副联子，父亲也一直以此来教育我们。他说，书一定要认真读、反复读，才能真正读懂它与体会它真实的含义。购置回来的书在他一次次的阅读中，总能给予他新的领悟；在书的字里行间，父亲写下许许多多的脚注和评语，同时也写下大量的读书笔记及学术研究手稿。由于反复翻阅，我父亲的一本本藏书都显得有些残旧。

父亲对读过的书总能过目不忘，甚至哪句话在哪一页，他都记得清清楚楚，这本事让我佩服至极；而他那种无论对阅读新书或者“旧书”（已读的书）都从不厌倦的态度，更让我们深受启发和教育。父亲对阅读的认真执着，让我们知道什么是真正的阅读和怎样去阅读。

我们家的摆设，除了书还是书，书占满了书房、客厅、睡房、饭厅甚至阳台，家里任何一处都是父亲读书的地方。

铭扬曾跟我聊起父亲在“文革”中的一件逸事：那天父亲被批斗游街回来，到家后，他将头上的“高帽”摘下，洗掉脸上的油墨，随后拿起一本尚未被抄走的书津津有味地读起来，还一边做笔记，好像刚才发生的事情与他一点关系也没有。阅读完毕后，他意犹未尽，又想去找书，才发现家里的书房刚被红卫兵查封了。铭扬发现门上的封条还没干透，于是机警地将封条撕开，让父亲进去找书。父亲在书房翻找了一阵子，一会儿捧出一叠书来，铭扬又再次把封条复位。后来，就是这样不断往复，父亲又不间断地有书看了。

父亲的书籍和文稿有过几次蒙难。1939 年，父亲从英伦归国，由于行李有限，扔下好些书。后来他辗转云南一带时，日本飞机在上空轮番轰炸，又不得不卸下部分书籍。“文革”对我们家的冲击非常大，父亲的书籍损失惨重。仅举一例，父亲在北大的好友，我国著名美学家、翻译家，并曾与父亲同为爱丁堡大学校友的朱光潜老先生当时来信，关切地询问他是不是卖书了，事因他在北京的旧书店里居然买到父亲署名的“藏书”。这还不是那个疯狂的年代几个无知的红卫兵的所作所为吗！更让人痛心的是，在“文革”中，我的父亲流失了他经年研究写作准备发表的许多学术文稿。还有在 20

戴镏龄先生一家（右一为作者）

世纪70年代初，父亲调至广外教书，家中只有最年幼的铭扬留守，当时我们一家搬到中大西南区一处狭小的房子里居住，父亲书多，由于家里空间局促，只能将书暂时搁置到楼梯底下，不想楼梯底潮湿且白蚁成群，将父亲珍藏多年的书都给蛀蚀了。据铭扬回忆，那天窗外下着毛毛细雨，父亲将被白蚁蛀成焦块状的书搬到屋外，为不影响别人，趁着夜深人静时烧书，从夜半一直烧至天明；他一边烧一边暗自落泪，喃喃道："这些书是很珍贵的啊……"想起这一幕，铭扬都会深情地说："父亲一生把书看得比生命还重要，那是父亲一辈子的财富和心血啊！"

我的父亲张仲绛

张洁梅

张仲绛先生

我的父亲张仲绛1909年出生于广东大埔县西河溪南村，那是个山青水秀的穷山村。祖父张杏园婚后只身下南洋，在印度尼西亚（以下简称“印尼”）日里埠打工。祖父刻苦勤俭，忠实待人，经10多年打拼，开了自己的商号“万源栈”。

我父亲12岁那年随祖母去印尼。在日里仙达中华学校念书。当时荷兰统治印尼，残酷压榨当地人民与华侨。荷兰人打死中国人，赔偿的钱还不如一条狗的价值，对此却无人敢站出来伸张正义。这给父亲很大震动，他由此萌发了长大当律师的志向。

父亲16岁那年（1925年夏）不顾祖父的反对（祖父要他学英文从商，继承家业），毅然回国升学。当地华侨为他开盛大欢送会，赠他礼品（他是当地华人回国升学的第一人），他十分激动。他先在广东大学（中大前身）附中学习一年，然后考入中山大学预科，两年后升入法学院。父亲是个广交朋友、口才出众、品学兼优的学生。“九一八”事变时，他积极参与各种抗日救亡运动，曾任中山大学学生会常委，代表中山大学学生任广东省各界抗日救国会常务委员兼宣传组主任，组织广州青年学生宣传抗日，抵制日货，打击奸商……并与同学江锦兴（叶剑英将军妹夫）组织“抗日旬刊社”（社员均为在校学生）。该社宗旨是抗日救国，提出“肃清贪污、澄清吏治”的口号，一年后改称“抗声社”，出版月刊。他主持该社工作，呼吁团结抗日，反对独裁。该社还创办了华夏中学。

1932年秋，父亲毕业后在中山大学法学院当助教。1934年春（当时广州实行孙中山的地方自治，人称陈济棠时期），陈济棠的“文胆”林翼中看中父亲在青年学生中的影响力与工作热情，荐他任广东地方自治训练所教务主任兼教授，月薪高达200余元大洋（当时一个学生月生活费10元大洋已足够）。他仍保持俭朴生活，把大部分收入用来资助创办华夏中学及接济穷苦学生。1934年他26岁，通过竞选当上广东省参议员。由于他对社会上的腐败现象深恶痛绝，1935年秋在一次会议上揭露东江防军第三军走私军火、包烟包赌无恶不作的事，触怒军长李杨敬（人称李系陈济棠之“武胆”）。李扬言报复，要杀死他。迫于环境险恶，父亲辞职回乡，当时祖父的生意已发展到新加坡，兄弟俩在那里开了“广顺昌”合股经营“旅业”与进出口……在家人的催促下，父亲出国留学。

1936年春，父亲去德国柏林大学学德文一年，转入马堡大学攻读刑法。1938年秋，他取得该校法学博士学位。当时正值抗日战争爆发第二年，日寇大举南侵，民族危难之际，他在欧洲各国作短期考察后，决定放弃留在国外找工作或去南洋经商，毅然回国参加抗日战争。他先在广州市法规设计室工作。因日寇登陆惠阳，昔日骑在老百姓头上作威作福的军阀不战而逃，广州市府仓皇逃难结束工作。他感叹到，“余汉无谋，吴铁失城，曾养有甫”（当时余汉谋系广东防区司令，吴铁城系广东省主席，曾养甫系广州市市长）。1939 年 5 月，他到广东战时省会韶关，在广东省府法制室任法规编审，担任整理、修订战时法令工作。南方沦陷后，1941 年 2 月他经友人推荐到重庆中央政治大学政法系任教授，讲授犯罪学、刑法学……抗日战争胜利后，该校迁往南京，他因看不惯国民党内部争权夺利，离开南京，于 1947 年回母校中大任法律教授，讲授刑法学、犯罪学、监狱学三门课程。因犯罪学是以社会现象为研究对象，他对现实观察越多对现状越感不满，他认为国民党那套完整的“六法全书”早已形同虚设，成为废物。他说，没有公正的执法者，法律也将会成为一纸空文。他的观点颇能影响学生，并与法律系主任曾昭琼教授因观点一致而交为好友。

1948 年 6 月，湛江市长柯景濂因走私案被撤职，省议长林翼中极力说服我父亲出任湛江市长。他也想在腐败的社会中用自己的法律知识做些有利于人民的事，于是提前讲完课程（没辞中大教授职）到湛江市上任。他到任后正遇空前大水灾，水灾、风灾接连四次之多，人民生命财产损失甚大。他一面组织救灾、修桥、修路；一面整治内部：撤换贪污人员（林翼中亲笔指明保留的也不例外），设密告箱请市民检举贪污，整顿税收，释放政治犯，惩办不法分子。当时，有国民党特务王某，依仗权势鱼肉百姓、敲诈勒索，引起极大民愤，他亲自密查获得罪证后即将王拘捕，送法院起诉，后法院判王某 10 年徒刑，对此百姓拍手称快。香港报界亦多有报道，香港《华商报》负责人饶彰风称赞他为“平民市长”。然而，为此他得罪上峰，被以“疏忽职守、裁减刑警人员”为名记大过。自此他对旧政权彻底失望，上任才三个月就坚决辞职，并取得曾昭琼同意即回中山大学上课。辞去市长一事经再三要求拖到 12 月才获批准。他回湛江交代完工作离开时，很多民间社团、市民自动前来送行，令他很是感动。

1949 年广州解放前夕，中大民主人士张农教授等人领导反饥饿罢教运动。父亲参加了，作为教授会代表。罢课数月，伪广州警备司令部逮捕中大员工学生 150 余人，全校陷于恐怖状态。对此法西斯暴行，法学院师生义愤填膺，火烧“六法全书”以示抗议。我父亲与一部分教授利用旧有社会关系全力营救被捕教师与学生，结果被捕教师、学生百余人先后被释放，无一牺牲。

父亲决心与旧政权决裂，为新政权服务。他往返于广州与香港之间，与江锦兴以及《华商报》负责人饶彰风联络，受命做林翼中的思想工作，请林氏去海南岛劝陈济棠起义，以减少解放海南岛的代价。林同意前往海南岛，后因事情复杂而没有结果。

广州解放后，万象更新。他看到祖国的前途与希望，决心放弃留在香港和去南洋的打算，选择回中大教书，为新中国培养法律人才。他自觉改造旧思想，由饶彰风介绍，于 1950 年 1 月停薪留职参加北京“中国新法学研究院”学习。1951 年研究院毕业，返回中大教书。

由于他在新中国成立前曾为旧政权服务，因所谓“历史复杂”，1954 年 8 月他被调离教学岗位，至 1956 年 12 月在中大总务处物资供应科任教学仪器清查组组长、中大图书馆任采购组主任，但他毫无怨言，努力工作。1956 年 9 月，中大西语系成立俄、法、德三个教研室，他任德语筹办组组长，后来他任德语教研室主任兼教授。在工作上，他不辞劳苦，任劳任怨；在教学上，他辛勤耕耘，潜心研究。他编写教材《德国历史概况》、《德意志民主共和国刑法概述》等，全身心投入工作。直至“文革”之前，是他精力最旺盛、工作热情最高以至忘我的时期。他曾在 1960 年 5 月获得“中山大学社会主义建设先进工作者”称号，于 1964 年 3 月又被评为“社会主义建设积极分子”。

他拥护中国共产党的爱国统一战线方针。1956 年参加民革，任中大支部主委。曾历任广东省民革高教支部副主委，民革省委第三、四届候补委员及第五届委员，省民革对台工作委员会副主任；广州市政协海珠区第三、四届常委，广东省政协第四届委员会委员。他利用自己的影响力，在民革内部、在社会上发表文章，向党外人士以及台湾、香港、澳门地区同胞和海外侨胞热情宣传党的方针政策，祖国建设的成就，祖国大统一、大团结的方针。那时，家中常收到福建军区寄来的贺年片与感谢卡。1960 年 8 月，父亲去北京参加全国政协会议。该月 22 日，毛泽东主席、刘少奇副主席、周恩来总理、朱德委员长等中央领导接见到会的民主党派人士，并合照留念，现我们家中仍收藏着那张珍贵的照片。

“文化大革命”中，他受到不公正的待遇，身心受到伤害。但他始终坚信党，坚信人民。他说：“党内那么多高层领导都受到冲击，我那一点委屈算什么。”他跟我说，他在干校的时候，喂猪、种瓜、种菜……由于他勤于施肥，种的葫芦瓜、豆角特别大；还讲干校的宿舍是同样的小平房，屋内摆设同样的架子床，有人进错房、上错床的笑话……他的乐观精神影响了我。他教导的“知足者常乐”成了我人生的座右铭。

从干校回广州后，因中大西语系并入广州外国语学院，父亲也到了白云山下的外国语学院工作，任该校学术委员会委员。这期间，他与其他人合编了《德汉辞典》、《德汉小辞典》。那时，逢假日我们经常祖孙三代人上白云山，他讲历史、讲时事……跟他在一起，总有听不完的新闻与动人的故事。

“四人帮”倒台后，他看到国内法制渐趋完善，倍感心情舒畅。他在《中华人民共和国刑法生效施行有感》（发表于 1980 年 1 月 1 日）一文中写道，刑法等七个法律的公布施行，是我国法律建设的重大胜利，是总结历史经验教训、进一步健全法制、依法治国的表现。文章提出“有法必依，执法必严，违法必究”，提出“人民在法律面前，人人平等”。文章还论述了我们的民主，是以国家、以人民利益为大前提下的民主。1980 年 1 月，中山大学复办法律系，并聘他为法律学教授，他把这看成祖国人民对他的召唤。他以 71 岁古稀高龄重返法学教育界，任中大法律系教授、刑法教研室主任、中山大学学术委员会委员。为培养一批精通法律、不畏权势、不徇私情、刚正不阿、执法如山、德才兼备的人才来充实壮大我国的司法队伍，他忘我地工作，积极培养研究生，热情帮助中青年教师提高业务水平。此外，父亲还任省人大常委会法律委员会委员、省法学会顾问、省律师协会顾问、中国刑法学研究会顾问、中国青少年犯罪研究会常务理事。他在社会上积极宣传法制与法治思想，不辞劳苦奔走于我省的少管所、劳教所和劳改场，了解青少年犯罪状况及犯罪原因，通过谈心与电视讲话形式，谆谆教导失足青年，令其迷途知返、重新做人。在此期间，他写了不少有价值的论文与调查报告。

论文中，他针对改革开放的新历史条件下社会上出现的对经济罪犯“以钱代刑”的片面做法提出尖锐的批评，并指出若使罪犯可以以钱赎身，无异放虎归山。他对社会上少数人以权谋私的现象洞若观火，大声疾呼严肃党纪国法。他对廉政建设提出不少整改提议案，发表了《犯罪学史之发展》、《青少年犯罪的社会根源、原因与对策》、《青少年犯罪研究方法现代化初探》等作品，翻译了《社会主义的刑法和刑法学》，参与合编了《经济法规汇编》、《英汉法律辞典》。1982 年 7 月，他去北京参加中国法学会成立大会。该月 23 日，邓小平等中央领导同志接见了全体与会人员并合照留念。他老当益壮，将自己的年龄、自己的身体健康放在一边，希望在自己有生之年多为国家、为人民干点事，实现自己当初学习法律、报效祖国的理想。

1984 年 10 月，他不顾自己 75 岁高龄，一个月内奔走湖南、湖北、四川三省参加法律界的几个会议，终因操劳过度，诱发肝病。回穗后，他仍抱病修改四名研究生的论文，参加研究生答辩，紧张地工作了一个多月。同年 12 月，他终因体力不支入院治疗，在病床上，他仍仔细推敲有关立法草案；弥留之际，他留下遗言“要健全法制，实行法治，国家才能长治久安”，勉励后人要为加强法治而努力工作。12 月 24 日，75 岁的父亲两袖清风地离开了人世，留给我们的，是拥护共产党领导、热爱祖国、热爱人民的精神，是勤勤恳恳做事、清清白白做人的榜样。

父亲爱国也爱家。父母相敬如宾，从不吵架，几十年风风雨雨，互相扶持、患难与共。他烟酒不沾，生活规律，饮食节制，很会做菜，家里有客人来吃饭，总是他掌勺。我哥哥小时候调皮，常淘气闯祸，碰到纷争，他从不偏袒自家的孩子，对我哥哥教育很严格。他很宠爱我，从小到大，温馨的家庭生活给我留下无数幸福难忘的回忆……

我母亲杨素容（中大医学院毕业）1997 年去世时，在她的遗物中有一大沓捐款捐物的收据，见证了他们在抗美援朝时每月捐款数十元，还捐了家中的收音机（当时算是少有的东西，《人民中大》刊物 28 期还登了那则消息）。国内历次大水灾，他们不单捐款，还捐出金戒指、瑞士薄装手表两块、派克笔两支，还有多套绒西装、绒中山装和绒大衣……父亲生活俭朴，衣着简单，几十年都穿布制中山装。粮食困难时期，他曾先

张仲绛先生一家（后左为作者）

后两次把家中积存几年的180斤粮票捐给中大膳食科。这些东西在物质丰富的今天算不了什么，可在那物资匮乏、生活用品凭证供应的年代，足以表明他爱国爱民的热忱。

我在父亲离开我们28年之后写这篇文章（此文作于2012年），既想弘扬他毕生追求真理、热爱祖国的精神，也寄托我对他的怀念。

父亲的壁炉

张稻香

张稻香（右）与兄妹嬉戏

其实，炎热的广州也有寒冷的时候。冬天，当北方冷空气入侵带来寒潮的时候，冷雨潇潇，冷的感觉马上就有了。走在凛冽的寒风中，鼻尖和指尖甚至有刺痛的感觉。这时候，我总会想起壁炉——父亲张掖的壁炉，那陪伴了我整个童年和青少年时代的古老的壁炉。我似乎还看得到炉膛里跳跃着的金黄色的火焰，感受得到那暖暖的热气。

那是一幢坐落在中山大学校园里的20世纪20年代的欧式房子：红砖砌的外墙，格子窗，黛色的瓦面上矗起一个方形的、同样用红砖砌成的约50厘米高的烟囱，烟囱口沿上，特意用红砖竖排砌了宽宽的一圈，看起来有点像一顶博士帽子。由金叶假连翘种植的篱笆围成了一个大花园，有五棵茂密的大树长在花园的四周，屋前的那棵是高大的白兰树，使这所房子看起来像是在树林子里。走过同样用红砖砌成的院中小径，踏上五级台阶，就是一个阳台，阳台的红砖围栏上，摆了几盆父亲最喜爱的墨兰和那盆种在精致的草绿色竖方形花盆中的“笔管”仙人掌。阳台正面有两扇带纱门的大玻璃格子门，一扇门通向饭厅、厨房，另一扇门通向客厅、两个卧室和洗手间。阳台的右边另外有一扇格子玻璃小门通向父亲和母亲的卧室。壁炉就砌在父亲那个有20多平方米的主卧室里。

中山大学的康乐园在新中国成立前是岭南大学，这是一所由美国教会筹建的大学，海外侨领陈嘉庚、张弼士和众多华侨都有集资。新中国成立后院校调整，岭南大学并入中山大学，把在石牌的中山大学文、理、法学院搬到岭南大学的校址成为中山大学，而将中山大学的工学院、农学院、师范学院和医学院分离出去，成为后来的华南工学院、华南农学院、华南师范学院和中山医学院。所以，康乐园的教授的房子都是这种欧式、美式或者日式的房子。新中国成立前，这些房子里确实住过许多岭南大学的外籍教授。所以，按照欧美人的习惯，这些房子都带有广州房屋少有的壁炉。用红砖砌的壁炉嵌在粉白的墙内，里面用铁条排架成两层，当柴火在铁条排上烧起来时，柴灰就自然落在了下格。壁炉的上面有一条隐蔽在墙壁里的烟道直通房顶上的烟囱，所以，生起炉子屋里一点烟都没有。壁炉顶上的墙壁上，镶嵌着一块黑胡桃木的壁台，上面放着的中国碎瓷花瓶和捷克的玻璃紫花瓶交相辉映。壁台上方挂着那幅由父亲的法国画家朋友绘的油画《母与子》，画中那位年轻美丽的古典欧洲村妇，用柔美的双手，轻轻地举起自己的爱儿。妇人抬头逗孩子的甜美笑容，与婴儿手舞足蹈扭着胖胖的赤裸小身子嬉笑的情景，让每一位看到这幅画的人都赞叹不已。

记得小时候的冬天，比现在要冷得多，如果晚上在屋外放一盆水，第二天早晨能结出冰来。尤其在冬春交际广州最冷的时候，这是父亲的壁炉生起火来的时候，也是我们一家人欢聚的时候。由于父亲旅法多年，养成了冬天烤火的习惯。加上父亲年老、有哮喘病，所以学校特别照顾他，为他配备了取暖的木柴。梅姐和妈妈早早为冬天做好了准备，唤来来发大嫂把圆圆的木柴劈开，堆满了厨房灶台底下。我们天天等啊盼啊，寒潮终于来了！晚上，梅姐在妈妈的指点下，点燃了壁炉。柴火“噼啪噼啪”地响着，火苗欢快地跳跃着，一家人都抛弃了其他冷冷的房间，聚集到父亲的大房间里来。爸爸穿着他那骆驼绒长睡袍，坐在书桌旁的西式酸枝转椅上，妈妈则坐在书架下的木沙发上，我和哥哥妹妹则搬来小板凳、抱着我们的洋娃娃挤在壁炉前，连黑猫苗苗也来凑热闹，趴在我们脚旁。这时候，家庭 PARTY 开始了：爸爸在看书，妈妈为我们讲童话故事，和我们三兄妹玩“跳大海”、扔沙袋、“锤子、剪刀、布”等游戏。有时候，聪明的哥哥会让我们注意灯光映照的墙上，他用双手做出各种形状，让我们猜像什么。那影子一会儿像狼，一会儿像兔子，一会儿像鸟儿，突然，狼“咯吧咯吧”张开大嘴，引得我和妹妹尖叫起来。有时候，我喜欢一个人呆呆地坐在壁炉旁，静静地看着火苗在跳跃：火苗也像哥哥的手影，一会儿像个公主，一会儿又像只魔鬼。有时候，我甚至觉得自己就是卖火柴的小女孩，大冷天靠在别人的窗下，想象着屋内温暖的壁炉。而我，也正看着父亲的壁炉，看着，看着，竟然觉得火苗就像小女孩幻觉中的烤鸭，也向我走来。“大妹，别把脸太靠近壁炉。”妈妈时时要这样提醒我，“看你的脸烘得像只红透了的大苹果。”于是，妈妈会拿来雪花膏，在我的极力抗拒下，厚厚地涂了我满脸。当我和妹妹在壁炉旁玩困了，妈妈会叫梅姐来，把我们一个个抱回房里去。这时候，我放松了身子，半眯着眼，被壁炉烘暖了身子的我，像童话中的小天使，在空中轻轻地飘落在床上，那舒服的感觉，到现在都忘不了。在这壁炉旁，我认识了安徒生、格林兄弟、《伊索寓言》和《一千零一夜》。这些故事，好多是先从妈妈那里得到的。“从前”，妈妈给每个故事都加上这样的开头。有一次，我说“我不要‘从前’”。妈妈就说：“好，那么就说现在，有个女孩，老缠着妈妈给讲故事，妈妈讲了许多许多故事，讲了 1001 个故事，把喉咙都讲干了，舌头讲麻了，该轮到小女孩给妈妈讲故事了。”从那天开始，我给妈妈讲故事了。妈妈给我们买来许多小人书，我们喜欢凑在壁炉旁看小人书。每看完一本，我都讲给妈妈和妹妹听，有时候还加上自己的想象。妈妈非常耐心地听我讲故事，直到她的心脏病越来越严重、不得不终日躺在床上，仍然喜欢听我讲故事。

当父亲忙着写书的时候，我们会听话地将“阵地”转移到妈妈房里。父亲和母亲的房间是相通的，中间是一个高大的门框，没有门板，因此，壁炉的暖气会直接通到母亲的房里，使母亲的房间也暖融融的。这时候，地盘大了，除了讲故事和玩游戏外，我和妹妹还学着“做戏”。我们把妈妈大床对面的小床作为舞台，妈妈斜躺在她自己的床上当“观众”。妈妈的裙子穿在我和妹妹身上，腰上扎上丝巾，就成了拖地的古代长裙了，再披上薄薄的长丝巾作“云袖”，学着大戏里的小姐丫头那样走着碎步，舞着“云袖”，伸出“兰花手”，肩上扛根轻轻的蚊帐竹当花锄，就可以演“黛玉葬花”了。我常常做小姐，妹妹当丫头，把父母带我们看的《牡丹亭》、《红楼梦》演得惟妙惟肖。玩热了的时候，干脆脱去外衣长裤，仅穿着汗衫和短裤，蹬上木屐，在母亲床前的红砖地板上跳起“芭蕾舞”。因为木屐硬，我们的小脚能像芭蕾舞演员那样竖起来。我们学着《天鹅湖》里的四只小天鹅，把双手交叉放在身前，侧着头，挺着胸，竖起脚尖交叉着走步，嘴里还哼着《天鹅湖》的曲子。妈妈笑得前俯后仰。老父亲可发话了：“别着凉了！”这种时候，哥哥通常不会加入女孩的队伍，他早悄悄地走回自己冷冷的房间里看他的科幻小说去了。

夏天，壁炉关上了带通花的铁门，透过通花可以看见它那黑幽幽的炉膛，在静静地瞅着父亲的书桌和东京木西式大床。有时候，我会到院子里摘几朵大红花，偷偷堆在壁炉空空的干净的铁条排上，让老父亲稍不留神，以为壁炉又生起火来了。

当我们稍长大，到了围炉烤火的时候，平时严肃的父亲会给我们讲许多他在国外的经历和趣闻。父亲当年以优异的成绩获得了极其稀少的赴法公费留学名额。1920 年 8 月，年轻的父亲只身一人，仅带着爷爷给他的两块银圆，就勇敢地登上了驶往大洋彼岸的邮轮，在海上整整漂泊了一个月，才到了法兰西，入读巴黎大学。而当时的政府只给了公费留学生一年的留学经费，就因为军阀混战而突然停止了资助。父亲他们不得不走上艰苦的勤工俭学之路。国弱受人欺，为了中国人的尊严，无论多么艰苦，父亲都尽量穿得得体大方，以显示一个古老文明大国国民的风度。西装革履的父亲，有时却穷得没有钱买白面包吃。为了不显寒酸，父亲就躲在学校的厕所里啃黑面包或马铃薯，然后洗刷干净了才进出课室和图书馆。留学期间，高大英俊的父亲，常常引来许多法兰西女子的青睐。她们都误认为他是俄国贵族或是西班牙人，但是，每次父亲都会非常骄傲地告诉她们，他是中国人，来自遥远的文明古国。说着说着，父亲会为我们朗诵忧伤浪漫的法文诗，那抑扬顿挫的诗句，夸张的表情和手势，令我们惊讶不已。有一次，老父亲拿出他珍藏多年的影集，那本影集足有 A3 纸大、20 厘米厚。凑着炉火的红光，父亲打开那本羊皮封面影集，里面装满了父亲游历世界各地风景名胜和观赏世界名画的彩色图片，还有他在巴黎学习的生活照。图片在炉火的映照下，显得神秘和遥远。

父亲在法国巴黎大学就读的是当时最热门的市政研究院，他主张科学救国，热切希望自己国家的每座城市都能建设得像巴黎、罗马那么美丽。父亲在法国一学 10 年，最后获得了学位，拥有心仪的工作和众多的法国朋友。是日本鬼子在东三省的炮火，是同胞的呐喊，唤起了父亲回国的坚定决心。1931 年，父亲毅然回到灾难深重的祖国。父亲一回国，马上参加了中国军队，在余汉谋部担任训育科长，虽有少校军衔，但只是个虚职，不但没有实权，连配枪和坐骑都没有。他热切地希望自己能为国效力，赶跑日本侵略者。但是，蒋介石实行不抵抗政策，节节退让，终于使父亲彻底失望。加上有着强烈民主思想的父亲十分痛恨军队里拉夫虐兵的现象，不到一年的时间，父亲就以结婚告长假为由离开了军队。当时，日本侵略者正在东北虎视眈眈，政局动荡，哪里需要市政建设？偌大的一个中国根本就没有父亲施展才华的地方。1932 年 2 月，父亲接受了中山大学校长邹鲁先生的盛情邀请，担任中山大学文学院法语教授兼出版部主任，开始了他在中大 40 多年的教学生涯。

刚到中大的时候，中大正在邹鲁校长领导下建立石牌新校区，父亲成为中大石牌校区的首批建设者。因为父亲是学城市规划建设的，所以邹鲁校长委任他负责筹建校区的工作。当时的资金很紧张，邹鲁校长到处筹钱，许多钱都是由海外人士捐赠的。他们对每一笔开支都精打细算，把校区建得既美观又实用。父亲和同事们还特意将校区的道路起名为“九一八”路、爱国路等等，表达了中国人民不愿当亡国奴的决心。1937 年，邹鲁校长任命父亲兼任庶务部主任。为防止舞弊，杜绝贪污，父亲将各院系每月开支明细表油印公告。邹鲁校长因此评价说：“若全国机关都能照此办法执行，中国就强了。”

期间，父亲在上课之余编写了《高级法兰西文法》（3 册）和《法兰西文法动词变化表》（1 册）。负责出版部工作期间，父亲看到由于拖拉低效的作风造成教学延误，各院系矛盾意见不断。因此，他对出版部进行大胆的改革，将原来的油印改为排版印刷，公开招标印刷厂承印，以低价优质按时按量为各院校提供讲义为标准。同时，他在校内发表（创办、出版）了大量的学术论文、期刊、文集、诗集，大大活跃了校内学术研究和文学讨论气氛。父亲的胆识和才干得到邹鲁校长的赏识和同事们的一致认同。但在政治观点上，父亲与邹鲁校长是背道而驰的，他坚决不加入国民党，而且他为人光明磊落、心直口快、不善逢迎，这也是造成他不能继续升迁的重要原因。父亲曾暗中保护和帮助进步的师生，经常抨击国民党的反动统治。邹鲁因此曾赠一对子给父亲：“持其志无暴脾气，敏于事而慎于言。”邹鲁校长曾经因为社会学系教授萧隽英在课堂上宣讲马列主义而决定不予续聘，父亲为此据理力争，一再强调大学应该有宣传各种学术的自由，在父亲的劝说下，邹鲁才续聘了萧隽英。因此事，父亲与萧隽英先生成了莫逆之交。

抗日战争爆发后，中山大学在战乱中三迁校址，父亲参加了搬迁学校仪器设备、图书资料和师生转移等工作，期间的艰难困苦不言而喻。1938 年 10 月 19 日至 21 日，在兵临城下的时刻，国立中山大学奉命分批西迁云南澄江。当时中山大学迁滇是分海陆两路进行的，陆路是广州—衡阳—独山—都匀—贵阳—昆明—呈贡—澄江；海路是广州—汕头—澳门—香港—海防—河内—昆明—呈贡—澄江。当时行驶于滇黔公路的汽车是以木炭做燃料的，运输量极低，所以，除了部分师生走陆路外，大部分师生和图书及仪器设备都选择走海路，经安南（今越南）的海防达滇，再乘窄轨铁路火车过红河，从河口镇迂回曲折行驶在高山深谷之间，爬上云贵高原，到昆明南边的呈贡火车站。那时从呈贡到澄江还没有公路，只好改由骡马驮运，翻山越岭才到达澄江。

当途经法属安南（越南）的海防登岸时，他们受到当时法国殖民者的刁难。法国海关人员要逐件开箱检查他们的物资。由于父亲通晓法语，所以被委派负责越南海防关口师生和物资的通关工作。在此期间，父亲想方设法与法国海关人员周旋，为使物资尽快过关，父亲心力交瘁，得了严重的高血压和神经衰弱症，但仍然坚守在岗位上，直到最后一批师生和物资过关。为了保住国家的财产，父亲严令：不能让任何无关中大搬迁的物资上车。他逐个车厢仔细检查，当发现有一节车厢装着名贵的家具，而许多图书箱子还堆在车站未能上车时，他唤来搬运工，把家具全部搬下车。这时有人提醒他，这可是有头有脸的人托运的家具。他毫不犹豫地说：“不管是谁的，都搬下车！”然后让贴有中大封签的图书箱搬上了车。直到 1939 年 2 月底，历经整整四个月千辛万苦的辗转跋涉，全校的搬迁工作才最终完成。

1940 年，中山大学决定从云南迁回广东乐昌县坪石镇。父亲再次随车，经过艰难险阻将仪器、图书等物资安全运往坪石。中山大学在坪石安营扎寨，父亲他们在临时搭建的课室里又执起了教鞭。父亲除担任中山大学文学院法语教授外，还兼任工学院建筑系教授。

1943 年，广东大旱，出现大饥荒，造成无粮食供应。为了解决全校一万多师生员工家属的口粮，受校长委派，父亲不辞劳苦到湖南省向薛岳省主席交涉，从湖南调运大米 4000 石，解决了师生员工的燃眉之急。让父亲万万没有想到的是，他远在广东大埔乡下的老父亲，却在这场灾荒中活活饿死了。由于战乱，通信中断，父亲是在一年后才得知这个令他痛心疾首的消息的。所以，他把祖母从家乡接出来，一直带在身边，直到她终老。

1945 年 1 月，日军突然向坪石进攻，中山大学师生包括校长在内只身仓促撤离，向仁化徒步逃难。躲过日寇的追击后，中山大学决定第三次搬迁：东迁粤东地区，校本部设在梅县，图书馆和文、理、法、医、工、农各学院分别在梅县、兴宁、五华、焦岭、龙川、连县、仁化县设立，父亲则在梅县复课。

当父亲交办完学校的搬迁工作，去找寻逃难的队伍时，发现病弱的妻子要让亲戚搀扶着行走，两个幼小的儿女（我的大哥大姐）也疲惫不堪，披着肮脏的毯子像流浪儿一样跟在逃难的队伍后面蹒跚前进。他内疚地背上妻子，一路躲避日寇飞机的空袭，一路安慰着两个孩子，经过 40 多天翻山越岭长途跋涉，终于从坪石回到家乡大埔。但群英妈妈已奄奄一息，她的生命之火终于在黎明前最黑暗的时刻熄灭，她是在 1945 年 3 月 27 日去世的，没能看到抗日战争的胜利，没能看到祖国河山的光复，这位香港富商的女儿永远长眠在粤东的大山之中。

抗日战争胜利后，颠沛流离了七年的中山大学师生终于搬回广州石牌旧址。父亲和同事们把图书、仪器运回石牌的中山大学校区时，那里已经被炸成了一片废墟。父亲的房子和里面的名贵家具早已荡然无存。战争，令父亲失去了家园，失去了两位至亲——年老的父亲和年轻的妻子。但是，国家财产保住了，学校的仪器和图书在父亲和同事们的奋力保护下，完好无损。当父亲说到这里时，脸上泛起红光。我们知道，这是父亲一生的光荣。在炉火的映照下，父亲显得更加魁伟，两眼炯炯有神。

1946 年，父亲经中文系黄海章教授的介绍，认识了当时在中大该系进修的女学生，并与她结婚，这就是我的母亲曾德荣。

抗日战争虽然胜利了，但父亲目睹国民党反动派的黑暗统治：通货膨胀，官僚贪污腐败，民不聊生。父亲对国民党统治已经绝望，开始接受中国共产党的民主统一战线的领导，于 1948 年经萧隽英先生介绍秘密参加中国国民党革命委员会（简称“民革”），他利用当时是广东省参议员的身份，在参议会上提出由民革布置的各项进步提案。例如，反对美国扶持日本案、纠举豪门案——要求孔令侃由美国回来受审、拥护李宗仁继续与中共和谈的提案，等等。1949 年 6 月，当父亲再次出席参议会，听取广东省各厅长作述职报告时，他接连弹劾教育厅厅长和民政厅厅长，用大量的证据揭露他们贪污公款私建民宅、卖官鬻爵的事实，这引起了当时社会极大的反响，各新闻媒体争相报道。国民党政府恼羞成怒，于同年 7 月 22 日以“背叛党国罪”将父亲开除参议会，并发出密令通缉。幸得当时在省府任职的张仲绛先生及时通知父亲，并借钱给父亲买火车票只身逃亡香港，才避过国民党的迫害。

1949年10月14日广州解放了，“民革”广东省负责人萧隽英先生立即通知在香港大学任教的父亲回广州，协助许崇清先生接管广州私立大专院校的工作。经过1952年的院系调整，父亲如愿以偿地回到中山大学西语系（后为外语系）教授法语。在中山大学，父亲一直享受高级知识分子的优厚待遇。

到60年代时，供应越来越困难了。柴断供了，壁炉还烧不烧呢？妈妈可有办法了。她让学校找来一个取暖煤炉。取暖煤炉跟别的煤炉不同，它的炉口上盖着一块厚铁盖，火不能从上面冒出来，空气是通过炉身上的几个小洞进去的，炉口上还连着一个向上弯的烟囱，母亲让人把煤炉的烟囱伸进壁炉的烟道里，然后把整个壁炉口用砖和水泥堵上。这样，在老壁炉前，妈妈又生起了一个小暖炉。寒潮来的时候，我们又可以烤火聚会了。这个暖炉可以烧蜂窝煤，可方便了。炉盖放上一壶水，这样既节省了燃料、取了暖，又不会干燥，还随时有热水用。这都是能干的妈妈想出来的。这个壁炉前的小暖炉一直用到“文化大革命”后期我们搬离这所大房子为止。

如今，每当朋友邀请我一起去看郊外的别墅，那些或地中海式或北美式或夏威夷式的漂亮别墅展现在我们眼前，大家为这些房子赞叹有加时，我会悄悄说上一句“可惜缺了一个壁炉”。别人会接着说：“这是广州，要壁炉干吗？”但是他们不懂，当然也不知道，父亲的壁炉带给我这么多的故事，壁炉的火光一直照耀着我成长。不管我下乡当知青赤脚在凄风冷雨中走在田埂上的时候，还是回城当工人走在寒风肃杀的夜班路上的时候，或是在机关工作的时候，它一直温暖着我，我也一直能想象得到那在炉膛里跳跃着的红红的火焰。

张掖先生一家（前右一为作者）

白头佬吴继辉
——我亲爱的父亲

吴玲玲（陆穗军整理）

吴继辉先生

20 世纪 50 年代初到 60 年代末，在中山大学康乐园内，经常有一个年纪不太大却是满头白发的中年教师，提着一个里面装着书的橘黄色的皮包，大步大步地往返于东北区的居住地与西南区的外语系，那就是我亲爱的父亲吴继辉。

父亲出生于 1912 年的上海，即辛亥革命发生不久。身处巨变中的中国，个人也随着历史的洪流经历了无数的磨难。父亲还在读高中的时候，家里遭遇了同时代的人经常会遇到的状况：破产。因此，他无法继续学业。适逢当时的上海交大向全国招收公费电报学员，在近千名竞争者中只招收 10 多人。父亲因英语水平较高，脱颖而出，成为第一批电报学员，毕业后因成绩优异被分配到南京电报局。

1937 年日寇侵华时，父亲正就读于金陵大学外语系。白天上课，晚上在电报局上夜班，随着南京电报局转移到陪都重庆。当时有一批外国飞行员帮助中国抗日，蒋介石侍从室内需要一名既精通英文又有过硬技术的发报员，父亲作为电报局中最优秀的技术员成为不二人选，从此走上了抗日战争的道路，一干就是七年半。这期间，经人介绍才认识了同样在重庆避难，也同样来自上海的母亲。在那一段中国人民处于最黑暗的日子里，他们相识相爱。

1945 年 5 月，在抗日战争即将胜利的时候，父亲留下了刚出生的我和刚坐完月子的母亲，从重庆出发，经印度、中东以及刚刚结束战争的欧洲到达了美国纽约，到康奈尔大学主攻英国语言文学的博士学位。现在已经无从了解当时父亲的心情和动机，也许他已经完成了任务，也许是不愿意参加内战，我更愿意相信是因为父亲从青少年时就燃起的强烈的求学愿望。

34 岁的他，所在的博士班共有 26 人，年龄最小的美国少年只有 17 岁。他们站在同一条起跑线上，5 年后，班里仅两位学生获得博士学位，父亲是其中之一，他同时还获得了物理学硕士学位。此时，他的导师百般挽留，希望他以东方人的角度研究英国语言文学，而且待遇优厚。可当时的他却毅然再次漂洋过海回到刚成立的新中国，因为他放不下留在上海的母女俩。

1950 年，他计划从美国坐船到香港，上岸后坐火车经广州回到阔别 13 年的上海，回到 5 年未见面的妻子和女儿身边。父亲在香港上岸后，转乘火车回上海，约了在岭南大学教书的康奈尔大学的同学郑曾同老师在广州站停站时见见面。郑老师知道父亲已回国这个消息后，马上向岭南大学的教务长推荐了父亲。结果，在广州火车站（旧广九车站，现今的白云路）父亲硬是被同学拉下了火车，到岭南大学参观，并最终被正式聘请为外语系的副教授。于是，他回到上海，并回绝了母校金陵大学的任职邀请，携同母亲和 5 岁的我来到了康乐园。

来到康乐园的他犹如工蜂般努力工作、学习。每天我醒来时他已在看书，我睡觉时他仍在写作。从星期一到星期日，除了一晚的桥牌活动、一个下午的网球活动以外，全都是工作时间。作为他最宠爱的长女，我有一次请教他关于英语学习的问题时，他竟然说："你有你的老师，我有我的学生，你问你的老师去。"但一讲到他的学生，如桂诗春等人时，却眉飞色舞，讲他们作业如何的好、用词如何的准确等等。"文革"后，被调到广州外国语学院的他，仍尽心尽力地教导学生，为我国培养了一批驻外使馆的人员。学生们也非常爱护他。由于父亲已被打成"牛鬼蛇神"，只能住牛棚般的危房。一次台风前夕，几乎全班的学生一起来，硬要把父亲接到安全的地方，确实令人感动。

在生命的最后两年，父亲的身体状况急转直下，数度住院，在住院期间还给大夫们指导英语，还经常能指出英文原著中的某些段落出自莎士比亚的什么著作中的第几页第几段，其扎实的英国文学功底令人敬佩。毕竟在"文革"期间身心备受打击，才 60 多岁的父亲已病入膏肓，反复住院后，终告不治。在临终前即将陷入昏迷时，一向教育子女要相信党相信政府的他终于喊出了"为什么这样对我呀?"的肺腑之言，字里行间包含着这么多年的屈辱。而今我想起当时的情景，依然忍不住潸然泪下。

我亲爱的父亲，希望你泉下有知，我们和你的学生们是多么的爱你，你所热爱的祖国也日益强大，人民的生活也越来越好，安息吧！

吴继辉（左）与朋友在东北区家门前

父亲的脚印

——怀念父亲顾绥昌

顾濬哲

父亲顾绥昌（1904—1999 年）经历过清末、民国、新中国三个时期。由于时间久远和社会变动等原因，对于父亲的生平、教学和学术，我及兄妹数人了解得并不全面。兹根据父亲的档案，以及向父亲以前的部分同事和学生所做的了解，撷取父亲生平的点点滴滴，写成本文，以志怀念。

顾绥昌先生

爱国情怀

父亲是江苏江阴人，1919 年就读于无锡第三师范学校，1924 年进入北京大学预科，后考入北大英文系。他在预科毕业后，担任北新书局编辑，审阅翻译稿件，自此他已能维持自己的生活，读大学期间便无须家庭帮助了。1930 年大学毕业后，先后到青岛胶济铁路中学、北京孔德学校、山东省立济南高中讲授语文及英语；1936 年赴英国留学；1937 年抗日战争爆发后，身在异邦的他时刻思念着处于灾难之中的祖国，再也无心羁留海外，遂于 1938 年春回国。

1938 年夏至 1946 年暑期，父亲任教于四川大学，先任讲师，一年后任副教授，次年升为教授。期间，先后讲授莎士比亚、英国 18 世纪文学等课程。他以满腔热血投入工作，一心为国家培养人才，深受学生爱戴。

自 1946 年秋至 1954 年夏，父亲受聘于武汉大学外语系，任教授。1947 年，“反饥饿、反内战、反迫害”的学生运动遍及国民党统治区。武汉地区以武汉大学为中心的学潮，成为这次运动的重要组成部分。6 月 1 日凌晨 3 时，武汉当局调集全副美式装备的军、警、宪、特 1000 余人，突然闯入武汉大学教职员和学生宿舍，向手无寸铁的学生开枪射击，打死王志德、黄鸣岗、陈如丰等三位同学，打伤 20 余人，逮捕一批进步师生，时称“六一”惨案。

父亲一直十分同情爱国进步知识分子，痛恨国民政府的暴行。5 月 31 日晚，他参与了武汉大学举行的“争取和平文艺晚会”，和进步师生一起，控诉内战给人民带来的深重苦难。父亲被国民政府当局列入通缉名单。6 月 1 日，武装军警在蒙着面罩的特务学生何钊带领下，手持黑名单，逐室搜捕进步师生。父亲和吴宓等进步师生被武大一些老师匿藏起来，幸免于难。

当时，我大哥在武大东湖中学读初中。有同学动员他加入“三青团”，说有好多好处并经常开展各种文娱活动。我大哥推搪说要回去征求父亲的意见。父亲知道后，对我大哥说：“国民党不是好东西！你千万不要加入‘三青团’！”看到父亲的态度如此坚决，大哥便拒绝加入“三青团”。

1950 年 6 月朝鲜战争爆发。中国政府号召：“全国和全世界的人民团结起来，进行充分的准备，打败美帝国主义的任何挑衅。”父亲深明大义，响应政府号召，与在武昌第二女子中学任英文教员的母亲钱启华商量，让儿子参加志愿军。虽然心有不舍，但母亲在我父亲的再三劝说下，最后含着眼泪同意了。不久，我大哥和二哥参军，大哥加入志愿军赴朝作战。为此，母亲被授予武汉市“英雄母亲”称号，并多次前往武汉市电台演讲，动员更多青年投身保家卫国行列。

在武汉大学工作期间，父亲主讲英国小说、作文、翻译等课程，同时从事莎士比亚和萧伯纳戏剧研究。他是新中国成立后第一批被人民政府授予教授职称的专家之一。祖国的新生给父亲增添了无穷的力量，他从此精神更加振奋地从事教学和学术研究工作。

1952 年全国高等院校院系调整，父亲在武大继续完成了科研任务后，于 1954 年被调到中山大学西语系，任英语阅读、作文、翻译等课的主讲教授，并担任研究生指导教师。期间，吴宓来中大讲学，曾多次与父亲晤面，谈莎士比亚戏剧（见北京三联书店 1998 年出版的十卷本《吴宓日记》）。不幸的是，1957 年“反右”期间，他被错划为右派，蒙受了不白之冤。在长达 20 余年的岁月中，父亲被剥夺了教书和从事学术研究的权利。但是，他仍然坚信人民和政府，他一如既往、兢兢业业，圆满完成学校交给的各项任务。

1970 年由中大调到广州外国语学院后，父亲承担了汉英词典编写、文献资料整理、联合国文件翻译等任务，在工作中起到了重要作用。当时，工具书缺乏，不少年轻教师有问题便请教他。父亲一一帮助解决，被大家尊称为“活字典”。他不改阅读的习惯，不允许他阅读国外出版的外文书，他就认真阅读马列著作和毛泽东选集英文版。他从不见风使舵，趋炎附势。对得势的人，他绝不会去攀附；对落难的人，他也绝不会冷眼相待。他堂堂正正、光明磊落地做人。

1980 年，父亲的错案得到了彻底纠正，他恢复了教授职称和待遇，并担任了民盟广东省文教委员和广外学术委员会委员。他仿佛焕发了青春与活力，带着一颗火热之心，投入到人民的教育事业中去。他重新指导研究生，讲授莎士比亚专题。他超越国外教学和研究莎士比亚的传统，暂时放下莎剧版本学术研究，结合学生的实际需要，重点讲授莎士比亚的语言艺术，培养学生独立钻研问题和解决问题的能力，教学效果很好，受到研究生的欢迎。

父亲经历过不同时代，见证过民族危亡和复兴，并对相关问题包括国家命运和个人坎坷，有着深切的感受。直至晚年，每当他从广播或电视上听到《松花江上》等抗日战争歌曲，他的眼里往往盈满泪水。我也由此深刻体会到，国家和民族在父亲那一代知识分子身上所具有的含义。

学而不厌

我记忆中的父亲一辈子都在孜孜不倦地学习。我从小到大，见他除了上课和外出办事，在家里不是写文章、批改学生作文，就是伏案读书，可谓卷不离手。他每天读书至深夜，日复一日，从不间断。妈妈有时与我们开玩笑，说他简直就是“蛀书虫”。他曾对我说，年轻时常在月光下读书，16 岁就戴上了近视眼镜。

他在无锡省立第三师范就读时，就与英语结下了不解之缘，并对西方古典哲学产生了浓厚兴趣。父亲和一些高班同学常常在《时事新报》的《学灯》专栏发表文章。同在一所学校读书的袁家骅和我父亲，更与北大教授朱谦之讨论美学问题。1922 年，未满 18 岁的他就在《时事新报》上发表了第一篇哲学论文《感觉与认识论》，该报主编张东荪先生曾予以高度评价。20 世纪 20 年代初，父亲在上海结识“创造社”主要成员郭沫若、成仿吾等人士，一时过从甚密。袁家骅后来出版他的哲学著作《唯情哲学》(上海泰东图书局 1924 年版)，还特地邀请我父亲撰写《唯情哲学・序》。这篇洋洋洒洒达万言的文章，表达了一位哲学青年对于哲学问题的深刻见解。该书出版时，父亲年仅 20 岁。

父亲在大学期间，因受古希腊、古罗马、中世纪及文艺复兴时期直至 19 世纪西方文学名著的熏陶，加之本人刻苦钻研，由此奠定了坚实的文学功底，并从此确定了从事英美文学与莎士比亚研究的学术方向。由于学识渊博，他与袁家骅、梁遇春等四位同学当时被誉为“北大四杰”。

据他自己回忆，他在大学期间非常活跃，吃饭比赛得了第一名，也曾与同学一起排练和演出莎剧。他学习非常用功，当时北大英文系，除了要学习第二外语外，还规定拉丁文必修、希腊文选修，他两者一起读，成绩都很好。他经常一早就到图书馆看书，有时甚至带干粮去，一去就是一整天。他如饥似渴地阅读世界文学名著，读到精彩或难懂的地方往往加上注释。至今在北大图书馆的藏书中，仍能看到他当时阅读英国文学原著时在字里行间留下的批注。

父亲在英国就读于伦敦大学学院，第一学期除要补修过去没读过的古英语、中世纪英语课程外，他还每周听课 12 小时，学习盎格鲁・撒克逊时代的诗歌和散文等课程，并继续从事莎士比亚研究。期间，他不满足于课堂教学，经常去大英博物馆阅览室查阅资料，博览群书。为写论文，他得在两年内读完 360 多部小说。有一段时间，他每天读书 1500 多页，同时还写下很详细的笔记。他亦喜欢到泰晤士河边的露天剧场观看原汁原味的莎士比亚戏剧，亲身感受这位英国伟大剧作家的作品。他还去过英国莎士比亚故乡斯特拉福特镇，寻找莎翁的足迹。

父亲在周末经常去卡尔陶尼亚市场、陶琳顿广场或卡琳克劳斯路等处搜罗旧书，先后买到了 1597 年出版的《森林法》、1627 年出版的培根著《博物志》、1901 年出版的许密特的《莎士比亚大词典》及 19 世纪初法国雕刻家梅琳奇刻制的莎士比亚铜像等。他几经寻找，终于发现了一本最为珍贵的木刻绘图版《鲍埃泰尔莎士比亚》，对此爱不释手。他本想买来送给北大，但当时 20 英镑的价格让他这位穷书生很犯难，终究还是没有如愿，对此他抱憾终生。

1938 年他乘船回国时，随身带了一大箱珍贵的书籍。为避免战乱丢失，他在途经香港时，把这箱书籍，其中包括十几本最为珍贵的莎剧剧本，托付给香港的一位朋友保管。后来父亲在《武汉日报》上发表《买书》一文，纪念他在伦敦屡屡前往书摊搜罗珍稀书籍的往事，以及日本侵略军到香港以后把他寄存在那里的书籍全部抢走的过程。

父亲翻译的屠介涅夫（现译为“屠格涅夫”）的小说《浮士德》（当中包括梁遇春

译的《潘新可夫》）和托尔斯泰的《伊凡伊列乙奇之死》（现译为《伊凡之死》），先后于1928年和1930年由北新书局出版。翻译和出版这两部小说时，父亲还是在读大学生。

父亲在济南高中任教期间，与卞之琳、张友松、季羡林、李何林等是同事。受他们影响，他的兴趣完全由哲学转向文学。在此期间，他在《青年界》、《文学季刊》等杂志上发表自己汉译的《现代英美四大诗人》（原文的作者是温源宁）、《二十五年以来之英国文学》（译自《泰晤士报·文学副刊》）和《牧场杂感》（原文的作者是英国作家Richard Jefferies）等文章。

他于1947年在《学源》杂志上发表的关于莎士比亚诗歌的论文，被朱光潜教授称为“精心结构之作”。之后，他先后发表 *A New Comment on a Passage in Hamlet* （《学源》1948年第10期）、《论莎士比亚版本》（《学源》1949年第4期）等论文。

在中山大学工作期间，父亲曾与中文系詹安泰等教授讨论过唐诗宋词。后来，他英译中国古代诗词，既注意保留原文的风格，又传达原文的神韵和美感形象，在意、声、调、韵等方面下足了工夫，可惜这些手稿在“文革”中全部流失。

诲人不倦

父亲对教学极其认真，对学生亦严格要求。他反复告诫学生要多读书、多思考。他对学生的英文作业的批改也很细致认真。我看到他往往花大量的时间与精力批改所带研究生的英文作文和论文，逐字逐句批改，连错别字也不放过。遇见佳句或好文章，甚至会写上数百字的批语。

父亲尽管在1957年反右斗争和之后的运动中受到不公正待遇，但他不计前嫌，在恢复荣誉和教学工作后，仍然以饱满的热情和百倍的精力投入教学。1977年恢复高考招生，首批学生当中的一位回忆道：“我第一次上顾老师的课是在大四那年。当时英语系给我们开了很多选修课，所有老教授也都开了课，其中一部分课程是与研究生同时上的。顾老师给研究生开设的文学翻译课，只有四个本科生的听课名额。很多同学都想选，无奈名额有限。于是，这门课便成了当时最‘尖端’的课程，大家对被顾老师挑上的四位同学羡慕不已。每次顾老师在课堂上布置翻译作业，都会被一些没有机会上这门课的同学拿去做，然后顾老师的批阅和讲评，又会在这些同学中传阅分享。由此可见，当时学生求学之热情，也可见顾老师在学生中的声望和影响。”

父亲于1972—1975年参与编写《汉英分类词汇手册》，参与翻译联合国文件，以及参与翻译《拿破仑一世传记》和《光荣与梦想》两部著作。他一生从事莎学研究，颇有建树，是我国莎学界的知名学者。20世纪80年代以后，他又连续发表了《关于莎士比亚的语言问题》、《莎士比亚的版本问题》、《泛论莎士比亚探讨途径》、《古今诗词选译》等论文。父亲从50年代开始，做过多年的莎翁剧本注释，包括译注莎剧《哈姆雷特》等，译文经过一再修改，厘定注释，包括各家评论、版本异文、训诂释疑和舞台演出等项，罗列綦详，希望能照顾到各方面需要。有关这方面的上百万字的译著，原上海某出版社曾计划出版，后因父亲被划为右派，该书的出版合同被迫中止。在“文革”期间，这些耗费多年心血所完成的手稿最终在抄家时被没收，至今下落不明。

父亲梦想编撰莎士比亚剧本注释版，首选的是《哈姆雷特》。如果没有受到对知识分子的荒唐冲击，以父亲的学识和才华，以他前半生的丰富积累，以他治学的严谨和专注，梦想是可以实现的。但在这方面，父亲生不逢时。由于种种原因以及条件所限，父亲的梦想最终还是没有实现。

1994 年，广州外国语学院领导和英语系师生专门为我父亲九十华诞举行了一次座谈会。父亲很重视再次和师生见面的机会，他特意穿上整齐的西服，打上领带，在座谈会上和大家作了一番畅谈。他语重心长地对大家说，要踏踏实实地读书，老老实实地做学问；要耐得住寂寞，防止浮躁和急功近利的思想。他还说，我们搞英美文学和语言学研究的人，必须懂得古英语，懂得中世纪英语，懂得拉丁文，才能更好地做学术研究。"读书千百卷始知学问在积累，从教六十年终感人才难培育。"这是他晚年请香港著名书画家佘雪漫所书写的对联，或许这是他所感悟到的教书育人的真谛。

时光荏苒，父亲离开我们已十几个年头了。走在绿树成荫、流水淙淙的校园里，进入即将被拆除重建的教学楼，我仿佛看见父亲的身影，看见父亲留下的脚印。父亲曾感叹时间的宝贵，年逾八旬还在指导研究生。父亲曾珍惜来之不易的教学和研究环境，退休之后，每天拄着拐杖在校园里散步，边走边跟认识和不认识的教师打着招呼。父亲热爱学生，时常在校园的石凳上歇息，快乐地同认识和不认识的青年学生谈论学术上的问题，并邀请他们"有空到我家里聊聊"。父亲热爱祖国，热爱学生，热爱学术，热爱教育，他活在我们的心里。

靠墙独坐

1958级法语　卢　岚

记得初入学时候，第一次进入法语教研室，看到一位面容清癯、身体修长的老头坐在一张办公桌前，但你感觉不寻常。他背墙独处一角，面对一架打字机，关节起结的双手生硬地敲在键盘上。周围的动静，人进人出，与他无关。他不跟谁打招呼，谁也不跟他打招呼，像与世隔绝。打字员这个职位，一般由年轻人担任，而眼下这位不乏书卷气的斯文老头，怎么看也不像个打字员，何况他只使用两个食指，慢吞吞地敲打着。你心里存疑，却不便打听，但很快就知道，他名叫张良修，是个右派。后来又得知，他学法律出身，曾经留学法国，回国后担任过多种职务，在中大担任过教授。一场运动来了，他经历了“最后的审判”，被打入了“地狱”，从人变成了“份子”，从教授变成打字员。他是带罪工作的，在这里接受的是惩罚，也是教研室里一个警告式的摆设。但比起某些“份子”，处境不算太坏，不用到什么荒地什么沟边去，算是至善至福了。但所有活动他没有权利参加，学校某些会议也没有他的份，表示身份的参考电影也拒之门外。周围的人躲避他，他也躲避周围的人。他是人世间的槛外人，生活中的活化石。

你在学四年，毕业后任教四年，你对学校这片特殊风景很熟悉。当时你还年轻，不知天高地厚，心里头从来不曾跟他划清过界线，你不知道为什么要划这个界线，反而喜欢趁人静的机会跟他闲聊两句，以向一个挨了鞭子的人示以同情，于自己而言，则表示自己有多“反动”。有一两回，志侠请他给我们打一两页讲义，或借用一下他的打字机。他也曾将一份关于教材的资料送给我们。一来二去，有一回，居然不识时务地问他为什么被打成右派，谁知他马上谨慎起来，脸上现出一丝笑容，你宁可看不到的，使人心酸的笑容。然后，将手轻轻一挥，把我们挥之而去。

教研室内这个特殊而无声无息的景观，不知什么时候走出了我们的视野，不为人察觉地消失了。1966年开始十年“文革”，上上下下，大事小事乱哄哄的，对这个人的记忆越发淡薄了。到许多年后跟母校的老师同学重新来往，想起过去一些人事，才忽然忆起张老师这个人。最后搜查网络，才得知他逝世于1965年。怎么？这个年份的前后，我们好像从来没有听说过他去世的消息。那时候“文革”还未开始，一切还在秩序上头，同一办公室的同事走了，周围的人竟像啥事也不曾发生过？一个人原来可以这样消失，像落到地上的一滴雨水，蒸发掉也全不为人所知？

据说当年《人民日报》和《南方日报》，都刊登过批判他的文章，是说，这是个大右派；从反面角度来看，是说，这是个有分量的人。现在你看他的学历和履历，这样的人存在不会太多，是社会上一个人物。算不上大人物，但所有大人物坐到他身边，都不会觉得自己降了格。他从中学就开始入法律专科学校，然后毕业于上海法政大学，再留学法国。最近我为了撰写传记《青年梁宗岱》，查阅史料，发现他是冯伊媚女士的九舅，两人在1929年一起动身到法国。到达后，他转赴狄戎进大学，冯伊媚留在巴黎；

梁宗岱当时正在欧洲游学，介绍她认识了后来成为名画家的司徒乔，两人回国后共结连理。

1936年，获得狄戎大学法学博士学位，他学有所成。他将法律作为自己的天命，1946年担任广东法商学院院长，他愿有所偿。也历任过几间大学的教授。这个人曾经奋斗过，积极参与过生活，要为社会作出贡献。他也参与政治，成为参政员，这是他的专修学问的实践。他爱他的国家，他们那辈人都爱国。1945年，就税务人员贪污问题，他向财政部提出质询，就有财政部对参政员张良修关于税务人员贪污问题询问案的答复（《中华民国史档案资料汇编》第五辑第二编，中国第二历史档案馆编，1997年）。日本投降后，为清查接收行动中所产生的糊涂账，他参加广东七人调查组，在参政会第三次大会上报告说："中山大学敌人并无破坏，但经军队驻扎过后，现在空空如也，连学生上课的椅子桌子也没有，晚上通通睡地板。校内设备都拆卖一空，据说到香港卖了二千多元。"（《广东革命历史文件汇集 1946.1—1947.7 广东区党委文件》，中央档案馆，广东省档案馆编，1989年）

在这两件事情上头，显示出他嫉恶如仇，敢于尽自己的责任说真话。他不分左右，不分这个党，那个党，甚至不分里外，只从事实出发。日本人侵华罪大恶极，这是事实，但没有破坏中大，也是事实；国军抗战有极大功劳，这是事实，但士兵劫取中大财物，也是事实。张老师只着眼于事实，中肯地，毫无顾忌地将真相道出。这就是一个知识人的良心、良智。在是非黑白面前，他没有别的界线，只有是非界线；手中没有别的标尺，只有一根是非标尺。如果说窥一斑而见全豹，这就是当年法语教研组那位老打字员，那块活化石的原来面目。

母校九十年来，经历过多少美好时光，也目睹过多少丑恶而痛苦的现实。但无论顺流逆流，在这个群体里，大家信心不变，耐心不变，坚持不懈地作育人才的努力不变，所以，无论在任何困难时刻都充满希望。为将葡萄酿成酒，每一个人都在自己的岗位上，以自己特有的方式来付出，来贡献。张老师靠墙独坐这个现实是沉重了些，却是这个群体一起经历过的现实，一种不可忽略的存在。无论他作为教授或打字员，都有他的贡献。在学校90周年的庆典时刻，除了多多怀念他，我们还能够做些什么？

一朵馥郁芬芳的白兰花
——追忆朱白兰老师

1961 级德语　梁定祥

1961 年进入康乐园以后，在西区的林荫道上，一个奇特的中年女性的形象常常映入眼帘，宽而长的白布裙子加上没有点缀的净色衬衫就是她所有的打扮。她步履矫健有力，目光炯炯有神，嘴角总是挂着友善和亲切的微笑。除了一头卷发、蓝眼睛和白皮肤让人一眼就能看出是个“洋人”以外，没有引人注目的洋气，她那简朴的着装不禁让人发问：她是谁？来自何方？为何如此与众不同？

很快的我便从师兄们那里得到答案：“她来自民主德国。德语专家。”都是社会主义友好国家嘛，怪不得那么朴素！师兄们所传颂的她那传奇式经历引起我的好奇和关注，所以大学毕业从事教学以后，我便不间断地对她的生平做些了解和调查，寻找和考证与她有关的资料。值此母校 90 周年校庆之际，外语学院征集编写亲历亲闻的人和事，我脑际立即浮现起这位萦绕在我心中几十年的恩师形象。万千感触使我禁不住又追忆起尘封的往事。

朱白兰原名克拉拉・勃鲁姆，1904 年出生于罗马尼亚契尔诺维奇，1954 年加入中国籍，是唯一的说德语的犹太裔华籍女作家、教授。勃鲁姆为什么结缘中国，不远万里来到中国？

勃鲁姆资质聪明，才华横溢，向往光明和进步，青少年起就拿起笔杆奋战在反法西斯斗争的前沿。1934 年，她从德国逃亡到苏联，她所写的大量诗作使她获得苏联作家协会的文学奖金。卫国战争时期，她毅然投笔从戎，参加红军，奔赴前线。1938 年，她在莫斯科的国际劳工中心邂逅中国地下党员、左翼剧联成员朱穰丞。共同的理想和浪迹天涯的经历把这对异国情侣紧紧连在一起。“相去何远，而又何其相似，这一切使我们心心相印。”① 年轻的姑娘连情人的住址也无从得知，却已经深深堕入爱河。谁料不到半年，朱穰丞在接到执行“紧急任务”的命令后突然“失踪”，从此杳无音信。“二战”一结束，为了追寻心爱的人，勃鲁姆毅然踏上万里征途，从此开始那 32 年寻梦的东方之旅。

一个犹太人，没有身份证件，从“赤化”的苏联进入中国，必须逃过国民党重重关卡，为此，她不得不辗转罗马尼亚、匈牙利、捷克、德国、卢森堡和法国等六个国家，从 1945 年夏天起，经过两年多的长途跋涉，直到 1947 年 8 月，才随同十万涌入中国的犹太难民，来到上海，从此翻开她的人生新历程。

刚解放的新中国到处载歌载舞，欣欣向荣，对这个远方来的“媳妇”非常关心，使她感到朱穰丞的家乡就是她的家乡。她立即爱上这片土地——她的第二故乡。她把自

---

① 摘自克拉拉・勃鲁姆的《民族之歌》。

己的希望和理想都寄托在这个新生的东方古国上，把忠贞的爱情和对中国人民的友好感情完全融在一起。人们还记得，她在南京大学时的住房里还挂着“光荣军属”的锦旗。据说，她还把她的第一部自传体小说《牛郎织女》的稿费，全部献给抗美援朝。“我能亲手参加建设一个崭新的新社会，这是多么有意义的事啊！”她在书中这样写道。1954年勃鲁姆加入中国国籍时给自己取了一个中国名字——朱白兰。顾名思义，“朱”寄托着对情人的思念，“白兰”则表达她要像兰花一样，为她的第二祖国增添一份芬芳。

在中国，朱白兰迎来了一生中创作的新高潮。在教学之外，她不断地为国外的一些进步报刊杂志撰写文章，介绍她在新中国的所见所闻。她还是当时中国对民主德国的传言人物，1959 年作为中国代表之一，赴德参加民主德国国庆十周年纪念活动。20 世纪 60 年代，她多次在《人民日报》、《羊城晚报》、《作品》发表歌颂中国的诗歌。1959 年以后，她在东德先后发表了中篇小说集《香港之歌》、诗选《万里迢迢》和长篇小说《命运征服者》的部分章节。1963 年，朱白兰被吸收为中国作家协会会员。

在中国，朱白兰先后在同济大学、复旦大学、南京大学任教，1956 年以后调入中山大学西语系，从此一直任德国语言文学教授。人们看到，她就像当年转战疆场一样满怀激情地投入新的战斗。当时中山大学的德语专业是一个新开办的专业，各方面条件都比较差。朱白兰的到来给教研室送来春风，带来了生机。从各地引进的教师，来自各行各业，几乎没有教学经历。在她的倡导和协助下，学校从南京大学引进两位高水平德语年轻教师，同时派出两位中年教师北上进修，大大提高了德语专业的师资水平和实力，为建造新教研室打下良好基础。为了办好这个专业，从教学方法到教材使用，从教学计划到师资培养，她经常出谋献策，提出切实可行的意见。可以说，她是建造德语教研室的顶梁柱和排头兵，她为教研室的发展耗费了大量心血。学生们喜欢这位老师，因为她不但热情洋溢，执着敬业，而且平易近人，和蔼可亲。她见多识广，通晓德语、俄语、英语、法语，还懂西班牙语，所以讲起课来，深入浅出，融会贯通，深受学生欢迎。她那些丰富的阅历和生动活泼的历史故事使学生们受益良多。辅导学生的工作，本来由年轻老师负责，但朱老师坚持要分担一份。比如我们有一位调干生学长，当年曾是琼崖纵队的红小鬼，在战场上杀敌立功，颇有名气，后来学习德语遇到许多困难。朱老师坚持每周抽出一定时间辅导他，数年如一日专门为这位学长加开小灶。“文革”前德语教研室在国内首开先河，编写了我国第一本《简明德汉词典》，自然这项繁杂的工程包含了朱老师不少辛勤的劳动。朱老师在中国绝大部分时间都从事德语教学，所以桃李满园。我国许多从事德语研究、教学和翻译的优秀教师和学者就是她当年的高材生。

她二十年如一日，孜孜不倦，忘我工作，每天除了上课外，大部分时间都在家读书和写作，甚至连吃饭也在看书。她没有什么嗜好，只是爱听音乐，特别喜欢广东音乐。疲劳的时候就停下来听一两首，然后又重新伏案工作了。她工资收入高，但她的生活却非常简朴，从不讲究吃穿。她把大部分稿费都献给国家，并且时常慷慨解囊，帮助有困难的同事。她夏天穿着普通的连衣裙，冬天穿着蓝布衣裤，看上去完全像一个中国老太太。她曾说：“除我的胃外，我的一切都是中国的。”那是因为朱老师长期患有胃病，每天习惯吃烤马铃薯，所以她承认还有一个胃没有“中国化”。

这位把中国人民的事业当成自己的事业、把中国当做自己第二祖国的坚强女性，她的事迹可歌可泣，令人永世难忘。她后来的命运如何呢？遗憾的是，在那“叛徒特务”帽子满天飞、黑白颠倒的动荡年代，外籍也好，外裔也好，一个“外”字就足以引起嫌疑。也许她同千千万万受迫害的中国同胞一样，“文革”中也难逃劫难。笔者不了解其中过程，只是后来被告知：朱老师患“失代偿肝硬化”，1971 年 5 月 4 日病逝，终年才 66 岁。更遗憾的是，逝者的骨灰也“石沉大海”，不知去向了。同当年只身来到中国一样，她在弥留之际也是孤独一人，没有人陪伴在身旁。那双痴情的眼眸一直没有闭合：她还在等待着日思夜梦的情人出现在眼前。

二十多年中她孜孜不倦，忙于事业，但从来没有忘记过那短暂而真挚的爱情，始终没有停止过寻梦之旅。她利用假期，不辞劳苦，到处寻访，神州大地到处都有她的足迹。有关朱穰丞的坏消息接连不断，“牺牲、失踪、病死”等等传闻没有动摇过她的漫长旅行。她坚信心爱的人一定会在世界或中国某地执行某个特殊使命，从事某种秘密工作，他正在某地等待着她。每当外出她就把朱穰丞的相片留下，并嘱咐家里的人好好看清来访的客人，如果是照片中人就立即通知她赶回家。她家晚上一定开着一扇窗，她说：“朱先生会从那里进来的。”人们可以说，她一生都生活在梦中。事实的真相是这样的：“朱穰丞失踪于苏德战争前夕，不是回国，而是被清洗。”①当年被苏共清洗的人多数被流放到西伯利亚，可想而知，朱穰丞在惨遭苦役折磨之后，不久便在大荒中撒手人寰。而那时的勃鲁姆还在苏联寻找情人踪迹。值得告慰的是，1989 年 1 月 16 日，原苏联最高苏维埃发布命令：恢复了朱穰丞的名誉。

斯人已逝，芳名犹存。我们深切怀念朱白兰老师，我们深深感激她为中国人民的解放和建设作出的无私奉献。我们衷心敬佩她对爱情的忠贞和对中国的忠诚。

朱白兰老师，您永远活在我们心里！

---

① 1979 年 12 月 26 日，前文化部长夏衍给笔者的复信中写道：“当时同在莫斯科的袁牧之说，‘朱穰丞失踪于苏德战争前夕，不是回国，而是被清洗’。”（袁牧之是中国电影事业早期的组织者和领导者）。

“牛田洋”死里逃生

1962级德语　雷夏鸣

题记：本文原载《老人报》2009年9月16日A33版，收入此书略有删节）

1968年，我响应毛主席的号召，大学毕业后到解放军广东汕头牛田洋生产基地“接受再教育”。这里本来是一片滩涂，经围海造田后成为大片稻田。我们在这里与解放军战士一起几乎是刀耕火种地种植水稻，为国家生产粮食，也同时洗涤我们的心灵。1969年7月28日，一场特大的台风，伴随着同方向的涨潮，撞击着围海的大堤，于上午10时左右把大堤冲垮！洪水顿时如猛兽般扑向我们，一下子就把我们的营房冲垮，农场的稻田也瞬间被淹没。我们来不及撤退，大部分官兵和大学生被困于水中。潮水涨得很快，一会儿就淹过了人头。为了逃命，很多人本能地游向高处或屋顶，或爬树。我举目望去，见附近的几棵树上都已爬满了人，有一棵不很粗的树上也有若干人爬着，于是我向该树游去，但由于当时风雨交加，浊浪翻腾，加上又冷又饿，我游至树边已筋疲力尽，完全无力抱着树向上爬了，唯有抱着树干，闭上眼睛，任由风吹雨打，把命运交给了上天安排。在我头上一米多处抱着树的是一位解放军战士。此时潮水还在继续上涨，渐渐浸过了我的半身，我已无力挣扎，只好听天由命了。忽然我听见上面的战士向我喊一声：“来！”只见他左手抱树，侧身弯腰，右手伸向我，示意我把手伸给他。我忽然如抓到救命稻草一般，把右手伸给他握住，他用力一拉，把我整个人往上拉高了一米多，让我离开了水面，脱离了危险。在树上，我目睹水中有人由于抓不到漂浮物在挣

牛田洋男生

扎，一会儿就沉入了水中，再没有露出水面。

我们就这样在暴风雨中的树上坚持了一个多小时，潮水慢慢退去，露出地面，我才得以死里逃生。这次决堤，共有470名解放军官兵和83名大学生遇难。在此后的日子里，我时时想，如果当时不是那位解放军战士把我拉离水面，我的生命也许在27岁时就划上了句号……

超越半个世纪的师生情结

1962 级法语　杨荷卿

1962 年 9 月，我们从四面八方汇聚到中山大学外语系法国语言文学专业，开始了 5 年的大学生活。外语系每班的人数不多，一个班只有十几名学生，可能小班上课便于“精雕细琢”吧。这一年招生突然转了弯，不是只看手上起茧或根正苗红，而是以成绩录取，考进来的算得上是学习上的佼佼者了，但也为我们的工作分配埋下了伏笔。此是后话。

我们的课程包括：基础法语，法语泛读、听力、口语、听说，法语精读，法语写作，法语应用文，法国历史，汉语写作，法译汉、汉译法，法国文学史作品选读等。

1961 年和 1962 年入学的外语系班级，要把学制从 4 年改为 5 年，这意味着学习内容更细化、更详尽，学习阶段更长。在康乐园 5 年的求学日子里，我们受教于很多优秀的教授和老师，印象最深的、与我们一直保持深厚师生情谊的，我只举出其中曾经造访我家的以下两位：讲授法国历史课的端木正教授和法语基础课的马炳华教授。

一、我们的法语启蒙老师——马炳华教授

在 5 年的大学生活里，给我们授课的不乏知名的老教授。法语教研室是藏龙卧虎之地，师资队伍中，有集诗人、理论家、翻译家及教授于一身的梁宗岱，有老教授李蔚慈，还有后来誉满法语界的马炳华、黄建华、程依荣、孙传才等青年才俊。

我们的法语启蒙老师、50 多年来与我们一直保持联系的是马炳华教授。

我们进入华南第一学府——中山大学的第一学期，开始了称之为“世界上最浪漫的语言”——法语的学习。第一堂法语课，一个年轻老师走进教室。他个子不高，气质不凡，一副金丝眼镜后面有一双炯炯有神的眼睛，他就是我们法语学习的启蒙老师——马炳华。

马老师 1957 年毕业于北京外国语学院（今北京外国语大学）法语系。1957 年曾被选派参加第六届世界青年联欢节担任随团的法语翻译。（在莫斯科举行的第六届世青节是规模最大的一届，在本届联欢节，红线女的粤曲《荔枝颂》获得东方古典歌曲比赛金奖，苏联名曲《莫斯科郊外的晚上》也因此在全世界流行，因此给国人，尤其是广东人留下了深刻印象。）

法语是一门不太好学的语言。法语共 35 个音素，18 个元音，其中包括 3 个半元音、17 个辅音，还有 10 个辅音群。其中鼻元音、小舌音、卷舌音是语音的难点。在第一阶段的语音学习期间，系里给每个新生发了一面小圆镜子，让我们课前课后对着镜子校准发音部位和口型。语音学习长达一个月，马老师给我们专门上了一个月法语语音课，让我们把纯正的巴黎语音学了个透切，为今后的法语学习打下坚实的基础。几十年后，我们有机会到法国、加拿大旅游，偶尔也有机会说几句法语，都被当地的说法语者

称赞语音纯正。如此重视学语音，打基础，中大外语系对培育学生的严谨教学可见一斑。

马老师与学生亲密无间，就像我们的大朋友。在课堂，他是严师，在课余，他与我们打成一片。当工作队下乡搞“四清”和下乡劳动，马老师与我们同样的农民打扮，同样与农民“三同”，课堂上的教授影子荡然无存。下乡劳动和工作之余，马老师经常教我们唱法文歌，生活和劳动中加插一些法语短句，让我们巩固所学的知识，也给艰苦的劳动带来一丝轻松愉快和学习气氛。

马老师与我们在沙坪“四清”工作队（面对右 3 马炳华老师，右 2 戴馏龄老师）

毕业离校 56 年，尽管马老师也曾赴意大利任中国驻意使馆教育参赞，远离广州，而我们也分散到世界各地，但与马老师的联系都从未间断过，用 Email、用微信、用 QQ 视频、用电话……纵使我们分散在世界各地，也犹如近在咫尺。记得有一次，我们到马老师府上拜访，他还送给我们一个从意大利带回来的工艺品：游弋在威尼斯水上的贡朵拉。每年我们法四班聚会，尽管马老师住在远离广州的顺德，但他总来出席，和我们亲切交谈，关心每个同学的近况，还教我们八段锦，叮嘱我们注重锻炼身体。我们也常常造访马老师。这超越半个世纪的师生情，我们要一直延续下去。

二、博学笃志，励学敦行的端木正教授

我们进入中山大学外语系法国语言文学专业学习的第二学年，新开了一门法国历史课程。授课老师是端木正教授。

2003 年 1 月 8 日，端木正教授与夫人姜凝女士和外语系法四班（1967 届）部分同学

端木正教授是我国建国初期的海归。1947 年，端木教授毕业于清华大学，获得法学硕士学位，1950 年获法国巴黎大学法学博士学位。1951 年响应留法老前辈周恩来的号召，抱着为国效力的宏愿从法国回来，扎根岭南康乐园，从事高等教育五十余年。端木正教授的“学术初恋”原本是法学，但由于历史原因，1953 年全国高校的法律专业停办或合并，端木老师改行入历史学系 27 年，安心从事世界现代史与法国史教学与科研。当年，端木正教授给我们上法国历史课时，他绝少翻看讲稿，总是滔滔不绝，绘声绘色，生动地讲述拿破仑出征的故事、巴黎公社起义的故事，把枯燥的书本历史与有趣的故事结合起来。老师幽默风趣，谈笑风生，讲课引人入胜。

因为法学教育的需要，年逾花甲的老师勇挑复建中大法学系的重担，痛感我们多年“无法无天”的教训，在缺师资、没教材的艰难条件下，1980 年中大复办了法学系，他担任法学系主任。在脱离法学 30 年后，老师重新操起了老本行。古稀之年的他到北京出任最高人民法院副院长，被誉为“中国最年长的法官”，而每年还是回来广州两次，给中大法学系研究生上课和答辩。老师手中的教鞭一直握到他生命的最后一刻。老师为人简朴，言传身教，他从来不诉苦，乐观面对一切逆境。对于国家和中大委予的重任，他表示不管年纪有多大，有没有余热，都努力承担。

端木正教授是我国少有的能跨法学、政治学、历史学而从事教育研究工作，并取得成就的学界著名人物。他毕生潜心研究学问，博览群书。在他小小的书房里，连地上都放满了书。不管遇到多少挫折，他从未放弃对知识的追求。端木正教授抵制学术腐败，坚守着最后一块净土不被玷污，做学问的态度十分严谨。他说过，做学问不下真功夫，最后只能是竹篮打水一场空。老师淡薄名利、严谨的治学精神、学识渊博、宽厚待人的高尚品德，对于我们，永远是榜样和鞭策。

端木老师平易近人，爱学生如子女，师生关系宛如朋友般亲密。70 年代初，我们都分散在广东各地的公社级（相当现在的镇级基层）中学工作，当时老师的子女都不在身边，我们放假回广州都去探望老师，大家就像一家人，一边淘米做饭一边拉家常。那时候，他们居住在简陋的平房里，两个房间中间隔着一条走廊，那就是厨房，煤炉饭锅就摆在走廊里，就这样做出饭来，大家也吃得特别香。

端木老师沉实低调，慈祥和蔼。中山路“西门口”的回民饭店是老师一家经常喝茶吃饭的地方，离我在中山六路的家只有几分钟路程。1978 年的一个星期天，老师和师母突然到访寒舍，我喜出望外。除了小学时有老师来家访，读书几十年从未有过中学、大学老师到访，而且来访的老师是最高学府的知名教授，令我高兴得不知所措。刚好家里开了一个椰子，我拿了一碟椰子肉请老师、师母尝尝。老师取了一小块放进嘴里，良久也没能咬碎。哥哥看到后责备我说：“老师年纪大了，哪能有足够牙力吃椰子啊。”端木老师马上给我解围，说：“没问题，好吃。学生盛情招待，我却之不恭。”这一幕把老师的宽容和有礼深深地印在我的脑海里，多么亲切和蔼的大教授啊！

2005 年，老师送给我他的一本著作《端木正文萃》（中山大学 80 周年校庆丛书之一）。老师在该书扉页上的题词是“荷卿学弟笑纳，端木正敬赠”。足以看到老师的谦逊和低调。

端木正教授是一位博学笃志的学者、亲切儒雅的长者、爱生如子的师者。在广州怀圣寺送别老师的告别会上，最高人民法院代表的悼词给了老师一个十分高尚贴切的评价：“端木正同志的一生是革命的一生、追求的一生、奉献的一生，他的逝世使我们党失去了一位肝胆相照、荣辱与共的好朋友，使人民法院失去了一位好法官、好领导，使法学界失去了一位大师和楷模，使教育界失去了一位好导师。”

老师离开我们 8 年了，他和师母两老的谆谆教导我们记忆犹新。我们学习老师淡薄名利、严谨的治学精神和学识渊博、宽厚待人的高尚品德。虽然我们已经年过花甲，也要学习老师老而弥坚的工作态度，“以您正直为人作榜样，以您淡泊笃学为镜子”，发挥余热，做力所能及的工作，以实际行动缅怀尊敬的老师。

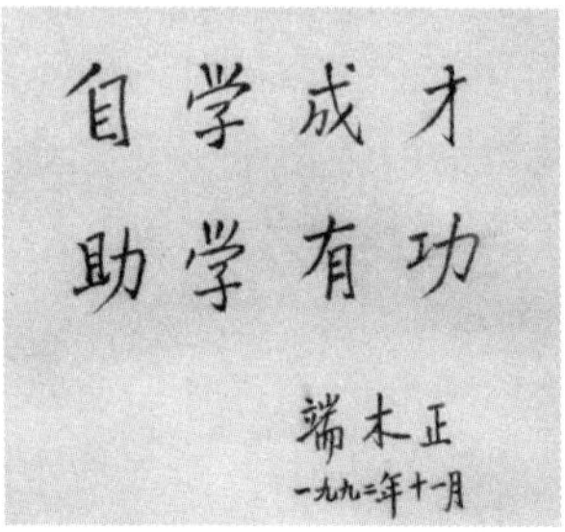

端木正教授在海牙国际法庭前拍照留念

2006年11月28日是一个难过的日子。中国的法学界前辈端木正教授溘然辞世，令我们悲痛万分。刚刚回到他热爱的广州，回到康乐园，就匆匆走了。我们毫无思想准备，突闻噩耗，简直感到不知所措。老师生前的音容笑貌一幕幕浮现眼前。想起老师讲授法国历史的情景，老师到访我家的情景，上京赴任后老师每年回康乐园聚会的情景……思绪万千，凭着对端木正老师的深切怀念，我写下悼念诗句。

我送老师远行

——深切怀念端木正老师

老师乘鹤西去，
留下无限哀思。
您走得那样匆忙，
还未来得及捎给您问候语；
您走得那样匆忙，
还未来得及留给我们嘱咐。

老师堪比慈父，
谦称我们为“学弟”。
亲切慈祥爱生如子，
从不显耀教授架子。
忘不了，您描绘拿破仑出征的故事，
忘不了，您讲述巴黎公社革命史。
多少次，在您陋舍里一起淘米做饭，
多少次，促膝详谈听您谆谆教诲。
常回味，康乐园里师生欢聚，
常回味，部长楼上“票友”听戏。

老师爱国真切，
一生为祖国效力。
老师胸怀广阔，
百折不挠顶住无数次冲击。
您古稀之年上京赴任，
勇挑最高法院重担；
头顶虽有光环无数，
您最看重“教书匠”；
来回奔忙于京广两地，
迷恋您热爱的讲坛。

老师乘鹤远去，

高尚品格留存。
以您正直为人作榜样，
以您无私奉献为楷模。
我送老师远去，
思念永留心里。

旧书明月伴吾师

1962级英语本科生、1979级英语硕士生、1984级英语博士生
区　鉷

题记：本文原载《西窗琐语》随笔集，重庆大学出版社，2008年6月。

世纪初出生的人到了世纪末，十有八九要归于尘土。老成凋谢，明知不可逆转，但某一天这不可逆转的自然规律竟然把自己亲近的人也带走了，那种哀痛照样来得令人错谔，来得刻骨锥心。

所谓亲近，早已超出了血缘关系。神交往往和血缘一样亲，有时甚至有过之而无不及。

试想想——

一位忠厚长者，指导你从硕士读到博士，将近10年时光。虽然不是朝夕相处，却也时时纵谈国学西学，评论学界孰短孰长。他间或从书柜里拣出一本书来，戴上眼镜，干脆利落地翻到某一页，用指头点着某几行，然后道出一番精辟的见解，或者燃起一根香烟，大口吸进去马上又大口喷出来，然后悠哉游哉地回忆起文坛旧事。即使是和自己的亲人在一起也难得这"如沐春风"的感觉。

老人往往不服老，不但走平地不让搀扶，上下台阶也要独立为之。于是，学校有关部门专门在他的住处通上大路的台阶建了一排可以扶手借力的铁栏杆，可惜的是他从未使用过，因为栏杆建成后他就因脑血栓住院，并且偏瘫了。

假如他没有自作主张戒烟……假如他没有那么认真地为别人的书写那几篇序……假如住院后他没有吃那大剂量泻药来对付便秘……假如病房陪护没有把感冒传给他……罢了！太多的假如只会翻起更多尘封的的遗憾！

中山大学外语系第一届硕士毕业生

先生喜欢下中国象棋。在我这个少年时代受过象棋专业训练后来却半途而废的业余棋手看来，他的棋艺并不高，但先生绝对是个棋痴。有趣的是，先生做研究十分严谨，但下起棋来却勇猛得近乎鲁莽，以致经常吃亏。可能这是人的性格中的两面性使然。反观我自己，也是一样。做学问尽量绵密，但打起乒乓球来却是大胆搏杀，有时甚至铤而走险，所以不时打出很漂亮的球，但往往是赢了个别战役却输掉了整场战争。

先生身上有一股不服输的精神，于是经常导致持久战。有一年大年初三，我去给先生拜年。一进门就瞧见广东外语外贸大学的龚华基老师在和先生下棋。龚老师一看有接班人来了，马上告辞。上午大约九点半先生和我开始下棋，一直下到第二天上午十点。三顿饭都是师母做好端到棋桌跟前，我们边吃边走棋。如果不是师母发脾气，恐怕还会继续下去。打那以后，师母约法三章：每次下棋不得超过三盘。但先生总会像个贪玩的孩子，趁师母不注意要我多下一两盘。他的名言是：假如有一天我连下棋都没兴趣了，那我的日子就不多了。

戴镏龄先生指导区鉷

先生喜欢象棋，但更喜欢书。他家客厅里挂着一副集句联：“旧书不厌百回读，明月自照千家墀。”每到一处，包括出国，他一定要去书店或旧书摊看看。1995 年我在美国杜克大学作研究教授，先生特地嘱咐我帮他买一本关于纽约书店的书——*The Bookworm's Big Apple*。说起买书，先生主张不要乱买，他说书是买不完的，最好是集中买与自己专业有密切联系的书。先生的书房里摆着许多线装书。作为英语语言文学专业的教授而拥有那么多线装书的，我看也是极少有的了。这是因为他认为中国古典文学和英语语言文学研究有密切的关系，而且先生的旧体诗写得也很好。先生爱书，但爱得不迂。他常说书是为人所用的，所以他常在书页上写下批语。有时这些批语写在纸片上夹在书里，显得不太整齐。正是先生的这一习惯启发我写成了随笔《阅读也是隐私》。先生强调读书要精，某个领域里经典的、重要的书要反复读透。真的“不厌百回读”才行。他对我讲过一段发生在他的同辈人中的文坛逸事：某公自称读书破万卷，洋洋然有大师之风。一日，有人效武林打擂事，携来书籍数册，约此公专门切磋此数册书。某公心虚，期期艾艾，终托词而遁。先生仙逝后，师母把他的藏书全部捐给了学校图书馆。

捐书之前师母让我挑一册作为纪念。我选了一部线装的《三台诗林正宗》。

至于对联中的“明月”，那是先生毕生追求的生命状态的象征。无论清辉皎洁也好，冰轮剔透也好，总之就是纯真吧。

2007年5月9日是先师戴镏龄先生逝世九周年，追思再三，感触良多。斯人远去，或神游八极，或托体山阿，明月是常伴先生的了。那旧书呢？恐怕早已存在先生的心里，流淌在先生的血脉中，化成了先生的风骨，更是寸步不离了！

旧书明月伴吾师，旧书明月祭吾师！

青春矜盛年

——当年外语系丰富多彩的文体活动

1962 级法语　老羊识途（杨荷卿）

青春就像盛夏日子里拂面而来的一阵凉风，给人带来一丝舒服和惬意；就像交响乐，播放着生命的绚丽多彩；就像一场戏剧，演绎着缤纷多彩的人生；就像生命，让我们勇往直前。人最美丽的时候是在青春的怀抱下成长。《文苑英华》中“红颜恃容色，青春矜盛年”，指的是青春是人的一生中最美好、最进步的阶段，可见青春是多么美好。在中大 5 年的求学日子里，青春虽然像昙花一现，却留下了不少美好的记忆。拾起青春的记忆，使之成为在我们心中定格的图画，即使我们韶华逝去，也将成为我们青春的永恒。

激情青春——尽显体育才华

在中大校园里，外语系一向是比较活跃的集体。当年（1961—1965 年间）的外语系可以说是藏龙卧虎之地，文体活动在中大各系中总是名列前茅。就说 1967 年毕业这一届，外语系女子篮球队是中大校内的强队，数次拿到全校冠军。外语系女子篮球队的 2 位队长都是校女篮的主力队员。我们每周有两个下午在 4 点半后的训练时间。在民兵营长李友文和系体育部长黄天源的指导下，球队团结战斗，成绩不俗。

外语系女子篮球队

自左至右　前排：林巧銮、阮宝华、方燕卿、丘一剑、冯令仪、王红英，后排：李友文、廖颖茜、郑小玲、(此人姓名待查)、刘群芳、李柳明、黄静云、杨荷卿、黄天源那年头是全民皆兵的年代，大学生也不例外。中大女民兵射击队由外语系和哲学系的 12 位女生组成，外语系占了半壁江山。我们经常拉队去给外宾表演步枪射击：50 米以外无依托打飘动的小气球或啤酒瓶，100 米以外步枪打靶，虽然不能百发百中，命中率也是很高的。1963 年夏，中大在全市高校步枪射击比赛获得女子队第一名的殊荣。

中大女子射击队在训练场

外语系参加校女子射击队成员

左起：民兵营长李友文、麦梅娟、王红英、陈建芳、本文作者

外语系的课外活动开展得有声有色。我法四班 21 人中有 8 位女生，其中 6 人参加了各样运动队，有校女子击剑队队长、校女子射击队队长、校女子体操队主力、校女子乒乓球队主力、校女子田径队短跑好手……每次的外语系运动会，我们都能够大展拳

脚。女子接力项目可以“把地球蹬转”，全班不乏体育竞技能手，因此获得 1963 年系运动会团体总分第一名。

法一班在中大西门合影

缤纷青春——文艺高手云集

与中大其他系相比，外语系的女生较多，外语系文工团更是全校闻名。文工团里有许多文艺尖子，汪念郴、麦玉珍都是受过专业训练的女高音（汪念郴入学前是中央广播合唱团队员，麦玉珍后来是湛江歌舞团团长）；也有能自编自演的文艺高手。系里众多的华侨、港澳学生经常能演出世界各地风格的歌舞，因此外语系文工团的演出特别受欢迎。

外语系文工团合影

外语系舞蹈队合影

外语系舞蹈队

外语系在当年的文娱部长曹小冰的倡导下，舞蹈队每周利用3个早读时间，到系课室楼前的草坪做基训练习，从芭蕾的5个手位到民族舞的云手、顺风旗等。筹备晚会前还要增加下午课外活动时间排节目。我们曾经演出的舞蹈节目有：印尼快乐舞、富士山下的风暴、越南风云、在北京的金山上、巴基斯坦脚铃舞、鄂尔多斯舞、洗衣歌……有一次晚会，舞蹈队演出“富士山下的风暴”，杜莉莉穿着日本木屐还不习惯，走台时跌了个人仰马翻，旁边同学帮手把她拉起来，她顾不上跌痛了身体马上复位继续演出。又一次演出西藏歌舞“在北京的金山上”，黄飞红突发阑尾炎，仍然面带笑容坚持演出到最后，一下舞台连装也来不及卸就马上送校医院。这些例子，足以表现了同学们是何等认真地对待表演和训练。同学们在娇小柔弱的外表里都有一种坚忍不拔的精神。

志愿军战歌

晨练舞蹈——冬云

晨练——弓舞

晨练基训

晨练——在北京金山上

大学毕业后，我们以国务院储备的外语人才身份，到了汕头牛田洋部队农场接受解放军再教育。1969 年 7 月 28 日，我们在牛田洋经受了 17 级强台风的洗礼，之后回到营地重建家园。为了振奋士气，外语系文工团成员发挥作用，排练“牛田洋战歌”在部队演出。在两年多的等待之后，我们终于要离开牛田洋，奔赴各个工作岗位。离开之前，以外语系文工团为基础，我们搞了一个告别晚会，演出了红灯记、沙家浜片段，表演了大合唱……外语系文工团再一次表现了我们能上能下，能文能武的风格。

牛田洋战歌

无悔青春——绚丽不老人生

青春不是年华，而是心境。青春是生命的源泉在不息的涌流。如果说人生是五彩缤纷的彩虹，那么，青春就是其中最绚丽的一簇。因为青春，所以我们快乐。青春的我们富有朝气，我们活力四射，百折不挠。青春不仅是生命里的一段时光，青春更是一种精神状态，是一种不懈的干劲、丰富的想象力和快乐的情怀，是一束生生不息的熊熊火焰。任随时光流逝，永远不会忘记陪伴我们走过青春的朋友。我们的同学友谊已经延续了52年，虽然分散在世界各地，今天依然通过Email、微信、电话……常常联系，有机会就会欢聚一堂，在欢声笑语中我们体验快乐。青春如歌，回忆当年的青春时光，恢复我们的青春模样。青春永驻！So long as you are young.

2009年聚会　摆回当年姿势

蒲龄恩其人其诗

1962 级英语本科生、1979 级英语硕士生、1984 级英语博士生
区 鉷

题记：蒲龄恩（J. H. Prynne，1936— ）是中山大学外语学院客座教授、英国当代诗人、剑桥诗派领军人物、剑桥大学英文系 Reader。他也是已故戴镏龄先生的好朋友。本文是区鉷为英汉对照版《蒲龄恩诗选》（中山大学出版社，2010 年）所写的“代序”。

经过近 3 年的努力，中山大学外语学院英诗研究所同仁（the Epsians）终于编辑了蒲龄恩诗选并完成了汉译。此前中国的《世界文学》和《星星》诗刊都刊登过蒲龄恩的个别诗篇的汉译本，但成书并且比较有分量的当推我面前这一部书稿。

蒲龄恩是英国当代诗人 J. H. Prynne 的汉语名字，这个名字是他指导的第一位在剑桥大学获得英国文学博士学位的中国学生谢明给他起的，他十分喜欢，认为和中国文学有很深的渊源，因为“蒲龄恩”有两个字和《聊斋志异》的作者蒲松龄相同。

蒲龄恩是剑桥诗人群体中的领军人物，他的诗集译成法语、德语在欧洲出版。以他为题材的研究专著和博士论文也越来越多。具有文学史性质的介绍 20 世纪英国诗歌的著作几乎都要给蒲龄恩一定的篇幅，甚至有学者写出标题为 *From Pound to Prynne* 的书，把蒲龄恩和庞德相提并论。

1991 年 2 月 17 日蒲龄恩和戴镏龄、徐开蜀夫妇在中山大学校园

坦率地说，蒲龄恩的诗十分难懂。他认为现代诗歌的一个特点就是“难”，诗人把制造阅读理解的困难作为一种技巧。2008 年 4 月蒲龄恩参加了在石家庄举行的第一届全国英语诗歌研讨会，宣读的论文就是关于现代诗歌中的“难”及翻译这些“难”的难度。这一点本书各位译者深有体会！

蒲龄恩对英美诗歌的发展有自己的独特的、一贯的看问题的角度——纯艺术的角度。他认为一部诗歌发展史就是诗人们在艺术上不断推陈出新的历史。比如托·史·艾略特的《荒原》有许多“碎片”（fragmentalism）和“不确定”（indeterminacy），许多学者认为那是第一次世界大战后的欧洲的象征性写照。蒲龄恩却认为艾略特那样做只不过是在表现技巧上想摆脱浪漫主义的桎梏，也就是中国文化人常说的“避熟求变”，和政治与意识形态没有必然关系。艾略特的非个人化（impersonality）是针对浪漫主义的“自我中心”（egoism）的，其他现代派诗人都一样。比如叶芝之所以提出“mask”和庞德提出“persona”，都是认为浪漫主义的“egoism”无论题材和感情的表现空间都太狭窄，不利于诗人的想象。

客座教授蒲龄恩于 2005 年 6 月拜访戴镏龄夫人徐开蜀

蒲龄恩自己也身体力行，在诗歌创作上不断求新。特别是在语言方面，他很重视词语本身的特质，这一点和美国的“语言诗派”异曲同工，都认为以往的诗歌创作或评论的焦点在诗篇，现在应该把注意力转到构成诗篇的更小的单位——语词。就好比过去看重的是房子，忽略了房子的建筑材料——砖瓦，现在须要反拨。有时他在创作中甚至让语言带着自己走，颇有中国宋代诗人杨万里的“不是老夫寻诗句，诗句自来寻老夫”的境界。

生活中的蒲龄恩洒脱不羁，和他在诗歌创作上的大胆探索互相呼应。他在剑桥大学教了 30 多年诗歌，带出了许多博士，但他自己的头衔一直只是“Mister”，连“Doctor”

都不是，因为他不喜欢写学术论文，只喜欢写诗，按照剑桥大学的规定无法晋升。有关部门多次做他的工作，劝他写些论文发表，蒲龄恩偏偏我行我素。其实他只要把英国文化委员会（British Council）请他去做的那些讲座的稿子整理出来就是很好的学术论文。2006 年他要退休了，剑桥大学终于授予他“Reader”的职称。他说：“They gave in at last.”没有教授的名头他毫不在乎，李约瑟不也只是个 Reader 嘛。

蒲龄恩还有点仗义疏财的侠气。有一位剑桥诗人身体不好，经济状况也不好。蒲龄恩经常接济他。中山大学外语学院英诗研究所自 2002 年成立以来，蒲龄恩已经向研究所捐献了将近 700 册原版专业书，都是他以图书馆长的眼光，结合研究所的博士生的研究方向挑选并购买的。赠书还在继续，老蒲（我们给他的昵称）说这是他的另一个图书馆。他曾在广州大学任教半年，回英国前他留下人民币近 30000 元供举办珠江国际诗会用。对自己的家人也一样。他和姐姐继承了父亲留下的遗产，没过多久他就把自己得到的那一份的一半给了小女儿。

我和蒲龄恩相识纯属偶然。1988 年国家教委派我去英国做博士后，接受英国文化委员会的资助。英国文化委员会介绍蒲龄恩作我的导师。了解到他是诗人，我就欣然同意了，于是开始了长达 20 年的交往。从那时候起，我指导的研究英诗的博士生一个接一个去到剑桥接受蒲龄恩的辅导，蒲龄恩也两度来中国任教，这也许就是缘分吧。蒲龄恩和研究中国科学技术史的李约瑟博士是好朋友，对中国文化非常熟悉，两人是剑桥大学甘维尔 - 基思学院的同事。李约瑟当过院长，蒲龄恩是图书馆长。他在学院里有两间办公室，其中一间专门用来存放和中国有关的书籍以及中国的书画作品和其他艺术品。蒲龄恩对吴门画派尤为熟悉。

蒲龄恩还是一位无神论者。

写到这里，我忽然觉得这篇短文的题目应该读作《蒲龄恩奇人奇诗》才对。

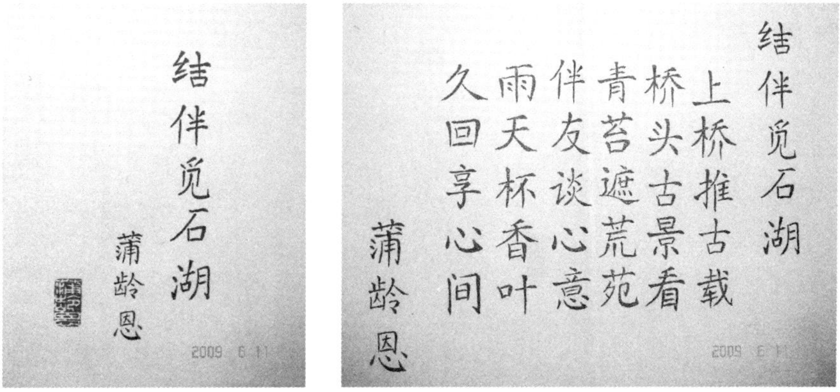

蒲龄恩手书自己创作的汉语诗

“文革”记忆

1963 级英语　祝静钿

免费串连，畅游北京上海

我是 1963 年考上中山大学外语系的，学了不足三年，碰上史无前例的 1966 年“文化大革命”。课被停了，教授从讲台上消失了。革命、批斗声响彻校园。到处是触目惊心的白纸黑字大字报。中大西区美丽的小池塘有一天竟浮起了某教授的遗体……握在我们手中的再不是英语、法语和德语书。而是小红书《毛主席语录》。同学也不再是淳朴、友好、好学的青年，差不多都变成激昂、敌对、好斗的“红卫兵”了。日夜口诛笔伐、天天忙碌恐惧。唯一的乐趣是没有大考小考，还可以免费到全国各大城市“串连”游玩。

始于 1966 年 8、9 月的“红卫兵”革命大串连同样也是史无前例的。当时串连十分简单，准备好背包行李，最重要的是戴上红卫兵的袖章，然后到长途汽车站、火车站上车就可以免费抵达目的地了。1966 年 9 月，我和几位同乡的红卫兵挤上又闷又热的北上火车，呆了一夜又半日，终于抵达上海。然后我们就赴上海最出名的和平饭店。当然入住和平饭店是不必交费，不必登记的。服务台看看我们的革命串连的证明后就带我们去客房。客房里床、桌、家俱全搬走了，只见空荡荡的房间地板上铺着六七个床垫，那就是我们的床了。在和平饭店的地铺甜甜地睡了一宿，次日我们就赴上海各公园、外滩等地游玩。玩了几天，又挤上北上北京的火车。这次人可多啦，挤得水泄不通。夜深了，我们这帮疲惫的红卫兵，男男女女，东歪西倒地倒在椅子上，椅子下睡觉。列车在

1967 年 9 月北京颐和园（大串连）

昏暗的灯光下摇晃前进，汗臭、尿臭伴着呼噜声在车厢里飘荡。半夜里，一位女红卫兵的尖叫声把我吵醒，原来她骂一个男红卫兵非礼她。我赶快请她换位置睡到我身旁了事。天亮抵达北京的前一站，一群穿着绿色军装的红卫兵上车查证明。他们戴着联动袖章，个个神气活现，腰扎宽皮带，手持打人的皮带，凶神恶煞地一个个查证明。没有证明的统统抓下车。还好我们几个有证明。只见一个女联动大叫“大山中学的几个，可以留下”。我们松了一口气，终于我们“大山中学”的几个红卫兵胜利到达北京城。抵达北京后，我们赴北京大学、北师大的学生饭堂吃饭，当时吃的几乎每一餐都是清一色的窝窝头加雪里红，早餐则多加一碗稀饭。抵京后有一天我们赴天安门接受毛主席接见，要排队进入天安门广场，早上4时起床，折腾至午后被毛主席接见了。说真的，太远了，根本看不到毛主席，也听不到他在说什么，接下来在北京玩。当时故宫关了，幸好颐和园还开着，我们只能去几个公园玩玩，然后就回广州市了。

艰难围海，造田雷州半岛

好不容易盼到毕业，我们这些本科学生，不是下乡任中学教师，就是送去各个军垦农场接受再教育。

我被分到湛江湖光岩海军农场接受再教育。湖光岩是个火山湖，据说从来没有人能勘察到它的底，听说还有湖怪，会吸人下水，所以没人敢下湖光岩游泳。然而，湖水冰凉清彻，风景优美的湖光岩边并非我们农场所在。

我被送到湖光岩附近的一个叫铺仔墟的海滩，我们要在那海滩上向天要土地，向地要农场。经过七八个月挑泥垫烂地，我们终于在兵哥哥的指挥下用稻草及海滩烂泥建成了六间茅棚宿舍。茅棚顶铺的是稻草，墙壁上是烂泥抹稻草，门窗是稻草编成的，打开就面对大海，而厨房则建在一片稍高的海滩上。厨房比我们重要啊！铺仔墟农场是在海滩上专为我们这批臭知识分子建的，茅棚的周围也没有什么堤防，现在回想起来十分危险，几乎是睡在海滩上。我们这些臭老九的命比狗都不如。然而幸运的是一碰到台风，海军南海司令部立即命令我们撤退，绝不让我们往前冲，因为他们知道我们每晚差不多在都在海平面上睡觉。故此我们并没有发生像牛田洋近千人被海淹没惨死的悲剧。我们

1969年铺仔墟海军农场

后中：解放军班长；右祝静钿

的班长及连长是刚刚从越南打仗回来的小兵哥，十八九岁，比我们还小，但管起我们来可凶啦，比如说，我们肚子里实在太没油水了，有时偷偷在镇上买点炒花生，可我们小班长一闻到花生的香味就会毫不客气地掀起我们的被单，批我们这些“资产阶级臭小姐吃零食”的作风。

我们的厕所建在海滩上一个养鱼的小池塘上，每次方便，就有大群鱼来抢吃。有一次，连长经过几天看似办重案的调查，开了一个大会，原来是有一位来自山东的女同学用她亲朋寄给她的信封作便纸，扔在池塘里，因浮于鱼塘水面上被发现，追查发现信是给她的。哇，这可是不得了的大事，因为信纸上有伟大领袖毛主席的头像。结果，我们这位来自山东海洋学院的女臭知识分子被批判了好几次，几乎要跳海自杀。现在回想起来真是可悲。

包围蔗林，恩爱夫妻被捉

部队里规定，在再教育期间不准谈恋爱，男女分开住。当时队中有一对来农场前刚结婚的夫妻，恩爱异常，然而连队纪律严明，不准他们住在一起。

有一天晚上9时左右，炊事班军人班长及我们的班长带领几个战士包围一片蔗林捉盗蔗贼，电筒一照，原来是一对来自武汉的夫妻光身在亲热……

我们本以为又要开批斗会了，还好，我们的连长开恩，说不批了，因为他们出示了结婚证。我们可逗了，有糖吃。连队让他们以后每周六搬到一间小茅棚住一个晚上。他们俩搬到茅棚住的第一晚可热闹了。我们几个女生帮忙抱被子、枕头，男的则嘻笑着闹洞房。这以后每周六，沉闷的海滩上总算有了点欢笑声。

我们农场地处雷州半岛，半岛地下含铁高，一下雨经常雷电交加，我们班长要我们下雨打雷时，不可停工，要高喊“下定决心，不怕牺牲，排除万难，去争取胜利……”

我们女生连的女生经常在雷电中全身湿透，把无限恐惧寄于高喊毛主席语录中，继续干泥活。终于有一天，来自阳江的的一位女生被雷击中，倒在地上抽搐。以后有雷电时，连长就让我们收工回茅棚了。

“文革”武斗，吓死朱白兰教授

在1967年武斗期间，我住在同学郑小玲的外婆家。有一天，我大胆回校看看，14路公车停开，省柴油机厂的枪口对着西区，唯一进中大的是坐船至北校门。在西区空荡荡的教师宿舍附近的一条小路上，我见到一位白发外国老人在树荫下，见到我马上立正，举起右手对着我大喊三声“毛主席万岁”。她是德语系的朱白兰教授，丈夫失踪后，她一直独居，留在我系兢兢业业教授德语。她膝下无儿无女，大概“文革”把她吓坏了，似乎一见红卫兵就呼“毛主席万岁”口号以保自己。我向她问好，她说：“我求你帮我，带我出中大住一段时间。”她虽然没教过我，但握着她冰凉、发抖的双手，看着她无限恐惧，期望的眼神，我能不帮她吗？我满口答应，帮她回家收拾衣物，就带她经北校门坐船“出广州了”。当然，路上碰到好几个革命组织的岗哨盘问。我告诉他们教授生病了，要带她到广州市住院。总算顺利到达市内，我带她住海珠广场华侨大厦，并经常去看她。过了几个月，她的干儿子通知我，朱教授去世了。我参加朱白兰教授葬礼，就很少几个人，似乎没什么外语系的领导或同仁，我这个英语系的就算是学生代表了。一位随丈夫从遥远的德国来中大辛劳教育、栽培我们的外籍教授，就这样在“文革”恐怖中去世了。朱白兰教授，我们永远怀念你。

朱白兰教授 1968 年送给我的“文革”前照片（背面有朱教授亲笔签名）

朱白兰小传

1963 级德语　林　茹

一　翻开历史的一页

1971 年，“文化大革命”已进入了后期，曾经硝烟弥漫的中山大学校园在经历了动乱之后，已经平定了下来。“老五届”已陆续“毕业”离校，位处康乐园西区的外语系，由于大部分教师在年前合并到广州外国语学院，更是显得有些冷清。

5 月 4 日，一辆急救车从康乐园急速驶往中山医学院附属第一医院，被送往医院的是一位生命垂危的“外国”女病人，病人经过抢救，终因患肝硬化病医治无效，于 1971 年 5 月 5 日 19 时 55 分逝世。

这位女病人便是中山大学外语系德语教授朱白兰。从 1970 年查出患失代偿肝硬化以来，她的健康便每况愈下。病重期间，两位外语组教工在她家轮流值班，学校领导和卫生所同志多次劝她进院治疗，但她拒绝入院。为了使她得到及时医治，经校方积极联系，中山医学院、中医学院派出医生来校为她检查和治疗。但是，由于病魔缠身，她终于走到了生命的尽头。

当时，主持学校工作的是革命委员会，由于朱白兰的特殊身份，校革委会政工组当晚就草拟了《关于朱白兰教授病逝的报告》，递交广东省教育战线革委会。报告中称：

朱白兰于 1904 年出生于罗马尼亚，犹太族人，1947 年来中国，1954 年被批准加入中国国籍，1963 年被批准为中国作家协会会员。根据朱白兰的情况，学校决定，由革委会机关四大组及公共外语小组各派一人组成治丧小组，于 5 月 8 日上午在广州殡仪馆举行告别仪式，由校革委会负责同志、各系代表以及有关单位人员参加，根据朱白兰本人生前遗嘱，对其遗体进行火葬。

40 年过去了，朱白兰骨灰存放在哪里，已无法查找。朱白兰去世的时候曾留下一个箱子，里面放有她生前的信件、手稿、照片等重要资料。起初，箱子放在外语系图书馆，后来几经搬迁，已经不知去向。但上面提到的这份病逝报告，至今可在中山大学档案室里查到。在朱白兰的个人档案中，存有一份解放初期上海市外侨登记申请书，编号 0403，上面登记了她的基本信息——Klara Blum，中文姓名：白兰；性别：女，1904 年 11 月 27 日出生于乞诺维支（婆可维那），已婚；身高：5 呎 7 吋，肤色：白，睛色：蓝，发色：灰白；1934 年曾取得罗马尼亚国籍，现属无国籍，犹太人；护照号码：（B427）已过期，有效期 1950 年 10 月 27 日，发证地点，上海国际难民委员会；职业：作家，诗，散文，翻译，在上海市加入了国际笔会；经济上主要靠上海市生产救灾委员会救济，能操俄、德、英、法文，略知汉语；临时住地：长乐路 286 号；1947 年 8 月从法国巴黎来沪，来沪目的：寻夫。“在中国之家属”一栏，填写的是：朱穰丞，丈夫，1901 年出生，中国籍，职业是导演，现在住址不明。档案中除了这份申请书外，特别令人注目的，是一本暗红色、硬封皮、尺寸比名片略大的证件，这是上海市人民政府公安局发给克拉拉·勃鲁姆的《上海市外国侨民证》，里面贴有她的照片，这是她1951年在华东人民革命大学附设外文专修学校图书馆工作时持有的身份证。

中山大学保存的朱白兰档案资料虽然不多，但非常珍贵，尤其是她生前请人代填写的中文履历表，亲笔书写的英、德文材料，如《自传》（1952.10.11）、《自白》（1958.5.29）、《我的丈夫》（1958.12.17），还有病重期间立下的遗嘱，等等，为我们了解朱白兰的一生提供了重要依据。此外，朱白兰去世后，首先是她生前的学生开始写一些回忆文章，继而国外的学者发表研究文章，特别是 Zhidong Yang 博士的研究成果及其选编的朱白兰作品集，使我们有可能进一步贴近朱白兰。下面，试以上述文献资料为基础，为读者勾勒这位犹太裔中国女诗人的人生轨迹。

二 童年的创伤

> 1904年11月27日，我生于奥地利与罗马尼亚两国边境上的小城切诺维兹（Czernowitz），该城当时属奥匈帝国的领土。我受的是德文教育，但我并不是德国人，而是犹太人。

这是克拉拉·勃鲁姆1952年10月11日写的《自传》的开头，此时，她到中国已5年，刚从复旦大学调入南京大学，身份仍是无国籍外国侨民。

她在自传中提到的出生地切诺维兹（旧译：乞诺维支）位于多瑙河的支流普鲁特河沿岸，坐落在一片布满森林和田野的丘陵地带上，如今既不属于奥地利，也不属于罗马尼亚，而属于乌克兰。它靠近罗马尼亚边境，离基辅约600千米，海拔高度248米，占地面积约150平方千米（58平方英里）。在乌克兰语中，它称为切尔诺夫策（Чернівці / Tscherniwzi），也许因为城墙是黑的，土地是黑的，故有“黑城”（Tschern）之称。由于历史上曾属于不同的国家，而且是多民族聚居地，所以它除了乌克兰语名称外，在罗马尼亚语、德语、波兰语、俄语中还有不同的称谓。切尔诺夫策这一名称，是在1408年10月8日摩尔达维亚亚历山大王储的一份文件中首次出现的。1359年到1775年期间，该地是摩尔达维亚公国的一部分。1774年，摩尔达维亚公国西北部的部分领土被哈布斯堡帝国吞并，1849年，作为布科维纳公国的首府，成为奥地利帝国王室的世袭领地。“布科维纳”（Bukowina）在德语中也称 Buchenland，意思是“山毛榉之乡”，在这里，繁茂的山毛榉树随处可见。

克拉拉降生的时候，切诺维兹十分繁荣，有“小维也纳”之称。这是一个具有德意志和犹太文化传统的城市，早在罗马时期，犹太人已开始在这里居住，但数量不多。14世纪以后，出现犹太移民潮，从邻近的匈、波、德、俄向该地区迁徙，到19世纪末20世纪初，犹太人多达居民人口的三分之一。根据奥匈帝国颁布的法令，犹太人在法律上享有平等权利，但犹太族群并没有作为独立的民族获得承认，议会里也没有独立的民族席位，统计国民时，犹太人按照他们使用的语言被划归不同的民族。犹太人没有被限住在特定的隔离区（Ghetto）内，但大多数犹太人还是喜欢聚居在一起，形成犹太人街道。少数富有的犹太人则在犹太街道以外选择住处，他们的孩子上基督教的学校，受德语教育，互相之间讲德语，也讲意第绪语——阿什肯纳兹犹太人使用的语言，这种语言是在中世纪德语方言的基础上，吸收了希伯来语、罗曼语、斯拉夫语等其他语系的元素而发展形成的。

1770 年至 1880 年，以柏林为发源地，在欧洲兴起了一场哈斯卡拉运动。所谓哈斯卡拉（Haskala），在希伯来语中意味着“理智”、“教育”。长期以来，犹太人作为少数族群，固守旧的宗教和文化传统，在法律、宗教和社会上受歧视，被排斥在基督教占主导地位的社会之外。哈斯卡拉运动旨在吸收启蒙运动的价值，克服犹太族内部的文化危机，促使犹太人脱离边缘状态，融入社会的多数族群中，以实现“犹太人的解放”。这场犹太启蒙运动，在克拉拉看来，只是造就了少数犹太富翁，并没有给古老贫困的犹太街道带来多少光明。关于犹太人的生存状态以及同化过程中的阶级分化，克拉拉写过一首诗，题为《切诺维兹的犹太区》①，诗的第一、二段是这样的：

一

古老的街道紧密相连，
路面凹凸，巷道弯曲。
沉重的灯上闪动着小小火焰，
凭借幽默面对生活的不幸。

双目仍然闪光，但脸色苍白，
衣衫褴褛，鬓发颤抖，
这群人几乎窒息在贱民街道，
呻吟，讥诮，继续生存。

一百年前围墙已经坍塌，
但他们仍留在发霉的窝里。
贫困抓住他们的头发，
使他们无法离开狭小古老的住地。

二

解放的时刻只为某些人敲响
——他们脑满肠肥，影响广远——，
他们交口称赞主人，
颂扬获得光明的时代。

他们趾高气扬地迁入花园大街，
成为高官和贵族的邻居。

① 德文版见 Zhidong Yang（Hg.）：Klara Blum，kommentierte Auswahledition，第 294 页。

他们被另眼看待，
“虽”是犹太人，却可被接受。

娱乐场花园夜间灯火辉煌，
乐队热奏罗马尼亚乐曲，
他们派头十足地看着菜单，
不愧是喧闹自信的一伙。

他们说的德语怪声怪调，夹杂着
斯拉夫和罗马语族人的傲气和炽热，
花斑斑、傻乎乎的德语中饱含着痛苦，
那是被遗忘了的犹太人生活区的苦难。

古老的怨声延伸着他们的语言，
迫害、辱骂、不停地迁徙。
但他们早已忘却怨恨和复仇，
封建主成了他们的座上客。
……

克拉拉把自己的父亲归入这些犹太富人圈中。克拉拉的父系先辈到祖父这代还没有致富，据她填写的履历表，祖父莫泽斯·勃鲁姆（Moses Blum）是半无产者（佃户，小贩），无政治思想，克拉拉出生前已死。祖母内蒂·勃鲁姆（Netti Blum），娘家姓 Amen，1910 年去世，不懂政治，但仇恨社会，虐待婢女。外祖父埃弗拉伊姆·坎纳（Ephraim Kaner），曾开银钱兑换庄，1930 年将其女，即克拉拉的母亲（当时是年轻寡妇）嫁给有钱而年老的约瑟夫·勃鲁姆（Josef Blum），之后便破产，后来很穷，是个反动分子，特别仇视黑人。外祖母拜拉·坎纳（Beila Kaner）迷信宗教，但有社会观念，第一次世界大战后不久，她说过：“这样子的可怕事情都会发生，那我不能再信上帝了！”

克拉拉出生时，父亲约瑟夫·勃鲁姆（Josef Blum，1850—1934）已是当地的大地主，在市中心的施普棱吕街买了一套房子，紧挨着州政府所在地。1911 年，约瑟夫被选举为布科维纳州议会议员，当时，议会的席位分为六个组别，在第二组别（大地主）中有两个席位分配给犹太人的代表，约塞夫是其中一个，任职到第一次世界大战结束。罗马尼亚时期，州议会不再存在，1918 年起，他是犹太国民议会的成员，胡果·戈尔德（Hugo Gold）编的《布科维纳犹太人史》称他是“切诺维兹城养老院的创始人”，“一个活跃在城市政治生活中很受尊重的人物”。犹太国民议会解散后，他积极参与锡安主义运动，是布科维纳犹太国民基金会（Keren Kajemeth Lejisrael）的组织者之一，该基金会为犹太国的建立和犹太民族的统一筹集经费。① 对此，克拉拉在自传和履历表

① 见 Zhidong Yang：Klara Blum-Zhu Bailan（1904—1971），第 14 页。

中从不提及，而只是说：

> 我的父亲是商人兼地主，欧洲的犹民，特别是中欧及东欧的犹民，一向是受歧视的少数民族，一般不允许犹太人拥有土地，但有钱的犹太人可以例外，我的父亲便是这些例外的人之一。

在她的记忆中，父亲约瑟夫由经商或高利贷致富，是一个狂热的剥削者，横暴和吝啬，他对家人的粗暴，在女儿幼小的心灵中留下了巨大的创伤。想起童年，浮现在克拉拉眼前的是“家庭的仇恨，无比的愤怒”。她的童年，包括对童年小伙伴的珍贵回忆，都笼罩在父亲的阴影下。她在《自传》（1952. 10. 11）中写道：

> 我幼年的生活非常悲惨，八岁的时候，父亲同母亲离了婚，关于我的幼年生活，我30年代在苏联发表的诗作《丰收的花冠》① 中有所描述，在该诗中我曾对幼年的那个封建资本主义社会环境加以抨击。

这首诗是这样写的：

你衣衫褴褛站在我的面前，
——风在山毛榉宽大的树冠上沙沙作响——
我，地主的孩子，要将丰收的花冠
戴在你，农民的穷孩子的头上。

你跟我一样，卡嘉，同是七岁，
你羞怯地将小手揣在围裙里。
我摸着你黑色的丝发，
我想跟你一样色彩斑斓，光着脚丫。

爸爸凶狠地喊道，你将我弄脏了，
他将我抱起，朝着我的脸吼叫。
但我觉得：这是我的事。
他的朋友我并不喜欢。

我要将丰收的花冠戴在你的头上。
这是乡间的风俗。你顺从地弯下腰。
我看着你五颜六色破烂的衣裳。
我感到笨拙生硬。我感到羞愧。

---

① 见 Zhu Bai-Lan（Klara Blum）：Der weite Weg，第5－6页。

童年：山毛榉树轻轻的响声，
家庭的仇恨，无比的愤怒。
我不想再回到过去的岁月。
我将它置于身后，这很好。

可是你，卡嘉，我想与你重逢
在美丽的、令我痛苦的山毛榉之乡。
我想在斗争中站在你的身旁，
看见当年胆怯的手上拿起武器。

整个富饶的土地属于你们，
封建贵族连同残余势力被赶走了，
我们的主人——我的父亲——不再干涉，
于是我们庆祝美丽的丰收节日。

我们在公园的绿坪上跳舞，
而你，身边围绕着自由的农民，
将为自己戴上丰收的花环。
这样，卡嘉，我将不再感到羞愧。

该诗发表于1938年，从中可以看出，她对父亲的恨，是出自对劳苦大众的爱以及对剥削阶级的叛逆，这种朴素的感情为她日后接受社会民主主义奠定了基础。

在克拉拉的眼里，父亲与母亲的结合，如同狐狸与夜莺配对。她的母亲蔡齐丽·勃鲁姆（Cäcilie Blum，1876—1937），娘家姓坎纳（Kaner），居住在东加里曾（Ostgalizien，今属波兰）。第一次婚姻的丈夫姓玛施勒（Maschler），婚后育有一子。蔡齐丽年轻丧偶，因父亲的生意面临破产，由父母做主嫁给50岁的财主约瑟夫，当时她才24岁。蔡齐丽婚后生活并不幸福，她受世纪初欧洲的妇女运动的影响，向往资产阶级式民主、妇女平等，无法忍受丈夫的粗暴与横蛮，不愿意在婚姻中处于屈从的地位，她与丈夫之间的冲突日益严重。

克拉拉·勃鲁姆自传性长篇小说《牛郎织女》中，女主人公汉娜和男主人公牛郎之间有一段对话：

“我父亲比我母亲大27岁。我的外公外婆将女儿卖给了他，我指的不是字面意义上而是本质上的卖，当时，我母亲年轻守寡，有一个儿子。外公外婆的布店面临破产。他们不得不接受德罗赫比策地区萨尔茨堡的大银行家和金融家、当地嗜酒成性的几个波兰贵族当中的老毕尔克的求婚。在这对夫妇中，男的是精明的商人，女的是年轻的女权主义者，锡安主义者，身材矮小，不显眼，不漂亮，但具有迷人的才智。于是，我便来到了世上，作为狐狸和夜莺的产物，贵族和平民合法生下的庶子。”

“但是，您只是按照母亲的榜样成长，”牛郎断言。

“按我母亲的榜样，跟我父亲相反，”汉娜表示认同。“父母的婚姻非常不幸福，八岁的时候，我就说，我赞成爸爸、妈妈离婚。我的态度让上流社会惊诧不已。”①

汉娜讲述的情况，正是克拉拉父母婚姻状况的写照。狐狸与夜莺，贵族与平民，在买卖婚姻的习俗下结合，没有爱情，缺少欢乐，婚姻的义务将克拉拉带到人间。克拉拉在题为《愤怒的生活报告》的诗中，用类似的语言描述了父母的婚姻和自己的出生。

克拉拉的母亲终于在1913年与丈夫离婚，按照法庭判决，克拉拉归父亲抚养。但是，母亲不能让女儿离开自己，她带着女儿逃到维也纳。母女租住廉价的公寓，为了隐藏行踪，时常搬家，过着居无定所的生活。她们到达维也纳不久，奥、俄交恶，第一次世界大战爆发，许多犹太人，包括克拉拉的父亲，也从布科维纳逃往维也纳。1918年，大战结束，奥匈帝国瓦解，切诺维兹划归罗马尼亚，克拉拉一家人成了罗马尼亚国民，克拉拉父亲回到切诺维兹，但母女俩没有返回故乡，而是继续留在维也纳。根据警察局的登记资料，克拉拉不得不经常返回布科维纳办理护照延长手续。为了养活自己，也为了拉扯大女儿，母亲在富人家庭做家务，过分的操劳，使她的身体和精神受到极大的损害。母亲的健康状况似乎一直都不很乐观，曾多次到神经科诊所就诊。1922年2月，母亲神经崩溃，克拉拉不得不陪伴母亲去德国巴特瑙海姆疗养了一段时间。1926年6月，母女俩又一起回到家乡切诺维兹，三个月后，克拉拉返回维也纳，母亲则留在切诺维兹。1933年底，母亲迁居伦贝格（当时在波兰境内），1937年死于心脏病。母亲对女儿的影响是深刻的，直至18岁成年，克拉拉都是跟随母亲登记户籍。② 她忘不了母亲对自由的向往，更忘不了母亲对自己的理解和支持，她在得知母亲病逝后，写过一首题为《母亲》的诗，缅怀母亲带自己逃往维也纳的往事，寄托丧母的哀思。

1922年6月，克拉拉完成了高中学业。她回乡看望父亲的时候，父女之间又一次发生冲突。

“我的父亲此时企图以父母之命、媒妁之言的封建市民方式把我嫁出去，使我不得不与他断绝父女关系。”

这段经历，纪录在她的《自传》（1952.10.11）中，也写在了她的诗《切诺维兹的犹太区》中。诗的结尾写道：

啊，古老的犹太街道，我是你的孩子，

① 见 Klara Blum：Der Hirte und die Weberin，第74－75页。

② 参阅 Zhidong Yang：Klara Blum-Zhu Bailan（1904—1971），第16－18页。

我要从我的人民的全部经验中学习。
思考时我强大，仇恨时我更坚强，
我要将任何弱点都锻造成利剑。

你教导我，去挣脱离开这里，
忍受艰辛和饥饿、疾病和痛苦，
并将一切问题全部征服，
凭借的只是我野性的正直。

我将额头贴在你的墙上。
从今以后我只服从自己。
跟随我的情感和理智。
唯有如此，我才走得正确。

18岁的克拉拉，已不再是听人摆布的年幼女孩，她决心摆脱封建传统的束缚，与命运抗争，闯出自己的人生道路。

三　锡安之女的奋斗

1923年，《维也纳晨报》刊登了克拉拉的文章《我对生活有何期待》①，此时，她高中毕业不久，还不满19岁。文中写道：

> 我已经长大成人，我要独立，我跳上呼啸的火车，向生活驶去。有生活阅历的聪明人说："你怎么可以这么不明智，这么不谨慎，这么不实际！你本可以安安稳稳地生活，受到庇护，却凭着年轻人的执拗，不顾一切地奔向不确定之中。你不认识生活，我们可认识。你知道吗，等待你的是贫困，失望，没有任何欢乐，除了艰辛，还是艰辛，徒劳无益的、不可名状的、折磨人的艰辛。"我知道这些人所说的情况，只是他们不懂得具体说出事情的原委。生活中有的是无数的希望，一个破灭了，十个新的产生，短暂的瞬间包括着永恒的美丽。斗争，再斗争，甚至为斗争而斗争，不断投身炙热的、激烈的、振奋全部力量的斗争。车外已夜色降临，我打开车窗，向后朝着来的方向望去。再见了，童年，梦幻的国度。然后向前方眺望。远处是大城市，一个璀璨的光环。每一点灯光都象征着生活，每一点灯光都是嘹亮的声音。这些声音仿佛在向我呼唤："你很快就会到我们当中……"

这位来自山毛榉之乡的犹太少女，带着对未来朦胧的憧憬，在繁华的维也纳开始了人生的奋斗。她按照自己的兴趣在学校里选修了文学和心理学，求学的同时，开始当家庭教师，并向报刊投稿。克拉拉早期的作品，内容主要涉及犹太人问题。

---

① 见 Zhidong Yang (Hg.): Klara Blum, kommentierte Auswahledition，第435－436页。

我们知道，犹太人在历史上一直被驱逐、受迫害，这种生存状况对犹太人产生着两种截然相反的影响。一方面，它加快了部分犹太人的同化进程，所谓同化，即脱离原有的特殊生存状态和身份，适应非犹太环境的文明与文化；另一方面，又增强了犹太人的民族意识以及对民族身份的寻找，从而要求“回归犹太文化”，其结果便是锡安主义和犹太民族运动的产生。19 世纪 80 年代初，对犹太人的仇恨在奥地利重新复活，以卡尔·卢埃格尔（Karl Lueger，1844—1910）为首的基督教社会党人于 1896 年在维也纳获胜，定下了反犹主义的调子。与此针锋相对，西奥多·赫茨尔（Theodor Herzl，1860—1904）发表了小册子《犹太国》。在他的召集下，1897 年在巴塞尔召开了第一届犹太复国主义者大会，大会提出：“犹太复国主义为犹太人民在巴勒斯坦谋求一个在公法上有保障的家园。”《犹太国》发表后，犹太复国主义在很短的时间里迅速发展成为真正的人民运动。

在这场犹太复国主义运动中，布科维纳地区出版的《东犹太报》作为犹太组织的机关报，发挥了重要作用。1923 年至 1929 年，克拉拉在该报上陆续发表作品。

在抒情性散文《锡安之女》[①] 中，她写道：“没有我的人民，也就没有我的解放。”“我的人民，你需要我。你需要我去建设你的国家。我的忧思，我的工作热情，我乐于献身的精神，都是你不可缺少的。”“我亲爱的人民，锡安之女与你同在！你的上帝就是我的上帝。你的国家就是我的国家。你的平等权利也就是我的平等权利。”

在评论文章《维也纳的犹太人》中，她称自己是东犹太人，“我们东犹太人动不动就受歧视和谴责。我们的头上永远悬挂着看不见的鞭子。时刻警惕反复降临的大屠杀使我们保持灵活和无所畏惧。”[②] 她将那些迅速同化的维也纳犹太人称为“失去大地的人”，批评“他们在其社会地位的高雅氛围中神经质地、没有根基地四处摇晃”，“在维也纳犹太区围墙倒塌的时刻，这群迷惘的犹太人便产生了灾难性的想法，他们为平等权利的假象一块一块地牺牲他们的犹太文化、犹太习俗、犹太特性”。[③]

在《威尼斯十四行诗》中，她不无忧伤地描写意大利的犹太隔离区：

环礁湖上的城市，恰如海市蜃楼，
用白色大理石基座立于海上，
一旦停止呼喊——便又重新
沉入到混乱丑陋的小街窄巷。

阴沉沉的城门从远处张望，
它通向纵横交错的密集城区，
腐朽的房屋散发出地牢的霉味，
空气中充斥着封闭的气息。

---

① Zhidong Yang（Hg.）：Klara Blum，kommentierte Auswahledition，第 437－439 页。
② 转引自 Zhidong Yang：Klara Blum-Zhu Bailan（1904—1971），第 77 页。
③ 同上，第 80 页。

这是古老的犹太人生活区。
目光下垂。他们不想丧失自我，
于是人们首次在此将他们隔离。

古老的教堂敞开阴郁的大门，
几百年来它喉咙里回荡着
犹太人被扼杀的灵魂的悲鸣。

她的诗受到了犹太报刊的高度赞赏："节奏、音色、词汇、语言艺术、题材，无处不表现出她是真正的女诗人"，"她的诗深深地植根于犹太文化中，从中获取创作的素材"，"无论在哪方面都可以与伟大的埃尔泽·拉斯克－许勒①的犹太诗歌媲美，甚至有过之而无不及"。②

1925年，犹太复国主义者第14次代表大会在波斯米亚地区的卡尔斯巴特举行，克拉拉从大会发回专稿，满怀喜悦地欢呼："犹太民族聚会了。它至少在几天里摆脱了离散的残酷命运。人们重逢了。人们互相高兴地再见面了。"③

1927年至1928年，她患肺结核在玛利亚巴特疗养了几个月。1929年4月，犹太复国主义的倾向促使她前往巴勒斯坦。此时，克拉拉的异父哥哥奥斯卡已经定居"应许之地"。在克拉拉的心目中，哥哥是资产阶级民主派，犹太民族主义者。克拉拉前往巴勒斯坦，一方面为了探望多年不见的哥哥，另一方面也想看看自己是否可以融入当地的生活。但是，几个月后，她便回到了维也纳，并因感染热带疟疾病了3个月。显然，她无法适应那里的生活。以后，她再没有去过巴勒斯坦，也再没有见过她的哥哥，只是听说哥哥可能于1947年在阿拉伯人与犹太人的斗争中阵亡。巴勒斯坦之旅后，克拉拉的犹太复国主义激情似乎有所减退，但是直到晚年，她仍心系犹太民族的命运。

在此时期，奥地利以及毗邻的德国正处在世界性经济危机和各种政治势力的激烈斗争之中。1927年初，奥地利法西斯组织"祖国保卫团"袭击工人游行队伍造成血案，引起全国的抗议浪潮，维也纳当局不但没有严惩凶手，反而血腥镇压工人的罢工斗争。历来关注社会问题的克拉拉，在无产阶级与资产阶级矛盾日趋尖锐化的情况下，不可避免地卷入政治浪潮中。她填写的履历表称：1929年8月至1933年2月，曾加入奥地利社会民主党，为该党的机关报《工人日报》撰稿，并在工厂工人集会上演讲教育问题。

1931年，《工人日报》发表了她写的书评《巴勒斯坦的女工运动》（1931.3.6），这篇文章开宗明义地指出："犹太女工的斗争是三重的：它同时指向对无产者的剥削、犹太群体的特殊地位以及妇女价值的丧失。"接着，她评介了两本来自"红色"巴勒斯坦的书，一本是《巴勒斯坦的劳动妇女》，另一本是《女工的言论》，前者讲述犹太妇女先锋创建以色列国的艰难历程，后者是一本书信、诗歌、日记的选集，记载的是犹太

① 埃尔泽·拉斯克－许勒（1869—1945），德国著名的表现主义女诗人，出身于犹太人家庭。
② 转引自Zhidong Yang: Klara Blum-Zhu Bailan (1904—1971)，第79页。
③ 同上，第78页。

妇女的个人经历和心灵痛苦。从中看出，克拉拉并非一般地关注犹太复国主义运动，而是更多地把目光投向犹太劳动妇女的命运。她对犹太劳动妇女的深切关注，除了跟她的女性身份有关之外，还取决于她的社会民主主义倾向。

《萧条的大都市》(1931. 11. 22)，是她柏林之旅的成果。字里行间，透露出这座大城市在梦魇下的骚动不安：屋顶上的霓虹灯，酒吧间的喧闹，柏林人的呵斥和咒骂，街头的法西斯暴行，共产党与纳粹党势不两立，政府与纳粹党谈判，社会民主党对政府的容忍……用克拉拉的话说，“这座城市，从整体到每一块砖头，都处在工业荒漠和政治的原始森林中”。她敏锐地感受到，“处于分裂状态的德国无产阶级正在经历资本主义的崩溃”，“对第三帝国的美妙信仰面临着首次考验”。在她看来，工人运动已经没有回头路，只能向前走，人们必须通过批评和争论，弄清思想，认识到，所有无产者有共同的阶级利益，任何分裂都是毫无意义的。

据朱白兰填写的履历表：1932/33 年，社会民主党内形成了一个反对派，主张与共产党建立统一战线。她加入到这个派别。她认为，社民党的领导有改良主义，虽然党的领袖奥托·鲍尔（Otto Bauer，1881—1938）、卡尔·考茨基（Karl Kautsky，1854—1938）等人表面上拥护革命马克思主义，并听任革命诗歌文章在该党机关报维也纳《工人报》上发表，但实际政策是用资产阶级小恩小惠来抚慰工人，不让工人进行斗争。维也纳执政当局曾提高资产阶级的财产税、利润税及奢侈品税，用这些收入给工人造住宅，可是，当 1933 年反动政府以恩格尔伯特·陶尔斐斯（Engelbert Dollfluß，1892—1934）为首，要公开走向法西斯化道路，工人们坚决要求社会民主党领导发动组织全维也纳总罢工时，党领导却拒绝了。工人们非常失望地回乡。那些受过军事训练的社会民主党工人（称之为“保卫团”）终于不顾社会民主党领导的阻拦，于 1934 年 2 月举行起义，反抗陶尔斐斯政府，可是由于力量单薄，组织不够健全，被反动派血腥地镇压了。①

她在《自传》(1952. 10. 11) 中写道：

> 我当时极力主张联合共产党，以及组织反法西斯的统一战线，但当时社会党的上层拒绝与共产党合作，我感到很失望。……直至 1934 年，奥地利社民党领袖依然拒绝与共产党合作。同年 2 月，无产阶级在奥国举行暴动，但被奥国的法西斯分子所镇压。社民党依然拒绝与共产党合作，我便退出了该党。

据朱白兰称，她高中毕业后就开始学习马克思及恩格斯的著作。《工人日报》上有一篇她写的书评《桥上的妇女们》(1932. 5. 30)，文章一开头就直截了当地写道：马克思主义者是注重事实的人，他按照事实本来的样子去看现实，但是他并不满足于此，他还要推论出现实变化的可能性和必然性。正如马克思说的，他不只是要“解释”世界，而且要改变世界。显然，克拉拉在维也纳走入社会的几年里对马克思主义已有所接受。除了写评论，克拉拉还创作了《群众之歌》、《阶级斗争》、《年轻工人读小说》等一批

① 参阅朱白兰 1954 年 6 月填写的南京大学教职员履历书，现存中山大学档案室。

旨在提高工人阶级觉悟的政治抒情诗，刊登在《工人日报》上。但是，克拉拉一直没有能够加入马克思主义政党，而是作为共产党的朋友从事写作。据她填写的履历表，除了社会民主党外，她还加入过犹太左派社会工人党的维也纳支部，为该党在维也纳的报纸《犹太工人》写书评。这是一个具有马克思主义倾向的左派政党，后来与以色列共产党一道反抗以色列反动政府。

1933 年 7 月，国际革命作家联盟以反法西斯为题举办有奖写作，克拉拉参加了写作比赛，她的诗歌《服从叙事曲》获二等奖，被邀请前往苏联访问两个月。这使她的人生道路发生了重大的转折。

四　流亡莫斯科

克拉拉在《自传》（1952. 10. 11）中写道：

> 1933 年 7 月，国际作家协会在莫斯科举办反法西斯及反战作品国际竞赛大会，我参加了，我的反法西斯的诗歌获得了二等奖，该奖不是发钱，而是免费在苏联旅行两个月时间。

1934 年 3 月，她启程离开奥地利，6 月抵达莫斯科，受到活动主办方的盛情接待，在 6 月至 9 月期间，她不仅参观了红色首都莫斯科、以著名教育家命名的斯维特洛夫城，而且有机会列席苏联第一次作家代表大会。当时的苏联作为国际共产主义运动的中心，是无数革命者向往的地方，希特勒上台后，更是成为德国左派作家的流亡地。按照苏联对流亡者的政策，只有共产党的成员和同情者才可获得居留，当时大多数德国和奥地利的流亡者或者是共产党的干部，或者是著名的反法西斯作家，如贝歇尔（R. Becher），布雷德尔（W. Bredel）。克拉拉既不是共产党的干部，也没有很大的名气，但是，她没有如期离境，在访问活动结束后留在了苏联，因为，她毕竟是受邀请前往苏联的获奖作者，而且也已经失去了国籍。正如《自传》（1952. 10. 11）中写的：

> 当时，罗马尼亚处在非常反动的政府统治下，凡访问过苏联的罗马尼亚公民均被剥夺了罗马尼亚公民的资格。我便是这样失去了国籍而变成无国籍。
>
> 我原先打算在苏联只住两个月，结果一直住了 11 年之久。在法西斯统治以及在“二战”的年月里，我一直受苏联的优遇与保护。我在苏联曾做过各种工作，曾负责图书馆员以及编辑等工作，但最重要的还是文学工作，我的诗在苏联用德文出版的有 5 卷，译成俄文出版的 1 卷，而且获得苏联报纸的好评。

克拉拉开始了在苏联的流亡生活。她于 1934 年 7 月到达莫斯科后，在《德意志中央报》上发表了一封公开信，此后便经常流传关于她的谣言。她曾多次写信给外事委员会（Auslandskommission）和苏联作家协会德语组，请求为她写鉴定，保护她免受政治诽谤。莫斯科的鲁克司旅馆当时成了流亡者的中心。著名的流亡者住在那里。克拉拉不属于这一类，只能住在其他的旅馆。房间很小，但毕竟有一个属于自己的空间。从 9

月起，她在国家图书馆上班，这是一份不错的工作，但她感到那里的气氛“令人窒息”，觉得自己受到“不公正的、令人屈辱的孤立”。她在国家图书馆工作的时间不长，想离开莫斯科，请求外事委员会派她去西班牙前线，但没有获得批准，最终还是留在了莫斯科。她当过家庭教师，在外文学校教德语会话，同时写诗歌和文学评论，发表在《言论》和《国际文学》上，并且在1935年取得苏联国籍。[①]

1937年初，克拉拉申请加入作家协会，但未能获准，她写信给贝歇尔、布雷德尔、沃尔夫等著名德国作家，争取他们的支持。1938年，著名的马克思主义文艺理论家卢卡契向苏联作家协会推荐克拉拉，称她是“德语反法西斯文学年轻一代中最有天赋的作家之一”。贝歇尔也将她看作是“真正的诗歌天才，值得给予一切帮助”。克拉拉终于成为苏联作家协会会员。当年10月5日的一份苏联报纸报导了这件事，并刊登了她的照片。但1938年12月1日，苏联作家协会德语组召开全体会议，谴责她“恶意地、无缘无故地”投诉德语组以及煽动会员反对领导，1939年，她被开除出德语组，原因是“无组织无纪律以及歇斯底里”。

克拉拉到底发生了什么事情，怎么会跟作家协会的领导产生矛盾，并且会因为无组织无纪律而被开除出作家协会呢？为了弄清其中原委，我们不能不暂时搁下克拉拉，把笔触转到另外两个人的身上。一个是她的心上人朱穰丞，另一个是她恨之入骨的菲舍尔。

克拉拉称朱穰丞为丈夫。她在1958年调到广州中山大学工作时，为了寻找朱穰丞，给校方写的材料《我的丈夫》中称：

> 我的丈夫朱穰丞（Zhu Xiangchen）1901年生于江苏省苏州。1928—1930年他在上海当一名业余戏剧导演，颇有名。那时他与中共地下组织领导的革命文艺界有密切联系，并曾被介绍认识我校副校长冯乃超（Feng Naichao）同志。
>
> 1930他离开上海去巴黎。我不很清楚他是在上海时就已经入党了还是一年以后在巴黎入党的。
>
> 1931年在巴黎他因参加了一次反帝国主义示威、写反帝传单而被法帝国主义政府逮捕。他没有告诉我被捕多久。被释后，他到德国、英国和奥地利作短暂的旅行。他没有告诉我此行的目的。
>
> 1934年，他到达莫斯科并在一间苏联剧院里担任副导演工作。他由一个中国女作家胡兰畦（Hu Lan-Hsi）介绍与我认识。1936年，他秘密离开莫斯科，1937年12月又重新回到莫斯科，但是不告诉任何人他去过哪里。那时他的名字是TRU。通过莫斯科音乐出版社，他出版了一本中国革命歌曲，署名Chen Hsiang[②]。
>
> 1938年1月，我做了他的妻子，但我们不住在一起。他的地址是秘密的。他研究某些问题，但我感到我没有权利询问他关于这些问题。我知道最终有一天他要连再会也不对我说一声就秘密地离开。1938年4月18日他真的一声不响地走了。

---

① 参阅Zhidong Yang：Klara Blum-Zhu Bailan（1904—1971），第22页。

② 可能是朱穰丞的别名“成湘”的音译。

这份材料中提到的胡兰畦是我国现代史上一位有影响力的革命女战士。1933年春，胡兰畦在德国从事反帝抗日活动被法西斯关进女牢，由于宋庆龄、鲁迅等在上海以民权保障大同盟的名义向德国领事馆提出严正抗议，得以释放。她写的回忆录《在德国女牢中》在法国《世界报》上连载，并被译成俄、英、德、西等国文字。胡兰畦在莫斯科期间如何认识朱穰丞和克拉拉，何时何地介绍他们两人认识，我们不得而知。如果朱白兰是通过胡兰畦认识朱穰丞的，那么，根据胡兰畦的经历，克拉拉与朱穰丞相识的时间，有两种可能性，一是在1934年，胡兰畦应邀参加苏联第一次作家代表大会期间，当时，高尔基设宴招待作家代表和外宾，胡兰畦参加了晚宴并在高尔基的帮助下分到了一套住房，在莫斯科住了一段时间。另一种可能是1936年，胡兰畦陪同中国人民革命同盟的陈铭枢去莫斯科与中共代表团会谈，最迟不会在1936年7月以后，因为胡兰畦此时已回到国内参加抗日救亡活动。①

克拉拉与朱穰丞交往了多长时间，现已很难确定。按照克拉拉的讲法，他们是在1938年1月至4月成为"夫妻"的。这在当时的莫斯科，并不是什么怪事。耶娃·萧（叶华）在回忆她与萧三的恋情时写道，他们认识不久就陷入热恋，有一夜，叶华在萧三那里留下了，这就确定了他们之间的关系。叶华在回忆录中是这么写的："那时，苏联正兴'自由恋爱之风'。结婚被认作是资产阶级的一种俗套。于是谁跟谁都可以同居，也可以随便分手。"虽说苏联盛行自由恋爱，但是，流亡者的跨国恋情和婚姻，并不是毫无问题的，正如朱白兰在自传性小说《牛郎织女》中描写的那样，一方面，会遭到非议或不理解；另一方面，由于革命工作的需要，他们甚至连自己的住址和电话也不能告诉对方，而且要冒着随时可能离别的危险。克拉拉在《自传》（1952.10.11）中写道：

> 1938年，我与中国共产党员朱穰丞结婚，当他向我求婚时，曾事先向我提出警告，说他随时有秘密回中国的可能，我接纳了他的警告，不久，他的警告成了事实。1938年4月18日，他回到了中国。

克拉拉记得朱穰丞离开她的日子是1938年4月18日，这大体上是准确的，比朱穰丞失踪的实际日期只迟了3天。根据中共中央组织部2011年11月14日《关于朱穰丞同志蒙受不白之冤予以平反的组织结论》，朱穰丞同志为早期中国共产党党员，在国内和国外积极开展革命工作，他于1938年4月15日被哈萨克共和国内务人民委员会逮捕，1938年6月7日根据苏联内务人民委员会特别会议决议以"间谍罪"被判处在劳改营监禁八年。②

克拉拉并不知道朱穰丞当时已被克格勃逮捕，她曾经试图向作家协会和共产国际打听朱穰丞的下落，并以写书为理由，要求外事委员会派她前往中国，因为她坚信朱穰丞

① 参阅《胡兰畦回忆录1901—1994》，四川人民出版社，1995年。

② 参阅搜狐视频，《消失在莫斯科的人》，http://my.tv.sohu.com/us/121653991/52884097.shtml（2013年9月6日）。

已经秘密回中国参加抗日斗争。

在一封给德国作家布雷德尔的信中，克拉拉提到，奥尔加·哈尔珀（Olga Halpern，时任苏联作家协会德语组的书记）与米克海尔·阿普莱廷（ Mikhail Apletin，时任苏联作家协会外事委员会的副主任）背地里反对她，理由是：奥尔加早在1938年朱穰丞突然失踪时就叫她不要到共产国际汉语组打听“丈夫”的情况，说这么做会对他造成损失；米克海尔曾对苏联作家协会主席法捷耶夫说，德语作家对她有不好的看法，并且叫她不要空想，认为自己会得到德语组的推荐。另一次在给贝歇尔的信中，克拉拉写道，苏联作家协会德语组出于政治原因拒绝派她去中国。据说，这些“同志”认为她政治上落后，她要求他们给一个解释。[①] 克拉拉的打听当然不会有结果，她的要求也不会得到批准。她完全没有意识到，1934年开始的苏联肃反运动，发展到1937年初至1938年底是最黑暗的时期。这场运动清洗了包括苏共中央众多领导在内的政治家、元帅以及各领域人员，大批人员无辜受害。在这样一个险恶的时刻，克拉拉寻找一个有“间谍”嫌疑被克格勃逮捕的中国人，还自称是他的“妻子”，岂不是灯蛾扑火？就在克拉拉苦于见不到朱穰丞的时候，袁牧之为了将记录片《延安与八路军》制成拷贝，受党的派遣到苏联。这位来自中国红区的客人在莫斯科受到热烈欢迎，但是，当他请苏联的译员帮忙寻找朱穰丞时，竟然也受到了怀疑，接待他的译员换成了克格勃的特工，皮箱被暗中搜查，信件被偷偷拆看。[②] 克拉拉在作家协会德语组中受到孤立，恐怕不是偶然的。幸好她没有完全失去政治上的可靠性，只是由于“无组织无纪律”被开除出作家协会，仍可“暂时留在苏联作家协会的队伍中，作为作家继续为《国际文学》工作”。德语组期待她对自己进行“尖锐的、毫不留情的批评”，但她认为这一系列的事件是针对她的诡计，有人出于个人原因想毁灭她。[③]

这个想毁灭她的人便是奥地利共产党的干部恩斯特·菲舍尔（Ernst Fischer），克拉拉称他是“悬挂在我生命之上的一只蜘蛛”。

1958年5月，朱白兰写了一份《自白》，这是反右运动后向党组织交心写的一份材料，主要谈她对共产党的看法，其中大部分内容涉及菲舍尔：

> 当我1934年从奥地利到苏联的时候，涉及到我的大部分问题的决定权落入到奥地利共产党的一个相当高级的干部的手中。他的名字是恩斯特·菲舍尔。他在几个星期前才加入奥共。在此之前曾是社会民主党人，更糟糕的是，他是尼采哲学的信徒，几个月前在多个集会上还讽刺共产党人，我因此常常跟他发生争论。我在莫斯科又见到他时，他是高级干部，我得依从他，这让我无比惊愕。
>
> 对我参加共产党的申请，他做出了否定的决定。无论何时何地，他都尽其所能，阻碍我找工作。1935年至1936年，我没有工作，靠私人授课养活自己。我写信给共产国际的监察委员会，四年来，在苏联没有失业了，但是，恩斯特·菲舍尔

---

① 参阅 Zhidong Yang：Klara Blum-Zhu Bailan（1904—1971），第33页。

② 见姚芳藻：《失踪在莫斯科》，载《上海摊》，1990，第3期，第2-6页。

③ 见 Zhidong Yang：Klara Blum-Zhu Bailan（1904—1971），第23页。

又引入了它。

接着的几年里，我在写作上取得很大成功，恩斯特·菲舍尔只能在很小的程度上进行阻挠。1938 年 1 月，我跟中国共产党员朱穰丞结婚，4 月，他离去了。当时，莫斯科的美文学国家出版社决定派我去延安，任务是写一本关于老解放区的书。恩斯特·菲舍尔阻挠这件事，这让他费了很大劲，但是他成功了。

我写信给检察委员会，质问：你们是怎样的共产党员，竟然将如此多的权力交到这么一只蠢猪的手上？

我写了一首诗，诗中将恩斯特·菲舍尔比喻为悬挂在我生命之上的一只蜘蛛。①

第二次世界大战期间，我在苏军宣传部工作，我写传单，由苏联的飞机投放到希特勒的军队。一天夜里，马努伊尔斯基的秘书打电话给我，问我是否愿意上前线，用麦克风向希特勒的士兵喊话。我兴奋地表示愿意。可是，在恩斯特·菲舍尔的压力下，这项决定又收回去了。

克拉拉曾用诗歌叙述当时的遭遇，宣泄愤懑，表达自己的反抗意志：

我在莫斯科，在同志们身旁，
自认为已经到达目的地。
然而在他们当中坐着害人虫，
一个阴险的托派分子，
盛气凌人，脑袋光秃，
用密探的眼光打量我，
用骗取的权力试探我。
他示意人们将我孤立，
下达命令不给我工作。
他狡诈地警告：这里有点不对头。
他发出冷笑：不必为她惋惜。
同时还大声喊叫：我就是党。

身处美如鲜花的苏维埃国家，
我却挨饿，受到排挤，
所到之处，人们中止交谈，
一旦离开，人们就交头接耳。
我逐个人问："这是为什么？"
大家按害人虫的密令冷漠回答：
"你没有被排挤，这只是你的梦幻，

① 见朱白兰的自传性叙事诗《我的倔强》。

找不到工作，这只怪你倒霉。
所有这一切都是幻觉，
你显然患上了受迫害狂。”
敌人戴着红色面具，玩弄权术，
在我四周狂欢乱舞：
“怎么样？终于要发疯了吧？
终于可以使你精神错乱了吧？
这样，我们就不必为我们的游戏
继续恐惧你狂野的正直。”
我孤独，陌生，无名无姓，
我不断地写呵写，在长信中
描绘和投诉这个伪君子，
并附上大量的证据。
我久久没有得到答复。
我渴望尽快改变这个世界。
遭受诋毁、折磨、饥饿，
我的渴望愈加强烈。
我对自己说：不要抱怨。
你身在自己的国家，在这里，
任何人都可以争取自己的权利。
党和人民同样会保护你。
即使伪君子有时会造成迷惑，
但有朝一日，苏维埃的人民
将看透和砸碎他们。
……

一天夜晚
在一间华丽古老的大理石宫殿——
从前，这里是贵族享乐的地方，
如今它属于人民所有——
我胆怯地混进去开会，
四周是空荡荡的房间，
站着那个狡诈的秃顶密探。
他讥笑地看着我，前呼后拥，
受人尊敬。我孤身一人，
再也无法忍受，奔跑回家，
用拳头紧压着脑袋。
只听见阵阵低语：屈服吧，

绝望吧，死心吧。
这是你命中注定：
你如同麻风病人，必须隔离。
你是个倒霉鬼，不会得到幸福。
在此时刻，亲爱的人，我要呼喊：
我才不理睬什么命中注定的东西。
我的命运？我们认识这种“命运”，
在它的后面藏着具体的男人和女士。
我要告诉你们这些头戴面具的人，
即使你们不恩赐，我也会拥有。
你不是将我握在手中吗，害人虫？
不错。但你手中握的是一只马蜂，
你很快就会痛得松手将我放开。

除了这首诗外，在自传性小说《牛郎织女》中，克拉拉塑造了一个非常反面的共产党干部的形象，一个没有良心的官僚，他出生于半奥地利、半意大利的家庭，名叫蒙梯尼。朱白兰主要是通过恩斯特·菲舍尔获得灵感塑造这个人物的。在小说中有两个地方，将蒙梯尼比喻成英国和美国的帝国主义分子。

在克拉拉看来，恩斯特·菲舍尔不仅是个托派分子，而且具有反犹主义思想，敌视犹太人。为此，她写信给斯大林控告菲舍尔，并引用菲舍尔不久前出版的著作《种族问题》来证明自己的观点。苏共中央委员会的工作人员打电话约她去办公室。在那里，她得知，斯大林投诉办公室审查了她的报告，认为她是有道理的，任何人都无权使她失业。但是，涉及到上前线的问题，工作人员表示“不能干涉”，至于对菲舍尔错误的处理，工作人员的回答是：“在这里不讨论菲舍尔同志。”克拉拉感到很失望，第二天，她对德国诗人贝歇尔说：“我仍然是共产党的同情者，但我不再是共产主义者。从现在起，我的无党派不只是表面的，而且也是内心的。”①

朱穰丞的失踪，作家协会对她的开除，奥地利共产党干部的“诡计”，这对于克拉拉来说，无疑是一连串沉重的打击，但却激发出她巨大的创作激情。恰恰是在接着的几年里，她的诗歌创作达到了顶峰，除了发表在刊物上的作品外，结集出版的德语诗集总共有 5 本：《回答》（1939），《偏要对着干》（1939），《我们决定一切》（1941），《多瑙河叙事曲》（1941），《战场和地球》（1944），另外还出版了一本俄文版的诗集。她的诗歌题材广泛，其中最引人注目的是一批爱情诗：《无声的告别》《寄往中国的信》《牛郎》《信念的旋律》《民族之歌》《我的倔强》等。在这些诗歌中，她倾诉了对心上人的爱，这种爱不是花前月下、卿卿我我的儿女情长，而是超越了民族和地域的革命者的情怀，它建立在国际主义的基础上，如同跨越万水千山的彩虹，将东、西方紧紧环抱。另外，中国题材的诗也颇具特色，有些是叙事曲，如以抗战为题材的《保卫者》；

① 见朱白兰 1958 年 5 月 29 日的《自白》。

有些是哲理诗，如《大师与愚者》、《两位诗人》，这些作品不仅流露出她对中国文化的浓厚兴趣，而且让人想起布莱希特的"陌生化"技巧和"角色抒情诗"。诗人别开生面地通过古代的孔子与老子、李白与杜甫的形象，幽默地表达自己的文化和政治见解。在法西斯主义甚嚣尘上、种族仇恨到处肆虐的背景下，克拉拉的诗筑成了德语流亡文学中一条独特的风景线。

克拉拉毕竟是一个有坚定信念的政治流亡者，在战火纷飞的年代，她要用自己的行动，向革命情侣表明："我像你一样坚强！"① 她创作了大量诗歌，除了涉及个人经历的自传性诗歌外，有反法西斯战争的，如《诗人与战争》、《致一位年轻的德国士兵》、《饥饿之歌》，有反映犹太民族命运的，如《切诺维兹的犹太区》、《偏要对着干》、《萨达古拉的神奇拉比》。这些诗带有鲜明的政治倾向，虽然谈不上有很高的艺术性，但却体现了一个时代的精神。她还翻译或仿作不同语言的诗歌，包括乌克兰语、俄语、拉赫语、意第绪语、英语、甚至汉语的作品，其中，我国北朝民歌《木兰辞》（她称花木兰是中国的"奥尔良贞女"）、艾青的长诗《向太阳》（节译），就是克拉拉译成德文的。此外，她还用笔杆当武器为前线服务，给苏联电台德文节目翻译诗歌，为苏军草拟大量传单和宣传品。1943 年 9 月，苏联外文出版社扩大业务，需要新的工作人员，克拉拉为编辑部写各种作品的评价，直至战争结束。

五　踏上寻梦之路

佩涅洛佩和古德隆的故事
在我心灵中回荡，
我只要坚持——
与你相聚的时刻就会到来。
睁开眼睛
我看见你，
闭上眼睛
我仍看见你。

向东去，穿过沙漠，
呵，我的道路漫长。
……②

这是克拉拉的诗《信念的旋律》的开头。第一句中提到了两个人物，第一个是古希腊神话中奥德修斯的妻子，被视为忠于丈夫的典范。据说丈夫离家二十年，一百多个

---

① 见朱白兰的诗《无声的告别》。

② 该诗 1940 年首次发表在《国际文学》上，1960 年收入诗集《漫长的道路》时第一节的头两句改为："轻轻的音响来自辽远的东方/穿过我的心灵："；第二节的头四句改为："越过山脉、河川、道路，/越过海洋和沙漠，/我终于找到回乡之路/来到你的祖国。"

地方的贵族向她求婚，均被拒绝。第二个是德国中世纪英雄史诗《古德隆之歌》中的人物，古德隆公主与西兰岛国的国王赫尔维希订了婚，却被诺曼底国的王子哈特穆特劫走，古德隆拒绝与哈特穆特成婚，被强迫在海边洗衣，历经13年折磨，仍忠于赫尔维希，最后终于获救。诗中典故的运用，清楚地表明了女诗人对爱情忠贞不渝的信念。正如诗人在《我的丈夫》中讲的那样：

> 我决定继续忠于他，无论分离有多久，我实现了我的决定。

克拉拉在《自传》（1952.10.11）中写道：

> 1940年，我的故乡被苏军解放，归属苏维埃乌克兰，但我从来没有重访故乡，也没有试图获取永久居留苏联的允许，我只有一个愿望：到中国来与我的丈夫重聚。
>
> 1945年我获准离开苏联，但不是到中国来，而是到罗马尼亚。在我离开之前，我被当时在苏联共产党中央委员会工作的潘友新（Alexander Panyshkin）同志接待过几次，他后来做了苏联驻联合国的大使，现在是苏联驻中国的大使。在罗马尼亚，我曾以"苏联人民的友谊"为题发表过好几篇文章。为了能到中国来，我以后到了法国，在法国，我向国际难民组织进行了登记。我是以逃出希特勒魔掌，应予遣返原籍的难民资格向国际难民组织登记的。当时，我在优秀难民的聚会上曾就苏联人民所表现的友谊作过好几次讲演，曾就美国迫害黑人等问题向法国、瑞士及卢森堡等国的报纸发表过文章，我曾与法国共产党黑人作家艾梅·塞泽尔①（现任和平理事会理事）取得联系，曾将其诗歌译成德文。我在写作及翻译工作中获得的收入极微，而犹太慈善机关所给予我的资助亦极有限，因此经常遭受饥荒。
>
> 我一直在设法想获得来中国的签证。当然，我并没有暴露我是一位中国共产党员的妻子的事情，我称自己想来中国看看，想写一本关于中国的书，但仍然没有得到来中国的签证，一直到犹太难民救济委员会犹民遣返委员会从上海写信给我，答应在生活上予以资助，我才获得来上海的机会，但犹民遣返委员会要我答应不做政治活动。1947年8月29日，我到了上海。

克拉拉带着两个梦想踏上来华的路。一是寻找朱穰丞，二是写一本关于中国的书。仅从上面引用的寥寥几百个字，我们很难想象克拉拉来华的艰难。她1945年10月离开莫斯科，1947年8月到达上海，历时将近2年，途中经华沙、布达佩斯、布拉格，前往布加勒斯特，由于当时布加勒斯特没有中国领事馆，不得不又经匈牙利、捷克斯洛伐克、德国到达瑞士，1946年1月，受卢森堡驻苏联使节勒内·勃鲁姆（与克拉拉同姓，但非亲戚）邀请去卢森堡，克拉拉希望在该地找到一个职位，当作家或记者，并从那

① 艾梅·塞泽尔（Aimé Fernand David Césaire，1913—2008），法国殖民地马提尼克出身的黑人诗人、作家、政治家，法国共产党党员。

里设法来中国，但得不到这样的职位，当地又无中国使馆，因此于同年4月离开卢森堡前往法国。居留巴黎期间，她写下了一首诗，题为《愤怒的生活报告》，回顾了自己的前半生，表达了生命不止，斗争不息的决心：

母亲是个不显眼的女人，
说话时却满面生辉，魅力十足。
父亲只关注利润！不时哀叹：费用！
梦里还在复核：利率！
人们按照惯常的交易习俗
决定将夜莺和狐狸配对成双。
于是在没有欢乐的夜晚，
婚姻的义务将我带到人世，
作为完全合法生下的庶子。

诞生在欧洲的后楼梯上，
倾向于激情和异想天开，
准备肩负思想的重负，
重负之下还打算跳跃，
我作为火药桶的孩子长大，
浑身是充满爱与恨的炸药。
犹太人的巷子是我先辈的怀抱，
我的祖国是一群彩色的追随者。
至死不渝的倔强是给我的遗产。

我降生在二十世纪，
瓦斯和炸弹的年代。
生命无知地钦佩屠杀，
美失去了动听的声音。
牺牲者的大军环游地球，
表情带着恐惧和愤怒。
精神与梦想之火赋予我的东西
拍打着碰伤的翅膀
撞向世界史被玷污的墙壁。

然而——我的生命并非全是恐惧。
一片幸福在我的生命中闪闪发光。
在岁月的黑暗的逐猎中飘过
十二个星期——永恒与片刻。

一个远方之子向我伸手，
为我绘出最美的时代转折的图画。
身、心和大脑终于到达目的地。
十二个星期——嘴贴嘴，额头挨着额头——
我在这片幸福中看见了未来。

我心中留下了他的模样，色彩斑斓，
同时还有世界各族人民组成的图像，
每字每句写着：她找到他，
深信不疑：她照亮一小片黑夜。
命运对我训斥："不许反抗！"
——等着瞧，看谁更强大：压迫抑或意志？
你盲目的咆哮抑或我的力量？
我贫穷、贞洁和桀骜不驯，
宛如无情的修女进行反击。

受伤了，但我仍健步如飞，
穿过烟雾和噪声、风暴和困境。
我仍一无所获，但想取得一切。
轻快的跳跃——却毫无进展。
人生的一半已经流逝，
依旧面临着：从头开始。
心脏有力地跳动——
要么破碎，要么完好！我决不停步，
疯狂地飞奔，朝着权利和欢乐。①

在巴黎，她撰文报道黑人的疾苦、斗争及成就，但稿费维持不了生活，只好在美国犹太联合救济委员会（American Jewish Joint Distribution Committee）领取救济。该会接济反动的富人多于进步的穷人，职员侵吞救济款项以饱私囊，对此，她非常不满。经过一年多的努力和等待，她终于办理了无国籍护照，获得犹太援助委员会驻上海机构的担保并取得中国政府的签证，于1947年8月初登上远航的船，在大海上颠簸了四周，途经印度，应印度作家的邀请，在孟买停留了几天，然后到达上海。在《牛郎织女》中，克拉拉描写了女主人公汉娜来华路途的艰辛：

当时，边界仍处在战后无政府状态。每天有数以百计的人进进出出。汉娜不得不跟黑市商人、走私团伙打交道，求助于非法越境的可疑人员带路，路途坎坷，饥

① 见 Zhu Bai-Lan (Klara Blum): Der weite Weg，第33－34页。

寒交迫，救助委员会送给她一大堆旧衣服，这是急需的，因为她已经一无所有，但现在衣物又太多了，而钱却不足以买口粮充饥，必须卖掉一些，为此又要无穷无尽地奔跑……

到了巴黎，申请中国签证又是一个不断的循环。从国际难民委员会到犹太人援助委员会。从犹太人援助委员会到医生。从医生到法国长官衙署。从法国长官衙署到中国使馆。从中国使馆到国际难民委员会——直至无穷无尽。尤其糟糕的是，社会上弥漫着一股别有用心的反共产主义的恐怖，只要稍微说一句苏联不要战争，就会被人看作是共产主义的特务。甚至在左派圈子里也有一种几乎不加掩饰的仇外情绪。在苏联生活了八年的人，那是多么的危险！谈论个人的私事也是一件尴尬的事情。——“您多长时间没有见到您丈夫了?”——“八年了。”——“您跟他在一起的时间有多长?”——“四个月。”——这时，她看见的是同情的、异样的、往往带有嘲讽的脸。

小说中的这些描述，没有亲身体验，是不可能写出来的。关于汉娜与张牛郎的关系，汉娜在一则写给牛郎的日记中称：

我始终不渝地自称是你的妻子，其实这是一种犹太人的放肆行为。我感觉自己就像已故的拿破仑，自己给自己戴上皇冠。实际上，用维也纳的话说，我和你只是小有关系而已。

然而，你是我的丈夫！任何的婚姻登记处都不可能像我那样将我们的婚姻看得如此神圣。

小说中汉娜还有另外一则日记，那是一个男性同胞劝她不要空等牛郎，试图跟她亲近，她断然拒绝后写下的：

恋人的浮想联翩常常比冷漠者的嗤之以鼻包含着更深刻的真理。无论是人类中还是个人的身上都隐藏着胆怯的、枯萎的可能性，这种可能性是任何缺乏爱的人无法猜到的。牛郎，如果今天你想自我炫耀一下的话，那就是，我将对你忠贞不移，即使分离五年、十年，即使所有聪明人报以讥笑：“怎样的自我欺骗！怎样的幻想!”

幻想?——我要将它变成现实。

这些日记，既是汉娜的爱情表白，也是克拉拉从心底里发出的声音。

初到上海，克拉拉只能靠剩余的路费维持生活。为了生存，她曾通过联合国教科文组织（UNECO）巴黎办事处请求找一份工作，教科文组织将她介绍给胡适和当时正在南京召开的一个教育会议的领导委员会，1947 年 9 月她持信前往南京，但遭冷遇，无功而返。在上海，她认识了在救济总署工作的奥地利共产党员严斐德（Fritz Jensen,

1903—1955)①，严斐德也是犹太人，见她生活困难，主动借给90元美金，以解燃眉之急。她一方面卖文为生，另一方面寻找朱穰丞，并为写小说收集材料。她曾在上海犹太人俱乐部作过反帝斗争讲演，曾与俄国的《每日新闻》报的专员洽谈，曾给共产党在香港出版的《中国文摘》投稿，曾在美国犹太报纸上发表关于中国女工的诗。通过民主德国作家的介绍，她成为了世界笔会的会员，凭这个身份，她于1948年9月被同济大学聘用为德文教授。当时，同济大学的学生运动进一步开展。一批批学运骨干陆续进入解放区，参加了第一条战线的斗争；广大留校同学在地下党的领导下，坚持在第二条战线斗争。克拉拉在教学中结识了一些进步学生，她在《自白》(1958.5.29) 中写道：

> 1948年，我在同济大学讲授德国文学。我选择了革命诗歌作为教材，并且讲述了马克思与海涅之间的友谊。这样，我便与人民民主学生地下运动的几个成员建立了联系。他们来我的房间做客，问我是不是共产党员。我回答："我不是，但我丈夫是。"他们问我，是否愿意跟一批学生秘密渡过长江去老解放区。我兴奋地表示愿意。几天后，他们又来了，解释说"不行"，我是外国人，太引人注目了。我非常失望，立即又回想起1938年和1944年的失望。

克拉拉没有能够去解放区，而且在同济大学也只工作了四个月就被解聘了。一个当时偶然认识她的中国人四十年后有这样的回忆：

> 那时我仍旧住在新绿村，晚饭常到北四川路底的一家小餐馆里去吃，日子一久，发现有一位穿着朴素、外貌忠厚的四十来岁的外国妇女也经常来这家店就餐。她每次总是边吃边全神贯注地阅读一些文艺书刊。这就引起了我的注意，我们很快就熟悉起来。她那浓重的德国口音的英语当年在虹口一带是经常可以听到的。她告诉我，她叫 Klara Blum，在同济大学教德文。一天晚饭后，她邀我去她家喝咖啡。她住在附近同济大学宿舍里，室内陈设简陋。她来中国，是为了寻找丈夫，但一直没有得到音讯。随后她捧出一堆书，约有七、八本，全都是诗集，有英、德、法、俄各个文种。其中有的是收有她的诗作的选集，有的是她个人的专集。有一本由世界笔会编辑出版的反法西斯战争的英诗选，翻开来第一首就是她的作品。当时我几乎不敢相信，面前这位如此朴实无华的妇女，竟然是一位诗人。不久她也被学校解聘了，搬住到提篮桥联合国救济总署的国际难民营里，靠微薄的一点救济金过日子。②

上海虹口区提篮桥一带在二次大战时是犹太人隔离地，居住了2.5万犹太人，大战

---

① 严斐德（Fritz Jensen，1903—1955），奥地利共产党员，医生，作家，出生于犹太家庭，1939年来华从事战地医疗救护工作，抗战胜利后，严斐德参加联合国善后救济总署华北分署的工作，1948年返维也纳，在奥地利共产党机关报《人民之声》当编辑。1953年作为记者再次来华，1955年4月去万隆参加亚非会议采访工作，被国民党匪徒谋害，飞机失事而牺牲。

② 林天斗：忆国际友人朱白兰，载《解放日报》，1990年2月6日。

结束后，犹太难民陆续离去，留在上海的已经不多。设在那里的难民营，成了克拉拉在上海的落脚点。

谋生的同时，克拉拉四处寻找朱穰丞。1947年10月，她从郭沫若那儿打听到，有一个叫朱穰丞的同志于1938年5月到达延安，但除此以外他什么也不知道了。1948年7月，她写信给夏衍，但没有得到回复。她见到了在莫斯科认识的胡兰畦，但胡兰畦不知道朱穰丞的下落，她告诉克拉拉，在香港工作时，发现大公报上有一条广告："胡兰畦，我迫切希望跟你谈谈，TRU。"TRU是朱穰丞在苏联时用过的名字，胡兰畦在报上登了个答复，说明在某时某咖啡室等候他，可是没人来，从此以后，没有得到一点关于他的讯息。后来，听说朱穰丞在1946年离开苏联，到达新疆时被国民党反动派杀害了。克拉拉不相信是真的，认为这是为了防止朱穰丞行踪泄露而故意掩盖事实的解释。克拉拉找到朱穰丞的老友罗鸣凤，罗鸣凤对朱穰丞年轻时的情况最为熟悉，在克拉拉情绪低落时总是鼓励她，但是他也只能如实说，朱穰丞失踪了。克拉拉打听到朱穰丞家人的住地，找上门来，朱穰丞的妻子王季凤见来了外国人，不知道她是什么人，不敢接待，她说在莫斯科认识朱穰丞，可是讲不出朱穰丞的任何情况，连住址也不知道，只是说，朱穰丞1938年给她打过电话，以后就没有了消息。王季凤心想，这个外国女人一定是找错人了。因此当外国女人想看看朱穰丞的照片时，她找出朱穰丞年轻时拍的一张侧面照。克拉拉一看照片就喊道："就是他！"克拉拉紧紧地拿着照片，恳求道："送给我吧！"这时，王季凤气得连话也讲不出来了，尽管如此，她还是答应了她的要求。① 这张照片，一直陪伴着克拉拉，直到她去世。

此时，解放战争已进入第三个年头。为了寻找朱穰丞，朱白兰在同济学生的鼓励下于1948年12月前往北平，并顺带去了天津。在那里，克拉拉既没有遇见朱穰丞，也未找到可证明自己身份的人，但她见证了北平的和平解放，并且开始了《牛郎织女》的创作。

> 我前往北京，因为我推测这座城市即将解放。我没有钱，十分饥饿。1949年1月，北京城外的两座大学解放了，燕京大学和清华大学。我乘坐一辆三轮车越过前沿界线到人民民主的一边。我希望能立即遇见我的丈夫。但人民民主的当局拒绝接待我。此后不久，北京和平解放。我回到北京城里，再次试图找当局，但没有人接待我。这时，我的小说在脑海里已经形成。尽管受着可怕的饥饿的折磨，我开始将它写下来。
>
> ……
>
> 我住在一间廉价的旅店里，但最后我还是付不起房租，被赶了出去。由于持续营养不良，我患了严重的肠胃痛，其后果我今天仍不得不忍受着，当时，我请了一位中国的女医生来看病，我躺在床上，被疼痛折磨着。但是，因为我无论在什么情况下都不错过看报纸，所以，我了解到刚开始的任何时代中最伟大的运动：世界和

---

① 姚芳藻：失踪在莫斯科，载《上海滩》，1990年第3期，另见搜狐视频，纪实栏目，《消失在莫斯科的人》。

平运动。

1949 年 6 月一个炎热的傍晚，我的肠胃痛减轻了。我有兴趣继续写我的小说。但是，随着小说的延伸，我不得不决定，我在创作时应当跟共产党确实保持迄今为止的距离，或者应当像 1934 年至 1944 年那样与她保持认同。正如 1944 年时那样，我的内心里又一次产生普遍经验与个人经验之间的斗争，但是这次的结果是相反的。普遍经验战胜了个人经验。我决定，在全部意义上按照进步的思想写《牛郎织女》。（朱白兰：《自白》，1958. 5. 29）

1949 年 8 月，朱白兰带着未完成的书稿重回到上海，此时，上海已经解放。她从上海的犹太难民遣返联合委员会那里领取救济，信件也只能通过上海犹太难民的邮箱转交。次年 3 月 15 日，她的小说创作终于完成。为找出路，她向人借了路费①，于 1950 年 8 月带着初稿再次去北京。她找到作家协会，出示了上海分会的介绍信，但被赶了出来。到人民政府外事部门求助，但被要求返回上海。10 月，她回到上海，又陷入饥饿的困境，这时候，犹太难民遣返联合委员会和国际难民组织停止了对她的接济。在胡兰畦的帮助下，她在贵州路 291 号的一间佛教庙宇找了个栖身之所。她把自己的小说初稿修改了一遍，于 1951 年 1 月寄去德意志民主共和国格赖芬出版社。小说 7 月付印，11 月 16 日出版。② 在这部小说中，克拉拉运用现实主义手法，叙述了波兰籍犹太女作家汉娜和中国话剧导演张牛郎的爱情故事，全书由四部分组成。第一部分的标题是“上海的幻想者”，描写二三十年代的上海，洋行职员张牛郎业余从事戏剧活动，为了心中的梦想，离开家人前往法国。第二部分写男女主人公相识于莫斯科，陷入恋情，相处四个月后男主人公失踪，标题是“幸福的时刻”。第三部分以日记体的形式，倾诉两人分离后的生活、工作和思念之情，重点写牛郎在延安、重庆参加抗战，汉娜跟托派分子的斗争以及来华的过程。第四部分，描述汉娜在上海找到牛郎的家人，并见证了北平的和平解放。这是一部自传体小说，融入了作者的许多亲身经历，但是，小说本质上是文学虚构，书中关于张牛郎出国前和回国后的活动，只是作者根据收集的素材展开的文学想象。在小说中，克拉拉安排了一个“恋人重逢”的浪漫结局：汉娜在梦幻中见到了牛郎，他深夜回家，见到了妻子、儿子和汉娜，但天亮前必须离去，因为他仍在从事地下工作。

诗人用这种诗意的方式，圆了长达十三年的寻夫梦。

---

① 参阅林天斗《忆国际友人朱白兰》。

② 从朱白兰的通信中可以得知，《牛郎织女》11 月 16 日出版，仅隔 3 天，民主德国的文学与出版事业管理局就下令停止销售，理由是书中对莫斯科流亡生活以及奥地利干部蒙梯尼的负面描写引起有关方面的不满，并指责小说带有影射的性质，背离了现实主义创作原则。12 月 4 日，出版社写信给克拉拉·勃鲁姆，希望她对小说进行修改，克拉拉于 12 月 24 日回信，据理反驳指责，拒绝修改蒙梯尼这个形象，并建议出版社请态度客观的文学专家对小说进行评审，直到次年 5 月，朱白兰仍为此事写信给出版社，在此期间，出版社也写信给民主德国的多位著名作家，甚至致信总统威廉·皮克，最后，在皮克的干预下，出版局于 1952 年 5 月 2 日取消了禁售令。见 Zhidong Yang (Hg.): Klara Blum, kommentierte Auswahledition 收入的朱白兰致迪茨先生的信件以及注释，另见 Zhidong Yang: Klara Blum-Zhu Bailan (1904—1971)，第 46 – 47 页。

六　从上海滩到珠江畔

中国正在经历翻天覆地的变化，人民群众为解放而欢呼雀跃，同时也在忍受新政权诞生时的阵痛。克拉拉小说中的女主人公对新中国的诞生充满了希望，现实中的诗人却几乎已陷入绝境。克拉拉在《自白》(1958. 5. 29）中写道：

> 我返回上海，挨饿，挨饿，挨饿。1951 年 1 月，我将小说的书稿寄去民主德国。我想，3 月 1 日之前还得不到工作，我就自杀。
>
> 但是，在 3 月 1 日，我得到了工作。

这应了中国的一句古诗：山重水复疑无路，柳暗花明又一村。

> 1951 年 1 月，我到上海市民政局，把我的困境向他们申述了一番，民政局马上与夏衍同志取得联系，夏衍同志向民政局证明我确系朱穰丞的妻子，于是，我得以军烈属的名义向民政局进行登记，换言之，承认我是一个地下共产党员的妻子，因而得到民政局的救济。(朱白兰：《自传》，1952. 10. 11)

在上海市民政局接待她的，是一位名叫刘德伟的女同志，朱白兰在自己的履历书中充满感激之情地写道："刘德伟于 1951 年当我十分困难时，调查了我的情况，她的工作认真负责，和蔼，诚恳，我感到非常敬佩、感谢、满意，而同时，这种感觉是对人民政府的，因为她的工作态度，正是人民政府要求的工作态度。"三个月后，民政局会同人民政府外事处给她找到一份工作，从此，克拉拉迎来了新的生活。

> 1951 年 3 月，我到上海外文专科学校担任图书馆馆员的职务，同年 11 月，我的小说在德意志民主共和国出版。1952 年 1 月，我取得工会会员的身份，同年 2 月，华东军政委员会特派我到复旦大学担任德国文学教授。本年 9 月又把我转派来南京大学任教。在我取得中国国籍的问题上，复旦大学给予我很大协助。我现在期望着国籍问题能早日解决。(朱白兰：《自传》，1952. 10. 11)

克拉拉写下这段文字的时候，已在南京大学外文系工作，住在南大旁边的南秀村，生活条件大有改善。她的身份仍是无国籍外国侨民，但是，已在使用一个中国名字：朱白兰。关于这个名字，她曾专门以书面的形式进行说明：

> 负责同志：
>
> 我的丈夫的名字是朱穰丞。我自己的名字是 Blum，译成中文就是白兰。因为我的丈夫是一个共产主义的斗争者（共产党党员，上海市人民政府知道得很清楚），所以我被上海民政局认作光荣军烈属，并以朱白兰这个名字来登记的。作为一名有夫之妇，我甚喜欢将我的自己的名字与我丈夫的姓连写在一起。故我请求你

们也不要把我的名字如以前那样老写成白兰，而是写作朱白兰。

克拉拉用朱白兰的名字于1952年6月在复旦大学人事科和上海江湾区公安局申请加入中国国籍，1954年6月获准，从无国籍侨民成为中华人民共和国公民，完成了身份的转变。在这个过程中，军烈属身份的认定无疑起了决定性作用，但首先还是出自她内心对中国的归属感。早在她决定来华时，她已将这看作是“回乡之路”①，如今，更增加了对共产党领导的新中国的政治认同。她将《牛郎织女》的全部稿费捐给了民主德国援朝基金会，并且在南京大学职工履历书中写到：

> 我拿自己的成绩和别的进步作家比较起来，很是惭愧，因为他们许多都写过15到30种著作，但是，也许还可以补救的。自1949年起，我认清了只有在共产党的领导下才能达到持久和平与为下一代谋取幸福生活。我要照着这条路继续工作，不辜负我的中国国籍。

为了实现自己的诺言，她把精力投入教学，但在文学创作方面，没有什么新的建树，除了在民主德国的期刊上零星发表了几首诗外，主要是向德语读者介绍中国的文学。她受北京外文出版社委托先后翻译了《王贵与李香香》（1954）和《龙王的女儿——唐代传奇十则》（1955），为德文版《黄河的精灵，中国民间故事》（尉礼贤译，1955）写后记，与迪茨合作选编出版了中国短篇小说集《中国的十日谈》（约翰娜·赫茨菲尔德译，1957）。个中缘故，朱白兰在《自白》（1958.5.29）中曾有所透露：

> 秋天，我的小说在民主德国出版了。主管文学与出版事业的部门写信给出版社指出，我的小说是反帝的，拥护苏维埃的，进步的，但包含了一个反面的共产党员形象，因此明显背离了社会主义现实主义。
>
> 我的小说是第一部关于新中国的德文小说，但所有报纸和杂志都保持死一般的沉默。
>
> 一年半后，关于新中国的第2本德文书出版，魏斯科普夫②的《广东之行》。这本书受到苏联和东德新闻界的欢呼，得到应有的高度赞扬。我读了书评，对于中国人民的成就在欧洲广为人知感到由衷高兴，同时也因为受伤的荣誉感而痛苦。
>
> “忘记你的小我吧”，我对自己说，“想想各族人民友谊的胜利。”但是，我给自己的回答是：“如果牙痛，又怎能忘记牙齿？”
>
> 早在1952年4月7日，《真理报》就发表过一篇文章，题为《戏剧性与生活的真实》，严厉批评无冲突的文学，并且强调作家有义务，将我们队伍中存在的反面典型作为可怕的例子进行描写。

① 见朱白兰诗《信念的旋律》。

② 魏斯科普夫（Franz Carl Weiskopf，1900—1955），德语作家，无产阶级作家同盟成员，1950年至1952年任捷克驻北京大使，1953年移居东柏林，成为民主德国作家协会主席团成员，1953年在柏林发表《广东之行》。

> 但是，再经历了5年之后，我的小说才得到公开认可。①
>
> 在此期间，我说："我已经感到非常厌烦。我不想再当作家，我只想成为一名教师，其余什么也不是。"

朱白兰是个自尊心很强的人，民主德国文化部门对《牛郎织女》的处理，严重挫伤了她写作的积极性。但是，她不是一个轻易言败的人，她只是暂时放下笔杆子，将才华绽放在讲台上。朱白兰喜欢教师这个职业，而且也不缺少从教的经历，她教学认真，工作严谨，改作业一丝不苟，当时同学们都很尊敬她，又都有点怕她，因为她不称学生为"同学"而只称"同志"，她在课堂内外讲的是无产阶级文学，唱的是工人阶级的战斗歌曲"兄弟们，向太阳，向自由"，②穿的是非常时尚的蓝布列宁装。③她不仅真心拥护中国共产党的领导，而且想成为共产党的一员。她甚至提出了入党申请，但没有被接纳。

> 1954年，我成为中华人民共和国的公民。此后不久，我写了参加中国共产党的申请。这时，发生了一些事情，如雷电击中了我。（朱白兰：《自白》，1958.5.29）

什么事情令朱白兰感到像被雷电击中呢？这要从高校院系调整谈起。50年代初的高校院系调整，并不是简单的专业和师资调整，而是一场"破旧立新"的社会主义改造运动，正如当时《人民日报》社论指出的："旧中国的高等教育制度基本上是为帝国主义和反动统治服务的，是半殖民地半封建社会的产物"，"如果不对旧的教育制度、旧的高等教育设置加以彻底的调整和根本的改革，就不能使我们的国家的各种建设事业顺利进行。"④ 在此之前，学校中已开展了一场暴风骤雨式的思想改造和组织清理工作。1952年朱白兰调入南京大学，同时调到南大的还有同济大学、复旦大学的一批德语师资，其中包括陈铨、廖尚果等人，原中央大学的商承祖任外文系主任，陈铨任德国文学教研室主任。陈铨是尼采哲学的信徒，他的"英雄崇拜"与朱白兰的"阶级觉悟"本来就格格不入，随着政治运动的升温，两人之间的关系也恶化起来。朱白兰拒绝加入这个教研室，不参加教研室的会议，继续上她的课。朱白兰和陈铨之战延续了十个月。在无产阶级政治挂帅的大环境下，她认为，陈铨"使用资产阶级的教材，向大学生宣扬不道德的生活方式"。1955年夏镇压反革命的运动中，陈铨受到尖锐批判，但安排他担任室主任的校、系领导没有做自我批评，朱白兰感到失望。（朱白兰：《自白》，1958.5.29）

另一件事情也使朱白兰十分沮丧。1956年9月，中国共产党第八次全国代表大会

---

① 1957年，福伊希特万格（Lion Feuchtwanger，1884—1958）首先为《牛郎织女》写了书评，发表在格赖芬年鉴上。

② 参阅张佩芬：一个不该被遗忘的"外国人"，载《中华读书报》，1998年10月21日。

③ 参阅杨成绪：与德国女教师的情缘。

④ 《人民日报》社论，1952年9月4日。

召开，朱白兰和商承祖被请去北京参加大会报道的翻译工作。她感到非常幸福，因为这是莫大的信任和光荣。但是，她在北京很短时间就回到南京。朱白兰回南京的原因，有两种说法，一种说法是，在翻译工作中，朱白兰采取意译的方法，而商承祖主张逐字逐句直译，两人发生激烈争论，朱白兰觉得无法再合作下去，放下工作打道回府。[①] 另一种说法，就是朱白兰在《自白》（1958.5.29）中写的，她被送回南京，于是怀疑商承祖针对自己搞阴谋。她问领导同志是何原因，领导说："因为您不愿意别人对您的翻译进行任何改动，拒绝一切修改建议。"她感到很吃惊。"没有人对我提过修改建议，"她解释说。但无人相信她的话。这个经历像刀子一样插在她的脑里。在两种说法中，后一种似乎更符合朱白兰的性格。因为，前一种情况纯属工作中有意见分歧，朱白兰不至于要求调动单位，并且到了中大后仍耿耿于怀，向组织投诉。只有当她感到不被信任或受到不公正待遇的时候，才会如此愤慨和过激。当然，这当中不排除朱白兰对校、系领导有很深的误解和成见。

朱白兰似乎觉得南大工作落后于全国，自己力求进步却得不到理解，领导也偏袒民主德国派来的外教，她感到孤单，不想继续呆在南大，便向教育部打了调动工作的报告。[②] 1957年春夏，中山大学外语系增办德语专业，朱白兰从南京调到广州。1957年8月21日，她从广州写信给迪茨说："但愿我能一直留在这里，直至生命的终结。"[③]

值得注意的是，她到中大不久，就向校方提交了两份书面材料：《自白》（1958.5.29）和《我的丈夫》（1958.12.17），前者谈的是她对共产党的认识，从内容上看，带有一种自我检讨的性质，虽然没有什么歌功颂德或表忠心一类的话，但字句中看得出她对中国共产党的认同。后者则主要涉及她个人的诉求，她写道：

> 1955年12月我写信给夏衍同志询问我的丈夫。一个年属五十四岁又是一个有名的文化领导者应该改为地上工作了。但我写道，如果需要他继续他目前的工作，我了解并尊重这种需要，为了进步和社会主义而忍受最长的分离。
>
> 我在这里向我校当局再说一遍，我并不问任何人关于我丈夫的下落，同时绝对尊重他的隐蔽工作的秘密。正因为由于这种保留，我才想提出一些试探性的请求。

她有什么试探性的请求呢？归结起来有如下三点：1. 能否在绝对秘密的情况下和丈夫相会。2. 如果不行，能否得到他的一封信。3. 如果见面或来信都不行，"我请求同志们让他知道我在何处，也让他知道我将忠于他直到我死去。同时我在诚实地工作着。在此，我恳切地请求同志们在我的丈夫一旦转来地上工作时，尽快让我知道。"

朱白兰到广州后就向组织提出这样的请求，是因为她觉得，在广州有两个人也许能够帮助她，一个是冯乃超，时任中大的副校长，另一个是洪遒，时任中国作家协会广东

---

① 见 Zhidong Yang：Klara Blum-Zhu Bailan（1904—1971），第51页。

② 朱白兰1957年3月18日致迪茨信，见 Zhidong Yang（Hg.）：Klara Blum，kommentierte Auswahledition，第533－534页。

③ 朱白兰1957年8月21日致迪茨信，同上，第535页。

分会秘书长，他们两人都认识朱穰丞。朱白兰希望通过他们知道朱穰丞的去向。她的要求一点儿也不过分，甚至可以说是低得不能再低。但是，无论是副校长还是秘书长，在寻找朱穰丞这件事情上都显得爱莫能助。幸运的是，在生活和工作上，学校为她提供了良好的条件。她住在康乐园西区的一栋独立小别墅里，面积不大但环境幽静，家具是学校提供的，虽不豪华但很实用，屋门外钉着光荣军烈属的红色牌子，从住处到外语系的教学楼是一条平坦的林荫道，家里有一位贴心保姆照顾生活，教室里面对的是勤奋谦逊的学生，同事中有从南大带来的高足，各级领导对她也十分尊重，虽然没有任命她担任行政领导职务，但安排她任系务委员会委员、学术委员会（社会科学）委员。这一切都调动了朱白兰的教学积极性。此外，在经历了整风反右运动后，中国迎来了大跃进年代，为了繁荣文艺创作，文化宣传领导部门鼓励和组织文艺工作者到工厂、农村体验生活，这也点燃了朱白兰的创作热情。在作家协会和有关单位的协助下，朱白兰通过采访，收集了三元里抗英和香港海员大罢工的情况，并且修改在南京时已动笔的作品，很快完成了中篇小说集《香港之歌》，并且开始创作《命运的战胜者》。她在给出版社的信中写道："我个人认为，海员小说不仅写得很好，适宜发表，而且适合在工人的文化晚会上朗读，甚至改编成戏剧。它尤其可以用于激发对帝国主义者的仇恨和对中国工人的热爱。"① 1959 年春夏，《香港之歌》如愿以偿在民主德国格赖芬出版社出版。经过一番周折，朱白兰甚至获准应邀前往民主德国，参加出版社成立 14 周年庆祝活动。她受到邀请方的热情欢迎，被安排在柏林、魏玛、耶拿等多个城市访问，作报告，朗诵作品。这是朱白兰来华后首次，也是最后一次出国。回广州后，朱白兰将签了名的样书送给作协广东分会，同年 9 月，她被吸收为中国作家协会广东分会会员。次年，她的诗集《漫长的道路》在东柏林出版。

从《香港之歌》中可以看出，朱白兰的创作已经从小我转化为大我，更多地关注和描写中国普通老百姓的命运。该书收入 5 篇中篇小说，它们分别是描写三元里农民抗英斗争的《燃烧的权利》，反映香港海员大罢工的《香港之歌》，描写抗日战争期间民间工艺大师的命运的《剪纸大师的复仇》和描写中国妇女在新中国成立后的翻身解放的《三个正义的妾》，最后一篇小说《13 是个吉祥数字》则以朱白兰最为熟悉的教育战线作为背景，再现了新中国 50 年代初接收教会学校后高等学校中的复杂局面。饶有趣味的是，在《香港之歌》这部中篇中，朱白兰运用了戏拟的方式，在广东音乐的曲调《步步高》中填入革命的词句，作为海员罢工的战斗歌曲。熟悉广东音乐的人都知道，《步步高》不是进行曲，作为轻音乐，旋律轻快而热烈，尤其适合在交谊舞会上用于跳快四。这首乐曲受到朱白兰的青睐并被用于作品中，可见她当时的心情是跟《步步高》一样欢快的。总的来看，小说集以中国人民反帝反封建的革命斗争为主线，时间跨度涵盖了从鸦片战争到新中国成立的一百年历史，题材涉及中国社会农、工、商、学各个领域，如此宏大的叙事，在我国文学创作政治化的背景下，再加上作者是"外乡人"，缺乏亲身体验，创作中多从理念出发，因此在事件的描写和人物的塑造上都不

① 朱白兰 1958 年 8 月 8 日致迪茨信，见 Zhidong Yang (Hg.): *Klara Blum, kommentierte Auswahledition*, 第 539－540 页。

免带有概念化的倾向，但是，在中德文学关系的研究中，小说中的“中国形象”仍然具有独特的价值。

跟《香港之歌》的顺利出版相反，《命运的战胜者》却由于意识形态的分歧而未能面世。这部小说在某种意义上可以说是《牛郎织女》的续篇，首先，在时间上故事的情节从1948年延续到1959年，囊括了土改、国有化、三反五反、肃反、农村合作化、高校改革，特别是“反右”和“大跃进”等一系列政治运动，另外，从人物上，《牛郎织女》中的汉娜也出现在这部小说中，牛郎虽然没有正面出场，但从人物的交谈中，读者知道他仍然生存，并且是个高级别的中共党员。[①]在创作过程中，朱白兰曾经去当时广东的模范县新会了解农村情况，也曾回上海收集素材。她给小说加上了一个副标题“来自新中国的马赛克小说”，表明书中内容就像拼图一样涉及新中国社会的方方面面。1961年6月29日小说脱稿，朱白兰把它作为“七一”礼物，献给中国共产党诞生四十周年。[②] 书稿寄去了柏林的建设出版社，1962年，德国出版社来函要她删去作品中的斯大林名字，并称作品有些粉饰太平，说中国的反革命活动很多，作品没有反映出，要她修改补充后才能出版。她答复说，斯大林名字可以删去，因与作品原意无大关系，但声明她对斯大林的评价与中共一致，至于其他内容，她不愿意修改。在她的心目中，斯大林是个值得信赖的英明领袖。殊不知，她的至爱正是在斯大林时期的肃反运动中无辜遇害的。小说《命运的战胜者》对斯大林的描写被要求删除，是因为它涉及到了国际共产主义运动内部的原则分歧，而这个分歧，是从1956年苏共二十大反对斯大林个人迷信开始的。到了60年代，中苏分歧已经到了白热化的程度，中国共产党义无反顾地把反对修正主义的斗争摆在了首位。在这场斗争中，朱白兰旗帜鲜明地站在了中共的立场上。她主动向东德出版社索回了书稿。

七　最后的遗愿

无论在领导还是在群众的眼中，朱白兰在经济困难、备战备荒、反帝反修中的表现都是值得称道的。虽然她在物质供应匮乏时也会发几句牢骚，说：“莫斯科在战争年头尚有巧克力糖供应，现在中国市面上都买不到。”但是，外国有些朋友要寄东西来，她回绝了。她要跟中国的普通老百姓一道共渡难关。朱白兰患有胃病，体质较弱，生活困难时期曾晕倒过，但仍坚持工作。1962年，她知道国家要紧缩开支，就几次提出将自己的一部德文打字机送给学校。她说，作为公民有义务帮助国家更快些克服困难。台海两岸关系紧张，蒋介石政府派遣武装特务窜犯沿海地区，她很气愤，在控诉大会上表示：要以一个公民的身份与同志们一起，击败蒋匪阴谋。

1963年8月27日，美国黑人学者杜波依斯博士逝世，毛泽东发去唁电，支持美国黑人反对种族歧视的斗争。朱白兰特地撰文介绍这位黑人作家。她把文章交给了校党委，学校学报编委会认为对国际问题评价要慎重，经请示把稿件送中国保卫世界和平大

① 参阅 Zhidong Yang：Klara Blum-Zhu Bailan（1904—1971），第192－193页。

② 朱白兰1961年8月3日致多琳卡的信，见 Zhidong Yang（Hg.）：Klara Blum，kommentierte Auswahledition，第547页。

会，拖了半年没有消息，她觉得论文“被一个神秘的黑黝的无底洞吞没了”。当她看见论文在《中山大学学报》上发表了时，才松了一口气。她曾表示支持古巴革命和殖民地人民的民族解放运动，表示拥护我国政府援越抗美的各项声明，并捐款支持越南人民的反美救国斗争。

1964 年 5 月 26 日，面对国外的反华浪潮，她在《人民日报》上发表诗歌《明镜》，歌唱中国人民建设社会主义的热情，驳斥前民主德国作家对中国的诽谤。她很关心有关反修文件，她说“我完全同意中国同志的观点”，认为赫鲁晓夫的观点实际上是 30 多年前德国社会民主党右翼理论的翻版。她对德国党在大会上公开侮辱中国代表感到愤怒，表示必须与帝国主义和现代修正主义作不调和的斗争。1965 年，一位青年教师被选上准备派往民主德国进修，她叮嘱该教师要做好思想准备，她说，那边会有人向中国留学生扔纸团，叫他不要害怕，要想办法与之斗争。

朱白兰不仅关心反帝反修斗争，而且对国内“无产阶级专政下的继续革命”也抱着满腔热忱。1965 年夏天，中山大学外语系的高年级师生下乡参加农村“四清”运动，她要求随同下乡，特别想看看斗争地主的场面，为写作搜集材料。1966 年，“四清”运动尚未结束，“文化大革命”就爆发了，校园里出现了铺天盖地的大字报，高音喇叭里响起了“横扫一切牛鬼蛇神”的口号，不同派别的战斗队应运而生，批斗大会，游街示众，查封档案，大串联，抄家，武斗……顷刻之间，学校、机关、工厂以至整个社会陷入了动乱。起初，朱白兰还支持红卫兵的“革命行动”，在群众集会上控诉“修正主义路线”，写稿件给学校广播站，上街参加游行，向学生了解大字报的内容，但不久便很少露面了。她虽然不是“反动学术权威”，没有遭受批斗，也没有受到隔离，但在“怀疑一切”的思潮下，也曾被少数人怀疑“里通外国”，受到审查。随着政治斗争越演越烈，人们在交往中变得谨慎起来。从 1968 年朱白兰给国外友人的信中，很难看到她对文化革命的真实感受和看法。她只是提到文化革命的“成果”《红灯记》、《智取威虎山》等样板戏，介绍贴在信封上的精美邮票，谈及她正在为奥地利杂志《红旗》翻译毛泽东诗词。[①] 在当时的情况下，对于她来说，这么做大概是最佳的选择。

国外发表的朱白兰研究中，有一种说法，认为朱白兰在“文革”中被怀疑是“外国间谍”，感到孤独和无助，对中国的归属感被彻底摧毁了，她不再知道自己的归属。虽然尽了一切努力，她始终是外来人、局外者。她想成为中国人，穿中国式的衣服，讲中国话，接受中国的习惯，有一个中国的名字和中国的身份证，但这一切都不再有用，她对于自己不被中国人接纳和认可，不能属于他们而陷入最深切的悲哀中。虽然街委会后来取消了他们的怀疑，通知她说搞错了，但这种失望对于她来说是毁灭性的。[②]

这种说法，如果不能拿出事实来证明，恐怕只能算是一种主观的猜测。如果朱白兰有在天之灵，是要提出抗议的。

朱白兰以中国为第二家乡，真心实意做一个中国公民。对系里的人，无论是领导还

---

① 朱白兰 1968 年 2 月 26 日致克拉拉·魏宁格尔的信，见 Zhidong Yang（Hg.）：Klara Blum，kommentierte Auswahledition，第 553－554 页。

② 见 Zhidong Yang：Klara Blum-Zhu Bailan（1904—1971），第 61－62 页。

是学生，她都用“同志”来称呼，因为这种称呼表明的是政治上的志同道合。年长的同事，出于尊重称她“朱先生”，学生们称她“朱老师”，校园里的孩子们遇见她喊“朱奶奶”。她是新中国元老级德语教师，全心全意投身高等教育事业，培养了一代又一代德语工作者。中山大学德语专业开办之初，师资不足，急需培养年轻教师，朱白兰担当此重任。她布置青年教师精读革命作家布雷德尔的名著，并利用晚上的业余时间进行辅导，不厌其烦地答疑，使青年教师受益不浅。她为高年级选用的教材，有莱辛、歌德、席勒的经典作品，也有恩格斯、列宁、毛泽东关于文学艺术的论述。“知识广博，认真负责”，“百分百地做到一丝不苟”，这是师生们对她教学的评价。在大家的眼中，她是个不苟言笑但和蔼可亲的人。她不善于掩盖自己的感情，从来不隐瞒自己的观点，遇到不愉快的事情，也会动肝火，耍脾气，例如邮件收迟了，她会质问学校，要求调查原因，为了文稿及新闻发表等事，她会投诉广东作协及《羊城晚报》，甚至写信给文化部和省委领导同志。童年以及流亡时期的经历，使她特别渴望得到组织和人们的信任。出于强烈的荣誉感，她在未被批准成为全国作协会员前，心中很不是滋味，以至于到“文革”爆发时把这当作校领导执行修正主义路线的“罪状”。她喜欢与国外友人通讯，谈到中国的新变化，豪情溢于言表。

她60年代中期寄给友人魏宁格尔夫妇的信，让我们对她晚年的情况多了几分了解。西蒙·魏宁格尔与朱白兰是同乡，1944年携妻子流亡莫斯科，跟朱白兰更是结为好友。战后，朱白兰来中国，魏宁格尔夫妇返回罗马尼亚。他们之间的联系中断了二十年后，于1965恢复了通讯，朱白兰在信中亲切地称他们为“同志”，并且在信末署上自己的希伯莱语名字“Chaje”。从她的信中，曾透露出一些她的心态和健康状况：

> 我尽管已经六十岁了，但仍像马一样辛勤劳动。直至生命的最后时刻，我都乐意上课，因为中国的大学生在精力、接受能力、思想丰富和真诚待人方面都令人倾倒，他们中的大多数是贫穷农民的子弟。(1965. 2. 4)

> 感谢你们问候我的健康情况。最令人感到困扰的是我的胃，一个曾经忍饥挨饿的人的胃。它每天只工作到下午5点钟，并且要借助碳酸氢钠和相当多热开水。我从来不吃晚餐。当然，我有朝一日会生病，甚至死去，这是自然的进程。但暂时我还能够工作，因此，我是健康的！(1966. 10. 28)

年过花甲，面对疾病，她依然充满乐观。能够工作，就是健康的；只要活着，就要工作。这就是朱白兰对生命和工作的态度。1963年她给朋友的信中谈到，她每周给学生和年轻教师上十节课，另外为生病的同事代课两节，还担任《简明德汉词典》德文部分的批改任务，此外，为国内外的刊物撰稿，给东欧的德语读者写信，回答他们因为“兄弟党之间的意见分歧”提出的一切问题。[①] 要知道，她已经是一个到了退休年龄的

① 朱白兰1963年6月30日致多琳卡的信，见 Zhidong Yang (Hg.): Klara Blum, kommentierte Auswahledition, 第548–549页。

人，在粮食和副食品定量供应的情况下，仍如此“革命加拼命”，无疑在透支自己的生命。更何况，战争时期的饥荒早已给她的胃和肝脏埋下祸根。从 1966 年夏天起，学生们停课“闹革命”，教学工作全面瘫痪，朱白兰不可能上讲台，但她仍然关心学生的专业学习。特别是 1968 年夏，66 届、67 届部分学生被送去部队农场接受再教育，按照上级规定，外语专业的学生单独编成连队，每天安排一定时间复习外语，她给在农场的学生写信，叮嘱他们不要把外语忘了，而且细心批改学生给她的信件，并寄去奥地利马列主义党出版的刊物《红旗》以及我国发行的德文版《北京周报》。在德语学习资料严重缺乏的情况下，这无疑是雪中送炭，当年的受益者，至今心存感激。“文革”后期，朱白兰已无法从事写作，便把自己的余热用在了毛泽东诗词的翻译上。她受奥地利马列主义党的委托，将毛主席三十七首诗词译成德语，翻译过程中，以外文出版社出的英译版为蓝本，移译成德文后，寄给在干校的得意门生章鹏高征求意见，最后，将定稿和后记寄给当时奥地利马列主义党第一书记弗朗兹·施特罗布尔（Franz Strobl，1897—1980）。她生前在报刊上发表的最后一篇文章是《国际主义和无私的楷模，诺尔曼·白求恩博士的生平故事》。[①]

朱白兰不仅高度评价白求恩，而且用实际行动学习白求恩。她在取得中国国籍后，时刻不忘履行中国公民的义务。当人们好奇地看着她的蓝眼睛、灰白头发时，她总是自豪地说，“我是中国人”，并且掏出自己的证件。凡是熟悉和了解朱白兰的人都可以证明，她在生命的后期从未“陷入最深切的悲哀中”，她对于中国的归属感，到生命的最后时刻也丝毫没有动摇过。1970 年，朱白兰查出患肝硬化，已经是晚期。她知道时日不多，对身后的事情该有个交代了。在中山大学的档案室里，我们看到了一份用中文打印的朱白兰的遗嘱，这是在 4 月 24 日立的，有她的签名。她在遗嘱中除了明确指定自己的文学遗产的继承人外，对身后的事情做了安排：所有家具都是向工作单位借用的，必须归还，她的衣服和其他物品，遗赠给保姆；从毕生积存的钱中，取出她的火葬费用，再取出壹百元给照顾她的保姆，余钱归还中国人民，即归还中山大学，用今天的话讲，叫做“裸捐”。她郑重地引用毛泽东关于“个人利益服从革命利益”的语录，表示：“我完全理解我的爱人朱穰丞失踪三十多年这件事。不管他现在在哪里，我祝愿他在为中国共产党和革命群众服务中长寿。”

作为犹太民族的女儿，她也一直关注犹太民族的命运。跟年轻时截然不同的是，晚年的她跳出了犹太民族主义的立场，将以色列国与以色列政府严格区分开来。1948 年 5 月 14 日，以色列国正式宣布成立，朱白兰曾为之感到欢欣鼓舞，在《牛郎织女》中，她描写了汉娜为此举行庆祝派对。[②] 1952 年底，朱白兰发现，苏联新闻界对犹太人问题有一个令她深感恐惧的全新的表态。她认为，人们谴责追随美国的以色列政府，这是完全合理的。但这些文章表达出不满，仿佛要完全禁止犹太人具有民族感，并且怀疑以色列国家存在的权利。她写了一封抗议信给斯大林。当这封信到达莫斯科的时候，斯大林

---

① 载奥地利马列主义党机关刊物《红旗》，1969 年，第 11 期。

② 1970 年 6 月 16 日，朱白兰在送给中山大学图书馆的样书上请人代她注明：“当时，我们还不知道，以色列国后来会成为美帝国主义者反对阿拉伯人民的血腥工具。”

已经死了。在随后的几年里，以色列国与周边的阿拉伯国家冲突不断。特别是在埃及收回苏伊士运河主权的问题上，以色列国充当西方殖民主义者的帮凶，被社会主义国家视为“西方帝国主义的工具”，朱白兰坚决站在了以色列政府的对立面上。1958 年，她在《羊城晚报》上发表了题为《喜悦·警告》的短文，斥责以色列本·古里安为首的统治集团，庄严声明：“作为一个社会主义国家——中华人民共和国——的公民，作为受过苦难的犹太民族忠实的女儿，我衷心拥护地读了以色列共产党的要求：支持阿拉伯民族的独立斗争，驳斥美英的侵略行为，全力赞同苏联为争取召开首脑会议所作的努力。”1961 年 4 月至 12 月，以色列法庭对抓获的纳粹战犯阿道夫·艾希曼进行审判，朱白兰在给国外友人的信中写道：“我有一份很好的期刊，英文的北京周报。上面有来自人民日报和红旗杂志的材料，从中了解到国内所有重要的事情，并且也了解到苏联、民主德国、非洲等地的情况。可惜中国的报刊几乎完全没有刊登有关艾希曼受审的消息，这样，我便借助《新德意志》报。多年来，想到以色列政府追随帝国主义，都会令我感到不幸。但是在审讯过程中，以色列进步力量越来越强大，我希望，在不久的将来，那里将发生各种改变。”① 直到 1970 年 4 月，她还在遗嘱中声明：

> 我属于犹太族，我因以色列这个国家——这个美帝国主义的工具使我的民族蒙受耻辱而深感痛心。我认为每一个进步的犹太人都有责任和阿拉伯各国人民的反帝群众团结一致，同反动的、种族主义的、侵略成性的以色列军人政府进行斗争，并谴责它。

朱白兰作为中国籍犹太裔女诗人，既是犹太民族的女儿，同时也属于中国人民。她为中国人民的革命和建设事业，为中外文化交流，为人类的和平、正义、平等和进步做出了贡献。她和她的文学遗产永远活在我们心中！

---

① 朱白兰 1961 年 8 月 3 日致多琳卡的信，见 Zhidong Yang (Hg.)：Klara Blum，kommentierte Auswahledition，第 547 – 548 页。

劫后余生
——7.28 牛田洋历险记

1963 级英语　唐　强

我永远也不会忘记 1969 年 7 月 28 日这一天。当日，一场超级强台风挟着海啸和暴雨，袭击了广东省潮汕地区。那一年，来自全国各地 2000 多名大学生和外交部工作人员，正在汕头牛田洋军垦农场接受中国人民解放军的“再教育”，我也在其中，亲身经历了那次可怕的自然灾害。根据官方的统计，这场浩劫夺走了 470 名解放军战士和 83 名大学生的生命。幸运的是，我会游泳这一信念助我逃过了一劫。

40 多年已经过去，但是当年的许多灾难情景，至今依然历历在目。

1969 年 7 月 27 日晚上，牛田洋军垦农场解放军连队和大学生连队，全都集中在营房里收听重要通知：今年第 3 号超级强台风将在潮汕地区登陆。军垦农场指挥部决定，誓死保卫大堤，人在大堤在。每个战士和大学生都要做好与超级强台风搏斗的准备。

所说的大堤，是由 41 军 122 师 1 万多名解放军官兵于 1963 年 1 月筑成的。他们靠自己的双手和双肩，建造了长达十几公里的大堤。它像长城一样屹立在海边，保卫着 8.67 平方公里的牛田洋围海造田以及周边的村镇。

听完广播，各连队立即讨论这一严峻形势，组织学习《为人民服务》、《狼牙山五壮士》等文章。大家决心学习革命英雄不怕牺牲的精神，与超强台风拼搏到底。

每年的夏秋之交，台风频繁发生。广东潮汕地区面临南海，经常遭受台风袭击。1968 年 8 月底，中山大学外语系 100 多名学生和外交部驻外机构工作人员来到牛田洋。落脚不久，即 10 月初，我们就经历了一次台风的洗礼。当时，用稻草和茅竹搭建的营房瞬间便被 7 级台风吹倒。台风过后，到处一片狼藉。我们炊事班里的米面和木糠都湿透了，无法做饭，大家只好饿着肚子去重建家园。这一回，我和炊事班的伙伴们总结了过去的教训，提早做好了必要的准备。1969 年 7 月 28 日 5 时左右，我们让全连战友吃饱早餐，同时又多做一顿午饭，放在几个大木桶里，等超级强台风过后，用来填饱大家的肚子，再去收拾残局。大约 6 点 20 分，我们连正在待命出发去保卫大堤，超级强台风却突然杀到了。

我们和另一个学生连的营房建在当地农民以前修筑的小堤上，旁边有一条小溪。营房面向一望无边的稻田和隐约可见的大堤，背朝远处的青山和村庄。超级强台风是从营房的背后吹袭过来的，我们搬来所有的床板，死死地顶住墙壁。可是风力实在太强劲，坚守还不到两分钟，营房便倒塌了。祸不单行，天还下起暴雨。台风（18 级）以每秒 52.3 米的速度前进，威力巨大。一名来自山东省的大个子学生撤出营房后，下意识地站起来，马上被强风吹掀出 10 多米远。在这种情况下，我们只好像猫儿那样爬着，转移到小堤脚下避雨。躲了一会，一名班长想去解手，他掀开雨衣时突然大叫一声：“巨浪来了！”

我立即弹跳起身，只见二十几米高的滚滚巨浪像饿虎似地向我们猛扑过来。直到那时，我才真正理解“排山倒海”这个成语的含义。太可怕了，我的脑子突然变得一片空白，手足无措。大海怎么啦？大堤出了什么事？大堤有两层楼那么高，而且堤面宽阔，两辆解放牌卡车可以相对而行。此外，大堤面向大海的一边，是用巨大的长方形石块垒成，非常坚固，怎么会那样容易被摧垮呢？心想，这一回，我也许无法从海龙王的血盆大口中逃生了。不过转念又想，我会游泳，应该还有一线生机，以前我曾经有过一次相似的经历，结果化险为夷。这段故事要追溯到1966年。

在“文化大革命”期间，72岁高龄的毛泽东畅游了长江，似乎想向世人宣示，他身体健康，有能力将他亲自发动的“文化大革命”进行到底。当年的“广州市革命委员会”马上组织了畅游珠江活动，紧跟领袖“闹革命”。我和同学们都积极报名参加。1966年8月1日上午10时，游泳者分为百多个小组，一组接一组地跳入珠江。为了游泳者的安全起见，游泳的通道两边停泊着许多临时作救生用的小渔船。当天上午，天气晴朗，绝大多数小组都顺利地游到了终点。不料，下午1点左右，风云突变，狂风大作，天空开始下起暴雨。这时正好轮到我们小组下水，但是，风大浪急，所有的船只都已靠岸了。怎么办？游还是不游？在没有救生船保护的情况下游泳是很危险的。可我们是热血青年，不怕任何艰难险阻，虽然天公不作美，但大家信心十足，都愿意接受挑战。我们小组有5个人，有三个人分别来自湖南、广州和佛山，两个来自潮汕地区。其他人都擅长游泳，只有我是菜鸟，游泳技术最烂，只略懂一点爬泳和仰泳。我们离开出发地二沙岛，慢慢步入珠江水中，然后向着目的地中山大学北门游去。在波涛汹涌的大江上，只有我们5个学生与风浪搏击。我游爬泳为主，疲累时就游仰泳。一路上，我被大浪高高掀起，又被狠狠抛下，险象横生。其他几位同学不断挥手激励我，经过一番搏斗，最后有惊无险地游到了胜利的彼岸……

当我在思考能不能逃生时，汹涌的海水已从四面八方包围住我们。大家只好迅速往高处爬，否则，就会被海水淹死。离我们五十几米的小堤上，有七八棵大树和一座石屋，于是向那边爬去。途中，我遇到了暨南大学政治经济系的郑克仁同学，便呼唤他和我们一起走。可他却说：“我怕水。我不会游泳。”他被惊涛骇浪吓坏了，紧紧地抱住一根竖立着的大竹竿不愿意放手。他属于另一个大学生连队，他的战友们临时调到别的地方执行任务去了，只有他一个人留在营房里负责养猪喂鹅。“一起走吧，这里太危险！”我再次劝他。可是，他依然抱住竹竿，站在那里一动不动。

离开郑克仁后，我便去追赶其他人，小心翼翼地在旧堤上匍匐爬行。大雨倾盆而下，我们的脸被溅满了泥沙，样子狼狈不堪。花了10多分钟，我们才先后到达大树旁和石屋里。我是最后一个，只能用双手抱住一棵大树的树头，我的头顶上已有7个人坐在摇摇欲坠的树干上了。

和我来到同一棵树头的，还有法语专业的周恩泉同学，我们苦笑着彼此打了个招呼。从那一刻起，我们俩就互相照顾，祸福与共。转眼之间，翻腾的海水已经淹没了整个农场以及周边地区，四周白茫茫一片。巨浪一个接一个压过来。有好几次，海浪呛得我几乎喘不过气来。很快，水到了齐腰深，我差一点被大浪冲走，幸得周恩泉及时抓住我的肩膀。时间一分一秒过去，水面上漂过来许多断竹烂板，死猪死牛，随时会扎在我们的身上，威胁着我们的生命。突然，一条两尺多长的大蛇向我们这边游过来，它也想找个安全的地方。我和周恩泉赶紧拿起竹竿，抽打驱赶它，直到看见浪涛把它卷走为止。与此同时，巨大的海浪不停地拍打过来，打得我们东摇西晃。由于当时只穿一件背心和一条短裤，加之几个小时没进粒饭滴水，泡在水中时间太长，我感到饥寒交迫，浑身乏力，几乎站不稳了。抬眼远望，在巨浪的冲击下，昔日的长堤已全线垮塌。远处只屹立着一座排水闸，朦胧中，我把它想象为一艘开来救援我们的军舰。不过，我的幻想很快就被现实击破了。水变得越来越深，涨到我的脖子上，生命受到更大的威胁。再回头看看暨大的郑克仁那边，但见浊浪滚滚，人和竹竿已经不见踪影，看来凶多吉少。我的心一沉，意识到狰狞可恶的阎罗王，正在一步一步地向我们逼近，太可怕了。可是，我才 20 出头，不想被海水淹死。此时此刻我更想念我的母亲和弟弟。我和他们一直相依为命，又怎么舍得离开他们呢？十个月前，我领到毕业后的第一笔工资，大部分钱汇给了他们。从此以后，我每个月总会按时寄钱回家，尽量改善他们的生活。心想，无论如何，我要尽一切努力，争取活着回去和他们团聚。我不相信绝处逢生的希望已几近于零。

“我们现在只能游泳了，”周恩泉建议说。海浪继续拍打在我的身上，我用手抹掉脸上苦涩的海水，把目光移向茫茫的四周，只见一些人正在海面上游泳挣扎。可是，由于海浪与台风两股力量方向相反，互相抵消，他们根本无法移动，只能在原地打转，最后突然消失。如果我们也像他们那样游泳，实在是太危险了，可能会泡在海水中时间太长造成抽筋而被淹死，也可能会被海上的漂浮物砸死。怎么办？游泳只能是最后一步棋。难道坐而待毙吗？我们商量了好一会，但还是没有好的方案。坚持，再坚持一下。等海水淹到鼻子后再游吧。万幸的是，后来水位没有继续上涨，熬到了下午 4 点 30 分左右，风浪开始减弱，水慢慢回落，上身渐渐从水中露了出来。原来，海水有涨潮和退潮的规律，这就给了我们逃生的机会。当时我已经冷得全身发抖，实在支持不住了，决定和周恩泉一道涉水到附近的石屋里看看。那座安然屹立着的石屋，由四条巨大石柱托起，结构坚固，顶住了狂风恶浪。它是解放军的服务社，里面储备了许多抗击台风用的食物和生活用品。一进入石屋里，马上有人把棉衣披在我的身上，顿时感到非常暖和舒服。紧接着，又有人往我的嘴里塞了一块油炸面包。实在太饿了，我急急忙忙吞了一大口，可因极度缺乏津液，结果油炸面包卡在食道中间，不上不下，第一次尝到了“狼吞虎咽”的苦头。我没有被海水淹死，却差点被一大口油炸面包噎死。定过神来之后，望着窗外，想起了我的两位中学校友：麦宝庭和李翠芳。中学时期，麦宝庭是我的师弟，后来我们又一起在中山大学外语系英语专业读书，经常在校园里促膝谈心。当时，他被安排在东牛田洋。李翠芳是我的师妹，中学毕业后考上暨南大学，是郑克仁的同级同学，她们女子连扎营在西牛田洋，地势相对较低。此刻，我凭借会游泳的信念躲过了一劫，但他们在哪里？他们都安全吗？我非常担心。

下午 6 点，风浪变弱了，小堤大部分露出了水面。连长带领我们急忙撤退到安全的地方——山脚下的一个小村子里。一路上，我们看到的是一幕幕悲惨的景象：幸存的鹅鸭惊魂未定，在堤上乱扑乱叫；失散的牛羊嗷嗷地呼唤着失踪的同伴；一艘艘破船烂艇互相冲撞，飘浮在水面；一具具人与牲畜的尸体被海水推到岸边，横七竖八地趴倒在地下……

到达临时驻地，清点人数，我们那里的两个学生连只缺少了暨南大学的郑克仁。第二天他的名字被列在烈士名册上。他不会游泳，缺乏自信，不幸离开了我们。他的家就在汕头市，出事前一天，即7月27日傍晚，他的弟弟曾带着父母的问候来营房探望过他。但万万没有想到，那是最后一面，兄弟从此阴阳相隔，再也不能相见了。可以想象，失去了儿子，郑克仁的双亲是何等的悲伤！

经过这场劫难，我感悟到：人的生命是如此脆弱，面对大自然的威力，顺之者昌，逆之者亡。如果在7月27日接到周总理“做好抗击强台风的准备”指示后，及时把人员转移到安全的地方，惨剧就不会发生。但由于极“左”路线的错误指挥，“7·28”那场超级强台风和海啸给人民的生命财产造成了不可估量的损失。前事不忘，后事之师，在我们怀念逝去的500多名战士和学友时，千万不要忘记往日的惨痛教训！

便与先生成永诀 九重泉路尽交期

1964 级英语　黄建斌

题记：本文原载《福建日报》，1993 年 1 月 19 日，收入本书时略作修改。

近日，我得到上海古籍出版社出版的《陈寅恪先生编年事辑》一书，灯下展读，不禁为之欷歔。其中，陈寅恪先生写于 1968 年的《申请书》，真可谓“点点行行，总是凄凉意”。其文如下：

申请书

一、因心脏病需吃流质，恳求允许每日能得牛奶四支（每支月四元八角）以维持生命，不胜感激之至。

二、唐筼现担任三个半护士的护理工作和清洁工杂工工作，还要读报给病人听，常到深夜。精神极差。

申请暂时保留这位老工友，协助厨房工作，协助扶持断腿人坐椅上大便。唐筼力小头晕，有时扶不住，几乎两个都跌倒在地。一位工友工资 25 元，饭费 15 元，可否每月在唐筼活期存款折中取 40 元为老工友开支。

又，如唐筼病在床上，无人可请医生，（时两女儿全家都去干校）死了也无人知道。

我对陈先生的这一封《申请书》不忍卒读。一位享誉海内外的学者到头来如此结局，不禁令人潸然泪下。陈寅恪先生是近代的国学大师，他具备阅读中外 13 种文字的能力，对魏晋南北朝史，隋唐史，蒙古史，以及梵文、突厥文、西夏文等古文字和佛教经典，均有精湛的研究，为国内外学者所推崇。早年在清华大学国学研究院当教授时，陈先生就与梁启超、王国维、赵元任齐名，人称清华四才子。周恩来总理视陈先生为国宝，曾交代当年广东的负责人陶铸同志要多方关照陈先生。即使在“文革”期间的 1967 年，周总理在一次接见广州学生组织头目会上谈到“古为今用”时说：“你们可请教中山大学陈寅恪先生……”有一次，陈先生整理多余的旧书，把旧书卖掉，陶铸同志误以为陈先生生活有困难，特补助几百元。陶铸同志还派三个护士轮班照顾陈寅恪先生。“文革”初期，陈先生成为“反动学术权威”，也有人把大字报贴到他家门口。陶铸同志还从北京电话指示：要保护陈寅恪先生，不许贴他的大字报。陶铸同志和胡乔木同志都曾多次登门拜访陈先生。

陈先生著作甚丰，可谓文章大家，不料临终前，那支能生花的妙笔却留此“绝笔”。这是“史无前例”期间，“天丧斯文”的一个典型事例。陶渊明可以“不为五斗米折腰”，因为他还有“采菊东篱下，悠然现南山”的乡间归隐生活。套一句现时的话，叫做“温饱型”。可是，陈先生那时已经跛足盲目，生活无法自理，工资与存款均被冻结，不得不为糊口而“临表涕零”。

行笔至此，一段往事不禁浮现眼前。1968 年秋，中山大学组织师生到英德县去“双抢”。外语系的桂灿昆教授与我同在一个农民家“三同”，每当夜间，秉烛夜谈，海阔天空，可谓神聊。我曾经说起陈寅恪先生的一些“轶事”，并表示在中山大学数年，无缘见陈寅恪先生一面，颇为遗憾。桂灿昆教授对于我这位外语系的学生如此“了解”历史系的教授感到有些意外。他问我：“你从哪里得到的信息?”我说是在中大图书馆的旧清华大学资料上读到的。

在“英德夜话”中，桂先生说起了他学生时代背英语单词的顺口溜，语音语调用的是四川云南方言的抑扬顿挫，其韵味十分幽默：

“来是 come，去是 go；

快是 fast，慢是 slow；

公牛是 bull，母牛是 cow，

水牛就叫 buffalo……”

桂先生谈到洋泾浜英语（pidgin English）时，举了一个生动的例子。故事说的是在旧上海，马路上发生了两部车相撞的交通事故。一位警察正在处理这起交通事故，一位英国巡捕走向前问发生了什么事。中国警察配合了手势比划，这样描述道：

“One car go，one come，two car kling-klom!”

英国巡捕身处现场，也能领会这种语法错误、生造拟声词的句子。当然，这种故事往往是人们牵强附会而成，但确实达到“传神”的效果，把洋泾浜英语刻画得活灵活现。

我向桂先生请教如何使用英语词典的诸多问题，他提到了 *Webster's Third New International Dictionary of the English Language*（Unabridged）。当年，学校和外语系图书馆都没向学生开放这本大型词典，我还没见过这部皇皇巨著。所以，我向桂先生道出了第二个遗憾。

从英德回到中山大学后，有一天在路上，我遇见桂灿昆教授。我们又愉快地回忆起“英德夜话”。桂先生对着我神秘地笑一笑，说：“我可以为你弥补那两个遗憾。”原来，他家里有一本韦氏词典，是他托人在香港买的。如果想看，可以到他家里一睹为快。至于陈寅恪先生，他可以为我秘密引见……我真是喜出望外!

一天，天刚擦黑，我叩开了桂先生的家门。在客厅里，桂先生已经把韦氏词典摆放好，等待我这个“仰慕者”。为了这部词典，桂先生特意找木工制作了一个“词典托架”。所谓托架就是桌面约有 25 度倾斜的小案儿。这样，查阅词典时，看上部分几行，身体不必向前倾，眼睛也就不那么累。案儿台面比打开的韦氏词典大一圈，边上放着一把放大镜和一副白手套。我第一次见到这种读书“架势”，真不知所措，只敢恭恭敬敬地站在书旁。桂先生要我坐下来，让我试着查阅几个单词，过把“瘾”。我戴上白手套，拿着放大镜，小心翼翼地翻着书页，在英文的字母波浪中“徜徉”、“追逐”，心中洋溢着惊奇、羡慕与满足。

那年，军宣队和工宣队已进驻中山大学，对陈寅恪先生设置专案组，调查先生的

"罪行"，我们不便在"众目睽睽"之下去拜访先生。从桂先生家出来，我们绕着小路，身披溶溶的月色，脚踏深秋的落叶，来到在大钟楼对面那座林木扶疏的小楼。我们轻轻地敲响了陈先生的家门。

师母唐筼把我们带进了陈先生的书房，除了开窗的那堵墙，三面墙壁都是书柜。在这"书山"当中，一位老者盘腿而坐，如同坐禅。这是陈先生的习惯坐姿，据说，以前他在历史系上课也是这样。他头发花白，苍然古貌，头发梳理得很整齐，穿着一身笔挺的浅灰色中山服。他脸上刻满了忧虑的皱纹，显得神色疲惫。不过，那和蔼的面容，挺直的脊背，总保持着学者风度。

陈先生问我为什么要见他这位"牛鬼蛇神"。我告诉他：我景仰先生的学问为人和治学精神，并且认为他是学术权威，但绝不反动，相信将来会给他落实政策的。他为我能在那种岁月来见他而十分感动。陈先生虽然身处逆境，但是，"君子固穷"，却还总认为学海无涯，此路可走，用悠然不迫的语气回忆和诉说他年轻时读书的情景，他反复强调一句不合当时时局的话："多读书总是有用的……"

如今，当我捧读《陈寅恪先生编年事辑》时，我才知道：先生彼时彼刻正写了《申请书》，"恳求每日能得到牛奶以维持生命"。而即使在这样的逆境中，先生仍坚信自己一生在无涯的学海中航行是正确的，委实让人肃然起敬。但愿陈先生这样的《申请书》在知识界的历史上是绝后之作！

那年的12月，我们外语系68届毕业生即奔赴汕头牛田洋农场了。我后来浪迹京湘闽多地，再也没有机会见到陈寅恪和桂灿昆两位老先生了，唯有在心中默念杜甫的诗句：便与先生成永诀，九重泉路尽交期……

恩师情结伴终生

1964级法语　丁官年

题记： 本文原载湖南大学中山大学校友会杂志，总第三期，2013年11月。

2013年4月25日，中山大学外国语学院法语系部分老毕业生聚在一起，为我们的法语启蒙恩师、资深老教授李良裕老师八十诞辰，在中山大学校园举办了一个温馨而简朴的寿宴。因时间仓促，当天我没能亲临现场，只能拜托我的同窗好友李树均、胡贤明代我向恩师拜寿。

我给恩师撰写了一幅祝寿贺联，恭祝我们尊敬的法语启蒙恩师资深教授李良裕老师福如东海，寿比南山！寿联曰：呕心沥血启蒙吾辈为国为民出贤能恩师耄耋情不老，博学笃行教诲学生自策自律担重任寿星八旬乐无疆。

回想当年法语第一堂语音课，开课伊始，李老师先给我们每个人发了一面镜子。全班同学全部都莫名就里。女生想："对镜理妆"也用不着如此慎重，更何况哪位小姐能缺面镜子呢？男生更是一头雾水：虽然自己平时很少照镜子，但照镜子谁又不会，还用得着上"照镜子"课吗？原来李老师对我们语音课教学近乎苛刻：不要说语音语调，就连发音时的口型也丝毫不能走样，都要 parisianisation（巴黎腔巴黎风格）。我们受了不少憋，李老师更是费了不少心。转瞬间近半个世纪过去了！

虽然贺联是我专为李老师的八十大寿而作，实际上是对母校老师崇高风范的整体写照，同样表达了我对母校恩师们的无上敬仰！中山大学的老师教书育人谁不呕心沥血？哪个老师又不博学笃行？

李良裕老师的极端负责的精神和近乎完美的教学成果，将我们全体送入了高一级的学习阶段。法语的口语老师罗勇（Rognon）先生和陈妹妹女士以同样高涨的教学热情和同样完美的教学方式引领我们进入了又一个崭新的法语殿堂。

我们是一群咿呀学语的大龄"婴幼儿"。罗勇陈妹妹伉俪既是严师，又是耐心的父母。他们膝下已有三个儿女需要照顾，又承担着繁重的口语教学任务。为了"为国为民出贤能"，他们课前课后整天守着我们，声色俱厉地逼着我们讲法语，不厌其烦一遍又一遍地给我们纠正某一个同样的表达方式上的"洋径浜"，直到真正达到"la façon des Parisiens（巴黎人的表达方式）"为止。那中间的枯燥乏味和所需要的耐心是难以想象和无法体验的。天底下可能只有最伟大的父爱母爱才能经受得起这样长年累月的"折磨"，而且他们脸上还时刻挂着会心的鼓励的笑容！

罗勇和陈妹妹老师见我喜爱法语，家里又十分贫困，还不顾自家经济也不宽裕（五口之家仅靠两人140多元/月的纯工资收入维持着清苦生活），甚至可以说十分拮据，竟然花了3.10元买了一本《简明法汉词典》送给我个人。扉页上写着："Obéis toujours au Parti（永远听党的话）！"师恩何其重，师情何其深！只可惜这部词典在1969

年7月28日牛田洋强台风、大海潮中被海水卷走了。这本《简明法汉词典》应当是我永生永世最珍贵的纪念和座右铭，但是从此只能剩下后者了！多么痛心而又无可奈何啊！更令我惭愧的是，我没能像恩师所期待的那样为国为民“担重任”。

1988年末至1989年中，我随一家中国公司在法国南方著名的土伦南方钢厂的拆装海运工地现场当翻译。工作之余与南方钢厂的几位工程师闲聊。当他们得知我是第一次来法国出差时，他们几个似乎都非常吃惊，表情夸张地说：“Monsieur Ding, tu nevienspas de Paris?! Maisoùtu as appris le français? Et tuparles avec uneprononciation et intonation pure parisienne（丁先生，你不是巴黎来的?！而你，你在哪里学来的法语，而且，你讲法语的语音语调都是纯巴黎腔?）”我答以“l'Université Sun Yat-sen Canton Chine（中国广州中山大学）。”他们一个个伸出大拇指：“与法国远隔重洋的中山大学为何能教出巴黎口音的中国学生？中国人不可思议！中山大学 extrêmment excellente（棒极了）!”我第一时间不由得立即想起了我们的启蒙老师李良裕和口语老师罗勇、陈妹妹伉俪来。没有恩师们当年“启顽发聩”、“锲而不舍”，何来我后来的“以假乱真”!

只痛惜罗勇老师已仙逝多年，陈妹妹老师不久后定居巴黎，从而失去了两位恩师的一切联系。但是，他们的音容笑貌和伟大人格却永远激励着我，对他们的思念更是与日俱增!

我每去广州，必去母校。但也仅能拜见李良裕老师了。

恩师们都是博学笃行。他们言传身教，为社会培养出了灿若群星的优秀人才。我们这一届同窗学友中，就涌现出省高教局、广交会外联处、省委统战部、国防部外事局等单位领导、大学博导、部级高级职称评委以及扎根山乡献身党的教育事业的优秀教师等。此是后话。

总之，恩师师德的崇高是无法用语言描述的。“俏也不争春，只把春来报”，恩师们兢兢业业、任劳任怨，放飞的更是学生们的理想、是振兴祖国、振作中华的理想。“待到山花烂漫时，她在丛中笑”。恩师一辈子耕耘着这三尺讲台，为党和人民培养出不知多少贤人贤才。

恩师情结永伴学生终生，恩师师德永远激励学生。

秀才兵　牛友情

1964级英语　周修文

自古以来有一个说法：秀才遇到兵，有理讲不清。我要讲的是：秀才兵，牛友情。翻开《风雨牛田洋》的序言，外交部前部长李肇星一首《牛田洋——献给死去的和活着的战友》赫然在目：难忘你，牛田洋。你不是普通的水，你不是普通的浪——你侵吞生命的粗暴，你骇天动地的疯狂……

20世纪60年代末，一批大学毕业的知识分子到牛田洋部队农场接受解放军的“再教育”。在部队的严格管理下，经受了意志和体力的双重考验。一场强台风改变他们之间“秀才”和“兵”的关系，他们变成了一群“牛友”——不管是部队官兵，还是大学生，大家都是牛田洋的战友，简称牛友。这是特定环境中形成的一个特殊群体……

2007年12月6日，周修文（右）和李肇星部长（左）在广州长隆大酒店合影

牛田洋位于汕头市西郊，是广州军区农副业生产基地，1962年9月14日开始由陆军41军122师1万多兵力“围海造田”而成，到1968年总面积达到27640亩。1966年初，总后勤部在一份关于部队进行农副业生产的报告中，着重提到了牛田洋“围海造田”进行水稻种植并获得丰收的事例。5月7日，毛泽东主席在这个报告上作了批示，这就是著名的“五·七”指示。当时有一个说法：“北有珍宝岛，南有牛田洋。”牛田洋于是名扬全国。

汕头西郊万亩绿浪牛田洋

雄伟壮观的牛田洋大堤

在这个红遍全中国的地方，曾经有 2183 名来自全国各地的大学毕业生和刚分配到中央各部委工作的知识分子一起，响应毛主席“五·七”指示的号召，到牛田洋接受解放军的“再教育”。1968 年 12 月，我们中山大学外语系六八届全体毕业生，根据中共中央、国务院、中央军委、“中央文革小组”《关于分配一部分大专院校毕业生到解放军农场去锻炼的通知》，告别广州康乐园，背上行装来到南海之滨的牛田洋，在“围海造田”的艰苦环境中，接受部队的严格管理和艰苦劳动的磨练。我就是这其中的一员。

1969 年 7 月 28 日，一场百年不遇的强台风正面袭击牛田洋。当时在牛田洋的是陆军 219 师三个团，加上军直炮团和十几个学生连队共一万多人。分别驻守在东、中、西牛田洋（还有部分在潮阳河溪）。为了保护国家财产和人民群众的安全，部队和大学生执行命令，坚守大堤。那时有个口号，叫做“一不怕苦，二不怕死”，在牛田洋成了“人在堤在”、“誓与大堤共存亡”。在那场与狂风暴雨和大海潮的搏斗中，共有 553 名战友献出了年轻的生命。其中，部队官兵 470 人，大学生 83 人。这就是历史上震惊中外的牛田洋“七二八”台风。

在牛田洋锻炼时的周修文

周修文在牛田洋锻炼时部队颁发的纪念状

我们这批劫后余生的大学生，在经受了那场强台风的考验之后，只经过二十多天的休整，便和部队官兵一起，在当地人民群众的支援下，投入重建牛田洋的战斗，修复了长达十几公里的牛田洋大堤，万亩牛田洋又绿浪千层，稻浪飘香。两年后，我们离开了牛田洋，陆续走上了工作岗位，成了各条战线的中坚力量。前外交部长李肇星、曾任联合国副秘书长的陈健和原驻英大使马振岗都是我在牛田洋时同一个学生连的秀才兵。几十年过去，我们难忘当年，互称“牛友”，在人生的道路上留下了一段段的“牛友情”。

2007 年 12 月 6 日，外交部前部长李肇星在广州长隆大酒店会见当年一起在牛田洋劳动锻炼的“牛友”。

外交部前部长李肇星（中）在广州长隆大酒店会见“牛友”

参加会见的“牛友”有：黄建斌、周修文、陈启泉、区炳森、张植林、司徒焕尧、邓四牛、吴长丰、徐玉仙、蓝继垂、蔡俊德、王永泰、黄 栋、冯锡周、黄国乐、李树均、胡贤明、陈复实、刘志诚、陈有禄、陈树仁、陈洁桦、刘蕊宁、袁力耘、胡土佑（特邀）

李肇星在牛田洋锻炼时和我一个连队，他是我们学生二连的九班长。在这里我们一起摸爬滚打，战天斗地并经受“七二八”台风考验。后来，李肇星成了中国外交部部长（2003—2007）。在多个场合，李肇星部长都提到，牛田洋是他的第二故乡。在国际风云际会、日理万机的外交生涯中，李肇星分别在 1996 年 7 月 6 日和 2007 年 12 月 1 日两次重返牛田洋，为落实在“七二八”台风中牺牲的大学生追认为烈士奔走呼喊。作为 1969 年“七二八”罕见强台风和大海潮的亲历者，他曾经深情回忆说：“在一次抗击洪水的过程当中，我的好多同学、战友牺牲了，我在自己的一篇文章当中写到，我自己能够活下来就是一种奢侈，要利用这个难得的机会给祖国多做事情。”他两次都到“七二八”烈士纪念碑前，敬献花圈，缅怀当年在这里长眠的同学战友，情到深处，潸然泪下。并提笔题词“祖国永恒，人民至上”，落款为“牛田洋战士、班长李肇星”。

李肇星、陈健和马振刚所在的学生二连合影，后排右二为本文作者

在时任外交部副部长的李肇星第一次重返牛田洋半年之后，广州《南风窗》杂志记者周汉民和牛田洋生产基地政治部主任何建强在 1997 年 1 月刊上发表了《牛田洋，迟到 27 年的追认》，才揭开了那段历史的面纱。因为，在此之前，在“七二八”台风中牺牲的人数和名单都一直处于保密状态。在这篇文章的结尾有一段话是这样写的：应该说，对牛田洋烈士的追认，是迟到了 27 年的。但诚如“七二八”事件的生还者、广东省烟草专卖局周修文科长对记者所说的：“它给我们一生留下了精神财富，我们懂得了生命的价值，懂得了兢兢业业做事业。”

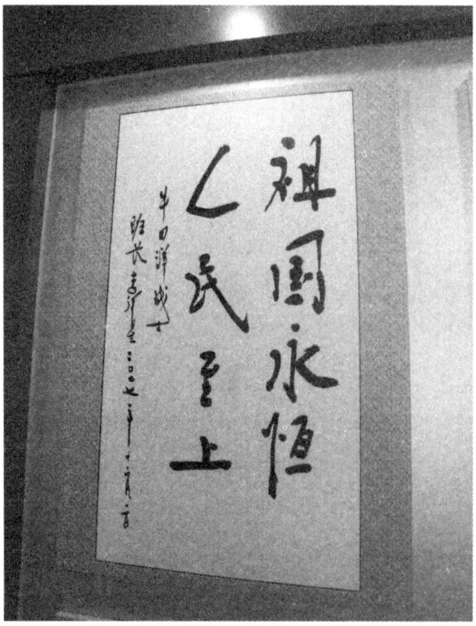

李肇星部长题词：祖国永恒 人民至上

南风窗：牛田洋，迟到 27 年的追认

1997年7月28日是抗击“七二八”台风28周年的纪念日，亲历当年那场灾难的广州大学生组织了重聚牛田洋的活动。参加这次活动的有：陈启泉、邓四牛、吴长丰、张植林、黄建斌、沈克良、黄颜美、林开荪、刘志诚、杨少青、周受祥、盛龙生、余佑吉、罗育文、刘银山、洪新盛、黄赞发、李锦平、陈瑞勋、唐志远、詹前进、赖标、郑喜庭、刘文立、黄家祐、黄飞红、陈菊容、李璨、司徒焕尧、朱惠娟、欧阳立、许丽辉、刘晓敏、刘浩盛、房竹英、陈好莲、陈美娟、谢绣球、林巧銮、何海伦、黄月中、曾肖霞、汪念郴、蔡美珠、王美凤、袁力耘、杜桐华、杨荷卿、伍坪、裘宁芝、黄文华、黄钰桢、陈鸿卿、余建源、张如和、刘国荣、陈纪训、陈斯捷、黄锦荣、曾广智、叶树成、尤芳元、李剑英、李萌荚、陈子新、戴伟华、赖炳辉、区炳森、陈炳开、陈作宏、苏庆荣、黄庆升、陈再干、刘国麟、郑耀福、谭大新、冯锡周、李达安、洪凤纪、李再聪、谢正坤、林耀波、李尚奋、钟柏兴、彭德固、侯江水、陈鹤群、佘纲文、郑甦峰、郭炳鸿、施天恩、刘国庆、王振淦、刘国亮、廖天宗、蓝继垂、徐玉仙、陈茂展、陈玉明、潘国雄、廖天栋、梁仕贵、黄更爱、林兆平、陈有禄、张特蕴、李淦隆、王永泰、王伙仲等130多人。

抗台风28周年中大“牛友”重返牛田洋

实际上，早在1989年，抗击“七二八”强台风20周年的纪念日，牛田洋生产基地的官兵就和一大批当年抗击强台风的“亲历者”来到纪念碑前拜祭烈士，寄托哀思。参加这次悼念活动的有来自汕头、潮州和揭阳的“牛友”近300人。

纪念牛田洋“七二八”台风20周年纪念活动现场

后排：温卜尺、蔡学宏、陈奕纯、叶秋祥、王瑞龙、谢玉潜、许为淮
前排：陈世哲、袁奕强、许育送、吴荣越

在这次纪念活动中，中大“牛友”黄赞发为牛田洋“七二八”风灾20周年祭，专门写了一首词，调寄《鹊桥仙》：

红云载日，绿荷报暑。八邑轻舟飞聚。生雄死杰吊当年，意尽在，莲塘碑墓。长堤草蔓，连营何处？举目波澜倒注。鱼欢虾跃亦沧桑，更待酿，新城轻露。

1998年中国青年电视制作中心和西安电视台为了纪念中华人民共和国建国50周年，筹拍六集电视纪录片《共和国第三代人》，受该片总编导杨元洲的邀请，我作为这部纪录片的顾问，专程陪同摄制组到牛田洋实地采拍，受到牛田洋部队官兵的热烈欢迎，并得到时任汕头大学党委书记、“牛友”黄赞发的大力协助。该片在国庆50周年前在西安电视台播出。

电视纪录片《共和国第三代人》

周修文（中）和《共和国第三代人》摄制组在一起

周修文（前）陪同《共和国第三代人》摄制组在牛田洋采拍

《共和国第三代人》摄制组在“七二八”烈士纪念碑前录制

周修文（左）和黄赞发在牛田洋纪念碑留影

1999年7月28日，是“七二八”抗风抢险30周年的纪念日。来自全国各地的近800名“牛友”重返牛田洋，参加“99相约牛田洋”活动。这时，莲塘小山上的“七二八”烈士纪念碑已经由部队和汕头市政府集资重建，并将在台风中牺牲的553名烈士的英名铭刻在纪念碑的石基上。基石的碑文由中山大学“牛友”、时任汕头大学党委书记黄赞发撰写。

800“牛友”纪念抗击“七二八”台风30周年活动现场

碑记原文如下：

1969 年 7 月 28 日，汕头市遭受历史上罕见的强台风和大海潮正面袭击。当年，中国人民解放军陆军第五十五军在广州军区牛田洋生产基地执行战备生产任务的全体指战员和到牛田洋锻炼的 2183 名大学生携手并肩，与台风、海潮进行了英勇搏斗。段文波、王秋萍等 470 名官兵和王瑞恒、刘顺等 83 名大学生同日壮烈牺牲。他们用血肉之躯，保护国家和人民群众的生命财产；用生命之魂，谱写了军民抗击强台风、大海潮的浩然之歌。经广州军区批准，陆军第五十五军步兵第一六四师于 1972 年春勘定此址，立碑纪念。

今夏，正值“七二八”30 周年之际，汕头市人民政府、广州军区牛田洋生产基地，为进一步缅怀英烈，弘扬正气，特将纪念碑全面整饰一新，并将烈士英名一一勒诸贞珉，以传千古，以勖后人。

中大“牛友”纪念“七二八”30 周年活动

纪念活动结束后，汕头“牛友”、市委副秘书长刘锦庭提出：由市委政研室的同志利用业余时间，义务编辑出版一本反映牛田洋大学生和解放军官兵抗击“七二八”强台风的纪实性资料的书，书名定为《风雨牛田洋》，成立编辑组并向全国征稿。

我们学生二连当年是牛田洋上的标兵连队，全部 138 名学员都是外语院校的毕业生，主要由来自中山大学、暨南大学、北外专的外语毕业生，以及外交部和中联部的学员组成。连长刘伟新、指导员罗育文都是“围海造田”的 41 军留下来的元老，连长更是一位抗美援朝的老兵。1964 年春农垦部王震部长到牛田洋视察时，正是由刘伟新连长这位老牛田洋人陪同视察。

1964 春耕时节，王震部长视察牛田洋

刘伟新连长（左一）陪同王震部长（中）视察牛田洋

在听到汕头“牛友”准备出书的消息之后，我就和同为中大毕业的陈启泉、区炳森、张植林、黄建斌、张冠一等以及连队指导员罗育文商量后，广泛收集学生二连史、诗抄、歌曲、照片、实物以及老连长的回忆录等一大批资料，利用出差的机会，送到汕头编辑组手中。这批资料后来都收录在该书中。在汕头迎宾馆，编辑组希望我能出面，请时任驻美大使李肇星题写书名并作序。于是我立即着手和李大使取得联系，请他为该书作序并题写“风雨牛田洋”五个大字。

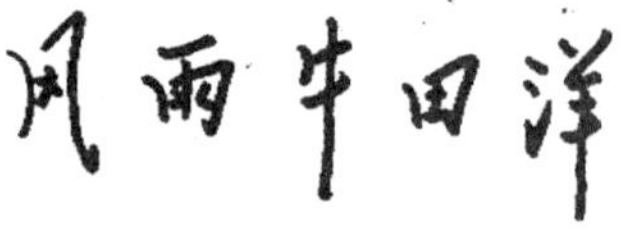

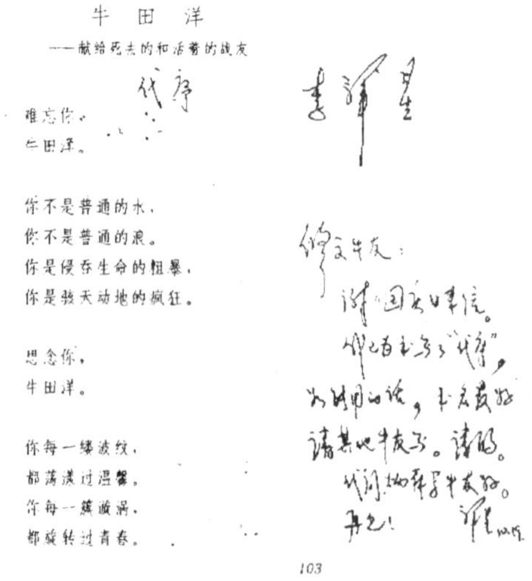
牛　田　洋

——献给死去的和活着的战友

代序　李肇星

难忘你，
牛田洋。

你不是普通的水，
你不是普通的浪。
你是侵吞生命的粗暴，
你是惊天动地的疯狂。

思念你，
牛田洋。

你每一缕波纹，
都荡漾过温馨，
你每一簇漩涡，
都旋转过青春。

103

驻美大使馆在收到我的信函后立即送呈大使。李大使当即题写了“风雨牛田洋”五个大字，并亲笔给我写了复函，信函开头的称呼就是“修文牛友”。他用刚出版在诗歌集《青春中国》中的一首诗《牛田洋——献给死去的和活着的战友》作为“代序”。信函末尾并要我代向区炳森等“牛友”问好。

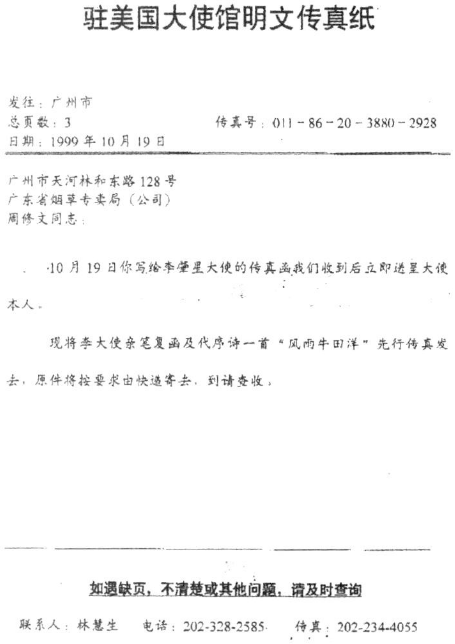
驻美国大使馆明文传真纸

发往：广州市
总页数：3　　传真号：011-86-20-3880-2928
日期：1999年10月19日

广州市天河林和东路128号
广东省烟草专卖局（公司）
周修文同志：

10月19日你写给李肇星大使的传真函我们收到后立即送呈大使本人。

现将李大使亲笔复函及代序诗一首“风雨牛田洋”先行传真发去，原件将按要求由快递寄去，到请查收。

如遇缺页，不清楚或其他问题，请及时查询

联系人：林慧生　电话：202-328-2585　传真：202-234-4055

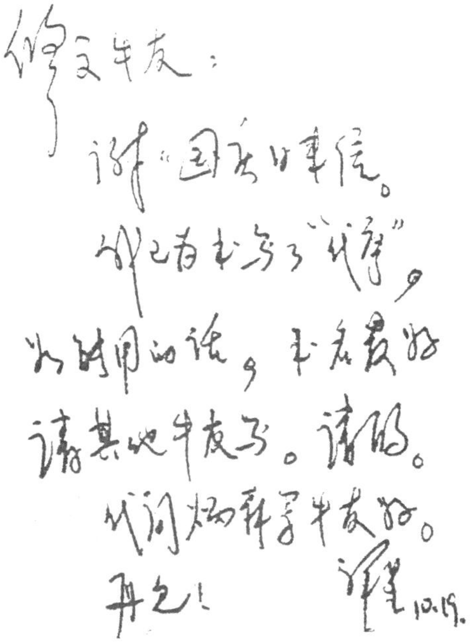
修文牛友：

谢谢国庆时来信。

我已为书写了“代序”。如诗用的话，书名最好请其他牛友写。请谅。

代问炳森等牛友好。

再见！

肇星 10.19.

区炳森是我在大学时的同班同学，在牛田洋时是九班副，和李肇星部长在一起接受“再教育”，一个班长、一个副班长，一起经历了牛田洋的风风雨雨，感情尤深。

在牛田洋锻炼时的李肇星（后排中）

2006年广州秋交会是中国出口商品交易会历史上的第100届。受吴仪副总理的邀请，时任外交部长的李肇星到会参加开幕式。10月14日下午4时，离酒会开始还有两个小时。李部长亲自给我家里打来电话，我不在家，是我爱人接的电话。后来他通过秘书，给区炳森打了电话，说李部长要和广州的牛友见面。时间紧迫，找其他人也来不及了，区炳森便和我商量，决定到我的工作单位广东省烟草专卖局外事办接待。接到任务，我的同事都忙碌开了，在接待室准备好茶水、忙里忙外等待李部长的到访。省专卖局黄永东局长知道后，还特地派人送来了纪念品。因为正是黄永东局长在1999年7月让我和当时的驻美大使李肇星联系，对在美参加第三届世界女足世界杯决赛的中国女足奖励100万元。

李肇星部长（左）和区炳森（右）见面时的情景

1999年5月，美国导弹袭击我国驻南斯拉夫大使馆，激起了全国人民的同仇敌忾，更激发了全国人民的爱国热情。7月，第三届世界女足世界杯在美国举行，决赛双方正是在被称为铿锵玫瑰的中国女足和美国女足之间进行。广东省烟草公司通过我向驻美大使李肇星表示，如中国女足获得冠军，广东烟草将奖励她们100万元人民币。在上场之前，中国女足已经得知这个消息。

尽管中国女足由于错失点球，最终未能获得冠军，但女足队员的表现，受到全国人民的高度赞扬。因此，广东烟草奖励女足的初衷不改，7月16日，由我和外事办的王斌科长陪公司副总经理李世胜，代表广东烟草将100万元的支票带到北京，交到中国女足手中。

李世胜副总（二排左三）、周修文副主任（二排右三）、王斌科长（二排右二）和中国女足在北京天瑞酒店合影

中国烟草广东公司奖励中国女足仪式

左起：李世胜、高红、王斌、周修文

李世胜副总经理（左二）向马元安主教练（左一）、队长孙雯（右一）递交 100 万元支票

左起：王斌、孙雯、周修文

左起：王斌、赵丽红、周修文

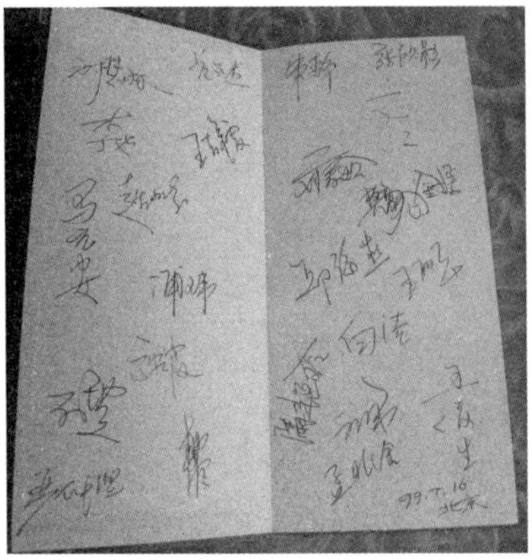

中国女足全体运动员和教练员签名

入选世界明星队的7名队员在周修文的名片背面签名

（孙雯、高红、赵利红、温莉蓉、金嫣、王丽平、范运杰）

在汕头市委、福建少年儿童出版社和广东省烟草公司的大力支持下，经过编辑组一年的不懈努力，《风雨牛田洋》一书终于出版了。在编辑过程中，编辑组共收集了600多份来自全国各地亲历的“七二八”台风的牛友写的文章，以及大批文字图片。经过梳理，分别用记事、通讯、传记、回忆录、诗歌、歌曲和图片等形式，生动具体、淋漓尽致地描绘了发生在30年前的一曲可歌可泣的悲壮赞歌，热情讴歌和弘扬牛田洋人艰苦创业和无私奉献的革命精神。同时，该书奉献给读者的是一份值得后人深刻反思的翔实史料，是对青少年进行爱国主义教育的一本不可多得的好教材。

《风雨牛田洋》封面，书名由“牛友”李肇星题写

经编辑组研究，定于2000年7月28日在广州东方鸣泉居举行《风雨牛田洋》首发式。我作为该书副主编和首发式筹备组组长，为该书首发做了大量的准备工作。

散布在世界各地的“牛友”听到《风雨牛田洋》正式出版和首发的消息，奔走相告，纷纷发来贺电贺信。早在2月2日，我国驻南斯拉夫大使潘占林“牛友”应约写了一首诗“悼战友”，为《风雨牛田洋》作序，诗的开头是这样写的：

拨开三十年烟雨迷茫，
牛田洋的巨浪仍在耳边震响；
挥去记忆厚积的尘埃，
你的音容仍在我心头演漾……

潘大使并给我写了一封信，信中写道：

周修文战友：

大札收启。现在乃至当年的体会，难以言传。勉附骥尾，凑成“悼战友”一首。久不读诗，且诸事繁冗，很难如意，不知可用否。关于照片，待来日奉上。顺问春节好！

潘占林

二月二日

潘占林是外交部的学员，在牛田洋时是我们学生一连的一个“秀才兵”。以美国为首的“北约”袭击我驻南斯拉夫大使馆时，他就在现场。作为牛田洋人的潘占林大使在关键时刻充分显示牛田洋人不怕苦、不怕死的精神和连续作战的顽强作风，经历了一次世界外交史上绝无仅有的经历，又一次经受了生与死的考验。

7 月 14 日，我收到了我国驻美国大使李肇星的复函。信中，李大使写道：

驻美大使馆便笺

周修文牛友：

谢谢7月8日来信。

很想参加广州“7·28”（难忘的“7·28”！）活动，但身不由己，不能如愿。羡慕能参加的牛友。

我的话已写在《牛田洋》短诗中了。

遥祝牛友们愉快，年轻！

2000 年7月14日华盛顿

7月24日，我国驻英国大使马振岗给我发来贺信，题目是：深厚牛田洋的情结。在信中马大使写道：

一次，中央军委副主席张万年紧拉我的手说："你是牛田洋出来的，我们放心。"这位德高望重的牛田洋创业者的一席话，让我感到十分温暖。

牛田洋的那段岁月，在我生活的道路上留下了特别深刻的轨迹，对我一生影响的分量，超过任何时期的活动。转瞬间三十多年过去了，但牛田洋的那些日日夜夜，现在回想起来仍历历在目、宛如昨日。

实事求是地说，在当年极"左"思潮泛滥的时期，对每一个在牛田洋接受"再教育"的知识分子，恐怕不能说那是一段很愉快的经历。但在经受过那段磨练之后，随着年岁的增大和阅历的积累，我们对牛田洋经历的认识和感受也逐渐升华。今天，"牛田洋"这三个字对我们，更意味着一种战天斗地的革命豪情，一种不畏艰难的无畏精神，一种直面生死的悲壮心境，一种情同手足的战斗友谊……情系牛田洋、情系牛田洋战友，这就是我们根深蒂固的一种"牛田洋情结"。

我获悉《风雨牛田洋》出版，感到特别地激动。因不能出席七月二十八日的首发式，谨此表示热烈地祝贺，并预祝一切成功。

马振岗

七月二十一日

中华人民共和国驻英国大使馆

Embassy of the People's Republic of China

49-51 Portland Place, London W1N 4JL

广东省烟草专卖局（公司）外事办公室

周修文

传真号：00862038802928

页数：2

周先生：

今将马振岗大使应约为"风雨牛田洋"出版特别撰写的贺信传真贵办，请查收。

驻英国使馆

2000年7月24日

7 月 27 日，我在同一天收到了驻日大使陈健、驻布隆迪大使石同宁和驻奥克兰总领事赵祥龄的贺电，内容如下：

忆风雨岁月，葆拼搏斗志。

欣贺《风雨牛田洋》出版发行

中华人民共和国驻日本国
特 命 全 权 大 使　陈 健

驻布隆迪使馆明传电报

发往：广东　　等级：特急　　批发：

发方号：　　收方号：　　页数：1 页

广东省烟草专卖局周修文收：

七月二十八日是一个难忘的日子。三十一年前的今天在牛田洋谱写的英雄赞歌激励了一代人的成长，也必将永为后人颂扬！

热烈祝贺《风雨牛田洋》首发式举办成功！

遥寄思念。衷心感谢会议组织者的辛勤劳动。

请向与会“牛友”转达深情的问候！

石同宁

于布隆迪首都布琼布拉

二〇〇〇年七月二十七日

中国驻奥克兰总领事赵祥龄来电：

请周修文主任（在 0490 部队锻炼时我们是一个班的）转达对《风雨牛田洋》一书成功发行的热烈祝贺！这是一件很有意义的事情，并请向牛友们问好！

赵祥龄

2000 年 7 月 27 日

罗育文同志是当年我们学生二连的指导员，他在一篇回忆牛田洋的文章《一个连队出了三位大使》中是这样描述的：

……经过寒战西围和拉犁拉耙的锻炼，同学们的意志更加坚强，目标更加明确，如马振岗同志在抬石头建猪舍时，别人两个人抬一块石头，他一人挑两块，深受大家好评。他写了一首《念奴娇》，寓意“马振岗”，以表达心声，词的下半阙是：“心怀万里征途，紧握钢枪，催马不离鞍。点燃漫天霹雳火，四海红旗招展。五洲英雄，重新安排河山。”

1994 年 12 月 26 日周修文（右）和罗育文指导员在梅州机场合影

陈永培教授（左）和周修文（右）一起战斗在牛田洋

根据周总理关于“锻炼、储备、提高”的六字方针，外语毕业的学员每天坚持学习外语一小时。连队组织了领导、教师、学员三结合的“天天练”指导小组。由于陈健外语基础好，除自己坚持天天练外，许多同学都以他为师，有请必教，教而不厌，深入浅出，满意为止。为了巩固效果，在劳动和生活中，他和同学们都用外语对话，使外语学习蔚然成风。需要特别提到的是，为了便于这批学员的外语学习，中山大学和暨南大学分别派出了陈永培教授和李锦平教授随我们到牛田洋。他们和我们一样，顶风冒雨、修堤筑坝，春耕夏收，拉犁拉耙，一样经受“七二八”强台风的生死考验。只不过他们多了一项任务，就是成了我们这批外语毕业生身边的一本“活字典”。

牛田洋有史以来就是海滩，海滩自然是各种海贝特别是海蛎生长的地方，海蛎壳非常坚硬锋利，踩到一脚就是一个口子，你根本就没法躲避，而且就是皮开肉绽的那种口子，伤口被海水泡得发白，嫩肉鼓鼓的翻起来，连血都不见往外流。1969 年底，我们学生二连接受任务，到西围挖排水沟，用手挖泥传泥筑堤，很多人的手脚都割破了大大小小的口子。北风呼啸，天正下着毛毛小雨，李肇星和大家一样，下到齐腰深的泥水里作业。贝壳很多，他一不小心，就被海蛎壳割了一道长长的口子，他简单包扎了一下，又继续战斗。天太冷了，中午炊事班挑担送饭到十几公里外的劳动现场，在吃饭的时候，大家都宁愿站在烂泥里吃。因为在泥沼中站久了，腿还暖和些，如果上来吃，裹满泥巴的裤腿被北风一吹，简直难以忍受。吃完饭后，马上接着干活，因为在寒风中站久了，上身顶不住寒冷。就这样，在李肇星们的带动下，全连七天的任务仅用四天就完成了。

在离开牛田洋的时候，李肇星同志说：两年的牛田洋艰苦锻炼，在解放军身上学到了“为人民服务”的思想，树立了克服、战胜困难的信心，为今后几十年的处事和工作打下了坚实的基础。李肇星对牛田洋充满感情，离开牛田洋 30 年后，他在《风雨牛田洋》一书的代序的结尾中写道：

祝福你
牛田洋

愿堤坝挺立南疆
让阳光洒满绿浪
看炊烟在咸风中袅袅
闻稻花飘逸着芬芳

我的牛田洋啊
我永远的一瓣心香
你是意志和智慧的课堂
你是承前启后的力量

当年罗指导员把连队的政治气氛搞得浓浓的。学生二连人人都是诗人、个个都是歌唱家。一个连队歌百曲，诗千首，节目层出不穷。饭堂小广播表扬好人好事，敲着饭盆来段快板词、三句半，在当年都是小菜一碟。离开牛田洋40年后，“牛友”张植林在他的《牛田洋诗抄——选编四十》的序言“火红的岁月，永恒的回忆”中写下了下面这段话：

> 公元一九六八年秋天，一群二十几岁血气方刚的年轻人，从弥漫着“文革”战火的校园里走出，意气风发地踏进了充满传奇色彩的牛田洋，在经历了血与火的洗礼以后，终于写下了他们一生以来最难忘的诗篇。这些小诗，是在草房里、稻田边、小河旁、堤坝上，和着血和汗写成的。它，洋溢着青春的激情，寄托着天真的幻想，刻下了时代的烙印，留下了创伤的痕迹。它，记下了一段难忘的历史，于是便成了永恒的回忆。

大学生在牛田洋广阔天地里拉犁拉耙

李肇星部长被称为诗人外交家，他在诗集《青春中国》中，有大量短小却真情流淌的诗歌，带给人很多热血沸腾的思索。他的诗优美精致、情真意切，因为他的诗是用血和汗写成的。正如作家冯骥才在“双倍的诗人（代序）”中写道：外交家们应该庆幸，因为他们之中有一位诗人，他们独特的生活才得以光彩地展示给世人；诗人们应该庆幸，因为他们中有一位外交家，诗的天地才出现如此一块高贵和迷人的空间。

“牛友”王永泰在他的歌曲集《我爱咱们的牛田洋》中写道：那是一片令人无法不动情的土地，那是一角值得留下印记的战场，那里有我们的青春身影和血汗，那里更有我们长眠的同学战友——忠魂在天国吟唱！那里没有柳叶婆娑，没有林荫小道，也没有鸟语花香；那里有泥潭草房，有寒风酷暑，有狂风恶浪！但，更值得回味的是：那里有晨号晚霞，有红旗绿野，有战歌飞扬！

李肇星诗集《青春中国》封面

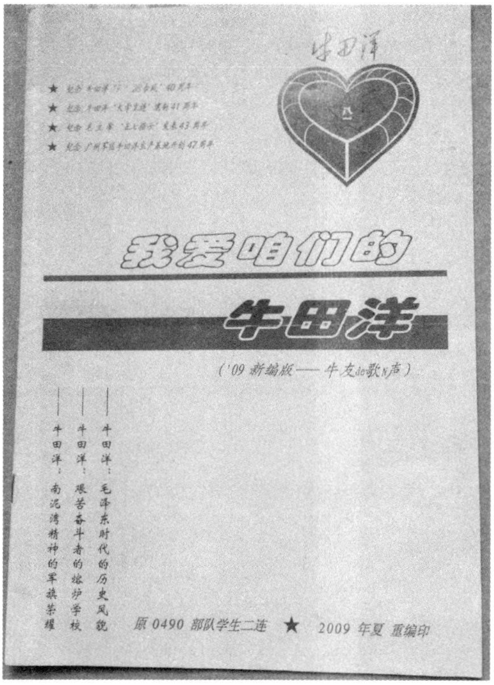

歌曲集《我爱咱们的牛田洋》封面

在这本歌曲集中，一首《红彤彤的牛田洋》近半个世纪以来在大江南北传唱。不仅在牛田洋驻守过的十万官兵中传唱，他们的亲友家属都会唱，在潮州、汕头和揭阳地区，凡是年纪稍大的一点的，讲到牛田洋，都会说“牛田洋，红彤彤的”，每年“七二八”“牛友”的聚会，这首歌更成了保留节目。如果有牛田洋经历的人不会唱这首歌，就好像到北京没有去过长城一样地老土。汕头市文化局原局长、毕业于广州音专的“牛友”陈纤还专门组织把它制作成光盘，有配乐、有伴唱还有合唱等形式，原164师文艺宣传队的黄硕威等更是把当年在师宣传队的一帮人请到北京，在中央音乐学院的大舞台演奏器乐合奏《红彤彤的牛田洋》。当年珠江电影制片厂录制的《围海造田》和中央新闻制片厂拍摄记录影片《战士喜收丰收粮》，都用这首歌作为主题曲。这首歌曲就是由西牛田洋的七机部学四连的“秀才兵”东斗（原名巢嘉柱）穿着短裤衩在田头劳动时演唱而被传开来的。“牛友”支铁坡在他的《东斗与红彤彤的牛田洋》一文中写道：有一天部队文艺宣传队来慰问，演出后就拉歌让学生连唱歌，我们就推荐东斗唱他作词作曲的《红红彤彤的牛田洋》，自然他也是一条小短裤，浑身是泥巴，既像个泥塑又像个裸体的一个人，用他那只有作者才能全面理解的内涵及声调，自己连前奏及过门再演唱，作了淋漓尽致的全面发挥，赢得一片喝彩。宣传队对此歌曲也很感兴趣，后来就向东斗索要歌片，他们就把它传播了出去。

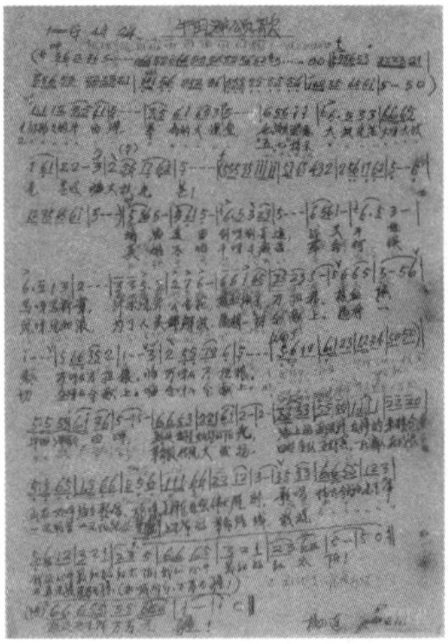

2011 年 东斗（右：巢嘉柱）在“牛友”北京聚会时再唱《红彤彤的牛田洋》

2009 年 10 月 9 日，我收到东斗发来的短信，上面写着：看了 DVD 和两本书，很好，非常感谢！我是 0492 部队三营校四连（航天部 239 厂）《红彤彤的牛田洋》原创作者东斗，请回音。后来我给他打了电话，他正在海南度假。2011 年，粤京牛田洋战友在北京聚会，东斗参加了聚会，并当场指挥大家高唱《红彤彤的牛田洋》。

7 月 28 日的特大台风的考验，风雨同舟，生死与共，秀才兵和部队官兵结成了同生死、共患难的战友之情，在锻炼结束离开牛田洋时，大家泪水相送。

粤京“牛友”聚会

同学们说：当我住上高楼大厦时，不会忘记牛田洋的小草棚；当我坐上小汽车时，不会忘记牛田洋的小板凳；当我走在繁华的大道上，就会想起牛田洋的泥泞小道。一切以牛田洋为标准，就什么苦都能吃，什么困难都能战胜！

女大学生在田间劳动的场面

“汗洗戎装白，血染军旗红，草房歌声早，月下笑台风。”这是张植林同学写的一首诗，真实地反映了当时学生二连“秀才兵”的精神面貌。

李肇星部长（中）在北京会见原学生二连指导员罗育文（左）和排长盛龙生（右）

牛田洋是一代外交官成长的特殊摇篮。经过牛田洋风雨锤炼出来的外交官遍布全世界。《风雨牛田洋》一书出版的时候，李肇星是驻美大使、马振刚是驻英大使、陈健是驻日本大使，三个人都是副部级领导干部。除了上述几位著名的外交官外，我国驻委内瑞拉大使王珍、驻墨西哥大使张沙鹰、驻古巴大使王成家、驻乌拉圭大使霍淑珍、驻哥伦比亚大使刘峻岫、驻葡萄牙大使陆伯源、驻缅甸大使梁栋、驻叙利亚大使时延春、驻阿尔及利亚大使郑阿全、驻刚果（布）大使曲阜君、驻东帝汶大使邵关福、驻过中东六国（沙特阿拉伯、伊拉克、伊朗等国家）大使孙必干、驻卢森堡大使施燕华、驻马达加斯加和科特迪瓦大使赵宝珍、驻摩洛哥大使穆文等也都是“牛友”，吴筱秋、陈棣、朱兆顺、赵希迪、许军都曾担任过东欧或大洋洲国家的大使。此外还有驻曼彻斯特总领事王之栋、驻奥克兰总领事赵祥龄等130多名外交官，都是锻炼过的大学生“牛友”。他们中很多人由于各种各样的原因，未能及时发来贺电或贺信。但是他们都在各自的工作岗位上，发扬牛田洋“艰苦奋斗、无私奉献”的革命精神，为中国的和平发展日夜操劳。

罗指导员是个有心的人。在离开牛田洋20年之后，他都在不断地联系当年的“牛友”，然后把收集到的资料编印成通讯录。他的努力得到“牛友”的大力支持。1989年7月22日，“牛友”陈健给罗育文指导员复函，陈健写道：

罗育文同志：

你好！来信收悉，从来信及所附花名册得知牛田洋老战友的近况，十分高兴。我已复印二份，分别交与李肇星和石同宁了，他们都要我向你致谢。相信经过你的不懈努力，定能搞出一本完整的通讯录，将来三十周年时，牛田洋战友可望一聚。

陈健还向罗育文指导员提供了很多外交部牛友的信息。

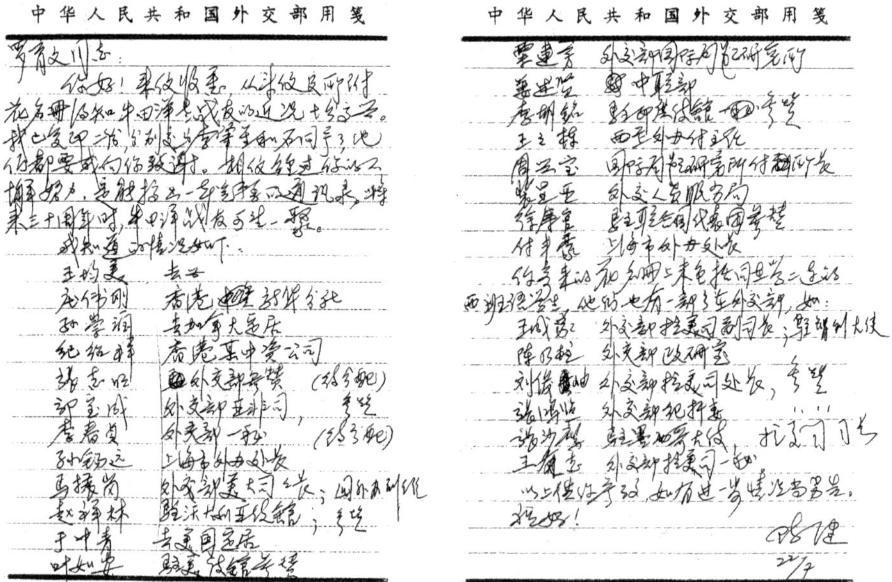
中华人民共和国外交部用笺

罗育文同志：

你好！来信收悉，从来信及所附花名册得知牛田洋老战友的近况，十分高兴。我已复印二份，分别交与李肇星和石同宁了，他们都要我向你致谢。相信经过你的不懈努力，定能搞出一本完整的通讯录，将来三十周年时，牛田洋战友可望一聚。

我知道的情况如下：

[illegible]

第　页

中华人民共和国外交部用笺

[illegible]

以上供你参考，如有进一步情况当另告。

祝好！

陈健

22/7

第　页

1989年“牛友”陈健给罗育文指导员的复函

1989年10月4日，“牛友”李肇星在给罗指导员的复函中写道：

育文同志：近好！

九月十五日信悉，十分高兴。多谢你还记起我。事实上，我一直非常怀念牛田洋那段有意义的生活，很感谢你对我的帮助和关心。

离开牛田洋后，我在江西干校住了半年，之后去非洲一干七年。1977 年到新闻司。现在工作只是忙，紧张。好在主要是依靠组织和集体，一些老战友，包括你的鼓励也帮助了我。

你对马振岗的问候我已转达，他现任美大司美国处处长。姚源泉现由国防部派到扎伊尔工作了。石同宁也在国外，但不知去哪国，以后再打听并告你。

北京有事，望来信。

遥祝健康，全家快乐！

战友肇星

1989. 10. 4　北京

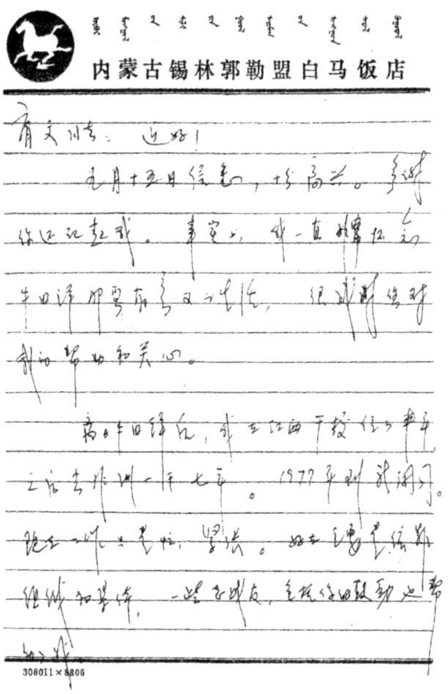

内蒙古锡林郭勒盟白马饭店

育文同志：近好！

九月十五日信悉，很高兴。多谢你还记起我。事实上，我一直怀念在牛田洋那段有意义的生活，很感谢你对我的帮助和关心。

离开牛田洋后，我在江西干校住了半年，之后去非洲一干七年。1977年到新闻司。现在工作只是忙，紧张。好在主要是依靠组织和集体，一些老战友，包括你的鼓励也帮助了我。

308011×8806

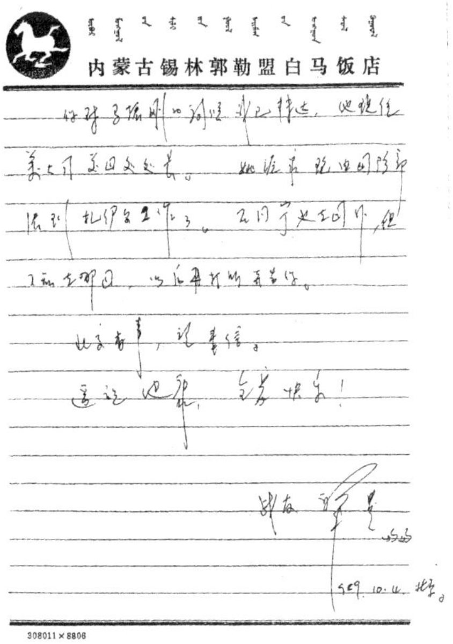

内蒙古锡林郭勒盟白马饭店

你对马振岗的问候我已转达，他现任美大司美国处处长。姚源泉现由国防部派到扎伊尔工作了。石同宁也在国外，但不知去哪国，以后再打听并告你。

北京有事，望来信。

遥祝健康，全家快乐！

战友肇星

989.10.4. 北京。

308011×8806

1989 年“牛友”李肇星给罗指导员的复函

老连长刘伟新在他的回忆录中写道：

光阴似箭，岁月如水，一别二十年。半个月前我从县人事局收到指导员罗育文代表当年学生二连的学员 3 月 9 日发来的查访信，喜得我从病床上爬将起来，精神受到极大鼓舞。并勾起我对二十年前与他们共同生活、学习、劳动的往事，特别是那场历史罕见的“七二八”台风的回忆，回想起在大海潮中生死与共、同舟共济的难忘经历。

善良的人们是永远不会知道的。我作为当时该连的指挥者，掌握着他们生死的命运（因罗指导员不在连队），做了他们的保护神。

正是这位老连长，当年冒着违抗军令的风险，才在狂风大作，海潮灭顶的紧急关头将全连一百多名大学生带到安全地点。为了报答刘伟新老连长当年的救命之恩，我的大学同班同学、时任汕头海关关长的“牛友”刘文杰，在刘连长弥留之际，把他的大儿子刘国荣招进海关，让他成为一名海关的关员。

周修文（左）与原汕头海关关长刘文杰（右）在一起

刘伟新连长的儿子刘国荣（右二）一家在广州拜访中大“牛友”陈启泉（左一）、周修文（右一）

长话短说，时间来到2000年7月28日，这一天正是抗台风31周年的纪念日，《风雨牛田洋》首发式在广州东方鸣泉居举行。学生二连原指导员罗育文、排长盛龙生和刘国荣都早早来到会场，会场充满了节日的气氛。《红彤彤的牛田洋》乐曲响彻大厅，电视屏幕上正播放着“'99 相约牛田洋”活动的录像，以及《共和国第三代人》里“牛友”接受采访的画面。一百多“牛友”济济一堂。中大“牛友”、广东省新闻出版局版权处处长刘板盛主持首发式。他宣布，在主席台就座的有：全国政协常委、上将、广州军区原司令员李希林，广东省人大副主任张凯，省直属机关工委党委书记陈喜臣，省政协秘书长李国泰，省统战部副部长甘兆胜，广州军区联勤部审计局局长赵雪勤，广州军区牛田洋生产基地主任赖标，广州军区汕头牛田洋生产基地原政委刘长法，省烟草专卖局局长、党组书记黄永东，汕头大学党委书记黄赞发，广州师范学院院长张国扬，中山大学工会副主席黄飞红，以及《风雨牛田洋》主编、汕头市委副秘书长刘锦庭和出版该书的福建少年儿童出版社社长黄建斌。

值得一提的是，省烟草局局长黄永东大学毕业后并没有在牛田洋锻炼，但是，他的同班同学、到牛田洋锻炼的陈汉民和吴瑞贤却在台风中葬身牛田洋，身后留下了孤儿寡妇。为了这份感情，黄局长派车让我陪同《共和国第三代人》到牛田洋采拍，赞助《风雨牛田洋》一书的出版，并亲临首发式。

应邀参加首发式的还有当年陪同我们到牛田洋锻炼，一起摸爬滚打，一样豪气冲天，诗满草房，歌扬田园的暨南大学外语系教授李锦平，台风过后，第一时间亲临牛田洋救援的海军汕头水警区政治部原科长钟诚，“七二八”台风时的传令兵陈有禄，李希

《风雨牛田洋》首发式会场全景，前排右一为主持人刘板盛

右起：赵雪勤、黄永东、李希林、张凯、李国泰

林司令员下连当兵时朝夕与共的战友、东莞市工商行政管理局分局长何柏年，以及当年从牛田洋出发，唱着《红彤彤的牛田洋》上战场，荣立二等功并担任法卡山英雄营营长的广东金叶大厦总经理黄华列。广州军区联勤部部长陈添林、原汕头市委书记许德立、广东省军区原司令员温玉柱、汕头市委副书记卢桂兰和省广播电视厅副厅长孙孔华、羊城晚报社原副总编周文韶分别来信来电或委派代表表示祝贺。

曾经在牛田洋锻炼的大学生“牛友”王永泰、陈国伟、黄国乐、黄敬甫、张特蕴、胡贤明、陈复实、曾法文、陈洁桦、陈高梅、王恭心、杨文许、蓝继垂、徐玉仙、蔡俊德、司徒焕尧、朱惠娟、张植林、区炳森、冯锡州、梁宇清、左明良、尹丽倩、杨丽娟、张赫、吴长丰、欧阳立、麦保庭、郑耀福、黄栋、陈树仁、刘志诚、杨少青、杨小娟、雷夏鸣、黄庆升、魏午桥、梁定祥、李安华、麦玉珍、张瑞娥、刘南龙、曾广智、黄家祐、刘文立、陈秩希、陈好莲、林任珍、陈美娟和范钻珍以及《风雨牛田洋》编辑组的陈乐群等全体人员出席了首发式。

新闻媒体对首发式给予高度重视。人民日报华南分社、新华社广东分社、广东电视台、广东电视周报、广东电台、广州日报、羊城晚报、深圳特区报、汕头都市报和汕头报业集团等，分别派人前来采访报道。

首发式首先由我代表筹备小组宣读驻外使馆的贺电贺信，然后由该书主编刘锦庭介绍该书编辑过程和出版发行的情况，他说：七月二十八日是一个永远难以忘怀的日子。31 年前，在汕头牛田洋发生了一场历史罕见的强台风，夺去了 553 条年轻的生命。今天选择这个日子举行《风雨牛田洋》的首发式，就是为了纪念这这场风灾中死去的和活着的牛田洋人，并把“艰苦创业、无私奉献”的牛田洋精神广为传扬。

周修文在宣读贺电贺信

刘锦庭主编在讲话

《风雨牛田洋》主编刘锦庭在首发式上讲话：把牛田洋精神广为传扬

福建少年儿童出版社社长黄建斌不仅免费为该书提供书号，还多次与编辑组就审稿、定稿进行协商，并派出两位高级老编审对该书的出版严格把关。他以《涛声依旧，呼唤英雄》为题做了发言。他说：歌颂英雄，就是歌颂人类自身；寻找英雄，就是寻找顽强意志；反思英雄，就是反思社会历史。新世纪不是拒绝英雄，而是召唤更多的英雄。

黄建斌：涛声依旧，呼唤英雄

钟诚（左）周修文（右）在首发式上合影

省烟草专卖局离休干部、汕头水警区原科长钟诚是当年那场灾难的见证人。他说：台风后第二天，我们水警区官兵总动员，全部奔赴救灾第一线，几十只登陆舰和交通船全部驶进牛田洋，抢救伤员和生存者。特别是亲眼目睹在两米半长的堤坝上的 83 名勇士，被救出来时胸口被石头磨得血肉模糊的情形，大家深深地为 83 位英勇顽强的英雄气概所感动。

原汕头牛田洋生产基地政委刘长法在发言中说：《风雨牛田洋》这本书，是“牛友”们盼望已久的。今天能顺利发行，凝聚着全体“牛友”的心血和编辑组、出版社的辛勤汗水，也是去年 30 周年纪念活动的成果，对此，我表示衷心感谢和热烈祝贺！今天隆重举行《风雨牛田洋》这本书的首发式，就是为了进一步弘扬艰苦奋斗、无私奉献的牛田洋精神。这种精神，过去需要，现在需要，将来同样需要。

刘长法：弘扬艰苦奋斗无私奉献

广州军区原司令员李希林当年就在斗门县白藤湖生产基地部队当团长，后来又到惠阳潼湖生产基地当参谋长，对大学生到部队锻炼接受“再教育”那段历史非常熟悉，对牛田洋“七二八”台风的情况非常清楚。他认为：这本书体现了我党艰苦奋斗的光荣传统，体现了战天斗地、无私无畏的精神，“一不怕苦，二不怕死”的精神，团结奋斗的精神，也体现了时代的精神，这本书的发行，也将受到青少年的欢迎，让青少年受到很好的教育。李司令员为该书的题词是：“金色的年华，无私的奉献，舍身牛田洋，光辉大学生。”

全国政协常委、上将、广州军区司令员李希林（左三）在首发式上讲话

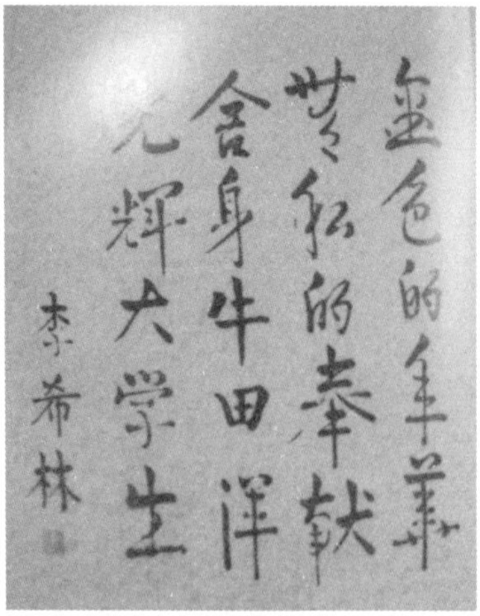

李希林司令员的题词：舍身牛田洋，光辉大学生

省人大副主任张凯在发言中动情地说：30 多年来，“牛友”们有一个历史责任，就是拜祭“七二八”台风中牺牲的战友，这个愿望去年实现了；“牛友”们还有一个责任，就是要把牛田洋的艰苦岁月、那场悲壮的战斗记载下来，教育后人，这个愿望今天

也实现了。我今天拿到这本书，尤其感到珍贵。今天我们来参加这个大会，就是怀着对“牛友”们的一份真情，也是在尽我们的一份历史责任。

省人大副主任张凯（左）在致辞：尽我们一份历史责任

在代表发言后，主持人刘板盛特别邀请同为中大“牛友”的汕头大学党委书记黄赞发和省旅游局办公室主任张植林朗诵他们写的诗词。黄赞发朗诵的是《重返牛田洋，调寄〈临江仙〉》：

三十年幽梦，二千学子萦怀。东君有约燕归来。称声“牛友”好，笑道鬓毛衰。　　还记长堤丰草，泥滩钟毓英材。拼将烈骨挡天灾。风华犹未减，跨取纪元开。

首发式结束后，全体“牛友”合影留念。

参加《风雨牛田洋》首发式全体“牛友”合影

后来，我代表编辑组专程到北京，把一批《风雨牛田洋》的书送到外交部，分派给了外交部的“牛友”。

多年以后，我接到李肇星部长的秘书打来电话，要我找两本《风雨牛田洋》题上字，李部长要去和熊光凯副总参谋长见面，要把书当面送给他副总长，我立即照办。

2007 年，外交部前部长李肇星在广州会见“牛友”的时候，我代表全体“牛友”给李部长送了一套茶具，并作诗《赠李部长》一首相贺：

饮茶粤海未敢忘，
三十八年叶正黄。
为国为民呕心血，
功成再访牛田洋。

李部长在我带来的一本《风雨牛田洋》的扉页上，再次亲笔题词：风雨牛田洋。

2010 年春节，我的同班同学、“牛友”张冠一在北京与时为全国人大外事委员会主任的李肇星见面，李肇星主任还是念念不忘我这个“牛友”，请张冠一转送一本刚刚出版的《中国人大》杂志给我。我翻开杂志，扉页上面写着：“修文牛友，祝全家虎年快乐！李肇星 3 月 12 日北京”。

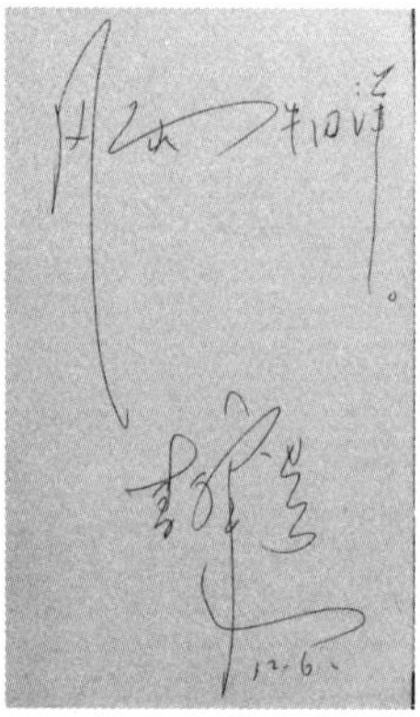

李部长亲笔题词：风雨牛田洋

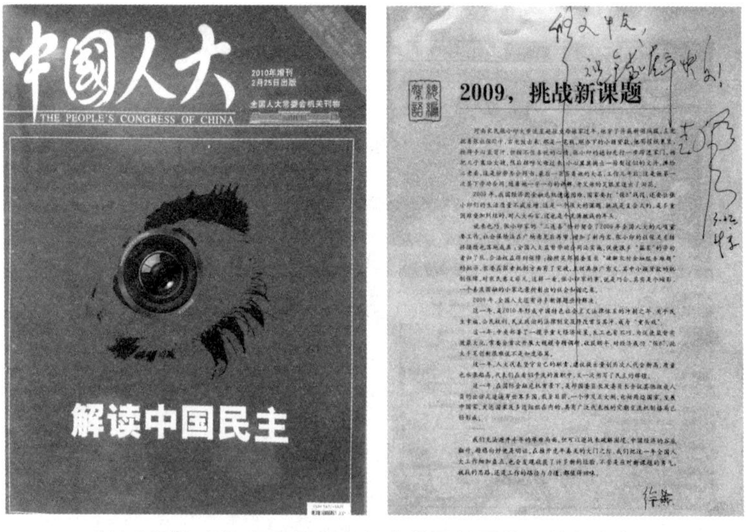

时任全国人大外事委员会主任李肇星给周修文的新年贺词

人遭劫难　书历沧桑

1964级英语　黄建斌

题记：本文原载《福建日报》，1993年4月6日。

我家的书柜里有几本满身泥巴的书，其中有一本是《艺海拾贝》，每当翻阅它，总是浮想联翩……

1966年夏，“文革”狂潮席卷中华大地。中山大学西区的健身房里堆满了从“牛鬼蛇神”家里抄来的书籍和物品，负责看守的一个学生，是我的好朋友。他告诉我：第二天要把这些宣扬“封资修”的书烧毁。我在这堆书旁边，翻翻这本，看看那本，随手拿起一本《艺海拾贝》，翻到扉页，只见上面有两行字：

“梁宗岱先生指正。
秦牧　1963年5月”

呵，原来这本书是秦牧先生送给中山大学外语系教授梁宗岱先生的。梁先生还是一位诗人、散文家和翻译家。

梁宗岱先生博学多才、潇洒倜傥、风骨傲然。“文革”初期，全国都在批判邓拓的《燕山夜话》和《三家村札记》，梁宗岱先生认定这是强加给邓拓的莫须有罪名。于是，在教师批判会上，他偏偏大讲邓拓是个才子，诗写得很好，而且当场把邓拓的诗翻译成法语，朗诵起来。这些事成了他“反党反社会主义”的重要“罪状”，被打成“牛鬼蛇神”，抄了家。这本《艺海拾贝》和它的主人一起遭到了厄运。

秦牧是散文大家，《艺海拾贝》出版时曾风靡一时，我曾想买而未得，这回偶然看到，当然爱不释手。我跟看守的人说，我现在要写批判《艺海拾贝》的文章，正需要这本书。他当然知道我的真正意图，犹豫了一下，答应让我拿走。为了谨慎起见，他在封面上写了“供批判用”四个字。

毕业离校后，我到一个围海造田的部队农场去接受“再教育”，一直把这本《艺海拾贝》带在身边，珍藏在一个小藤箱里。1969年7月28日，一场罕见的台风袭击广东汕头地区，灾情极重。我们虽然幸免于难，但衣服物品都被海水冲得一干二净。大家风趣地说，这下子真的改造成彻底的“无产阶级”知识分子了。

台风肆虐后，农场已荡然无存，我们暂住附近的村庄。有一天，我见到村里的一个老婆婆在晒书，而且居然有一大堆厚厚的英文词典。我走近一看，那本秦牧送给梁宗岱的《艺海拾贝》也在书堆里！但封面封底已不见了。原来，我的衣物被海水冲走后，散落在海滩上，附近的老百姓都到海边“拾宝”去了。书的封面封底都沾满了淤泥，被他们撕掉了，晒干后，要送到废品收购站去换钱。当时，我身无分文。于是，我返回连部，跟别人借了一元多钱，从老太婆的手里“赎回”我的书。

以后，我带着这本失而复得的《艺海拾贝》辗转了几座城市。党的十一届三中全会以后，我得知梁宗岱教授已经平反，就把那本沾着南海泥巴的《艺海拾贝》寄还给他。他很快又把原书寄给我，并且回了一封百感交集的信，说：这本书经历不凡，是你把它从“水深火热”之中拯救出来，归你保管，更有意义。

再版的《艺海拾贝》我又买了一本，然而我还是喜欢翻阅这本散发着海腥味的《艺海拾贝》，它真的是从海滩拾回来的《艺海拾贝》！

我陪外教住在黑石屋的日子

1974级英语　张美芳

在我们读大学的年代，外教是稀有人物。他们来到中大既得到各种特殊待遇，也受到某种程度的监管。特殊待遇之一就是被安排入住康乐园的黑石屋。

黑石屋（BLACK STONE HOUSE）是中大历史最悠久的建筑之一，风格中西合璧，古朴而雅致。在我们读书期间，黑石屋楼下的正厅用作接待贵宾，二楼的两个大房间安排给外教住，还有几个小房间给临时的客人住。

1977年我们毕业前夕，英文系里来了一位年轻漂亮的澳大利亚女教师，名叫Margaret Fury。Margaret性格开朗活泼，怀着对中国的好奇心，孤身一人来到中山大学任教英语。她刚来的时候，我系还有另一位外教、来自英国的McDonald先生。不过没多久，McDonald先生合约期满就回国了，留下Margaret一个人住在深深的黑石屋，她觉得孤单与害怕。于是，领导找人住进黑石屋与她相伴，也顺便协助她的日常生活和教学工作。我那时刚刚毕业，年龄跟Margaret相仿，于是就被选中住进黑石屋二楼西北边的小侧房，给住在二楼西南大房间的Margaret做陪伴与助手。

两位年轻人思想都比较单纯，在一起相处挺愉快的。早上，我们一起在校园跑步，一起去饭堂打早餐，然后一起到系里去。那时系里给每位外教配一台双卡式录音机作教学之用，于是我每天都要帮Margaret提着录音机去上课，下了课再帮她提回办公室或住处。有时我还要帮她把美国之音特别英语节目（VOA，Special English）中部分新闻录下来，作为她上课的素材。我记得当时录制最多的国际新闻是关于中东地区的武装冲突，其中包括阿拉法特领导的巴勒斯坦解放组织、黎巴嫩基督教民兵组织和沙龙领导的以色列军队武装组织之间的冲突。不知道为什么，那时录制的新闻中关于英美的特别

少，可能是像英美这样的发达国家太稳定了，缺少爆炸性硬新闻的原因吧。

工作之余，我们有时会一起骑单车到郊外去玩。我们曾经到附近的新滘公社去看果园，因为新滘是我们73、74两个年级的师生下乡开门办学的地方。有一次，我们在骑单车往郊区的途中，Margaret被一个骑单车的人闪电式地抢走了太阳眼镜，吓得我们两人赶紧跳下车，大声呼喊他停车。等我们回过神来，抢太阳眼镜的人吹着口哨飞快地溜走了。从那以后，我们就不太敢到郊外去了。

尽管有我的陪伴，尽管周围的人（包括我们的领导、老师、学生、饭堂工友）对Margaret很友好，身处异国他乡的她有时还是会想家而感到孤单和心情压抑。后来，她认识了中山医学院几个外国留学生。都是老外，说话自由自在，她也就有了一些归属感，压抑的心情得到了一些释放。从那以后，她常在周末骑单车到中山医约朋友吃饭聊天。有个名叫阿里的黑人学生也经常来黑石屋找她。阿里活泼幽默，乐于助人，Margaret挺喜欢他，于是两人成了好朋友。

没想到，Margaret和黑人留学生的交往引起学校保卫组的注意。他们要我每个月写一份报告，把外教跟什么人来往、做什么事情都要写下来交给保卫组。我感到非常为难：在那个年代，每个月写个工作汇报也很正常；但是要把好朋友的行踪详细记录下来交给组织，这算是什么呢？我一拖再拖，交汇报的时间到了，我只好像记流水账似的，把Margaret一天什么时间起床、跑步、吃早餐、上课、吃饭、见学生和同事，如此等等的日程记录下来交给他们，就是没有把阿里曾在黑石屋过夜的事情写上去。把汇报交上去时我心里好像犯了罪似的，那种感觉难受极了。

幸亏过了不久我系又请来一位外教，是从英国来的Peter Harris。两个外教住在黑石屋，互相交流，相互照应，我的任务也就结束了。入住黑石屋时我觉得自己很荣幸，很期待；半年后搬出黑石屋时我如释重负，因为不用写报告了。

今天看来，派人陪外教住，贴身照顾外教的生活，还要报告他们的行踪，这些都是不可思议的事情。然而，陪外教住黑石屋这段经历，却能从一个侧面反映改革开放前大学里的政治状况。经过深度改革开放的今天，相信这种事情不会再发生了。

毕业卅载忆中大
——感怀原外语系几位恩师

1977 级英语　陈　峰

常言道："光阴似箭，日月如梭。"扳起指头一算，当年有幸在"文革"后考入大学头两届的77、78 级学生，相继于 1982 年春夏毕业，到今年已整整 30 个年头了！由于当时的特殊原因，我们外语系 77 级的同学年龄差距很大，从 15 岁半的中学高一学生，到已养有两个孩子的 31 岁多的"老大哥"，年龄相差竟一半之多！近年来，已有一些当年自豪地自称大哥哥姐姐、毕业后一直在国内工作的同学争先恐后地办理退休手续，欢天喜地地通报大家，心安理得地安度晚年。这跟在国外的思维迥然两样。

随着时光的逝去和地理距离的增加，不少海外同学思念母校、怀念老师、珍惜同窗友情的怀旧感反而有增无减。除各届同学不定期举行国内外聚会之外，我们系 78 级的同学几年前还自发办起了一个网站（www. 78alumni. org），供大家抒发惊人的中英文采和浓厚的怀旧之情，其中不乏思念、感念恩师的佳作，值得大家一睹。虽说毕业后经历了 30 载的沧桑，但当年在中大寒窗的岁月仍历历在目，就像发生在昨天一般。

1977 年冬，经邓小平批示宣布在全国恢复 1965 年"文革"开始之后闻所未闻的高考，让长期以来入学无望、求知无门的青年看见了一丝希望，长期荒废了学业的十几届初高中毕业生中，570 万人毅然报名，在仅有月余时间里（且多在工间和早晚），依靠手头为数可怜的课本和材料匆忙复习，参加了 12 月初举行的考试。经过选校申请、阅卷、政审、体检、调档等程序，我终于于次年 2 月底一个傍晚在田头接到中山大学的入学通知，和全国仅 27. 3 万名年龄跨度高达近 20 岁的幸运儿一起，于 3 月初跨入高校大门。

当时稍懂英语的考生确属凤毛麟角，如我所在的人口 7 万的石井公社考场里，就只有 3 人英语及格。结果我由于报考理科加试外语，就被分到外语系，且入学后不得转往其他专业，"不服从分配者两年内失去报考资格"。这跟当今中国大学的做法大不一样。不过，我不但没觉得委屈，反而觉得自己是幸运的宠儿——人口多达 7 万人的广州郊区石井公社有 4200 名知识青年和回乡青年，加上农民子弟起码有 1 万多适龄的青年，但头一年考上技校、中专和大专者，只有十一二人，考上大学本科的仅我一人。而我所毕业的广州第 62 中学（即现在的育才中学），在全市一百多所中学里排名也算靠前的了，但我那届 10 个班 500 多人，也只有 1 人考上 77 级。因此，我进中大后发现全年级里逾七成的同学入学前都是广东大中城市中学的英语教学骨干，这也就不奇怪了。但即使他们，跟当今多数外语专业新生相比，起点也要低得多了。这是形势使然。

就学生入学水平而言，记得"文革"期间中学最不受欢迎的两个科目是政治和英语，前者因为讲的基本都是党内"十次路线斗争"，而后者则是因为当时学英语基本没什么出路，且内容不是工人农民或张明李华，就是革命口号或毛主席语录，没有什么实用性，也不太按循序渐进的原则来编写。记得我初一时学的第二课只有一句话：“祝毛主席万寿无疆!”第五课也是一句话：“提高警惕，保卫祖国。”你还别说，我近几年回国内一些外语院校讲学，第二课的祝福语往往就能把在场的师生考住，“提高警惕”四字竟也难倒了整片学生。真是此一时，彼一时也。

当时的外语系头两届只有英语一个语种收学生，我们这届学生近 50 人，按入学考试成绩分成 ABC 三个班学习。同学们个个都格外用功，在食堂排队买饭或在图书馆排队等开门占座位的时间常都用来背单词，吃饭和晚上 11 点关灯睡觉后的时间都用来听受到电子干扰的短波广播英语节目。老师们也尽心尽力，想方设法满足我们巨大的求知渴望。但当时正值“文革”刚刚结束、国家百废待兴的时期，外语院系更是如此。原实力在国内还算雄厚的中大外语系在 1969 年被广东省革委会军方副主任丁盛一声令下而撤销，外语师资和图书大部划归广州外国语学院（这在很大程度上成就了广外日后的强盛，如蔡文显、桂灿昆、王多恩、桂诗春等名师都是从中大调过去后留下来的）。直至 1972 年中大才恢复外语系，抽回部分师资（包括戴镏龄、王宗炎）和少量图书。加上“文革”十年及之前的“四清运动”，师生的大量时间都花在政治运动和劳动上，外语和教学能力也受很大影响，中青年师资处于青黄不接时期，应付多为原广东几大城市重点中学英语骨干教师的 A 班学生，往往有捉襟见肘之感。

在此情况下，十分难得的是，我们有幸遇到了几位德才兼备又愿意教我们的恩师，是他们在我们大学这段关键的成长道路上，通过言传身教，指点迷津，让我们不仅在治学态度和知识吸取方面受益匪浅，更是在待人处世方面学会了一些做人的道理。

首先是一年级教我们全年级语音课的方淑珍教授。她的英语发音字正腔圆，抑扬顿挫，连贯流利，就像音乐一样。她早在 1957 年就发表了《英语和广州话语音比较分析》，跟吕叔湘先生先后成为了新中国英语语音研究的先河。在“文革”后那个教授仍屈指可数的年代，她作为国内著名英语语音专家兼中大外语系副主任，毅然挑起了 77 级 A 班班主任的担子。在全年级的语音课上，鉴于大家英语基础参差不齐（我就是靠插队时自学提高的），有些同学年龄偏大或受地方口音影响严重，她通过一整套科学的规则和图解循循善诱，由浅入深，不厌其烦地为大家示范、纠音。她手口并用，通过形象生动、风趣无比的模仿方式和教学方法，使大家在欢笑中意识到自己的错处，加深印象，再通过实用的理论分析，让大家知道其所以然，便于更正和举一反三。记得一年级时，时任 A 班班主任的她欣然同意到我们 B 班上一节英语课，我们全班受宠若惊，我更是竖起耳朵听，睁大眼睛看，生怕漏掉了某个细节或音节。课后，她笑着说我在班里眼睛瞪得像牛眼睛那么大，我则将她的话视作赞许之词。

方淑珍老师面目慈祥，跟我母亲长得还有几分相像。她视学生为己出，见学生一时不能掌握发音技巧而恨铁不成钢的着急心情和学生恍然大悟后她所发出的爽朗笑声，让我迄今久久难忘。她在第一堂语音课伊始就指出，作为后天学习外语者，即使是最聪明用功的学生，如仅靠模仿发奋学习，即使佼佼者的发音准确性充其量也只能达到百分之九十；而她通过语音规则唯一能办到的，就是把我们的准确性再提高百分之五。当时我还心里纳闷：为什么就不能达到百分之百呢？后来看美国 Consumer Reports 杂志给小轿车打分，丰田佳美（Camry）被评为 90 分，而奔驰、劳斯莱斯等车只高出 5 分。但为了高出这5分，消费者需付出高出佳美好几倍乃至上10倍的价钱！可见在较高的水平基础上再拔高之难。百米短跑往往不就是凭0.01秒决胜负吗？况且，英语是我们在大脑、肌肉都已定型后才去学习的第二语言。尽管花了几十年的努力，我的口语发音仍无法达到纯Native Speaker的水平，但已经较为接近并为一生的交互传译和同声传译奠定较好的基础。这首先得感谢方老师。

正是通过方老师的点拨，我才首次得知学发音，除靠提高辨音和模仿能力之外，还需通过长期练习，锻炼出过去从未用过的肌肉并增强肌肉记忆力，同时也逐渐了解了中英文发音的各种区别及英文语调和音节与音乐的近似之处。掌握了有关诀窍之后，不少问题就一通百通，迎刃而解，为日后的学习避免了不少弯路。反观今天国内起点普遍比我们高的学生，不少人跃跃欲试想做同传，但即使到了读研、读博、毕业乃至从教阶段，仍有不少语音方面的盲点。回国教学时遇到适当的机会，我也会把从方老师那里学到的知识教他们一两招，可说是屡试不爽。方老师于1986年出版的《英语语音学基础》，现仍为许多英语教师和学生所习用。感兴趣的同学可到网上免费下载，可以保证你受益不浅：http://book.xuexi365.com/ebook/detail_11118753.html。

方老师的爱人许淞庆时任中大数学系主任，数学可是当时那个“学好数理化，走遍天下都不怕”的时期里人人梦寐以求的首选专业。我在中学数学还算不错的，全年级数学竞赛也拿过第一名。可惜我高考时因大意失荆州，写错最后一题的答案并提早离开考场，因而痛失十分，只好带着“自知之明”放弃报考数学系。也许是命运使然吧。不过，后来证明，我通过学数学培养的细致习惯和逻辑分析能力，对正确掌握英语语法大有好处。这是后话。

当年外语系老师中最受77至81级的学生崇仰敬重，大家毕业几十年后仍最刻骨铭心、难以忘怀的，当数我们大家都敬仰的黎秀石教授了。黎老师是南海丹灶人，他早于1931年考入燕京大学，和他夫人汪克柔都是燕京学生。他入学后弃医而改学新闻。这个专业当时名师如云，如第一个报道孙中山去世的记者、系主任王宪超，美国著名记者、《西行漫记》的作者埃德加·斯诺，《大公报》创办人之一胡政之。其中由斯诺开设“特写的写作”一课。斯诺教导黎秀石的新闻观是：“Fact is fact. View is view.”即无论采访或写作，必须实事求是，不能做假。（他也是这样教导我们的。）黎老师先后在《广州英文日报》、香港《士蔑西报》、英国合众社香港分社、桂林《大公报》、重庆《大公报》工作，在抗战时期及之后担任《大公报》驻中国、缅甸战区和英国记者，在密苏里号军舰上见证和报道了日军正式投降仪式，并拍下了迄今仍被广为使用的具有历史意义的照片。新中国成立后，他毅然放弃在英国相对安逸的生活，先到广州培正中学教书，接着被分配到中国国际电台英文科工作，后调往北京广播学院（现国际传媒大学）任教。

年逾六旬的黎老师能在关键时候调到中大来，对我们学生来说不啻是雪中送炭，一大福音。升2年级时，我和刘宏、何秋子一起从B班调到A班，不久后便由黎老师当班主任兼精读课老师，使我们得以开始接受他的教诲，觉得真是三生有幸，尽管对他有一种严父般的敬畏感。黎老师知识渊博，治学严谨，英语地道。他所教授的英美报刊阅读、英国历史、美国地理与政治制度等课程，填补了当时中大外语系许多空缺。其中的英美报刊选读课程，更是内容丰富，令人兴趣盎然。就报刊阅读这一门课而言，他共教过 77 至 82 级六个年级，并在此基础上于 1985 年出版了《英美报刊选读》一书，对从 1980 年代中才刚起步的国内这类课程影响面最广，成为全国高等学校广泛使用的外语教科书，至今已重版 5 次。黎教授提出的“强调提高阅读外刊的技能，着眼于理解和分析外刊的报道，使外来信息为我所用，培养主动的、独立思考的阅读能力”的教学思想，对中国高校的外语报刊学习仍有着很大的指导意义。我后来所就读的北京外国语学院里德高望重且平易近人的许国璋老师专门撰文评论道：这“一部五百几十页的大书，……是中山大学黎秀石教授五年来集、编、审、评的成品，也是他长期报业经验的结晶，值得英语教学界注意和英语学习者一读。”实际上，该书长期以来一直是国内许多外语院系争相使用和后来者模仿的课本。

兼任英专教研室主任的黎老师在课堂上要求甚严，但平时夫妇俩在家中则对我们学生非常和蔼，来者不拒，一批批学生常常都是他们家里的座上宾。黎老师从教书育人，到学生的婚恋和毕业分配，无处不给学生指点迷津。记得我们 82 届同学毕业 20 周年回校时那天，他坐着轮椅从家中赶来，手中揣着的是当年分配工作的那张在大家名字上画了很多圈圈、颜色已经变黄的纸。更重要的是，他通过严于律己，为人师表，教会了我们许多做人的道理。难怪几届学生多年后都那么敬重他，想念他。甚至在黎老师七十多岁退休之后的 20 年里，回国、回校的学生第一个要去探望的，往往就是黎老师夫妇。黎老师当年给我打的分数，我早就忘却了。但黎老的许多谆谆教诲，我仍历历在目，铭记心里，如“尽信书，不如无书”，教导我们不能盲从，即使对方是所谓权威也可以怀疑，因为书也是人写的，不能因为变成白纸黑字，就成了至高无上的真理了。再如，读书须“read between the lines”，即不要囫囵吞枣，满足于对表象的了解。还有，写作时要有分寸，切忌“画‘公仔’（小人像）画出肠”（广东俚语，指切不可画蛇添足，多此一举）。黎老师通过反复强调，言传身教，在我后来的人生中，包括治学态度和教学方法上，都留下了很深的烙印。

退休后，黎老师于 1986 年在香港出版了真实反映历史的《日本投降的前前后后》一书，并于 2005 年 8 月由广东人民出版社出版了他的专著《见证日本投降》。2005 年日本投降 60 周年之际，前往采访他的大批中外记者络绎不绝。我去探望黎老师时，正好碰上日本《读卖新闻》两名记者前去采访。那时，他已是见证日本投降仪式的 3 名中国记者当中唯一的幸存者了。那一年，他已是 92 岁高龄，但头脑清晰，讲话铿锵有力，不知不觉之中又给我上了一课。

2007 年 5 月 15 日，黎老先生因病辞世，享年 93 岁。《羊城晚报》专门刊登了一篇题为《二战期间战地记者、南海人黎秀石辞世》的纪念文章。黎老师驾鹤西去，留下了与他相濡以沫几十载，在他最后几年他一直尽力照顾看护的患有严重老年痴呆症却几十年没有公费医疗或收入的老伴汪克柔老师。分居世界各地的 77 至 80 级同学在为失去恩师沉痛哀悼之际，自发筹款以纪念黎老师或接济其遗孀，但经多番努力，其子女拒不肯收，遂委托李海兰、黄继炎同学为汪老师寻医问药，同学们也不时回校前去探望，直至汪老师 2010 年以 96 岁高龄辞世。之后，几届校友通过代表，将剩下的 5 万多元人民币善款余款以纪念黎秀石老师的名义在海内外购得一批政社文史哲名著和较难得到的英语及翻译教材，连同还剩下的款项一起捐给在原外语系基础上发展起来的外国语学院师生使用，期望有助于帮助学弟学妹拓宽知识层面，提高人文素养，培养实战能力。

90 高龄仍在爱妻病榻旁笔耕不辍的黎秀石老师

2011 年 9 月 9 日，中大新学年伊始，我和 77、78 级的黄继炎、谢春锦、余扬帆、李海兰一同到了中大珠海校区参加外国语学院新生开学典礼和赠书仪式。会上，我们几位老同学激动地回顾起当初入学之艰难、读书之勤奋和老师之体贴，尤其是回顾起黎秀石和方淑珍这两位慈父慈母般的恩师时，动情之处，几度难以自已，声音哽咽。由于当场有外教而院方没安排翻译，他们看见我们这大半个小时的激动表现一定觉得莫名其妙，我最后花十分钟用英文向他们简述了中国当年这样出色、对她们来说现在也许无法想象的老师（包括外教）的敬业和学生们的刻苦精神。会后，外院领导对我说，这次活动搞得很好，不仅教育了我们的学弟妹，对年轻的老师也起到一种启迪作用，并表示希望老校友们多回校与师生们交流。对我们来说，这次以纪念黎秀石老师名义举行的捐书活动居然还起到了预料之外的作用，看来“老师的榜样是无穷的”。除上述几位同学之外，这几届的联系人还有郭南、王士惠、黄河、张燕民等。他们多年来在通知同学、撰写文稿、带头募捐、求医看望、购书刻章等方面，都抽出宝贵时间，做了大量工作。

右图：陈峰、李海兰、黄继炎、余扬帆和谢春锦代表几届校友回母校外国语院赠书和购书款，左图左二为 82 级校友常晨光院长

如今的中大外院和由此派生出来的、规模大许多倍的翻译学院里，年轻的老师和广大学生对上述几位大师竟几乎无人知晓，令人不禁扼腕叹息。我向同是系友的两院领导先后表示过，中大有方淑珍、黎秀石这样 30 年后仍备受多届学生一致敬佩、怀念的老师，是我校教学的一大成就，是母校的一大财富，也是中青年老师的优秀楷模，希望通过各种办法让一代代师生们记住他们的名字、容貌和贡献，作为母校光荣传统的一部分永远流传下去。

加拿大籍班主任 Linda Ironside

当然，在学期间对我们的成长起到重要乃至关键作用的，还有很多优秀和感人的老师。如在当时整个中大只有 3～4 名外教的情况下，具有 ESL 教学训练、责任心特强的加拿大老师 Linda Ironside 连续当了我们班后两年半班主任兼精读和写作老师，用的是美国密执安州大学的英语专业课本，使我们班着实享受了近似留学而胜于留学的小灶。她还在课余请我们到她所住的黑石屋教我们分组学习辩论，在中山医住院期间专门把我和另一位同学叫去，教我们如何应付联合国译员研究生训练班第三轮考试中的面试，而在当时在国内是没有这种课程或书籍的。没有 Linda 的长期栽培，我难以想象自己能考上联合国译训班并在进一步激烈的竞争中挤进同传班，多年后又在层层淘汰的外交部翻译室里担任主翻之一，并有幸成为邓小平的最后一位英文翻译。前几天，我通过网上搜索发现她跟另两名病患出版了一本关于与骨质疏松病抗争的书，从而获得一张她后来的照片。祝她身体健康！

英国籍老师 Peter Harris

昔日和今日的 Peter

另一位受人尊敬和模仿的外教是留着络腮胡子、曾先后担任 BBC 评论员和 RTHK（香港电台）广播员的英国籍老师 Peter Harris。我一入学就被他在分班听力考试——The Tree of Life——里的漂亮英国口音所打动。在当时英语听力材料严重匮乏的情况下，系里的绝大部分课文、听力材料和考试材料都靠他一人录制。而到了夏日，他往往不顾炎热坚持在没有空调的录音室里为我们录音，大汗淋漓地一干就是几小时。20 世纪 80 年代我在中国驻英大使馆任职时，通过向 BBC 的朋友打听好不容易找到他，并在使馆招待会上与他和同学们所熟悉的 Sally 重逢。那时，他已经离开 BBC 到了一家叫 Oxfam 的慈善机构工作，刚从印度回来。1990 年底，我陪钱其琛外长去日内瓦出差时，竟然从收音机里高兴地听到他在 BBC European Service 里念出的极为标准的中国领导的名字——原来他已重返 BBC 担任播音员。可以说，我爱上并学会英国口音，很大程度上受的正是他那些大卷旧式录音磁带的熏陶。经过在网上苦苦搜寻，再去信确认，我一天前才惊喜地收到他的回信，得知他80年代末任BBC中文部主任，并于1989年之后到了福特基金会纽约总部工作，其后被派往北京，而我则是1990年9月抵达纽约的。福特基金会离联合国总部只有几百米之遥，他居然就在我的眼皮底下！尽管失散了近30年，但就在原外语系77、78级同学庆祝毕业30周年回校日之前半天的时间里，我终于找到了大家所熟悉的Peter。相信师生们得知这则消息后，会跟我一样感慨万千，勾起不少回忆的！顺便通报一下，Peter现任新西兰惠灵顿大学战略研究中心国际顾问兼高级学者，他得悉中大外语系77、78级同学次日将参加毕业30周年回校日活动后，特地向大家寄语如下：

> "I'm delighted to hear from you, and very pleased to know that you have achieved the extraordinary fluency in English and very interesting position at the UN that you now have. Warm congratulations to you on what has clearly been a very successful career to date.
>
> It's a real pleasure to know that you and your fellow 中大 alumni are celebrating the 30th anniversary of your graduation. I send you all my warmest good wishes and felicitations. Is there some way I can help? I would love to see you all again but fear that given that I now live in New Zealand that may not be possible, at least for now. (I'm planning to return to China for a while next year, but the details of that plan are still being shaped up.)
>
> Do send me more news. Meanwhile with very best regards to you and all your former classmates."

刚才，我收到他的第二封电邮，写道："Do let's stay in touch. We should really try and meet again, in New York or Guangzhou. And if I do get to Guangzhou again it'd be good to meet your fellow alumni too."

像Linda和Peter这种每月只领几百元人民币工资的外教（当时我们称为外国专家）德才兼备，再加上他们的敬业精神，这在当今的外教中是比较少见的。

苟锡泉老师是"文革"前中大培养出来的绝无仅有的几位英文研究生之一。他带着几百度厚重的近视眼镜，教授我们三年级新开设的英译中笔译启蒙课，他所介绍的中国翻译历史和严复先生的感叹"一名之立，旬月踟蹰"，使我首次接触翻译方面的理论。后来，苟老师以编撰英汉词典而著名。虽然我无幸跟随钱歌川老先生学习（他不在中大），但那段时间通过向同学借得他在香港出版的几本书籍，包括《英文一日一题》，虽然有时只限几天内就要归还，却使我大开眼界，靠"两条腿走路"的方式渐渐赶超班里的同学，也为日后的翻译专业打下了扎实的基础。

到了三年级，能教且愿教我们77级的国内老师仅剩刚从英国留学归来、水平过人的肖洁文老师和黎秀石老师了。除肖老师主教B班外，我们班的泛读课则由刚借调进中大的何老师教。他的口语远超当时的多数大学正式老师，但他居然一直是广州教学仪器制造厂里的工人！后来我们才得知，他原来是教会工作人员，50年代末被打成右派派往工厂后，在20年的时间里靠暗地里唱赞美诗而保住一口标准美式英语。我们毕业前后，他移民美国芝加哥，可惜因此也失去了联系。

还有主管语音教学、待人耐心平和、后担任外语学院副院长的林泽铨老师。他退休后到了中大设在从化温泉附近的南方学院任英语系系主任，现仍在认真教学。还有我一年级时的班主任、热心过人甚至将儿子的花裤衩剪裁权充刚归国年轻老师黄俊雄宿舍窗帘的郭纯儿老师……

我曾向两个学院反映，甚至斗胆向学校和校友会领导建议过，应通过文字、照片、网站、著作、声像等多种形式将学校的历史保存下来，而老师的轶事、回顾及相关照片，不啻为其中最重要的组成部分。中大在发展、更新的同时，绝不应只着眼于现在，忘却了自己的过去，包括为其培养人才、创造成绩、赢来荣誉、提升排名的那些通过默默教学耕耘而编写中大光辉历史的历代教师们。没有历史，就没有名校中大；没有师生之间的教学与传承，学校便失去了其立命之本（raison d'etre），也就没什么历史可言了。

“滴水之恩，涌泉相报。”与其设法逐一直接感谢和报答各位老师，包括已离我们而去的方淑珍和黎秀石老师，我以为，还不如将自己从他们和其他老师那里获得的经验、知识和本领传授给下一代，这也许不失为感谢恩师、回馈母校和报效祖国的最佳方式之一。近年来，我也一直在以这种方式在中大母校和国内其他一些学校尝试、实践着。

今天正值母校举办77、78级（也统称为82届）同学毕业30周年回校日，11月12日则是中大建校88周年的喜庆日子。由于联合国大会主要会期正紧锣密鼓地进行着，今天就有13场会议，包括安理会和联大的会议，所以我无法脱身参加昔日师生们30年一遇的历史性聚会，实为一大憾事！只好借今天完稿的这篇拙文回忆和感恩各位老师，记录他们的点滴事迹，并向各位现任老师、各届学长和学弟妹致意，祈福！

（北京时间2012年11月10日清晨7时完稿于纽约新鲜草原）

忆戴镏龄教授

1978级英语　关庆宁

题记：本文原载《中山大学报》第301期，2013年9月29日。

“你是戴镏龄教授的学生吗?”如果有人这样问，我会毫不犹豫地回答：“是!”我在校时，他是外语系主任，我的毕业证书上赫然写着“戴镏龄”三个大字，这师生关系是如假包换的。然而，回答后又难免有几分心虚。因为在中大的四年中，我并没有听过他的课。

直到1982年毕业，到广东省教育厅工作后，我才有机会直接聆听戴老的教诲。当时教育厅位于广卫路，1984年夏，14路车总站因修路工程暂时移到省教育厅大门外。我好几次见到戴先生在等车，便上前打招呼，他听说我是外语系毕业生，很高兴。临时车站是露天的，我便请他进办公楼休息，以免遭日晒雨淋，通常会陪他聊聊天。

有一次，当他获悉我正在翻译电视剧时，便表示，他年轻时也翻译过剧本，戏剧台词句子结构较简单，要译好却不易，因为不但要求信达雅，更需传神。好一个“传神”，真是听君一席话，胜读十年书!

后来工程完工，车站回迁，我就再没见到他了，直到90年代初回香港定居后，才再度与他联系。也正是这个时候，我才真正了解戴老的学识人品。

我回港后的第一份工作是在三联书店任英文编辑。入职首日，就有同事告诉我：你坐的是一个福位，我只当是开玩笑，但干了一段时间后，就领悟个中奥秘了。三联是一间历史悠久的出版社，出版的书籍质量都很高，对英文编辑的中英文能力要求也较高。但由于是左派机构，出不起较高薪酬，往往留不住人才。以前几位英文编辑都是干一两年就被挖走，而且都混得不错。

大约三个月后，我就面对考验了，当时约了一本书稿——《陶渊明诗文英译》，作者是广州暨南大学文学院院长兼外语系主任谭时霖教授。他花了好几年时间，把能搜集到的陶渊明作品都翻译成英文，结集出版，还请了暨大曾昭科教授作序。对我来说，处理这样的书稿并非轻松之事，所以不敢怠慢，开了几晚夜车，把中英文诗稿一一对照，最后总算顺利付印。

书出版后，也许因为曲高和寡吧，不算畅销，但受到学术界广泛关注，国内和英美一些图书馆和高等院校都订购了，总算有所交代。

岂料数星期后，老总忽然急召我，她拿出一封读者来信，要我尽快答复。我开头觉得很奇怪，出版社收读者来信本属家常便饭，为何如此郑重其事?但当我看到来信人的名字时，就恍然大悟了。此人绝非等闲之辈，在港英体制中地位崇高。

来信高度评价《陶》书，赞扬作者做了有意义的工作，填补了空白，为推广中华文化作出了贡献，翻译水平也很高，接着笔锋一转，对某些诗句的译法提出了不同意见。

香港回归前，港英当局对左派机构深存戒心，高官们更是避之则吉。现在，这么一个大人物亲笔致信，三联的高层似乎有点受宠若惊。老总千叮万嘱要我务必认真答复。

港英高官大多数都英文强中文弱，若是其他人，我完全可以应付过去，但对这位人士绝不能有半点怠慢，他以学贯中西著称，据说正在从事一部中国古典文学名著的英译，乃此道高手。

我急忙致电谭时霖先生，却老打不通，原来出国探亲了，只好找曾昭科先生，但也是白找，因为他当了省人大副主任，忙得不亦乐乎。失望之余，忽然想起谭先生曾在序言提过“承蒙戴镏龄教授审阅部分书稿”，于是便致信戴老求援。我把读者来信转寄给他，说谭先生不在国内，问他能否拨冗解惑。

现在回想起来，当时有点病急乱投医，忙乱中竟忘了表明我是他的学生，只把自己的名片塞进信封。因为不知他的详细地址，信寄到中大外语系办公室。

一个星期过去了，仍不见回音，心想戴老可能太忙，无暇回信，更担心信寄失了。就在心急火燎之际，同事送来一个厚厚的信封，打开一看，高兴得几乎跳起来，是戴先生的复信，长达十页，中文字用钢笔写，很工整，英文句子则用打字机打出。信中对那位读者提出的问题一一作答，他引用了大量资料，探讨陶氏作诗文时的意境和心境，以证明谭先生译笔传神，很有说服力，却不会予人咄咄逼人之感。

我收到信后，迅速向老总报告，并即日转寄给那位高官，对方很快复信，表示满意戴老的解释，不再坚持己见。戴先生的来信，本身就是一篇高水平的学术论文，可惜后来弄丢了，否则完全可以收进《戴镏龄文集》。

这其实是中港两地文学翻译权威的交手，戴老渊博的学识和严谨的治学态度令对方折服。说实话，经历这一事件后，我才真正为自己作为中大外语系毕业生而自豪。今年是戴镏龄教授百岁冥寿，我把此事记录下来，作为对老师的纪念。

父亲和周公的友谊

1978 级英语　王士惠

从 20 世纪 50 年代早期开始，周光耀老师就在中大外语系任职英文副教授和教授，一直到退休。从 50 年代初到 60 年代末，我父亲王多恩在外语系任教，和周先生共事接近 20 年。两人不但是合作愉快的同事，而且成为好朋友。

在我的记忆之中，周先生结婚较晚，一直住在校园北面的单身教师宿舍。每年除夕夜，父亲喜欢邀请这位慈眉善目、平易近人的“王老五”到我们位于中大西南区的家吃年夜饭，我也有幸认识了周先生。我那时候很小，不知道周先生为什么这么受父亲欢迎。父亲于 50 年代院系调整从武汉华中师范大学调到中大，周先生长时间在被合并到中大前的岭南大学外语系任教，在调到中大前，父亲和周先生素未谋面；另外，周先生比父亲差不多年长十岁，可以想象两人之间会有年龄“代沟”；还有，父亲初到广州，听不懂广东话，也不太了解岭南文化，周先生却是“生于斯，长于斯”，地道的“岭南人”。可是共事不久，父亲和周先生便成了好朋友，可能也是一种缘分吧。只记得吃年夜饭时，周先生都笑眯眯向大家点头问好，还记得他爱喝点美酒，每当举起酒杯，他的笑容会变得更加灿烂。后来时间久了，在家里，我们会习惯地把周先生称呼为“周公”。当然，见到周先生本人时，我们几兄弟还是毕恭毕敬地叫他“周伯伯”。

不记得是哪一年，从父母亲那里听说周公要结婚了。我那时候还小，不知道什么叫结婚。只记得一个星期天，父母把我领到了中大小礼堂东面的一幢两层高的名为“教师之家”的红砖绿瓦楼房，去参加周公的婚礼。在那里我见到了周公，当然也认识了新娘子周伯母，我们后来就私底下称她为“周婆”了。只记得在婚礼上吃了一块奶油蛋糕，美味至极。回想起来，周公当时也有四十几岁了吧，记忆中的周婆也不是妙龄少女。听说周婆是位工人，经朋友做媒与周公认识结缘。我至今不知道周婆的名字，但就记得她朴实慈爱、和蔼可亲，待我们尤如亲生子女。

周公成家后就不再住校园内的单身宿舍，也没有申请校园内的住房，而是搬到广州中山四路附近的一条小巷里的一座小楼房居住。父亲也就没有再邀请他来过年，但是每年都带上我们去他家拜年。周婆热情好客，做得一手好菜，我们倒成了他们的座上客。炸煎堆油角是周婆的拿手好戏，让我们吃了还大包小包地带回家过新年。

60 年代初，不知是否由于当时较为宽松的政治环境，加上三年经济困难时期过后，物质生活有所改善，几位外语系英语专业的老师“雅兴”顿生，定期聚会，美名“春秋二季”。四位老师包括了周公、王宗炎先生、吴继辉先生和我父亲。他们的聚会一年两次，到饭店用餐包括小酌，活动不带家属，仅限四“公”。“春秋二季”为他们几位老师的生活增添了不少色彩，增进了同事间的了解，也建立起互相之间的友谊。

1966 年“文化大革命”开始，父亲不知道应该如何应对这场“史无前例”的政治运动，与周公商量后，决定组成名叫“为人民服务”的战斗小组，加上另外两位老师一共4位成员。他们是老一辈学人，毛笔字根底都不错，就当起了“文抄公”，每天回到系办公室抄写并张贴大字报，通过这种方式投身“文化大革命”。大约到了1968年，和大部分老师一样，父亲和周公被下放到广东坪石天堂山干校劳动。当时的周公大约60岁了，还要挑着行李铺盖，爬上粤北冰雪交加的高山，但是他并没有怨天尤人，依然是笑眯眯地面对一切。父亲回忆起这段历史时经常说，周公在山上，周婆在广州，因为她是工人阶级，不需要下放改造思想。周婆不时从广州给周公寄来一些点心糖果，周公总会拿出来和父亲分享。父亲感叹自己没有这个福气，因为我母亲在那一年去世了。

1970年，广东省高校改组，中大外语系专业外语被合并到广州外语学院，从广州河南康乐园搬迁到广州东北郊的石牌五山，后来又转移到广州北郊的黄婆洞。我父亲从此调离了中大，而周公因为属于公共英语教研室，不需要被合并，就留在中大外语系任教。当时从广外到广州市区只有乘白云山班车，一两个小时才有一趟，班车在下午6点多钟就收车了。尽管交通极不方便，父亲每年春节期间，还是会挤公共汽车到广州市区给周公拜年，风雨无阻，年年如是。1976年“文化大革命”结束，中大外语系专业外语复办，以戴镏龄先生为首的一批原中大外语系教师从广外调回中大，父亲就留在了广外继续任教。尽管不再是同事，父亲和周公还是保持着好朋友的关系，每年春节，必定给周公拜年。我们兄弟也必定跟随，因为周公和周婆家里一定会有美食招待。

1978年我入读中大外语系，不时在系里见到周公，得知他教研究生英文写作课。他还是像以前那样笑眯眯的，从容不迫，波澜不惊，不知可否用“颇有老庄遗风”来形容。1982年毕业，留在外语系工作，“子承父业”，我接替了父亲，和周伯伯做了两年“同事”。

既是严师又是慈母

——忆方淑珍教授

1982 级英语　关庆宁

假日在家整理旧相片，两张珍贵的相片勾起了对往事的回忆。屈指一数已是 20 多年前的事了，方淑珍老师离开我们也超过 20 年了。

在 78 级同学当中，我可能是与方老师接触时间最长，受她教诲最多的一个。我毕业分配到广东省教育厅后，一直得到她的支持和指导。1984 年，教育厅与广东电台合办广播英语师专班，聘请她当顾问。1987 年国家教委决定出版沿海版中小学教科书，委任广东省副省长王屏山为总主编，各科主编由省内专家出任，方老师获聘为英语科主编，我任副主编，主持日常编务。在其后长达 4 年里，一直在她带领下从事编写工作。方老师对教育事业之热忱、治学之严谨，作风之谦虚谨慎、平易近人，给我们这些晚辈留下深刻印象。

现在不少知识分子热衷于沽名钓誉，喜欢挂空衔，在别人的著作署名，又不做实际工作。方老师和他们相反，她处处亲力亲为、全程投入。出任广播英语师专班顾问时，不但直接参与规划课程设置，遴选教师，还亲自动手编写语音学教材。当沿海版主编时，她身体已大不如前了，仍逐字逐句审阅每册课本，还风尘仆仆地和我们一起下乡听课，参加研讨会，在第一线指导教师使用新教材。她显然把这项工作当作其教育生涯的最后冲刺。

1990 年底，沿海版英语编写组在顺德举行新教材研讨会，一天晚饭后散步时，方老师透露，她是 1943 年进中山大学任教的，此前当过两年中学教师。再过几个月，就任教 50 周年了。我们一听，觉得这是大事，应该庆祝一下。

回广州后向王屏山汇报，他非常重视，提出由他兼任主席的广东教育促进会和沿海版教科书编委会联合主办。我致电各行各业的校友，大家都热烈支持。我回母校向钟佑同老师报告，他建议，外语系的老师以方老师学生的名义出席。

1991 年 4 月初，“祝贺方淑珍教授从教 50 周年”活动在广州白云宾馆举行，历届校友来了近百人，其中不少已是功成名就的专家学者或位高权重的官员，但这一天，大家都只有一个身份——“方淑珍的学生”，并且都以此为荣。

人们深情回忆在方老师教育下成长的岁月，赞扬她对教育事业的高度负责。没有套话、不打官腔，每字每句都发自内心。方老师本人也谈了她半世纪来为教育事业献身的心路历程。

会上出现很多感人场面，事隔 20 多年已无法回忆全过程了，只能和大家分享一些花絮。

我们外语系 78 级来的人不少，有余正、高栋成、李海兰、余扬帆、何启德、关庆宁、邹启明等。余扬帆专程从香港赶回来，何启德则有双重身份，既是校友，也是中国

方淑珍教授从教50周年庆祝大会主席台

左六起王屏山、方淑珍、李修宏

国际广播电台记者。方老师见到余正特别高兴，她说：当年在你的考卷上打99分，扣这一分真不易，经过剧烈思想斗争。杨光没来，他妈妈来了，拉着方老师聊了老半天。

邹启明代表78级（82届）同学发言，很感人，具体说什么忘记了，最后一句好像是："但愿几十年后，也有人为我祝贺从教50周年。"在我们78级同学心目中，方老师始终是个母亲式的人物。我们入学时，方老师是外语系副主任，分管全系的教学。她对恢复高考后入学的77、78级学生寄予厚望，为了我们早日成才，她呕心沥血。

国家教委、人民教育出版社、国内多间大学的外语院系及专家学者发来贺电，致电祝贺的还有遍布全球的校友。在宣读中大外语系78级旅居美加学生联署的贺信时，我看见方老师的眼睛泛着晶莹的泪花。贺信情真意切，经曾任深圳粤剧团花旦的省教育厅英语科编辑黄秀萍之口读出，更是催人泪下。

会上发生了"谁是方老师最早学生"的"争论"。省高教局长李修宏是方老师40年代教公共英语时的学生，他自以为拔头筹了，岂料很快就有人出来打破他的纪录。

华南师大数学系主任钟泽教授在国内数学教育界颇有名气，王屏山和华师大的校长对他都很客气。钟老听说有这项活动，主动要求参加。由于他是沿海版数学编写组主编，就以兄弟编写组负责人的名义邀他出席。岂料他恭恭敬敬地跑到方老师面前，一口一个"老师"，原来他也是方老师的学生。

广东教育促进会和沿海版编委会向方老师赠送锦旗。教促会的锦旗上写着：桃李满园。沿海版的赠旗上写着：笔耕不辍。校友们还送了礼物，其中不少是家用电器，凸显家庭式的温馨。方老师的儿女也出席了，她的儿子还在会上发言。

沿海版英文科编写组合影

左五为方淑珍，左六为本文作者

各大传媒都派记者采访。当天教育界还有另一项重要活动，即《广东教育》杂志创刊40周年。《广东教育》是教育厅机关刊物，纪念会规格很高，省领导和历届厅长都出席。但教育记者们却选择出席我们的会议。最令人感动的是《羊城晚报》的陈心宇，挺着怀孕七八个月的大肚子前来，由活动开始坚持到结束。当天广东电视台、广东电台及各大报都做了详细报道，北京的《光明日报》也转载了有关消息。

很多出版社、杂志社都赞助该活动，连雀巢咖啡公司也送来了咖啡，他们都没要求进行商业宣传，强调提供支援是出于对方教授的尊敬。会后举行了宴会，一共十多桌，大家一齐举杯，祝方老师健康长寿。

再讲一段小插曲。会前，我听说中大外语系个别老师对举办此项活动有微言，因为是系里有几位老教授资格都比方老师老，要贺寿也应先贺他们。我认为，这是学生自发向老师祝贺，况且，按中国人的习惯，逢五逢十才庆祝。其实还有一个重要原因，我没有，也不愿意讲出来：当时方老师已患上膀胱癌，病情不容乐观，不能再等了。其后事情的发展，证实这并非杞人忧天。

王屏山和李修宏获悉后，分别致电中大校方，请他们来个副校长。中大派一位副校长出席。他也是方老师的学生，发言时回忆方老师当年对他耐心教导，讲得很动情。

当天活动结束后，方老师高兴地告诉我："戴先生（戴镏龄教授）今天一早就打电话给我，表示祝贺，说身体不好，不能亲自前来祝贺，请我原谅。"我听后想，那些人实在太不理解老一辈知识分子的襟怀了。

其后不久，我就回香港定居了。方老师要求我继续参加沿海版教材编写工作，所以我不时回广州和她一起审稿，直到她去世前为止。

1993年夏，我在香港接到一位旧同事的电话，说方老师病情恶化，入住广东省人民医院，还说她想见我。我翌日即赶回广州，赶到医院时她讲话已很困难了，颇为吃力地谈了两件事，一是她已被评为国家级专家，医药费可以全部报销，要我不用担心。另一件事是沿海版主编的职务，建议由某老师接手。我请她安心养病，她的意见我会转达给编委会。我见她精神欠佳，便告辞了。本来说好再去看她的，但一直有事走不开。十多天后，接到广州同事来电，说方老师在前一天晚上已去世。我拿着话筒，良久说不出话来……

梁宗岱先生的药

王士惠

梁宗岱先生

梁宗岱先生是原中大外语系、后来广州外国语学院的法语教授。梁先生早在新文化运动时期就获得“南国诗人”的桂冠，活跃在中国文学界。他又是著名翻译家，精通法、德、英三种文字，翻译了《蒙田随笔》、《浮士德》、《莎士比亚十四行诗》等文学作品。不过，不知道是什么原因，梁先生在后半生中，也就是任职中大和广外期间，却以极大的兴趣投入到了业余制药活动中，为人看病去了。梁先生不但以“梁教授的药”远近驰名，而且免费看病并送药。

我是在上幼儿园的时候，就开始听说“梁伯伯的药”，那是因为我父亲有时生病去梁先生那里索取他自制的“绿素酊”。记得“绿素酊”是水剂，成黑褐色，装在一个小小的扁平酒瓶里，闻上去有酒精味，小时候不敢尝，后来尝过，觉得药水有点苦。梁先生先是住在中大西南区，后来搬到东北区的一所大房子里。有一天父亲带我去他家，他带我们去参观他的地下室，里面摆满了密封的齐膝高酒坛，装的正是他自制的药水。他的药水是免费赠送的，我印象中，药水的疗效还不错。他的不少同事和学生都服用过他自制的药，早期大都用来治头疼感冒之类的病，后来据说对肝炎，甚至各类癌症都有很好的疗效。梁先生性格率真，高兴的时候喜欢吹吹牛皮。我父亲就经常说，梁先生说过，他养的鸡要比别人养的大，养的猪也要比别人的猪聪明。后来“文革”时批判他的文章就记录了梁宗岱的70多条“老子天下第一”，譬如喝酒第一、体育第一、种菜第一、养猪第一、气力第一、文章第一、翻译第一，当然也包括制药第一了。

“文革”期间，梁先生当然免不了受到冲击，他是外语系最早被揪出批斗的几个教授之一，成了“牛鬼蛇神”。运动后期，大学教师都要下放到“五七”干校劳动，“接受贫下中农再教育”。中大外语系教师去的是广东韶关坪石镇的天堂山，海拔600米，天气寒冷，生活条件艰苦。我当时正在上中学，有好长一段时间没有在中大校园里见到梁先生了。不料有一天，我上学时路经中大小礼堂前的草坪，忽然看见60多岁的梁先生和太太坐在一辆飞驰而过的人力三轮车上面（当时的广州还没有的士），记得他一头白发迎风飘舞，好不得意的样子。我心里有点奇怪：去干校的人包括我父亲在内想回趟家可不是容易的，怎么他这位头号“反动学术权威”可以回家休息呢？后来听说他在天堂山上得了败血病，被抬回广州急救，情况危急。几年以后，梁先生回忆说在天堂山上没有自制的药酒可喝，身体垮下来了。送回广州医院急救，医生没有特效药。生命垂危之际，他太太偷偷给他喂食“绿素酊”，结果药到病除，大难不死。

20 世纪 70 年代初，中大外语系和广州外国语学院合并，梁先生去了外国语学院。在外国语学院期间，见到他的机会多了些。梁先生平易近人，也十分健谈。记得一次看见他饶有兴趣地站在小溪边上看一位农民捕鱼，我走过去向他问好，他笑眯眯地对我说：“临渊羡鱼，不如退而结网。”我从来没有听过这句话，就问他是哪几个字，他就为我详细讲解，我就这样学到了这句成语，一直记在心中。我还有机会领教他那“文明其精神，野蛮其体魄”的人生哲学。除了不时见到他在寒冷冬天穿着短袖衣裤行走出入校园以外，还有幸接受过他和我比试力气的挑战。近 70 岁的人应该可以被称作“古稀”了吧，竟要和 20 多岁的小伙子比气力。内容有三项：直臂扳腕子，曲臂扳腕子，顶拳头。比赛在他家里进行，结果是打成平手。但是我回家发现，和他顶拳头时，自己手背上的皮被他蹭掉了一块，疼得直哆嗦。

梁先生那乐观自信的性格也没有任何改变，还是那样喜欢“吹牛”，讲“威水史”。每次见到他，他都会乐此不疲地回忆当年为太太甘少苏女士英雄救美的事情，一个人击退五六个对他发难的黑社会流氓。后来据他太太说是二十几个，真是夫唱妻和，比翼双飞呀。他的话题当然少不了开炉炼丹、继续研制“神药绿素酊”了，还包括最近又治好了多少个病人、还有谁谁要出高价购买他的药方等等。梁先生说，他的制药知识是家传，更多是自学的；中西医结合，遵循“扶正祛邪”的理念。当时梁先生拿的二级教授的工资，300 多块钱一个月。他用自己的工资买草药、酒精，对前来取药的人士分文不取，据说后来还自制针剂给人注射。老先生乐善好施，仁心仁术，听说病人来自全国各地，还包括海外人士。当时，广外的老师中流传着一则趣闻：一位病人感冒求诊，取“绿素酊”出门后折回，说刚才忘告，有点皮肤不适。梁先生曰，“绿素酊”兼治此病。病人出门后再次折回，说刚才还忘告有便秘。梁先生又答，“绿素酊”还治此疾。

光阴荏苒，逝者如斯夫，自己现在也快变成“古稀”了。以前只知道和梁先生谈他的药水，掰手腕领教他“野蛮其体魄”的一面，却没有好好读读他的著作，特别是向他请教他的专长，理解他“文明其精神”那更丰富的一面，不能不说是个遗憾，有点如入宝山空手回的感觉。

中大北校门旧貌（可看见右边的水塔和哲生堂）

怀念原岛春雄老师

1979 级日语　李志泉

原岛春雄老师是我最早的日语启蒙老师。他的思想和方法论影响了我日后的人生。

79 级日语是中大开设的首届日语专业。当时系里师资短缺，日语专业老师们的学历和教学经验参差不齐。虽然他们职称不高，但是每位老师扎实的日语功底以及丰富的人生经历、对培养新一代日语人才的热情，使我们从不同角度学到了不少知识。

1979 年 9 月，我和其他 4 名之前在外国语学校学过日语的同学一起进入中大外语系，与考英语入学而完全不懂日语的同学编入同一个班。对我们这些曾是中学日语老师的“老外校”而言，每天的 50 音图和主谓宾课程非常枯燥。就在我们这批“老外校”彷徨时，学校里来了一位日本专家，他就是原岛春雄老师。

第一天上课，一轮热烈欢迎的掌声之后，进来了一位文质彬彬的小个子，留一束夏目漱石般的小胡子；走路轻盈，深怕踩着蚂蚁；大方格长袖毛布衬衣扎在不系皮带的牛仔裤里。“你们好。”原岛老师的第一声几乎没人听见。虽然大家没有反应，但老师还是露出了和蔼的微笑。也许原岛老师知道他书生气十足的细小声音在习惯了大嗓门说话的中国学生面前不易被接受，于是干脆用粉笔在黑板上工整地写上了“原岛春雄”几个字。那瘦小的背影和秀丽的板书，至今仍然历历在目。没想到就是这位日本老师，影响了我日后的人生。

据悉，原岛老师是在京都大学修完东洋文化硕士课程后，带着妻儿一起到广州教书的。在他日后的教学过程中，我们发现，这位青年学者知识渊博，除了熟悉中国文学、中国历史外，对日本文学、日本历史也有较深造诣，特别感染我的是他传授的日本思想史。原岛老师也非常明确地告诉我们，日语基础知识让其他老师指导，他更着眼于日本社会、日本文化以及思想方面的指导。在一年的授课中，他主要让我们了解日本社会的方方面面，而不是发音和语法。

对零起点的同学们来说，原岛老师的课简直是一头雾水，上课期间开小差、打瞌睡者不乏其人。有同学甚至向教研室主任告状，说听不懂原岛老师在说什么。然而，对于我们这些“老同学”来说，原岛老师的课非常新鲜，每一节课都有新启发和新发现，每一段文章都给我们带来许多想象。入学前，我们都在社会上做过各类翻译工作或教学工作，但仅仅停留于语言层面，真正开始深入了解日本还是从原岛老师的课程开始的。

当时原岛老师的教学方法，是把他推荐的日文版书籍的一段前言复印下来做教材，每次仅一两页，要我们从文章中找出作者的意图。特别是要在日语的长修饰语中找出主语和关键词，这并不容易。而且，日语较含蓄，日本人往往用疑问句或反义词表达自己的观点。这对于刚入门的同学来说的确是一头雾水，即使我们这些“老外校”也觉吃力。然而，原岛老师并没有因为同学们不适应而改变教学方法，反而一味加料，一页比一页难，一篇比一篇深，好像恨铁不成钢，拔苗助长似的。经过原岛老师一段时间的

“强制性”阅读训练后，我们读书的速度加快了，逐步了解了日语的表达方式和语法结构，更重要的是开始认识日本人的思维方式。

原岛老师上课时，常常板书一批相关书籍的书名，推荐给学生阅读。当时我们就是按照原岛老师的引导到中大图书馆借书阅读的，也到位于专家楼的他家借书阅读，其中向他借阅过的两本书至今难忘。

一本是中根千枝1959年写作的「縦社会の人間関係」《纵向社会的人际关系》。该书指出了日本社会的结构和独特的文化背景，如“年功序列”意识和群体中的归属意识。另一本是美国文化人类学者Ruth Benedict在1946年写作的《菊与刀》，该书阐述了日本文化与日本民族的气质，介绍了日本人的行为准则和矛盾的两面性。此外，受原岛老师影响的还有他上课时经常提及的日本现代思想史家、教育家吉田松阴。幕府末期，吉田松阴的思想可谓明治维新的精神支柱，造就了伊藤博文、山县有朋等一批历史人物。

原岛老师教了我们一年就回国了，然而他留给我们的知识财富却陪伴了我的一生。

我的本科毕业论文题为《论明治维新的历史背景》。这命题对四年级学生来说，有一定困难，但在那个年代就关注当今中国人关心的课题，由此也可看出原岛老师对我们的影响。

1985年4月，凭借当时外语系日语专业丘仕俊老师教授的日本文学知识和黄光为老师教授的古典文学知识，我轻松地考取了东京大学人文科学研究生。然而，原岛老师教授的读书方法和对日本社会深层的浓厚兴趣，使我始终迷恋另一学科。之后，凭借中大在校期间以及毕业后大量阅读的日本历史和思想史书籍的知识，我顺利地从文学转向日本经济史的研究。

日语班全体同学和原岛老师的合影

中间留胡子者是原岛老师。右面第一位是李志泉

与原岛老师的缘分还不局限于中大读书期间。

1986年4月，我离开东京大学广尾专家楼，搬到东京世田谷区千岁乌山的一处公寓居住。那是在距离京王千岁乌山车站步行二十分钟的菜地里兴建的住宅。某日，我在车站偶遇了原岛老师的妻子！我在谈话中得知原岛老师就住在同一个区。我跟着原岛老师妻子的步伐往家走，居然是同一条路，越走越近我家。不久到了原岛老师的家，距离我家不到50米！

原岛老师的家跟一般日本人家没什么区别，女儿玲玲的自行车就放在门口。客厅里家具不多，但那一摞摞书籍令人难忘。除了从中国带回的大量中文书籍外，还有我特别感兴趣的日本历史书籍。日本人不喜欢在家接待客人，寒暄一番后，我就离开了。

几天后终于再次见到了我的启蒙老师！5年多未见面，老师比在中大时胖了。他还是那样文质彬彬的学者气质，只是比过去多了笑容，话也多了。我们在原岛老师常去的车站附近的小酒馆喝了酒。多年不见，现在竟然是近邻！惊喜之外，回忆起中大的日子，觉得格外亲切，东南西北无所不谈。老师说话时，还是那样慢条斯理，思路清晰，烟不离手。还是那束小胡子，深呼吸后吐出的烟雾缠绕着胡须，一阵子后才慢慢散去。原岛老师酒量很好，可能是高兴，当天喝多了一点。我俩连续喝了三家，直至深夜。从小酒馆出来，外面下着小雨，泥泞小路上打车送老师回家的情形至今难忘。

我毕业后进入一家日本上市公司工作，离开了世田谷区千岁乌山的住所，与原岛老师的距离远了。

转眼间几年过去了，1998年的一天，我接到原岛老师的好友味冈徹老师的电话，说要组织一个缅怀原岛春雄老师的聚会，让我召集在日同学，我这时才知道老师已不幸病逝。

“缅怀原岛老师的聚会”的参加者不多，有老师的生前好友，有我们在日的中大毕业生以及访日学者等相关人士，也有原岛老师在广外任教时的同事和学生，总计30多人。我在会上，终于得知原岛老师的身世。

原岛老师出身于书香世家，父亲是日本学习院大学的校董。老师从小在良好的环境下成长，毕业于京都大学东洋文化研究科。从中山大学回来后，老师任教于学习院大学。虽然最终职称是副教授，然而原岛老师知识渊博，专业跨学科，深受同行和学生的尊敬。

原岛老师桃李遍天下，有许多得意弟子。其中在广州外国语学院任教期间的一名得意门生一直接受其指导，到日本继续深造日本思想史，毕业后任教于日本的国立大学。而我默默地接受了原岛老师的思想，到日本后跟随另一名日本思想史和经济史学家继续深化对日本社会的认识。毕业后虽未从事教育工作，却用自己学到的知识应用于中日间高层次的项目策划工作，服务于社会。

学校是培养人才的摇篮，学校老师的指引往往会影响学生一辈子，这点我深有体会。中大给了我学习的机会，也让我遇到了第一位启蒙老师，使我的人生更加充实，更加精彩。

谢谢中大给了我们良好的学习环境。谢谢中大给我们安排了优秀的指导老师。

谢谢原岛春雄老师，我们永远怀念您！

（草于日本东京）

重温校训

1979级日语　乐　瞳

在庆贺母校中山大学建校90周年之际，总结四年大学学习和数十年社会实践的经验，深感在不惑之年，能保持积极向上的平和心态和学习热情，主要得益于师长的言传身教和校训理念的滋养。

历久弥新的中大十字校训“博学、审问、慎思、明辨、笃行”，出自著名的儒家经书《中庸》。

堪称德育经典教科书的《中庸》教导我们：天地万物运动及其规律，始终遵循至诚至善这一自然法则。作为万物之灵的人类，遵循自然法则，真诚地做人，呵护至诚至善的本性及其妙用，是为人之道的根本。至诚至善作为万物的本性和天地万物运动及其规律的自然法则，无时无处不在，起着亘古不变的伟大作用。要充分了解和体会这一宇宙真相，进而自觉地敬畏和遵守自然法则，惟有在践行为人之道的同时，认真践行“博学之、审问之、慎思之、明辨之、笃行之”这一为学之道。

可见，践行为人之道，不能缺失为学之道；践行为学之道，绕不开为人之道。为学之道与为人之道是相辅相成的。古今中外，称为圣贤的人，都是为学、为人的楷模，也是做人达到理想境界的君子。那些不遵守自然法则的人，经不起时间和自然规律的检验，只能沦为自欺欺人的小人。

在信息爆炸的今天，相关信息也告诉我们，无论是洞察真理的古代圣贤，还是现代顶级科学家，都不约而同地认识到：宇宙万物运动及其规律，遵循着万世不变的同一自然法则。人类的生命活动和社会活动及其规律，也毫无例外地遵循同样的自然法则。中国古代圣贤孔子和他的学生，用“至诚、至善”这一说法，来表达这个自然法则的要义。大科学家爱因斯坦则说：“因此，相信自然界有一种包罗万象的根本规律……”他还说：“合理性（comprehensibility）乃是宇宙永恒的奥秘。”

因此，无论人类社会的生产力和生产关系如何变化，遵循至诚至善这一自然法则的为学、为人之道，始终都不会改变。所以，透彻明了这一自然法则的先贤，为后学指明的为学、为人之道，至今放之四海而皆准。

但是，需要反思的是：近百年来，西方商业文化的强势入侵和国内多次的学术思潮、政治运动，对儒家学说的误解和否定，妨碍了优秀儒家学说的传承和弘扬。在我国改革开放和经济体制转型过程中，又受到外来商业文化的负面影响。一部分信仰和意志不坚定的人，由于不重视为学、为人之道的学习，迷失了至诚至善的本性，走了弯路，或者犯了无可挽回的错误，给自己和社会带来了灾难。近年频繁见诸报端的官员腐败、校园恶性案件和学术造假以及自然环境受到严重破坏等现象，正是一部分人忽略了为学、为人之道而导致的不良后果。

因此，在建设和谐富强的国家和维护世界和平的征途上，重温校训及其蕴含的为学、为人之道，大力提倡继承和弘扬中华优秀文明，既能激励我们沿着正确的道路前行，也能给我们很多的教益和启发。

妈妈、爸爸、我和中大

1980级英语　戴　凡

题记：我的妈妈是黄迪仁，爸爸是戴明土。

每每有人说起自己的妈妈是世上最好的妈妈时，我都会没有道理地对对方生出一点敌意来，我觉得我妈妈才是世上最好的妈妈。

记事起所看到的妈妈很少，不是开会就是搞“四清”、拉练、下放。我和弟弟主要是保姆带大的。直到上小学被称作“中大子弟”时，才知道妈妈是大学老师。她读书时正是中国与苏联老大哥从友好到反目的阶段，所以他们那届大学生在学俄语和英语之间来回倒腾，最后成了两不像，在那个动荡的年代时而教俄语、时而教英语，更多的时候是什么都不教。

1976年以后，中国的教育制度逐渐走上正轨。这时的妈妈不仅忙外，而且也要忙里了，因为那时我们已经不雇保姆。妈妈出身于一个工商业主和地主家庭，虽说不至于娇生惯养，但也不是可以速成为家庭主妇的人。她第一次做菜时把锅烧红，放下菜去就闻到了糊味——她不知道做菜是要先放油的。

我对妈妈的世界开始了解，是在大学恢复评职称和知识分子提工资的1978年前后。妈妈对这两件事的态度和一般人截然不同，在名额有限、大多数人都想升职的情况下，妈妈却大谦其虚，连申请讲师的表格也不去领。但后来发现“自知之明”成为对自己不公正待遇的理由后，她理直气壮地为自己说话，最终提了职称。虽然妈妈说自己的英语底子不好，但我不怀疑她当讲师的资格，备课时把课文分析得一清二楚不说，还设想学生可能提的问题，然后查书翻字典问人，加上她的耐心，学生没有不说她好的。

提工资也是受名额限制的事。在那个2.5元能买到1斤猪肉的年代，一个月多几十元事关重大。妈妈却放弃了毫无悬念的提工资机会，说名额太少，我们家爸爸也肯定能提，她让出来可以让多一家人受益。

妈妈曾边教书边当总支书记，她把教书的认真也用到在了行政事务上。每天下班十有八九是边走边和什么人谈工作，往往走到家门口还站着谈半天，身体不好的爸爸在家常常等得不耐烦，等她回到家时免不了说一两句带刺的话，妈妈总是谅解地径直走进厨房做饭。回想起来，我禁不住感到惭愧，那时我已经念大学，却还没能为妈妈分担家务。

我不想说妈妈很完美，但从我了解的一切来看，她至少是一个真正能为别人着想而不存多少私欲的人。她会不遗余力地为某个教师的房子一次次地跑房管科，会为某个教学辅助人员配偶的调动而东奔西走，会向有关单位力荐某个学习好而没有后台的毕业生，会在提高级职称时在水平相当的爸爸和他的同事之间选择后者……很少人能像妈妈那样为别人谋利益而不想从中得到一丝好处，因为我知道绝大部分妈妈为之服务的人并不知道她所尽的力。而最最冤枉的一件事，是一个认为自己受了不公正待遇的教师给妈妈、爸爸和我分别写了匿名信，用极伤人的语言说妈妈的坏话，而她却是少数为避免他的不幸而作过努力的人。那天，我觉得像是有人把一块脏抹布硬塞给了我。我为妈妈抱不平，认为她应该去洗清自己，但妈妈说她不能那样做，一是因为那是纪律，二是那样一来那个教师就会恨其他人，而其他人做出那种决定也是有一定道理的。

“难道你就让人这么误会下去吗?”我忿忿地说。

“人是要经得起误会的。”妈妈平静地说。

我考大学前几个月，妈妈有空就帮我复习英语。所谓有空往往是晚上 10 点以后，那个钟点常常是我们已经很疲劳的时候，妈妈提问题我回答，经常不是我就是她睡着了，彼此唤醒以后嬉笑一番又从头开始。

妈妈最艰难的，是我上大学、弟弟上中学、爸爸动手术的那段日子。为了不误一周 6 节的课，她或是提前上课或是补课；为了不影响我和弟弟学习，她一个人连续几个晚上在医院守护爸爸，白天回来为我们做饭、为爸爸做补品，还要应付找上门来要求她处理这样那样事情的人。当时我实在太不懂事，没有在妈妈最困难的时候帮上忙，只是出其不意地到医院给她送过一次饭，这小小的一件事给了妈妈极大的安慰，许久以后还自豪地对别人讲起。

妈妈的另一个难关，是爸爸病重的时候。她既要照顾日益衰弱的爸爸，还要照顾我出生不久的儿子，心情之复杂、每天之劳累、感情之脆弱可想而知。我能做的，只是不断地告诉她，除了护理爸爸外，我们每一个人都要好好地活着，因为我们是他生命的延续。那时妈妈已退休几年，那些她关心过的外语系教职工纷纷来看她，给她精神上的支持。几个女教师还组织起来，每家一天地给爸爸做吃的。就这样，妈妈挺过了那段日子。

妈妈是个闲不住的人，爸爸去世后，她把所有的精力都花在了支持我和弟弟、尤其是我的工作上。没有多少带小孩经验的她，6 年来硬是帮经常在国外的我把儿子带大。凡是我做关系到前途的决定时，她都是那句话：“不用担心家里，一切有我。”朋友、同学都羡慕我，说他们的妈妈无法为他们做出那么多牺牲。妈妈那个年龄的人都没过过什么好日子，他们当中有些人自然而然地想把年青时的损失补回来，不再以儿女为中心；虽说也有乐于帮子女做家务和带小孩的，但极少有像妈妈那样全身心投入的。

妈妈为我儿子做的最大一件事，就是决定让他学电子琴。儿子学琴时还没满五岁，招生简章上要求家长同去上课，以便课后辅导。妈妈告诉我，她在报名前几乎一宿没睡——担心对音乐不擅长的自己能否在 64 岁学好五线谱、练好指法。足有一年多，妈妈领着孙子苦练基本功；除了祖孙一同上课外，她还时常请懂音乐的人辅导自己，然后再辅导孙子。有经验的人都知道小孩学琴的艰难。我很难想象妈妈是怎样把指法、和弦等一系列技巧教给注意力飘忽不定的孙子的。总之，1997 年初回国后我见到他们时，祖孙俩一坐在电子琴前就满口音乐术语，动辄哼出几首曲子。后来，妈妈问我是否让儿子继续参加高一级水平的班。我没有表态，因为我知道那对他们俩都不是轻松的事。很快，妈妈告诉我她报了名。我相信，她知道我希望他们能继续学下去，更是为了孙子的前途着想。

1995 年暑假我回家为论文作社会调查，由于太忙，快到回美国时还有不少访谈没有完成。妈妈为我着急了，在跟我做了一天访谈以后，连续几天分担了我的工作量，使我按时完成了调查。从那以后，妈妈对我的研究有了更多的了解，开始注意我所关注的国内流动人口的信息，并不时地为我复印有关资料，还在来信中再三告诉我，她完全可以多花点时间为我收集材料。

妈妈从来不是怕死的人，但她慢慢变得珍惜自己的生命，她意识到她的健在会给我们带来不少帮助。我觉得妈妈一直以来得到的太少，在 1987 年开始工作前就说服她要学会享受生活——过去的几十年里，她像许多人一样习惯性地过着艰苦、节约的生活。我为妈妈买她不舍得买的衣服和食品，鼓励她出去旅游；只要我有的东西，我就希望妈妈也有。有一次抱着好玩的心理请一个朋友用八卦算命，结果其中一点是说双亲中有一人长寿——爸爸既已不在世，那就是妈妈了。如果我对其他说法有疑问的话，对这点却坚信不疑。妈妈是绝对应该长寿的，在为别人着想了一辈子以后，她至少应该享享儿女的福了。

以上文字是我 1996 年初在美国留学期间写的《妈妈，我爱你!》一文的主要内容，它的结尾段如下：

我时常跟一个见过妈妈几次的美国朋友讲起妈妈，他对妈妈很敬佩，常说她是他认识的最善良、最富于牺牲精神的知书达理的母亲。作为女儿的我，体会只会比他更深。我曾对朋友说：“我最欣赏西方文化的其中一点，是亲人、朋友彼此能很自然地说‘我爱你’，我一直想对妈妈说这句话，但中国人不兴说这个，只是通过间接的方式来表达同样的意思。”朋友听了很替我着急：“你应该赶快对你妈妈说。别的方式归别的方式，说归说。”我觉得朋友的话很在理。于是，在远离妈妈的美国，借着太平洋的风的吹送，我说出了长久以来想说的话：

“妈妈，我爱你!”

妈妈在我 1997 年 3 月回国后不到一年因病去世了。我居然能她在离世的几个小时后按时上了课。记得我告诉学生，那是因为我知道妈妈不希望我因为她而影响工作。现在想来，还有什么比失去妈妈更大的事情呢？那以后的整整三年，我没有一天不想她，每次去银河公墓，捧着她和爸爸的骨灰盒，眼泪就会不受控制地掉。

我一直不允许自己为妈妈的离去彻底地哭一场，我怕自己崩溃。我努力地把她的不在看作一个抽象的事。我把在父母去世后才发表的书分作两份放在他们的骨灰盒上，每年互换一次。我愿意相信他们在轮流看我的作品。

我一定是觉得，只要我不让失去妈妈的痛苦压倒我，我就没有真正失去她，就像她病危那个清晨医生要我通知其他家人时，我拖延着不给家里打电话，因为打电话意味着我承认她正在远去。然而，内心最深处的那个痛，会在我不设防时猛地抓住我。比如有一天我在街头听到“流浪歌”里面的那句“流浪的人啊想妈妈，亲爱的妈妈”，比如我在澳大利亚参加一个朋友的婚礼，一个不知情的有人问道：“如果这是你结婚，你觉得你妈妈会是什么感觉?”比如一次一个留校工作的同事给我敬酒，特别提到要感谢妈妈当年为他的工作奔走，使正准备上火车回老家的他留在了中大……我的眼泪瞬间倾泻而下。

每次见到妈妈的同事、朋友，我都会想起她，我相信他们看到我也如此。有一次，陈永培老师说他那里还有妈妈给他的信，另一次有个老师说到我在国外时妈妈带我儿子到中大游泳池游泳的情形……我珍惜每一个信息，贪婪地听着，沉浸在妈妈活着的感觉中。

多年来，我从来没去翻看爸爸妈妈的照片和录像，我不能接受那熟悉的音容变成一个影像记录。但我时刻可以真切地看见他们，如同一首歌中的那句“从来不需要想起，永远也不会忘记”。好几次，我想写妈妈，却总也表达不清楚。在读创意写作的学位时，终于写成了一篇，但老师的评语是“Your mother is perfect to a fault”，可我硬是写不出妈妈的什么弱点。后来才知道，如果叙事者的情绪尚未平静，她的叙述就无法令人信服。

若干年前，我刚认识的一个朋友在电话中告诉我他的父亲在一次出门后再也没回来，他心里一直得不到安宁。我问他是否想听我在妈妈去世后第二天给她写的短文。那是我第一次读纪念妈妈的文章。也许是为了安慰电话那头的痛苦的灵魂，我用平淡的语气读完了饱含悲伤的文字。读完后，电话里是满满的沉默，接着我听到：“请你保证不要再对任何人念这篇文章。”我明白，那时我们的悲伤交融在一起，暂时驱散了失去父母的那种永远不能填补的孤儿感。

我曾经想离开中大校园，这里有太多关于父母的回忆。由于种种原因，幸好还是留了下来。现在，我继续做着中大子弟，在爸爸妈妈曾经的单位工作——这是我在家以外与父母最近的地方。他们应该欣慰的是，我通过写作把自己的兴趣和教学联系在了一起。我写他们和与他们周围的人和事，为他们的生命找到新的延续方式。

我甚至觉得，如果我在中大的人群中狠狠地找，就会找到我的爸爸妈妈。

忆王宗炎教授

1982级英语本科生、1986级英语硕士生、2000级英语博士生
常晨光

我于1982年进入中山大学外语系，30多年来目睹并亲历中山大学外语学科语言学研究方向的发展和进步。在这期间，中山大学外语学科语言学研究力量不断壮大，形成自己的特色。20世纪七八十年代，王宗炎教授已在全国引领语言学研究的潮流，当时学界已有“南王（宗炎）北许（国璋）”之说。可以毫不夸张地说，王宗炎教授是中山大学外语学科的一块“金字招牌”。经过多年的发展，中山大学现已成为功能语言学的研究重镇，在国际上具有重要影响，这也与王先生的引领及他本人的学术研究和影响分不开。对于王宗炎教授在语言学、翻译、外语教学等方面的学术思想已有专门论著探讨（如黄国文、张文浩，1997）。本文通过回忆我个人与王先生接触的点点滴滴，缅怀中山大学外语学科史上的这位语言学大师。

从我个人的成长历程来看，中山大学外语学科的很多师长对我的学习和研究都起到极为重要的指导作用。我1986年从外语系英语专业本科毕业后被推荐免试攻读中山大学英语语言文学专业的硕士研究生。我在研究生阶段偏重文学，且毕业论文最终也是做文学方向的研究（导师为李根洲教授）。在攻读硕士的三年中也修了好几门语言学方面的课程，如语言学概论、语义学、文体学、语音学等。当时的几位语言学老师上课各有特点。肖洁文教授的语义学课主要以学生做presentation、教师点评为主。肖老师会事先分好任务，要求每个学生准备一两个章节。这种方法鼓励学生自主学习和钻研，课堂互动较多。讲语音学的是已故的方淑珍教授，她是外语系的元老，深受学生爱戴。方老师教语音学除讲理论外更注重结合实际，课堂上要求同学们进行练习和讨论。语言学概论这门课的老师是陈永培教授。陈老师上课以系统讲授为主，这对作为初学者的我们大有好处，使我们对这个学科整体有了宏观的了解。我对语言学的初步兴趣就是在上这些课的过程中产生的。我当时虽然偏重文学，但好几门文学课（如莎士比亚悲剧、当代英美小说）的课程论文我都是从语言的视角来讨论具体文学作品的。而在学术研究方面，除多年指导我的陈永培教授、硕士导师李根洲教授以及我的博士导师黄国文教授外，对我影响最大的还有王宗炎教授。

我1986年开始攻读英语语言文学专业的硕士研究生学位时，戴镏龄教授和王宗炎教授因年龄关系已不再担任硕士研究生的课程教学，但他们仍在指导研究生，而且还会不定期地亲自给年轻教师和研究生做学术讲座。作为我国著名的语言学家，王宗炎教授学识渊博精深，他的讲座内涵丰富，信息量大，充满真知灼见。他强调独立思考，正如他自己所说，他从不膜拜权威，是“天生的怀疑者，从不囿于一家一派”（王宗炎，1985）。

王先生涉猎广泛，博览群书，讲座时总能旁征博引，深入浅出，对语言问题的分析

细致透彻，鞭辟入里。我当时和其他同学一样，都很喜欢读王宗炎教授的文章、听先生的讲座。王先生讲座和他的文章一样，毫无学究味。他从不喜欢拿术语唬人，复杂的语言学概念通过他的讲解总会变得容易理解很多。在硕士研究生阶段，我和我同届的几个同学都觉得，聆听王宗炎教授的讲座是一种享受。出于对王先生的崇拜，我当时还找来王宗炎教授的一些文章来看。我最早看到关于“伦敦学派”和 Firth，Halliday 等语言学家的介绍也是在王先生的文章中。而真正跟王先生有比较多的接触并有幸得到他的教诲和鼓励却是在研究生毕业留校工作以后的事了。

我于 1989 年硕士研究生毕业后留校在中山大学广州英语培训中心任教，主要从事英语强化教学工作。我教的第一批学员是 1989 年后准备派出的学员，年龄都比较大，他们主要来自国内的高校和科研机构。相当一部分学员在他们自己的研究领域已经是非常出色的学者，但在英语的基本技能掌握和英语交际运用能力上仍有较大欠缺。为了改进自己教学方法，提高教学质量，有效地帮助这些学员，我开始阅读一些语言学和应用语言学（尤其是教学法）方面的书籍，同时还结合自己的教学实践写了几篇与英语强化教学有关的论文（包括听力教学、阅读教学、强化教学中的文化导入等方面的教学研究论文）。当时担任英语培训中心主任的是陈永培教授。陈老师是中山大学外语系 20 世纪 50 年代的本科生，也是中大外语系“文革”前招收的第一批副博士研究生。他对语音学和应用语言学有深入的研究，毕业后在中大（和广外）任教至退休，深得戴镏龄和王宗炎两位前辈的赏识。在陈永培教授、王应龙教授和莫华树教授等的倡议和推动下，应用语言学首先作为英语语言文学硕士点下属的一个方向于 1986 年开始招生，后来经过发展成为独立的外国语言学及应用语言学硕士点。20 多年后，中山大学外国语学院获得外国语言学及应用语言学专业博士点，成为中山大学外语学科的第二个博士学位点。

作为英语培训中心的领导，陈永培教授鼓励教师们积极从事学术研究，并且以身作则，带领大家一起做科研。我有幸参加过他主编的一个词典项目。作为主编和副主编，他和夫人龚少瑜教授审改书稿时的认真细致对我影响很大，受益至今。也正是通过陈永培教授，我跟王宗炎教授有了更多的接触。参加陈老师主编的词典项目后，我自己对英语学习词典和词典编纂产生了较大的兴趣，写了几篇词典研究和评论的文章，得到两位前辈的指导和鼓励。当时王先生已经 80 多岁，但每天下午他都会拄着把黑雨伞从图书馆后的马岗顶家里散步到系里。回家途中，他经常会到当时同住在中大校园东区的陈永培老师家里坐坐。我因参加陈老师主编的词典也经常会去他家，有幸在那里听到王老漫谈学术和做学问之道。记得有一次，王先生谈论不同的语言学流派，当时在座的除陈老师和我以外，还有吴增生教授和河南大学在中大借读的两位博士生。王先生比较详细地阐述自己对 Chomsky 的转换生成语法的看法，吴增生教授插话说他在美国读书时看到有学者也提出过类似的批评，王先生很感兴趣，马上让他详细讲给大家听听，并进行评论。聆听王宗炎教授的谈话，我更直接地感受到先生的博学，以及他崇尚独立思考、不膜拜权威的严谨学术态度。

王先生为人乐观、豁达，谈话幽默。记得有一次在学院楼梯口碰到王先生，他突然用英语问我：“How do you crack a nut?”我一时愣在那儿，不知他问题的意图。看到我的窘态，他笑着用英语回答："With a nutcracker!"他非常关心年轻学者的成长，在一次谈如何做学问的讲座上，他借用中大中文系王起教授的故事，告诫我们要注意锻炼身体，劳逸结合。他说，做学问要靠"长命"，不是靠"搏命"。王先生本人就很注意养生和锻炼，90多岁高龄时，他仍每天坚持在家里骑健身车，还自创了一套"摆臂操"，每天起床后都会做几十下。王宗炎教授晚年生病期间，我和院里其他领导和老师前去探望。王先生依旧乐观、幽默，他告诉我们不用担心，并开玩笑说，上帝太忙，还没有时间接见他。

王先生提携后学，热心指导年轻学者，国内很多学者的专著都请他写过序。当时他的很多文稿都请英语培训中心的赵佩斯帮助打字，我有幸在传递稿件时先睹为快，有时我还斗胆向他提出自己的观点和想法，每次他都认真考虑并给我口头或书面回复。

从1993年开始，我尝试编一本英语短语动词词典，就得到王先生和陈永培教授的热心指导和帮助。陈永培教授放下自己手头的工作，花了大量的时间，分批对所有词条进行了悉心的审订。1996年词典初稿完成后，我请王宗炎先生审阅并为词典作序。王宗炎先生当时年事已高，但他还是仔细地审读了其中部分稿子，并把我叫到他家里，花了一个上午的时间将他所做的修改和一些词典编纂原则性的问题给我细致地讲解。记得当时我们还就一个例句中的介词用法有不同意见，先生一丝不苟，仔细翻阅资料查证，结果证明还是我错了。王宗炎先生还为词典写了一篇很长的序言，给了我很大的鼓励。这本《最新英语短语动词词典》1999年在外语教学与研究出版社出版后获得了第12届"中国图书奖"。词典能最后顺利完成跟王宗炎和陈永培两位先生的提携和帮助是分不开的。

前面提到，我最早接触到Halliday的语言学说是在王宗炎先生的文章中。1994年9月初，我作为国家公派访问学者到英国学习，这一年给了我更多学习和接触系统功能语言学的机会。在英国的前3个多月，我在剑桥参加了剑桥大学考试委员会主办的"英语教学与测试"短训班，1994年圣诞节前夕转到威尔士大学斯旺西分校的应用语言学研究中心（Centre for Applied Linguistics Studies, University of Wales, Swansea）学习应用语言学。在威尔士大学斯旺西分校访学期间，有幸参加了指导老师Paul Meara教授（时任英国应用语言学会主席）组织的一个词汇与词汇习得研讨会（Symposium on Lexis and Vocabulary Acquisition）。在这次会议上我遇到当时系统功能语言学派的一个重要人物Chris Butler教授。我在会上也宣读了一篇论文，尝试讨论英汉学习词典的编纂。两天的研讨会上有几次跟Butler教授交谈，他问起我的研究兴趣，谈及学习词典中使用真实语料（authentic examples）的重要性，并结合我对习语性问题（idiomaticity）的兴趣简单向我介绍了伦敦学派从Firth到Halliday和Sinclair等学者对collocation问题的研究。在他的推荐下，我从Swansea的大学图书馆里借来他编写的*Systemic Linguistics: Theory and Applications*（1985）阅读。虽然当时很多内容没有看懂，但Butler这本书是我所接触到的有关Halliday的语言学理论介绍的第一本书，也使我对系统功能语言学在语言教育领域的应用情况有了更多的了解。

从英国回来后，真正引起我对功能语言学研究兴趣的是我的导师黄国文教授。1997年，为祝贺王宗炎先生从教55周年，黄国文教授主编了一本《语言研究群言集》献给王先生，我应约写了一篇有关超音段音位与听力教学的文章。我渐渐地萌发跟黄国文教授攻读功能语言学博士学位的念头大概是在 1998 年。当时我已经感到自己在研究上没有重心，且缺乏理论指导，水平上难以有什么突破。当我私下跟学院几位师长谈起读博士的想法时，得到了他们的鼓励。王宗炎和陈永培两位先生非常支持，认为黄国文教授学术水平高，是个难得的好导师。吴增生教授（原外国语学院院长、时任中山大学副校长）和李根洲教授也给予鼓励并向黄老师推荐我。我最终在 2000 年 9 月正式开始在黄国文教授指导下攻读功能语言学博士学位。

在职攻读博士期间，因我开始担任学院行政领导职务，与王宗炎先生接触机会更多。无论是代表学院还是陪同国内外同行去拜见先生，每次与王老的接触都令人愉悦，受惠不浅。我的博士论文研究的是英语习语的人际意义。论文根据系统功能语言学纯理功能的思想，利用真实的口语和书面语语料研究英语习语所表达的人际意义。在写作过程中，我也经常向王宗炎教授请教。2004 年，在博士论文的基础上，我出版了专著《英语习语与人际意义》。王先生看完后，还专门叫我去他家里讨论。我至今还能回想起他看到一些有趣的例子时哈哈大笑的神情。在我 2005 年申请晋升教授职位时，先生欣然为我写推荐信，为我能成功晋升起到关键作用。

王宗炎先生除对像我这样的年轻学者予以悉心关怀和指导外，他对整个学院的学科建设、科学研究、人才队伍的引进和培养等也一直十分关心和支持，为中大外语学科语言学方向的发展做出了巨大的贡献。王宗炎教授逝世后，他的家人把先生生前的藏书全部捐赠给外语学院，现保存在学院六楼王宗炎教授赠书纪念室。在庆祝中山大学外语学科 90 年之际，谨以此文，通过我个人对与王宗炎教授的一些交往的回忆，表达对先生深深的怀念和崇高的敬意。

参考文献

[1] 黄国文，张文浩．语言研究群言集——祝贺王宗炎先生从教 55 年 [M]．广州：中山大学出版社，1997.

[2] 王宗炎．语言问题探索 [M]．上海：上海外语教育出版社，1985.

难忘的大三写作课

1983级英语　梁志成

大学是我们学习知识的地方，同时我们也在这里逐步形成了价值观、思维方式乃至工作方法。

我上大学的四年（1983－1987年）正是我们国家经历思想大解放的时期。当时，西方众多思想家如康德、尼采、萨特的名字以及各种各样思潮对于那个时代的大学生可谓如雷贯耳。往事如烟，三十年后的今天这些思潮在我的脑海里早已尘封多时。然而，有一件看似不起眼的小事对我犹如发生在昨天，印象依然清晰。

在中大外语系（外语学院的前身）的四年里学习了多少门课我大概也记不清了，但是，在大三由王宾老师教的写作课我依然印象深刻。王老师在“文革”十年里有过在新疆生活和工作的经历。1982年从外语系研究生毕业后，他曾教过我们年级的精读课。王老师很能活跃课堂气氛，上课不拘一格。在大三的写作课里，王老师曾要求我们背诵现代作家的名篇，如英国哲学家和文学家罗素的“What I Have Lived For?”。文中“Three passions...have governed my life: the longing for love, the search for knowledge, and unbearable pity for the suffering of mankind.”的句子至今还时常萦绕在我的脑海，也一直以来对我有着莫大的启迪和鼓舞的作用。王老师教我们做写作提纲（outline）的方法，现在看来与我们在工作中作PPT的方法如出一辙。

但是，这门课给我留下最深刻印象的却是他布置的一次作业。王老师布置我们课堂上写一篇命题作文，题目我现在已记不清了。我在作文的开头模仿了Jane Austin在《傲慢与偏见》中的开篇名句：“It is a truth universally acknowledged, that…”，写完之后我还感觉特别有满足感。等作业批改后发下来时，我顿觉一阵子发懵：王老师给我打了50分。在评讲作业时，王老师说：“这次有同学不适当地模仿名著里的句子……What do you think you are? Are you Jane Austin? Use simple language. Don't use clichés. Be direct and straightforward.”我忽然有了一种顿悟：我们不过在写200－300字的小作文，套用名家鸿篇巨制中的句型实有东施效颦之嫌。况且，我们现在写的文字如果还在模仿几百年前名著的文体，犹如在一间简约风格装修的房间里放置了几件古典式的家具一样不协调。直接与迂回（in the roundabout way）也正是中西文化差异的一个重要方面。

在日后工作中，我时常记起王老师的教诲，写报告时尽量避免使用复杂的句型，开门见山，言之有物，尽可能使用具体的事例和数字说明问题。在处理问题时我也注意使管理回归简单，让复杂的事情简单化，简单的事情流程化和标准化。大三的写作课对我日后形成的思维模式和处事方法，我至今还感觉到它的影响。

叶浩秀*

1983级英语　叶双朋

题记：本文史实引自《南粤英烈传》第5辑，广东人民出版社出版。

叶浩秀（1903—1928），字翰如，梅江区梅宫前村人，小学毕业后，考进东山中学读书，因品学兼优，连任学生会会长。民国12年（1923年）毕业后被保送到广州高等师范学校英语部就读。在学期间，他努力攻读专业知识，追求革命真理，在广东新学生社创建人蓝裕业的帮助下，于次年先后加入新学生社、共青团，被选为广东高师新学生社负责人。1924年孙中山亲手创办了中山大学（原名国立广东大学）。是年2月4日，孙先生下了两道大元帅令。其一："着将国立高等师范、广东法科大学、广东农业专门学校合并改为国立广东大学"。其二："派邹鲁为国立广东大学筹备主任"。叶浩秀就成为中山大学英语系的第一批学生。他1925年参加中国共产党，任中共广东大学（后改名中山大学）支部委员，参与领导该校进步学生公开揭露戴季陶及其所支持的右派学生的丑恶行径，进一步壮大进步力量，党团员由70多人发展到200多人，成立中共广东大学总支部，并被选为书记。之后，调中共广东区委工作，任书记陈延年的秘书（前任中共广东区委负责人为周恩来）。

1927年初，叶浩秀调任中共广宁县委书记。工作期间，积极发展农会，组织农军，主办小学教师养成所，培养革命骨干。上海"四一二"反革命政变后，广州发生"四一五"反革命大屠杀，叶浩秀在广宁向党员传达广东区委指示，成立"非常委员会"，指挥广宁农军，配合北江各县工农军，准备进攻广州，后因形势急剧变化，计划未能实现，遵照上级指示，去香港汇报工作。10月25日，彭湃派叶浩秀扮成商人坐着"油挞桥"从梅县来到湖尾村荷树岗找到潘英。在叶浩秀主持下，于当天下午成立兴宁县第一个苏维埃政权——湖尾乡工农兵政府（即苏维埃政府）。苏维埃政府政府成立后，制定了有关政策和实施细节。11月任中共广东省委潮梅党务巡视员，到潮梅各县指导工作，恢复和整顿党的组织，建立工农武装。

1928年1月，改任中共东江地区特派员，主持东江特委工作。2月9日为配合南昌起义失败南下的红军并实施"潮梅暴动工作计划"，叶浩秀在汕头主持东江、潮梅地区县、区委书记联席会议时，因叛徒告密，被国民党政府军警包围，20名中共县、区负责人包括广东区委潮梅特委书记蓝裕业被捕后被杀害。叶浩秀则在与军警搏斗中抱着敌人跳楼壮烈牺牲，年仅25岁。

1949年叶剑英元帅率解放大军解放华南并主政广东时，亲自抚恤了叶浩秀家属，并把叶浩秀定为梅州八大烈士之一。

---

* 叶浩秀，中山大学英语系第一批学生，中山大学第一个党支部的创建者，中山大学第一任党支部书记。

英语演讲比赛轶事

1997级英语博士生　高文平

演讲与辩论是西方政制的基础，无论是竞选还是政府运作，个人还是群体，都离不开用语言，离不开口头表达，离不开公共场景。

作为外语训练的重要手段，显然，综合性院校的外语系与专业外语学院相比，在资源投放、教学重点、选材标准等方面，都会弱一些。毕竟，综合院校的传统优势在于书面表达，在于科研能力的培养。

也许，回顾过去近二十年中山大学英语系参与全国演讲与辩论赛的历史，会为我们以后的外语人才的全面培养提供一些启示。限于篇幅，这里只分享一下参加演讲比赛的轶事——

我1988年开始在中大外院英语系工作。据我所知，最早参加的全国范围的英语演讲比赛是《中国日报》、《21世纪英文报》发起组织的21世纪英语演讲比赛。当时参加的一开始只有24所重点院校的英语系。91级冯蔚同学第一次代表英语系参加，指导老师为肖洁文教授。记得冯蔚定的演讲题目为：摇滚精神。

冯蔚现在在广外工作，后来去了Arisona大学读了语言学博士回来。还记得冯蔚个子小小的，广州人吧，为了写演讲稿，独身一人冬季闯东北，说是要在白雪皑皑的北方原野体验摇滚精神。只可惜当年的英语演讲比赛，看重的是语音、语言质量，内容不是评分的重点。肖老师回来自豪地说，各院校带队老师好像“跟班”，吃饭时都是老师挤在前面帮选手打饭。而冯蔚却独自一人报到、入住，无论日常生活、比赛准备，都是自己“搞定”，还时时照顾老师。不记得冯蔚的比赛成绩，但就凭独立生活能力这一点，中大英语系的学生就值得称赞！

我第一次单独带队赴北京参加比赛时，选手来自94级，是A班的班长，来自贵阳的李钧。据说李钧毕业之后就去了美国，读的是新闻，应该是留在了美国发展。记得比赛上场时我脱下皮鞋给他穿，解下自己的领带亲自帮他系上。比赛时是冬天，印象很悲怆，因为李钧到北方水土不服，太干燥，常流鼻血。演讲的题目是如何用英语搭建一座跨文化之桥。李钧的演讲侧重如何克服地域偏见，和睦相处。李钧的英文很好，《21世纪英文报》聂主编很欣赏他，说这小孩英文不错，也有思想，欢迎毕业来我们报社工作。比赛结果是未能入前10名。我只记得演讲后我去找评委主席，我的老师北京外国语大学的钱青教授，询问我们学生的不足之处。钱老师说：他讲的是克服偏见，我看他本人似乎对北方人就存有偏见。李钧是贵州人，但头型、面相很像地道的广东人，他讲第一句话时叉着手，模仿带偏见的南方人，说：The Northerners don't take shower every day, do they？钱老师是上海人，但在北方呆了几十年，尽管李钧演讲中的本意是在批评偏见，但钱老师很不爱听这句话。她说：什么呀，干嘛说北方人每天不洗澡，我看他本人就带偏见。看来，我们的学生入戏太深了。

还是肖洁文老师、朱珊老师是福将，带队成绩都不错。96级来自南京的王岚同学终于为中大拿了个亚军，还是21世纪杯。林泽铨老师得意地说：还是我的功劳吧！林老师当时负责在全国的几家外语学校免试招生。后来我第一次负责去南京外国语学校招生，招进来的是2000级的田静、诸立恒。他们承担了不少压力。记得田静在网上说过：为什么南外来的一定要负责拿演讲比赛奖呢？当年负责推荐学生的班主任跟我说，这位同学很优秀，身材高挑，形象好，你们如果不收的话，广外会全部收走的，你们广东来的老师不是特别看重“靓女”帮你们去拿奖吗？当时心想，我就证明一次给你们看，偏偏不选这位同学。我想证明给南外看，中大选才是看重学生的内在精神和知识能力。不过，林老师经验丰富，姜还是老的辣！回想几届带队参赛，拿奖的还是要“主流”些，来自外语学校的同学占优。至少评委老师的组成以北方（北京）高校为主。现任英语国际联合会副主席艾博雅女士（Lady Appleyard）说过：演讲最重要的一点是它的公共性，所以演讲者要look nice。来自南外的王岚的英文不一定是同学中最好的，但她笑嘻嘻的，看起来很甜。肖洁文老师是她的带队老师。为了更好地培训她，肖老师把她带回家里住，每天读肖老师自己订的*China Daily*，满屋都是，随手抄来就是一篇训练文章。不过私下里，肖老师跟我说，80后的学生被人呵护惯了，和冯蔚她们70后还是不同，王岚起床后去上课，被子都不叠好。

肖老师拿回来的经验是：选人要“主流”，看起来有人缘！

王岚毕业后在新东方工作一段时间，后去了加拿大。加拿大就业困难，她重操本行，帮助新东方在加拿大也办了家新东方。几年后回国，说是想在国内发展，要去做上海市场。事实上，从98级柳晔加入新东方管理层后，很多中大外语系的本科生、研究生都投奔新东方，多数是演讲、辩论或口译大赛获胜选手，这是后话。

不过也不完全如此。97级陈依依（Alphae）也参加了比赛拿到了二等奖，成绩不错。比赛地点在广东，好像是在白天鹅宾馆。选学生时，我们本来想按林老师和肖老师的经验，但外教Bonnie不同意，她坚持选陈依依，说她英文好，思维敏锐，有个性，为什么不选择她呢？我们提出了以往的成功经验，外型的重要性云云，Bonnie说，Alphae很漂亮啊！陈依依是地道的广州人，气质、相貌很国际化，难怪Bonnie很喜欢。她实习时去了广东省外事办，回来后对我说：我不想做外事工作，跟在领导身后，不喜欢那种感觉。陈依依后来在公关行业做得风生水起，几年后在英资奥美公关公司做到了Consultant的位置。又过了几年，她告诉我，做乙方太辛苦，我要做回甲方（client方）。她跳槽去了花旗银行（City Bank），做公关总监，负责与广发银行合作信用卡的业务。现在的Alphae是一家外资银行的副行长了吧？

陈依依留下的经验似乎是：中大学生不能只靠嘴皮子，还要靠自己的脑子吃饭！

还想讲回“本地姜”的故事。记得是94级的曾珺（她的父亲曾均贤是中大外语系63级英语本科生），也是广州生源，相貌与思想俱佳。97香港回归时，举办了中港英语演讲比赛，中大很重视，选派了曾珺和哲学系的研究生汤爱军（中国公安大学英语系本科毕业）参加，先是参加省内选拔赛。讲稿是请黄国文和王宾两位老师写的（按比赛规则讲稿谁写都可以）。记得黄老师写的题目是《过去、现在和将来》，分别用三种不同时态象征中国的现代、当代和未来的历史进程，很有新意。曾珺演讲起来很有气势。王宾老师则从海德格尔语言哲学理论高度，大讲语言是人类的家，血浓于水。当汤爱军讲起“Man does not speak language; language speaks man. And blood is thicker than water”，铿锵有力，全场鸦雀无声。汤爱军讲完后还接受了现场记者的采访，似乎已经是稳操胜券了。为了这次演讲，我们进行了半个月的封闭训练，在紫荆园宾馆租了两个房间。我还拿着刚从美国带回来的数码摄像机，每次训练都全程拍摄，然后总结。可能中大“over-performed”，评委又没有中大老师。结果曾珺与汤爱军都没拿到冠军，好像是广外和华工选手拿到进京决赛的资格。

这次参赛的教训是：在广东省内比赛，要低调，不要太张扬！

有趣的是，两年后，系里面试一位新毕业的华工研究生，名字叫王鹏，她竟然是当年那场比赛获得晋级的选手之一。后来，她成为我们的同事。王鹏在中大拿了语言学博士，带队参加了多年全国、省内演讲、辩论赛。后来，王鹏老师还是喜欢口译，在美国蒙特雷又读了口译硕士，现在去美国 Maryland 大学教口译去了。

演讲比赛还在继续着，组织单位为扩大影响，参赛选手越来越重视来自非英语专业，参赛学校也从原来的 24 所不断增加，后来只能分大区举行预选赛，再进京决赛。中大英语系作为综合性大学下属学院内的一个系，没有能力去整合全校资源，逐渐地，这项比赛的组织权先是交给团委，再交给大学外语教学中心。离开了英语系，比赛的结果，我们也不太关注了。英语系同学更多的是以个人身份去参与，而且随着英语的普及，英语专业也需要接受新的挑战，更加贴近专业的研究领域。不过，还是希望英语系的同学们不要放弃语言学生的基本技能训练，大胆地走向公共领域，通过用英语去演讲、去辩论，来不断提高自己的思维和表达能力，成为专业领域、涉外领域的主力军。

忘不了的山杜鹃

1997 级日语本科生、2001 级日语硕士生　黄涵梓

都说人生最美少年时，都说少年最无邪，最天真烂漫，充满美丽憧憬。但在我的记忆中，我的少年却没有应有的烂漫，有的只是一本本厚厚的教科书中那些干巴巴的教条与无趣的公式，和那沉甸甸的书包，就连做梦也离不开这个像是心魔的怪物。那时候，每天上学和放学路上，我大部分时间都会低着头看自己的脚尖，生怕它在快速行走时踩到可怜的小虫虫。偶尔也会仰望蓝天，像只寻找自由的小鸟。这个不断的轮回伴随我从少年到高中时代。这些无趣而干涩的往事，似乎就是我对于青少年的所有记忆了。

1997 年暑假，我终于结束了牢笼般的高考学习生活，顺利进了大学校园。紧张而困倦的精神像只被囚禁了多年的鸽子得到释放，闪电般冲向浩瀚蓝天的那一瞬间，自由奔放，无拘无束。大学校园生活让自己有一种生命充满无限生机、无限可能的狂喜。这种感知是否真实，对那曾经没有快乐、呆滞的少年时光的回忆是否渐远，在我现在的脑海中已经模糊不清。但有一种感知，是真实的，清晰的，那就是大学生活启蒙了我求知的快乐。因为这种快乐一直伴随着我，直到现在，也将使我受益终身。我深深感激大学里教我如何“思想”、如何思考的每一位老师。

我读书的大学，历史悠久，校园美丽，古木参天。在茂密的树林下，阳光和蓝天都被遮挡在外。我们大部分时候是在树荫的庇护下生活。由于阳光不足，校园里难得看到花卉，青绿色一直是校园四季的主色调。但那一年的春天，校园的青绿色中出现了花的颜色。我记得那是我进校第二年的春天。一次我不知何故，没有像往常那样从图书馆的正面入馆，而是从大钟楼前面的阶梯走到图书馆后侧一个开阳的小土丘上。那里的情景让我惊喜。因为跃入眼帘的，是一大片校园中不常见的色彩斑斓的艳丽的花海，花朵硕大，紫红白色相间，花成五角状，枝干刚劲有力。花挂满树，微微泛香，怒放的姿态像是一个动人的少女，催人采摘。她惹人，招人，却不娇媚，倒有几分阳刚之气。黑森森的树木衬托了花海的灿烂，这才让我知道时值春天。我拾起一片落花，匆匆走进了图书馆。

这怒放的花是山杜鹃，在四川云南一带满山遍野。春天花期长，属于乔灌木科，有英雄花的美称。虽然不清楚我们校园里的山杜鹃与英雄是否有关，但它一派正气，充满活力，让我感悟到生命无限好，感悟到自然无华才是最美丽的。如果说女性的悲情多源于花开花落的感伤，那我更愿意接受落花“化作春泥更护花”的伦理关系。因为它朴实无华，却有大爱。我认为生命的价值在于此，生命的美丽也在于此。

大学生活，从无知到有识，老师们呕心沥血的培养之恩让学子们刻骨铭心，感恩之情无以言表。老师们的这种情怀，恰如那片烂漫的山杜鹃。人类文明之所以得以持续有

效向前发展，因为存在“老师”和“学生”。育人者给予启蒙和开导，学者加以继承和创新，这是大学的因果伦理关系。作为学生，完成学者的使命比起嘴上的感恩更为正面。

忘不了中山大学图书馆旁边小土丘上的山杜鹃，忘不了那一次观花时的感悟。

纪念王宗炎先生

1999 级博士生　丁建新

我相信心灵的感应。当我辍笔几年，今天突然想写点文字来纪念先生的时候，掐指一算，竟然不多不少，刚好三年！三年之前的今天，2011 年 6 月 22 日，先生离我们而去。而对于我们个人，他是不辞而别的。记得年前，我和我的导师黄国文教授曾经去珠江边的孙逸仙纪念医院看望过他。当时先生由于骨伤住院，思路清晰，还能叫得出我的名字，满以为出院以后就能万事大吉，逃得过上帝的钦点。然而，生老病死，谁都没办法逃脱自然的规律。只是从这次看望，到他走之前的情形，我是一概不知的，也粗心得没有能再次回头去看他。一朝永别，竟成永恨！

我与先生的交往，还是由于我的导师黄国文教授的推荐。当年我初到中山大学求学，每年的春节老师都会带我们同门的兄弟姐妹去先生家坐坐。据老师介绍，是王先生的鼎力相助，当年他才能顺利办好离开广外的所有手续！在此之前，我们读过许多先生的晚年著述，而这些东西，在向国内引进外国语言学的工作还刚刚起步的时候，起了许多启蒙的作用。

毕业以后，我留校工作。每逢过年，或者教师节，我还是保留了去先生家坐坐的习惯。每次都预约，每次都小心谨慎地与他交谈，每次都能受到他家人（儿子、儿媳）的热情接待，每次都能看到我送给他的书整齐地放在他身后的桌上，每次都依依告别，而每次他等我出门之后，他都要蹒跚地走到门边，再次确认门是否已经关好！一次又一次，一年又一年。我从来没有感觉到他的思路不清楚、口齿不清晰、衣着不整洁、思想不活跃。他有的时候还同我讲，他还在看哲学书，还在给广外那边的教授写推荐，还在家里用跑步机锻炼身体。这些，就是一个将近百岁的老人的晚年生活。我来中大的头几年，偶尔还能见到先生来外院楼下拿信，后来就很少来，据说是有的时候会迷路。（其实中大的路确实很不好走，我也经常迷路！）有一次，我对他说，北门的路通了，还建了广场，要不要带他去看看。他说，不去了，走不动了……

大学是一个传奇，先生也是个传奇。在和我的交谈中，我得知先生没有读过小学，读的是私塾，却能考上大学；没有出过国，英文却很好；做过公务员、报馆编辑、海关人员、中学教员，直至大学教授；不是党员，给校长做过秘书；下放农场工作，我问他是做什么工作，他说是伐木；迁到白云山下办大学，最后还是回到康乐园；原来家住马岗顶，后来由于多次遭到白蚁袭击，被迫搬家到西区。每次都谈这些，每年都谈这些，我也每次都安静地听着。先生的一生，是那一代知识份子的缩影，是国家命运的缩影。求知、求真、以诚、以逊；立言、立功、立德；两袖清风，一身正气！

先生走了，我也失去一个忘年交。然而，三年期间，思念时时来袭。音容笑貌，从来没有离开过我的身边。今年，我在南方学院设立“王宗炎先生纪念论坛”，邀四方学者，承先生学术传统，传外国思想之精华，也算是对先生的一种缅怀。

在先生逝世三周年之际，恰逢中山大学90华诞。学院邀请我们写些纪念的文字。我翻开很早以前关于先生一生三本主要论文集的一篇书评。记得当年是受我的导师黄国文教授之命写的，后来和我的师姐、暨南大学李国庆教授合署发表在一个不知名的学报上（见李国庆、丁建新，《广东商学院学报》2002年第4期）。如今附上，聊以表达对先生的回忆：思念依然无尽……

2004年元旦作者和王宗炎先生在一起

一、关于《语言问题探索》

此书收入了王宗炎先生论文22篇，多数是1977—1984年发表的。文章内容可分为4类：（1）谈语言理论；（2）谈汉语和汉语语法教学；（3）谈英语和英语教学；（4）谈翻译工作。

语言理论方面的论文有：《三十年来美国语言学界的一些探索和争论》、《英美语言学者对美国结构主义的批评》、《N. R. Cattell评Z. Harris的句法分析法》、《论N. Chomsky的转换语法》、《W. Haas论1930—1980年的语言学》、《评F. Palmer〈语法〉》、《伦敦学派奠基人J. R. Firth的语言理论》、《对比分析和语言教学》。王先生的文章不仅向我们展示了R. H. Robins、M. A. K. Halliday、K. V. Teeter、G. M. Messing、N. R. Cattell、J. Lyons、W. Haas、F. Palmer、G. Leech、G. K ress、J. C. Catford、D. Bolinger、P. Sah、B. Spolsky等名家对这些语言学派的批评，而且还不时穿插了王先生自己的读书心得。对于Chomsky，王先生除了肯定他相对于Bloomfield的突破以外，还指出："他那些转换规则是不符合说英语的人的真实心理过程的；他对'表层结构'的判断和分析是不准确、不可靠的；他对语言的'深层'的理解是狭隘的、片面的；他那些句法公式只不过给传统语法的一部分规则穿上数学外衣；他没有认识意义是语法的基础，语法反过来对意义起作用。"对于伦敦学派奠基人J. R. Firth，王先生的评价公允、中肯："Firth是英国语言学的拓荒者，是'筚路蓝缕，以启山林'的英雄。有卓见，也有偏见；树立了一个理论框架，可是不周密，不完备；吸收 Malinowski 和 Saussure 的理论，并且加以改造；潜心研究语言的意义，可是没有很好地解决语义问题；特别关心社会环境和语言的关系，可是讲得很笼统；探索到语言里边的许多奥秘，可是偏偏不善于运用语言……”至于对比分析，王先生认为不应该局限于多年以来占统治地位的句本位主义，以句子为限的东西（词汇、语音、句法）自然可以对比，比句子大的东西（句群、语段）可以对比，句子以外的东西（语言环境）也可以对比。读完这几篇文章，我们可以对 Saussure 之后欧美语言学的发展（1930 年代至 1950 年代美国的结构主义、英国的弗斯语言学，1950 年代以后的转换生成语法、1940—1960 年代盛行的对比分析）有全景式的了解。

汉语和汉语语法教学部分包含《简评 Paul Van Buren 的汉英对比法》、《评 M. A. K. Halliday〈现代汉语语法范畴〉》、《〈《暂拟汉语教学语法系统》简述〉质疑》、《词典之于我》、《读吕叔湘〈语文常谈〉》等 5 篇论文。爱丁堡大学的 P. V. Buren 在进行语言对比时，所采用的是 Chomsky 的转换语法；《现代汉语语法范畴》是 M. A. K. Halliday 的早期著作，书中 Halliday 构建了一套汉语语法范畴。王先生对二者的方法和结论提出了异议。可是批评的目的远不止如此，王先生希望借此来探讨语言对比和研究的一些方法论问题。《暂拟汉语教学语法系统》（以下简称《系统》）是 1950 年代我国许多学者共同努力的产物，在中学语文课里长期使用，为了介绍《系统》，吕冀平写了一篇《简述》。王先生在他的文章中提出了许多异议和应该补充的东西，作为修订《系统》的意见。在《词典之于我》一文中，王先生作为从事教学、写作和翻译的学者总结了词典对于他的作用：我不能不用词典，几乎犹如不能不喝水，不吸进空气。可是喝水我总要先尝尝看味道如何，吸进空气我总要先闻闻看是否清洁。孟老夫子说得好：“尽信书，不如无书。”对于词典，同样要有批评的眼光。对于吕叔湘《语文常谈》，王先生认为该书“明白晓畅”，“需要长期的酝酿、深人的发掘和艰苦的锤炼工夫”，可是对于汉语拼音化问题。他却多有保留意见。

谈英语和英语教学部分论及现代英语的特征、发展（《现代英语管窥》）和传统语法、结构主义语法、转换语法之于英语教学的实用性（《语法学说和英语教学》），还包括《语言教学中的语言学》（D. A. Wilkins）、《应用语言学论文集》（ed. by J. P. B. Allen & S. P. Corder）、《语言教学和语言学发展概况》（ed. by V. Kinsella）三本书的书评。

论及翻译部分，王先生称赞吕叔湘译《伊坦·弗洛美》如“行云流水般的舒卷自如”，“能曲达原著的意境和丰神，而又自然流畅，字字熨帖”。王先生还专文介绍了赵元任的《译文忠实性面面观》一文，撮其大要，以清眉目。除此而外，又另文介绍了赵元任的《论汉英、英汉词典编纂法问题》一文，并提出自己的看法。最后介绍了 Peter Newmark 的翻译理论。

全书涉及问题广泛，讨论问题深刻，参考文献全面。或介绍语言学流派，或评点语言学界的重要人物，或专题讨论热点问题，或抒写读书心得。Harris、Chomsky、Firth、Halliday、Newmark 等无一不在王先生的视野当中。现在看来，王先生为我国语言学界做了许多开荒破土的工作。当然，更重要的是，读完全书，你还会为王先生那种“不唯上，不唯书，只唯实”的治学精神所折服。

二、关于《汉英语文研究纵横谈》

该书共收进王宗炎先生论文30篇，内容上分三类：语言学研究、汉语语言学研究、英语语言学研究。

语言学部分共11篇论文，其中书评7篇，百科全书词条一个，会议侧记一个，词典前言一篇，另外一篇讨论“语法天生说”。7篇书评分别评论了K. Brown的《今天的语言学》、J. Newmeyer的《语言学的政治》、M. Coulthard的《话语分析导论》、J. Richards等的《朗曼应用语言学词典》、桂诗春的《应用语言学》、陈原的《社会语言学》。对于K. Brown的《今天的语言学》，王先生评论道：它是一本专门讨论当代语言学界有争议的问题的书。它不如《语言学的流派》（G. Sampson，1980）那么明白畅快，可也不那么感情用事。它不如《美国的语言学理论》（J. Newmeyer，1980）那么考证细密。可也不那么术语连篇，只有内行人才能看得懂。对于J. Newmeyer的《语言学的政治》，王先生称它是“Chomsky派的辩诉状”，“使人看到Chomsky派确有被误会被曲解或被任意诋毁之处”。读Coulthard的书，王先生想知道的是：（1）为什么要搞话语分析？（2）话语分析应该怎么搞法？（3）这种方法在语言教学上如何应用？他称Coulthard是研究会话的“锐意垦荒者”，称桂诗春老师是“语言学界的一艘破冰船”，称陈原的《社会语言学》“打破常规，放笔直书，无格格不吐之病”。“语言学（Linguistics）”是王先生为《中国大百科全书》语言文字卷（1988）写的词条，既有回顾，又有展望，提纲挈领，字斟句酌。《中国首届语用学研讨会侧记》不仅报道了1989年这一在广州召开、有国际语用学会秘书长Jef Verschueren专程参加的“不寻常集会”，而且还讨论了“上下文是语境吗？”“怎么分析复杂的言语行为？”“风格问题是否属语用学问题？”“什么是语用含糊？”等等诸多问题汉语语言学部分，王先生历来强调利用外国的语言理论，为汉语研究开辟新路子，对于这一点，他总是身体力行，不遗余力。他是外语界的学者，可是对于汉语语言学界的成果，却总是那么关心。他读吕叔湘的《语文常谈》、《汉语语法分析问题》，并写出书评《读吕叔湘的〈语文常谈〉》，或加以发展（《关于语素、词和短语》）；他关心《人民日报》关于语言和逻辑的讨论，并亲自加入这场讨论（《谈谈语言和逻辑》）；他读陈建明的《语言文化社会新探》，并为“文化语言学”这门新的学科摇旗呐喊（《一门新学科的诞生》）；他读《俞敏语言学论文集》，并写出富于思考的感想；他读胡明扬的语言学论著，并受其启发，讨论北京话、普通话、流水句、形式与意义的关系等许多问题（《从实地调查到理论探索》）；他读贾彦德的《语义学引论》，并考察语义、语法、语用和文化背景的关系；他关注年轻学者陈平的成果，并称赞他的“气魄和胆量”（《现代西方语言学的述评和使用》）。

英语语言学研究部分论及英汉语用学的比较、动词时态的呼应和呼而不应、人称代词he/she的预指等问题；也评点了W. H. Mittins的《对英语习惯的不同态度》、张道真的《实用英语语法》、徐有志的Moderm English Stylistics等著作。最后一篇文章则是为纪念许国璋先生而作，文章忆往事，念友情，惋惜和哀痛之情溢于言表。

三、关于《语言学和语言的应用》

本书是王宗炎先生继《回春楼谈英语》、《语言问题探索》、《汉英语言研究纵横谈》之后的第四本论文集。收集了王先生论文、序言、回忆录共32篇。主要涉及语言教学、翻译和辞书三个方面的问题，外加附录部分。

关于语言教学，王先生自己说：我可以说是个折衷主义者；我不赞成专讲语言结构，也不赞成偏重语言功能；我认为语法—翻译法有其缺陷，然而也有一定的效用；我同意教语言同时要讲文化，但是我还弄不清讲文化要讲哪些项目，以什么为重点，用什么方法来讲。王先生在书中讨论了语言学对于英语老师的作用、中国的语言教学、汉语干扰、语法—翻译教学法、跨文化交际学等有关语言教学的问题。

关于翻译，王先生认为，说来说去还离不开 Eugene Nida 的那句话：Translation means translating meaning)。这本书中既有王先生翻译 William Manchester《光荣与梦想》(The Glory and the Dream) 的经验之谈（《求知录》)，又有翻译理论的探讨（《辨义为翻译之本》和 Linguistics and Translation)，还有翻译评论（《评齐沛合译〈基辛格〉》)。关于辞书问题，王先生说，由于某些历史原因，国内有些辞书编得实在叫人失望（参看《专科辞书抽样检查》)；他常用六种辞书，还将他们各自的特色作了比较（《六种英美词典小评比》)，国内的词典，他欣赏两部：上海译文社的《英汉大词典》，外研社的《汉英词典》。他还发表了有关这两本词典修订版的意见。

分散在这三部分当中的，是王先生为国内学者的各种教材和专著写的序言。它们有：朱道敏《新编大学口译教程》序、《启发性研究生英语教材》序，李筱菊《语言测试科学与艺术》序，何广铿《英语教学法基础》序，连淑能《英汉对比研究》序，杨自俭编《翻译新论》序，郭杰克《当代英语搭配词典》序，秦秀白《现代英语习语大词典》序，共八种。提携后学，王先生一贯的态度是：不遗余力。

想了解王先生的幽默吗？你只需浏览一下一些文章的标题或小标题："到门市部走走何妨"，"照照美国镜子，好吗？"，"克林顿总统要问道于老子吗？"，"我走过的弯路"，"六个教师和一个用低调子说话的人"等等，不一而足。

四、结语

读王先生的文章，你所感受到的是一种质朴，智慧。他谈的是一些严肃的话题，用的却是一种轻松、隽永、独一无二的学术话语。读他的文章，象寒夜清灯的窗前，一位长者、智者，与你促膝谈心，娓娓道来，让你流连忘返。

参考文献

[1] 王宗炎. 语言问题探索 [M]. 上海：上海外语教育出版社，1985.
[2] 王宗炎. 汉英语文研究纵横谈 [M]. 北京：北京大学出版社，1997.
[3] 王宗炎. 语言学和语言的应用 [M]. 上海：上海外语教育出版社，1998.

鸡蛋花与龙舟雨
——忆敬爱的老师们

2002级德语　张晓露

作为大学教师，我已经工作了整整五个年头。我常和我的学生提起我的大学，我的老师们。有一天有个学生问我："老师，中大真的那么好吗？是不是因为你最美好的青春在中山大学外国语学院度过了，所以母校和你的老师们在记忆中才这样地美好？"我说："不，是因为母校这样的美好，是因为我的老师们，我才有我最美好的青春。"

从2002年入学读本科到2009年研究生毕业，老师们看着19岁的我从一个少女长成了一名人民教师。治学、教学、为人，从他们那里总是有学不完的东西。回忆起老师们来，总是有说不完的故事。

细长眼睛的曾老师

曾老师是一个非常认真的潮汕男人。班上有一个特别时髦的女同学，发型穿着总是变着样子。有一天听见曾老师大吃一惊的声音：张同学你怎么了？眼睛怎么变成紫色了?！她解释说是带了变色瞳片，曾老师松了口气说：没事就好。还是这位张同学，头几天披着大长发，没过几天变成清汤挂面学生头，又过几天发型是染成银色的极短发。对当时临近退休的曾老师每天都构成审美刺激后，她披着大直发又出现了。大家都看到曾老师那天明显惊呆了。由长变短好解释，怎么从板寸头又成了大长发?！原来她是戴着不同的假发出现，曾老师幽默地笑着说，这倒方便，不用总为发型操心。

就我记忆所及，曾老师从没有批评过哪位同学。我们当时在寂寥的珠海校区读大一大二，刚接触到德语学习，过剩的荷尔蒙加上全新的生活和学习环境，那会儿的我们必然是一群让人头痛的大孩子。就像他饶有趣味地接受并欣赏了张同学的各种"时髦"一样，对待学习上的各种问题，他也总是先理解后鼓励，用各种方式鼓励我们在枯燥的语法课上活泼一些，比如让我们看德国风光明信片，向我们赠送原文字典等。

他笑起来眼睛更加细长，眼角的纹路也总透着幽默和智慧。毕业好几年后，我们去拜访已退休的曾老师，我说："曾老师，您一定不记得我啦！"他又是那样一笑："你是来自福建的张同学，你以前是搞杂志社的嘛。"在场的同学都惊呆了。于是我们给他做了好多测试，每个同学的很多细节他都记得。大家惊呼："您怎么都知道啊？"他又幽默地笑着说："我在学校里可是有小广播和视频眼线的！"笑里竟透着一丝顽皮。

很美的王老师

王老师是一位在课堂上课堂外都能渗透美和知识的教师。

有一天，有个同学在教室里放德国国歌官方版本，恢弘的管弦乐加上浑厚的大合唱，可大家都嫌不好听。王老师说：海顿的乐曲，怎么会不好听呢？德国国歌很好听的。她接着清唱了一小节：Einigkeit und Recht und Freiheit，für das deutsche Vaterland…她的这个国歌版本是我所听到过的最动听的德国国歌。

到了夏天每天都有一场暴雨，必定是在下午的文学课前。鸡蛋花落了一地，我总是不忍，拾起几朵，有时与同学一起别在头发里。王老师见了就说：“这样太美了，昂山素季总是别着这种花儿。”于是我们就会送她一朵，她特别喜欢。

读到大三，语言学习的挫折日益增大，课堂上似乎陷入了某种对德语的普遍沉默。王老师在文学课上讲Eichendorf的一首诗，她慢慢地念着，陶醉地说：“你们看，这个词、这个句子多么的美妙！德语多美啊！”讲台下报以毫无体会的茫然表情。她笑着说：“你们该放松一点，从语法的纠错当中走出来，慢慢去体会语言的美妙之处。”当时的我，确实是体会不到德语的美，但她的神情、语气是那样地有说服力，于是我也期待有一天能领会到语言的美。

学院组织教工们跳古典舞，她在办公室里给我演示：“古典舞简单，你看，古典舞是讲究对称和追求完满的，你一手从这出去，这一边肯定得退回来，这样一来一回这个动作就很完满。”到现在我仍能清晰地回想起她看手的那个眼神，脚上的那个动作，是那样的美。她说：你看，把这些动作概括起来，找出规律，就不那么难了，而且能从中体会到它的美和乐趣。

考上本系研究生后，我报名参加团中央的“西部计划”支教团。当时身边反对的意见很多，一位师姐非常诚挚地跟我说：“这当然是件好事，但语言学习的中断不可避免会影响你在专业方面的深造。”和王老师谈这件事时，她月牙般的眼睛一下子闪亮起来：“那太好了呀！年轻的时候有这样的经历真是再好不过了！”她和我深入地谈了好久，谈理想与学业，谈舍与得。在支教的那一年里，王老师与我常常通电话，几乎不会发短信的她也学着常给我发短信。那年的中秋节，她给我邮寄了几盒“美心”月饼。我和学生们痛痛快快地过了次奢侈的中秋节。她将家里的童书和童衣都收拾好寄给我，请我发给孩子们，还交代我说，要暗地里赠送，以保护孩子们的自尊心。

在我的小世界里，她就是最美的老师。

超有爱的彭老师

彭老师是很爱自己的学生，很“护短”的老师。她总是能从各种不同的角度欣赏自己的学生。

我们有个师弟，上课总是打瞌睡，课堂表现一般。和彭老师谈到他的时候，彭老师说：“他很有想法，或许上课不积极，但他对自己的理想很坚持，我欣赏这种对自我有清晰认知的人。”几年后，我们在报纸上看到这位师弟在非洲编撰了第一部当地语言的中译词典，深感彭老师没有拿一般的眼光去看待这位师弟真是太有先见之明。

一次寒假后开学回校，我见她黑了不少，就问她：“彭老师这是上哪儿度假啦？”她特别高兴：“哎呀还是我的学生有眼力劲儿，别人都说我气色不好呢！这几年德语没白学啊，德国人喜欢度假变黑，你是学进去了！”

五月的时候广州总是下雨，我们常会抱怨阴雨烦人，她笑眯眯地说：“这是在下龙舟水，为划龙舟做准备呢。”打那以后，我就再也不抱怨那时候的雨了，彭老师的解读真的让人充满了期待。

读了研究生后，被告知称呼“X 老师”非常地不学术，而应该代之以“X 博士”或“X 教授”。我们几个想了想，跑去问彭老师是否以后要不一样地称呼她。她抬手捂着嘴笑了，说：“要是在德国，可得把头衔都叫完，将学位和职称都得叫上，如果对方有双博士学位，就得称呼 Professor Doktor Doktor X，还没叫完对方应该已经走远了吧！但是无论有什么样的学位和职称，本身不就是教师吗？你们还是像以前一样地叫我吧！”

读研的时候在彭老师的课上学习翻译理论。那时的我们看得一知半解地便在课上大抒见解，现在想起来还觉得不好意思，很多想法非常幼稚，看了一点皮毛便觉得自己观点独特。但彭老师总是认真地听，沉思后一般会给予肯定，然后再相应地提出问题，让我们接着讨论，从没有说过“这是没看懂”这样的话。在她的课上，我们总是觉得自己的观点或角度并不肤浅，Seminar 这样的讨论课总是上得意犹未尽。

学院很重视我的支教经历，因此研究生入学典礼上让我作为新生代表发言。会后彭老师眉飞色舞地说：“看！这就是我们德语的学生，有想法，与众不同！哎呀，我们德语系今天太‘威水’了，我坐在下面真是太骄傲了！”本来我并不觉得有什么特别之处，只不过和大家分享了一些心得，但看彭老师这样快乐的样子，自己也稍微地得意起来了：彭老师把我看作德语系之光呢！

彭老师将自己和学生看成平等的个体，欣赏学生不同的方面。她会和我们讨论饰品、美食，介绍我们认识 Bauhaus 家具，谈论家庭观念等等。通过她看待学生的方式，我似乎也学会了如何更平和更全面地去看待别人。

我们敦厚的程老师，认真的林老师，很酷的凌老师，风趣的冯老师等等，还有学院各位行政老师，在我的中大求学期间，包容了我许许多多幼稚的错误和言论，总是微笑着在各方面帮助我，每每想起他们，内心都充满了感激。限于篇幅，在记忆中挑拣出来写在这里的只是几位老师的几件小事。还有一些，我藏在记忆深处，常常回想，根本舍不得写出来分享，比如王老师轻轻叹一口气我能怕几年，修辞学让我们失眠了半年这样的事情我肯定是不会写出来的。还有一些是老师们和我的秘密，老师们的善言善行，基于老师们低调的为人，我们之间说好了不写出来的。

在中大的六年里，老师们用自己的言行一点一滴地教授了美的感受力，幽默的生活观，宽容开放的人格，严谨的治学和宽厚的为人。老师们的人格魅力融入了学科知识，我在中山大学外国语学院德语系的成长因此变得完整、健康。我时常鞭策自己要像我的几位老师一样温暖、磊落地为人为师，他们的言行过去、现在和将来都使我成为更美好的人。虽然在日常的生活和工作中，常常为自己及不上各位老师的一分一毫而感到失落或受挫，但我想他们几位一定是笑着说：你已经做得很好了，你会更加好的。

这样一想，因为有了亲爱的老师们，就有了继续前行的勇气。

她
——一个不忘本的中国人

2009级翻译学院英语（商务英语）　冉　聃

大学是一座象牙塔，而谈起进入中山大学，这座以国父孙中山的名字命名的高等学府，那更是每一个学子无上的光荣，让无数的高考考生心驰神往。再加上它坐落在广州这座城市，这座好似有着魔力一般吸引着众多有识之士背井离乡，并且创造了无数的致富传奇的美丽都市，中大也因此被学生们亲切地称为“魔法学院”，平添了几分神秘的色彩。但到我挎上行囊踏入中山大学珠海校区的那一刻，心中却如打翻的调味瓶，五味杂陈。

提起进入中山大学翻译学院，大多数学生总免不了抱怨，数落着“调剂”带来的不快，我们经常需要不断地解释，才能消除他人对珠海校区“二级学院”的定位。但我却不然，我是主动选择了翻译学院。我时常做着一个梦，幻想着我操着标准的伦敦音跟外国人亲切地交谈，话语间、眉目间透出一股贵族的气息，俨然一个高贵的盎格鲁—撒克逊人。另外，在我的梦里，我还会因为杰出的语言交际能力而被指派出国留学，代表中国将中华文明发扬到全世界。不得不承认，由于国际社会对中国人普遍很低的评价，我实在提不起多少民族优越感，甚至哪怕是自豪感。因此在梦的最后我也逐渐变成了一个外国人——高鼻梁、深眼窝、蓝眼睛、金头发的民族的一员。

如果说我的梦想是杨贵妃，那么我的现实则遗憾地长成了“皮包骨”。每当面对书架上一沓英语资料和书籍，脑海里就浮现出纳兰性德和他耳熟能详的那句话——“人生若只如初见”。总而言之，我与学习终是路人。大学唯一让我感到欣喜的是，我认识了一群朋友，一群同进退、共甘苦的莫逆之交。我们一起走过了大学岁月，经历了点点滴滴，有笑有泪、有你有我。他们带给了我不一样的大学生活，但真正深深刻入我内心深处的，却是她。

她中等身材，看起来三十出头，嘴唇偏厚，一头并不柔顺的长发。脸上有细微的褐色的斑，和我妈妈很像，所以我对她有一种莫名的亲切感。走起路来从不拖泥带水，干净而利落，有着干练的知识女性的强大气场。我印象中的她几乎不穿高跟鞋，总是普普通通的一双平底鞋，走起路来风风火火、雷厉风行。她的美音很标准，我非常喜欢。平时不苟言笑的她，讲课时偶尔会冷不丁地笑一下，并带有一丝鼻息，总是让我心里发毛、后背发凉。她跟我说的话不多，绝大多数内容是在提醒我好好学习，或是不要上课睡觉等等。另外，她还上了一门不太讨喜的课——早上八点的综合英语。简单地说，这门课就和高中英语一样，阅读课文、分析语法、练习发音、了解文学知识等。总之它一定包含某一样或某几样你十分讨厌的东西，比如语法，比如文学，比如早上八点。而这大概就是为什么每次她在教室看到的我总是一副苦大仇深又没精打采的样子吧。

这天还是如往常一样，阳光懒洋洋地洒在我的脸上，我拖着疲惫的身体如大病初愈般走进了熟悉的教室，嘴里咒骂着万恶的早课。不出所料，精读课还是一如既往的无聊和催眠。就算时至今日，唯一让我提不起任何兴趣的依然只有精读课和中国足球。我用手撑着无力地耷拉着的脑袋，生怕它掉地上弄脏了，我是处女座，有着深深的洁癖。这时，正当我的思绪天马行空地穿梭在宇宙之中时，为了能更好地理解课文，她又开始让同学们依次翻译句子。我迅速定位了应该由我翻译的句子，开始查起字典，很快完成了翻译。然而前一位同学被要求多翻译一句，打乱了我的节奏，这让我始料未及。后来的结果是，我虽然看懂了文章大意却无法准确用中文表达。当然，这种情况对于我来说实在习以为常，我只是很自然地露出了一副很“不自然”的表情，拧巴着的脸上透出深深的愧疚和懊恼，装出一副楚楚可怜的德性，心里想着如果我是老师，我也一定会原谅我的。我承认，曾经话剧社的头儿试图说服我加入社团，他一板一眼的评价了我的演技，不知道这算不算是我的殊荣。面对支支吾吾、吞吞吐吐、一边无奈地挠着头一边眼睛四下寻觅地缝的我，她只是无奈摇摇头，然后给了我许多提示，帮我完成了翻译。我却并不领情，小声嘀咕着，“我能明白英文意思不就好了吗？为什么一定需要翻译成中文来理解呢？拥有外国人的思维多好，最好直接变成外国人。”她似乎听到了我的抱怨，忽然义正词严地说道：

“我们学英语的不仅要英文好，中文更要好，拥有外国人的思维固然有益，但是不能忘了，我们首先是一个中国人。英语只是一个工具，我们不能忘本。”

听到这一番话，我的脸像被火烧了一样，羞愧难当。她的眼眸中，刹那间有着某种坚定的力量。末了，她还加上了一丝鼻息，听起来好像是在嘲笑我的无知和浅薄，这让我更加无地自容。我突然明白了为什么温家宝总理与别国领导人会晤时，虽然熟识对方的语言，却还是坚持安排随行翻译的原因了。顷刻间，我对她的敬意油然而生，我觉得过去想象中那副崇洋媚外的“假洋鬼子”的嘴脸变得愈发粗鄙，那些妄自菲薄、甚至“厚洋薄中”的言论愈发肤浅。

一晃神儿的功夫，课在我恍惚之间结束了，但它带给我的深思却没有停止。

改革开放以来，中国的综合国力和国际地位随着经济的腾飞也迅速强大了起来，但中国人民在世界各国却并未享有与国家地位同等的应得的尊重。华人在世界各国被斥为“社会的蛀虫”，“公共场所大声喧哗”、“不遵守交通规则”、“非法移民”等成为了华人的代名词。与之形成鲜明对比的是，日本人在国外普遍享有非常高的声誉，国际社会认为他们遵纪守法、勤劳务实。在这样的环境下，越来越多的华人羞于承认自己的中国公民身份。

诚然，一个落后的、不思进取的民族实难获得世界的认可，但中华上下五千年浩如烟海的先进文明绝对不应该被清朝末年带给人们的短时记忆所抹煞。

的确，中国的近代史是落后的历史、被侵略的历史、屈辱的历史，但不可否认的是，中华民族曾经创造过辉煌的文明，并且正在为全世界人民带来恒河沙数般灿烂的文化。举例来说，改革开放后的中国加入了 WTO，经济总量超越了日本，甚至有望在 2014 年末赶超美国而成为世界第一，为世界经济发展做出了举世瞩目的贡献。2008 年中国举办了第 29 届奥运会，开幕式的华彩震撼了每一个地球人，“有朋自远方来，不亦乐乎”是中国的宣言，象征着我们怀抱世界、共享荣光。

4 年过去了，时至今日，我还时常想起她的那句“我们首先是一个中国人”，我依然将这句话奉为圭臬。我常常反思，我是那么地庆幸，我的那个梦始终只是一个梦。每每想到那句话我总是会忍不住在心里默默地为她祈祷、祝福，希望她平安、幸福。我感激她让我明白了，作为一个中国人应该自豪、应该骄傲，并不仅仅因为中国是强大的，更因为我们首先，并将永远，是一个中国人。她时刻提醒着我，人，不应该忘本。这才是一个中国人的脊梁！

末了，感谢中山大学，感谢翻译学院，感谢我的精读课老师——Wendy 李婉君。祝母校 90 岁生日快乐，“博学、审问、慎思、明辨、笃行”，您谆谆的教诲将一如既往地指引每一个中大学子前行。学以致用，不息自强；懿欤勉旃，勿堕勿忘。

布衣青灯佐以大气浩然　学贯中西辅以仁心厚德

——纪念王宗炎先生诞辰101周年

2012级英语硕士生　赵萌萌

六月中旬，中大的校园里，毕业的氛围随着广州的温度一起变得浓厚。一应的古式风格用深红的砖瓦渗透，间或矗立的是玻璃一样通亮的建筑，阳光打在上面，有着婉转曲线的晶莹和璀璨。夏日的午后，阳光透过叶子，闪烁斑驳的阴影，附着几许摇曳的微风，慵懒却不失分寸地投射出外院的磅礴浩然。这种古老和现代相得益彰的完美镶嵌，以其特有的厚重和大气，在珠江的辉映下，在中大外院精神的代代传承下，汩汩迸发出中大外院生动鲜活的生命力。

毕业在即，我谨从一个虔诚的学子角度去瞻仰中大外院学者——王宗炎教授，瞻仰其在工作的细节处着力，从学术的每一隅坚持，尤以大家风范撼动中国外语界的乾坤之势。谨以此文纪念王宗炎先生诞辰101周年。

初闻王宗炎先生，是在我恩师黄国文教授的课堂上，导师曾给我们讲述他的成长经历，也多次提及王先生，并告知我们，王先生对他有知遇之恩。那时候王先生于我这样一个刚迈入中大的学子而言，是神圣且遥不可及的。

后来跟从我导师不断学习语言学的过程中，王宗炎这个名字不断出现在各种文献甚至是著作的荐序中。当时恰又逢研一学生确定论文方向，而我每日徘徊于图书馆却感觉茫然无所得，心灰之下无意中参加了外院王东风教授组织的一次讲座，我发现竟然是关于王先生的翻译学理论的。王东风老师当时说，国人对于王先生的认知可能仅限于语言学理论，殊不知其翻译学理论亦是博贯中西；也因王先生刚刚作古，甚至没有学者专门做过相关研究，那时候我突然想到，如果王先生翻译学理论还没有被系统研究，那么语言学理论呢？如果没有，自己能不能尝试以此为硕士论文的研究方向呢？那一刻我记得自己浑身的血液都开始兴奋起来。于是我立即埋头搜集资料，果真还没有人去系统梳理王先生的语言学理论。当下我欣喜若狂，顾不得已是晚上十点多可能会打扰导师休息，立即给导师打电话跟他谈我的想法。导师一听便极为支持，还很高兴地帮我梳理思路，仔细叮咛我接下来要做的工作，挂了电话我在宿舍一蹦三尺，雀跃不已，颇有些不知道天高地厚，只是在懵懂之间觉得自己在王先生的这一方面能够做第一个“吃螃蟹”的人，且还是对自己恩师影响重要的人，真是何其有幸！

自此我接触王先生的研究领域，惊叹于先生语言学知识的广博，然而他却未拘于一家一派，对各家语言学理论都大胆发声质疑，实在具有锋锐刚硬之气；其他研究方面，王先生在翻译理论与实践、英语教学、词典学、应用语言学甚至认知语言学等新兴学科分支之间做跨学科研究都游刃有余；尤其是王先生的学术情怀和文人风骨，提携后辈不遗余力，教育学生循循善诱，当真具有师德师能双馨之风范。

写论文的这半年，我有幸能够在字里行间与王先生进行深入交流，偶尔的思想火花碰撞让我喜悦和感恩。当然也常常会有有心无力的挫败感和一知半解的失落感，但是，我导师自始至终都在给予我无限关怀和帮助。导师翻阅文献时看到一篇相关的研究会细心折角，用笔勾出来，然后亲自拿文献给我；开题时导师在讨论时想起他曾经主编过《语文研究群言集》以恭贺王宗炎先生从教55周年，立即起身去办公室把这本书翻找出来送我；作为国内核心刊物《中国外语》的主编，导师在审稿之时发现有关于研究王先生翻译理论的文章，也会留意把文章发给我让我参考学习。在我论文写不下去的时候，这些都给了我莫大的鼓励和支持。尤其是导师在看完我的论文构思后给我指出的问题往往一语中的，提出的意见总是提纲挈领，种种情形，现在想起仍然感激不尽。

……

毕业季的中大校园，连草地里的每一粒泥土都带了离别和伤感的味道，还来不及回神伤感，毕业论文已经以其灰绿色封皮加盖导师和各位评委的印章签名安静地躺在了过去。是有些遗憾的小幸福的，虽然不尽人意，虽然能力实在有限，好在还是完成了这一历程。某种程度上我自认为实现了对王先生、对导师、对自己的一种情感承诺和寄托。王先生的人生历程、学术成就和学术精神，在短短几个月内，我断然无法完全参透和领悟，但是这场历练带给我情感上的震撼和精神上的洗礼却完全能够在我以后的人生历程中给予我力量，伴我不断前行。

所以我冒昧地揣测，这种情怀和气场，是带了一种神圣的纯粹的，这种纯粹，连带着书籍的每一处纹理都是向上迎接着太阳的。历史的厚重必然是因为曾经的积淀，那时候王先生的文字和呐喊，都凸显了整个时代的前行轨迹，带领着中大外院稳稳地屹立于中国华南，历久弥坚。

我想这是一种传承，这种传承是一种生命的澎湃，它把时代的一部分切附成一种寄托，来慰藉曾经的外院前辈，然后穿过历史，躲过纷繁的尘世，不卑不亢地款款流淌在中大前的珠江中，流淌在校训的文字脉络里，流淌在每一位外院人的血管里，生生不息。

不管这是它的精神，亦或是它的使命，都不重要了。我想外院的院史还有很多像王先生一样有着辉煌成就的人物，这本然是外院的根基和灵魂所在。那么今时今日踏上这根基的，是书写未来院史的执笔者，我希望，也由衷的相信，将来挥就的书卷，镌刻的一笔一划，都会带着一如既往的坚定和信念，和一如既往的生动和圆满。

缅怀王宗炎先生

钟伟珍

王宗炎先生离开我们已经三年多了，他是我国外语界德高望重的老前辈，他一生著作论文颇多，90多岁高龄时还孜孜不倦，笔耕不止，先生94岁时还出版了最后一本著作《英汉语言问题面面观》。王先生1946年10月起就在中山大学外语系任教，1951年晋升为副教授。“文革”时，中山大学外语系于1970年解散，他和70多位老师一起调往广州外国语学院任教，当时中大外语专业的几万册图书和教学设备也都搬往了广州外国语学院。“文革”结束后，他于1977年晋升为教授，1978年10月调回到中山大学外语系任教，直至2000年11月退休。2011年6月22日去世，享年98岁。

我很早就认识王先生了，当我还是个十几岁的小女孩时就知道他了，但当时他并不认识我。早在20世纪70年代，王先生在广州外国语学院任教时，我是广外的教工子弟，我们家和王先生家都住丙丁区的同一栋楼，他家住一楼，我家住三楼。也许是住一楼比较潮湿吧，我有时从家里的阳台上看到他在家门口晒书。看到王先生在楼下晒的一大本一大本的书，我心想，这位老师的书可真多啊，他肯定很有学问。我外婆和王先生的太太，当时都是广外家属委员会的成员，她们时常一起开会聊天，我那时对王先生的了解主要是从我外婆那听说的。外婆和王太太本来不是一个档次的人，我外婆是文盲，王太太在那个年代是有文化的人。因为“文革”，有文化和没文化的广外家属时常在一起开会，听保卫处领导讲阶级斗争新动向，所以外婆和梁宗岱先生、王宗炎先生、蔡文显先生等教授的夫人们时常一起开会聊天。外婆说王先生俩口子感情可好了，抗日战争时期，他们都是中学老师，为了躲避日本飞机的轰炸，王先生和太太跑跑停停，跑跑停停，跑了几天几夜，累得半死，王太太累得实在走不动了，就叫王先生别管她了，自己逃命吧，但王先生坚决不肯丢下她自己逃命，他拉着太太一路跑，一路走，好不容易才渡过难关，活了下来。70年代后期，王太太的身体不好，饱受病痛的折磨，这时王先生对太太非常体贴照顾，在太太晚上病痛发作时，王先生心痛地抱着她抚摸着她，以减轻她的痛苦，让她在自己的怀里入睡。我外婆直夸王先生对太太真好，说王太太有福气。后来，“文革”结束，王先生作为原中大的外语老师最后一批调回中大，这样我也就有10多年没有见过王先生了。

我再次见到王先生时，已是1996年，那时我和丈夫刚从英国回来，调入中山大学外国语学院工作。因工作关系，我作为学院的科研秘书时常与王先生有工作接触。1997年为祝贺王宗炎先生从教55年，黄国文教授和张文浩先生主编了论文集《语文研究群言集》，献给王宗炎教授，该书由校友张文浩先生出资，中山大学出版社出版。当时我作为编务，负责收稿、送审、校对、联系出版等工作，我几次去王先生家送论文稿子让王先生审核，有时还帮王先生打字。那时王先生住在学校图书馆后面的东北区，我每次去他家时都感觉到一种很浓厚很庄重的学术氛围，被他的勤奋治学精神所感染。他有时正拿着放大镜在客厅看书，或查字典，有时正在看报纸或杂志。我一到，他立刻就从房间取出稿子和我谈工作，告诉我哪些稿子能用，哪几份稿子要修改，哪几份稿子不能用，他交待得很详细。《语文研究群言集》出版后，王先生送了我一盒台湾茶，说谢谢我为这本书做了这么多工作，付出了辛勤的劳动；那时候大陆人与台湾人不怎么联系，台湾茶还挺珍贵的，我虽然不会品茶，但这台湾茶我喝后能感觉到它的清淡，香气细腻，落喉甘滑，韵味饱满。我丈夫喝后更是赞口不绝，说从未喝过这么好喝的茶，他抄下这茶叶的型号牌子，还跑了广州的几家茶叶店，想买这种台湾茶，后来买是买到了，但却不如王先生送的茶的味道清香。直到如今，我丈夫还是觉得王先生送的茶是他所喝过的台湾茶中最好喝的，当然不排除是因为当时国内生活水平还比较低、我们那时也没喝过多少种好茶的缘故。1999 年，中大外语学院让王先生主编一期学术院刊《中山大学学报论丛》，我做编务，每次给王先生送稿子时，他都很认真审阅，认为没有达到学术要求的坚决退稿，而能用的稿子，他还一字一句地修改，如此认真治学的态度给我留下深刻的印象。2001 年中大外语学院 10 周年院庆，编辑印制《院庆专刊》和《学者简介》，我在编辑这两本纪念册时，觉得王先生写的“博士生导师的风范”和“教授简介”太简短了，因为凭他的学术成就和在学术界的知名度应该有很多东西可写的，我想请他把自己的简介改长一点，他却说，不用了，这样就挺好了。他如此谦虚，淡泊名利，给我留下深刻的印象。2005 年，我很想为王宗炎先生写本传记，王先生是从未出过国门的英语高手，他与许国璋先生是并誉为“北许南王”的著名语言学家、外语教育家、学术泰斗，我觉得凭他 90 多年丰富的人生经历以及他在外语界的知名度，他的传记应该是丰富多彩的，我也想借此机会重新拾起创作的笔杆子。我想起两次配合他工作合作时他和蔼可亲的样子，甚至计划着如果他同意了我就买录音笔采访他。可我又不敢亲自跟他说，虽然王先生家从中大东北区搬到园西区后，我几乎每年的中秋节前和春节前都去他家，但我怕自己的写作水平有限，怕他信不过我的文笔，我就叫我丈夫帮我问他，并让丈夫把我 2004 年在上海东方出版中心出版的 21 万字的长篇小说《英伦岛上叹息——一位博士夫人的自述》送给他，想让他对我的写作能力有信心。大约两周后，王先生给我回信了，他说他花了十天时间看了我的小说，说题材很好，很吸引人，主人公写得挺感人的，语句也挺流畅。但他不想出传记，以后也不想出传记，他说他只是一个平凡的人。我当时很感动，我没想到他老人家还真的看了我的小说，我也为无缘为他老人家写传记感到惋惜。

王先生暮年生病住院，一次我和我丈夫去探望他时，看到小护士正和在他开玩笑，叫他听话理发，说理了发靓仔，我觉得他这时就像一个快乐的老顽童和慈祥的老爷爷。他还能记得我，并用广州话清楚地叫出我的名字。但王先生自从这次住院后，就再也没有出院回过家，直到他去世。

我去参加了王先生的追悼会，广东外语界的许多王先生的生前好友、同事、学生，学校各级领导都来参加追悼会了，全国各地许多高校都献了花圈，还有党和国家领导人献的花圈。王先生说他是平常的人，我却觉得他是个不平常的人。在此，谨以此文表示对王先生的哀思。

王宗炎先生安息吧，我们永远怀念您。

自 述 编

我的中大缘

黄国文

我1974年从广东潮州饶平来广州读大学（学英语），学校是广州外国语学院（广东外语外贸大学的前身之一）。在这之前我一句英语也没有学过，当然也没有听过别人说英语，连ABC这些字母都不懂得读。英语的26个字母和第一句英语都是杨琇珍老师教给我的，她当时是我所在班级的班主任和精读课教师；杨先生教了我们一年，第二年先生继续担任一年级的老师，我们二年级班的班主任和精读课教师换成了王应龙老师。到了我大学毕业时，教过我们的老师以及大学里我们所用的教材的编写者包括伍谦光老师、黄伟文老师、钟佑同老师、桂诗春老师、李筱菊老师、陈永培老师、龚华基老师等；后来我在广州外国语学院读研究生时，教过我的老师包括桂诗春老师、桂灿昆老师、伍谦光老师和李筱菊老师。我的硕士学位论文的指导教师是王多恩老师；我的研究方向是应用语言学，但由于多恩师是美国文学研究的专家，我选择的硕士学位论文研究也自然与美国文学有些关联：我做的是美国作家海明威小说《杀人者》的文体分析（A Stylistic Analysis of Hemingway's *The Killers*）；多恩师担任过广州外国语学院的副院长，也指导过很多研究生，我是他的关门弟子。多年以后，我才知道，这里提到的这些老师在1970年代初广东外语专业调整以前全部都是中山大学外语系的教师。我大学期间的其他个别老师（如方汉泉老师）虽然原来不是中山大学的教师，但也是中山大学外语系毕业的。因此，尽管我的大学毕业证书盖的是广州外国语学院的印章，我一直认为，我主要是原中山大学的老师教育和培养的。

我1988年获得中英友好奖学金（Sino-British Friendship Scholarship），被国家公派到英国留学攻读博士学位。1992年我在爱丁堡大学获得“应用语言学”博士学位，1992—1993年我在英国纽卡斯尔大学做博士后（被聘为Research Associate），1994—1996年我在英国威尔士大学加迪夫学院攻读第二个博士学位（“功能语言学”），并于1996年获得学位。1995年初，我考虑回国工作，想到的学校就有中山大学；当时我诚惶诚恐地给王宗炎先生写了一封信，表示希望来中山大学工作。王先生马上给我回了信，大力支持我来中大工作，并把我的信转给了外国语学院的领导。大概两个星期后，我收到了时任外国语学院院长吴增生教授的亲笔信，热情邀请我来中山大学工作，信的结尾还有时任外国语学院党委书记李友文研究员的签名，表明这是学院党政领导的意见。当时，也有别的学校邀请我去他们那里工作，但吴增生院长和李友文书记超常的工作效率和热情态度深深打动了我，中山大学于1995年7月就把我破格晋升为中山大学教授（我出国前是讲师，那时我人还在英国）。

1996年1月底，我来到了中山大学外国语学院正式上班，不久就确认了博士生导师资格。我刚来时，在学院做了几次公开讲座，每次都有多位教授来参加，我当时还是有些紧张，毕竟自己比较年轻，而且来到一所陌生的学校。每次讲座王宗炎先生都来了，并对我报告做了正面的评论，其他教授也给了我鼓励（区鉷教授的豁达包容态度我记忆犹新）。这样我也就慢慢在中大站稳了脚跟。

我从英国学成来到中山大学时正好是 40 岁，是人生的“正当年”；今天我已经在中山大学工作了 19 年了。中山大学给了我一个很高的平台，给了我很好的发展机会。这些年，我培养了多名“英语语言文学”或“外国语言学及应用语言学”博士，其中在中山大学工作的有 16 位［教授 4 名（其中三位是博士生导师）、副教授 7 名、讲师 5 名］，他们现在都是中大外语学科的学术带头人或学科骨干。1999 年 8 月，我和外国语学院的同事组织召开了“语篇与语言功能国际研讨会”（International Conference on Discourse and Language Functions），邀请了系统功能语言学创始人 M. A. K. Halliday 和其他国际知名学者（包括 Ruqaiya Hasan，Robin P. Fawcett，Christian M. I. M. Matthiessen，Peter Fries，William Greaves）来参加会议；86 岁高龄的王宗炎先生对此次会议表示了大力支持和少见的兴奋，先生在中大工作几十年，这是头一次有这么多知名的外国语言研究者聚集在中大校园里；先生在此次大会上作了主题发言，博得了国内外学者的一致赞许。据说这是中山大学外语学科有史以来第一次主办的语言研究方面的国际学术会议。接下来，中大的外语学科又组织了多次有影响的国际学术讨论会（涵盖语言、文学文化、翻译等不同领域）。最近规模较大的一次是 2013 年 7 月，我们承办了第 40 届国际系统功能语言学大会（The 40th International Systemic Functional Congress），境外的参会者将近 100 人。国际系统功能语言学的领头人物和知名学者都来了，其中包括：James Benson，David Butt，Cecilia Colombi，Michael Cummings，Eirian Davies，Meena Debashish，Robin P. Fawcett，William Greaves，M. A. K. Halliday，Bob Hodge，Ruqaiya Hasan，Rosemary Huisman，Derek Irwin，Pauline Jones，Randy J. LaPolla，Christian M. I. M. Matthiessen，Stella Neumann，Kay L. O’Halloran，Erich Steiner，Kazuhiro Teruya，Geoff Thompson，Anne Thwaite，Eija Ventola，Jonathan Webster，Geoff Williams，Yang Yanning）；国内的学者包括陈明芳、何伟、胡壮麟、李杰、李战子、刘承宇、刘毅、苗兴伟、彭宣维、王晋军、王勇、王振华、辛斌、徐玉臣、杨炳钧、杨信彰、杨雪燕、杨忠、于晖、张德禄、张克定等；中山大学外国语学院的功能语言学教授（尤其是常晨光、Wendy L. Bowcher 和黄国文）做了大会的组织工作。

中大外语学科的建设和发展，是在历届领导的带动下，在全体师生员工多年的努力下做出来的。就最近 20 年来外语语言（语言学、应用语言学）方面的教学和研究而言，王宗炎先生的治学精神和知名度以及这些年来的党政领导（包括已经去世的吴增生院长，已经退休的李友文书记、王宾院长和古月群书记）对外语学科的建设和发展起了非常重要的作用。

中山大学给了我个人发展的平台和机会，我的学术研究也有了发展，我个人的成长与中山大学这个大环境是分不开的；就像一位伟人所说的，没有适当的温度，鸡蛋是不会变成小鸡的。在组织的信任下和教职员工的支持下，我 2000—2004 年担任外国语学院院长，2010 年 5 月至今担任翻译学院院长，2014 年 5 月起担任外语与翻译大学院院长，2014 年 9 月起兼任外国语学院院长。2011 年至 2014 年，我担任了国际系统功能语言学学会执行委员会（Executive Committee of the International Systemic Functional Association）主席，是这个学会三十多年来第一个担任此职的亚洲人。2013 年，我入选了教育部“长江学者”特聘教授（全国的外语界到目前为止只有 5 个“长江学者”，其他几位分别来自北京大学、清华大学、浙江大学和南京大学）。我现在是 17 家国际国内学术期刊的编委或顾问，而且还主编了几本学术期刊，包括：国际期刊 *Functional Linguistics*（德国 Springer 出版公司：http：//www. functionallinguistics. com/）联合主编（与常晨光教授合编）、国际期刊 *Journal of World Languages*（英国 Routledge 出版公司：http：//www. tandfonline. com/loi/rwol20）联合主编（与 Jonathan Webster 教授、何伟和 Angel Garralda Ortega 教授合编）、《中国外语》（CSSCI 来源期刊）主编。

我 1996 年能顺利来中山大学工作，主要原因是学校对我的学术背景和学术水平的认可，同时也是王宗炎先生的推荐和吴增生院长与李友文书记的工作效率和工作方法使然。我来中大后遇到了一些困难（包括从原单位调取档案），但在这三位老师的热情帮助下，最终问题都得到解决。我感恩中山大学，感恩中山大学外国语学院，也感恩在不同阶段帮助我的中大人。

我在《语篇分析的理论与实践》（上海外语教育出版社，2001：3）一书中有这么一段话：“本书的撰写得到了很多前辈、老师、学生和朋友的鼓励和支持。首先我想感谢的是我国外语界德高望重的老前辈、中山大学外国语学院英语系教授、博士生导师王宗炎先生，他审阅了本书的初稿，并欣然作序。没有先生的提携、勉励和帮助，我这些年的工作和研究就不可能这么顺利，我也无法做出什么成绩。我还要感谢这些年来一直关心我、支持我和勉励我的师长和朋友，他们中有：桂诗春、胡壮麟、秦秀白、徐盛桓、吴增生、李友文、杨琇珍、王应龙、方汉泉、张美芳、吴东英、王克非、周晓康、肖俊洪、Robin Fawcett 等。”在这里，我要特别强调，“没有（王宗炎）先生的提携、勉励和帮助，我这些年的工作和研究就不可能这么顺利，我也无法做出什么成绩”是在一定的语境说出来的，是发自肺腑之言。

我在《翻译研究的语言学探索——古诗词英译本的语言学分析》（上海外语教育出版社，2006：22）一书中写道：“我要感谢我国外语界德高望重的老前辈、中山大学外国语学院博士生导师王宗炎先生，他的治学精神和为人处事深深地影响着我，他这些年对我的支持使我能够不断寻找研究的亮点、不断追求科研创新；王先生 91 岁高龄还审阅了本书的初稿，改正了书中的错漏，并欣然赐序。”这里所说的王宗炎先生的“治学精神和为人处事深深地影响着我，他这些年对我的支持使我能够不断寻找研究的亮点、不断追求科研创新”也是肺腑之言，千真万确。

我在《选择就是意义》一文（见黄国文、常晨光、廖海青主编的《系统功能语言学群言集》（1），高等教育出版社，2010：82）中说：“1996 年 1 月，我从英国威尔士大学来到了中山大学外国语学院工作。王宗炎先生对我和我所做的系统功能语言学研究特别支持……当时的中山大学副校长（原外国语学院院长）吴增生教授和外国语学院党委书记李友文研究员也给了我很多的帮助。我到中山大学后发现自己是中山大学外语教师中第一个在国外获得博士学位的人，学校对我也比较重视……”

我在中大工作的这 19 年里，也有过生活中的潮起潮落和酸甜苦辣，不同的时期有多所大学邀请我去他们那里担任外国语学院院长或学科带头人，有的学校还提出了数目较大的安家费、岗位津贴和科研启动基金等。虽然我也“动心”过，但最终还是舍不得离开中大，因为我把自己的壮年献给了中山大学的外语教育事业，这里有我尊敬的师长，有与我肝胆相照的同事，还有我呕心沥血培养的学生。

我来中山大学工作，遇到了几位贵人，所以生活、工作等方面还都算比较顺利。也许是因为年纪的关系，现在常常会想起一些往事，想起当年来中大时的雄心壮志，也想起在中大我做了什么和做不了什么，当然也会想起与自己有关的中大人。当年引领我来中大工作的王宗炎先生和吴增生教授都已经离我们而去了。此刻，我心情特别沉重，也有很多感慨。我想，我唯有更加努力工作，为中山大学的外语学科贡献我微不足道的一份力量，才能对得起曾经把我引进来并扶我上马送我一程的师长和领导。

中大，我与您有解不开的缘。

认准方向　讲究方法　站稳讲台

1952 级英语本科生、1956 级副博士研究生　伍谦光

题记：谨以此文，深切怀念我的恩师戴镏龄教授。同时，此文提到的关于研究生培养的意见和建议，谨供我母校中山大学外国语学院的老师和同学们参考。

历史的回顾

1956 年 7 月，我在中山大学外语系英语专业本科毕业。当时，时值建国初期，全国正在掀起一个“向苏联学习”的高潮，提出了一个“向科学进军”的激动人心的响亮口号。我国高等教育部看清形势，在全国高等院系范围内胜利完成“院系调整”的基础上，为了进一步提高高等院系的教学水平，为国家培养大批的高级教育人才，决定在全国有条件的高等院系创办“副博士研究生班”，学制 4 年（和现在的“硕博连读”相近）。中山大学闻风而动，迅速行动起来；各院系根据学校的统一部署，纷纷上马，创办“副博士研究生班”，并在 1956 年夏招生，同年秋季开学，我们中山大学外语系在戴镏龄系主任的主持下，组织了副博士研究生班教研室，配备了教学和指导老师，制订了培养计划。我们外语系第一届副博士研究生班开设两个专业：“英语词汇学专业”和“英语语音学专业”；录取 3 名研究生：“英语词汇学专业”录取 1 名，“英语语音学专业”录取 2 名。根据我的本科成绩和我的志愿，我被系免试录取为“英语词汇学专业”副博士研究生。戴镏龄教授亲自担任我的指导老师。

三点体会

第一点体会：认准方向

现在回想起来，我从 1956 年夏被录取为中山大学外语系英语词汇学副博士研究生开始，50 多年来，我做到听党的话，在党和组织的关怀和正确指引下，在政治上不断取得进步，在业务上不断得到提高，在工作中取得一定的成绩。不过，我走过的这条道路，是曲折的、坎坷不平的。我非常怀念和感谢我的导师戴镏龄教授，是他按照党和学校的要求，给我指明了前进的方向。

什么“方向”？我这里指的是“政治方向”、“业务、专业方向”和“工作方向”。

“政治方向”：戴镏龄教授在副博士研究生班开学的那一天，就向我们几名研究生讲清楚国家在大学兴办“副博士研究生班”的目的和要求，教导我们除了搞好研究生专业学习外，还要紧跟祖国的前进步伐，投身各种政治运动，不断提高思想水平，为毕业后的工作做好准备。

“业务、专业方向”：明确“业务、专业方向”十分重要。语言学这门学科内容十分丰富，包括很多“方向”：词汇学、语音学、语法学等等。我们三名研究生的专业方向已经十分明确。

“工作方向”：戴镏龄教授指出，我们中山大学外语系举办“副博士研究生班”，主要目的是希望培养有较高专业水平的、能够胜任本科高年级专业教学工作的青年教师。因此，希望我们这几名研究生毕业后，能留系工作，为本系教师队伍注入新鲜血液。我们外语系副博士研究生的培养方式就是“在职培养”的方式，即：研究生的时间分为两部分，主要是“研究生专业学习”，然后是“真刀真枪地参加英语专业实际教学工作”，教学任务相当于一名助教。

第二点体会：讲究方法

回想起来，我在副博士研究生四年学习期间，在戴镏龄老师的悉心指导下，学得比较扎实，基础打得较好。戴老师启发我说：“研究生的学习，在确定专业研究方向后，必须讲究研究方法。”总结来说，有如下几点：

（1）博览群书：研究生必须围绕研究方向进行大量阅读。戴老师在第一学年，首先给我指定几部必读的打基础的专著（都是语言文学家的名著），他给了我一份精选的“专业阅读书单”。除此之外，我还根据一些著名语言学学者的著书后所附的“参考书目”，拟定自己的“补充阅读书单”。

（2）认真阅读：在阅读专业书的过程中，自己的书可以在书的页边上做“眉批”，记下自己的阅读心得，以便随后写读书报告或论文时引用；借来的书，则在卡片上做内容摘要。

（3）认真整理搜集到的专业资料：未经过整理的专业资料，价值不大，只是一堆材料而已，需要的时候不能引用。因此，在阅读专著的过程中搜集到的资料必须整理。

（4）勤于分析问题，思考问题，总结学习心得。

（5）勤于动笔写作：写“读书报告”（请导师批改），撰写专题论文，编写专业教材。这里举一个例子：我在阅读英语词汇学专著的过程中，采用卡片分类整理与英语词汇学有关的基本理论；在英语教学中，注意收集学生的学习动态。两者结合起来，最后编写出一部适合我们英语系学生的实际情况的教材——《实用英语词汇学》，在教学中采用这部教材，取得比较满意的效果。

第三点体会：站稳讲台

在研究生学习期间，指导老师戴镏龄教授强调的是：“认准方向”、“讲究方法”。上文还提到：戴教授希望我研究生毕业后，留系担任教学工作。

1960 年我研究生毕业后，开始全力担任本系的英语教学工作。我自觉争取导师和老教师的指导。有经验的老师听过我所进行的“公开课”后，给予肯定，还恳切地向我提出一个建议：青年教师要努力做到“站稳讲台”！

“站稳讲台”——这是一种形象的说法，它是一个包含深刻内容的建议，充满了丰富的智慧。党对广大教师的要求是“教书育人”，而教师的主要日常工作是“教学”——在课室讲台上讲课，向学生进行知识的传授。我理解，对一名教师、特别是青年教师来说，“站稳讲台”并不容易。那么，“站稳讲台”意味着什么呢？

我的理解是：

首先，“讲课”不是“照书宣讲”，而必须“理论联系实际”。对自己所教的学生，要全面深入了解。在语言教学的过程中，要结合学生的思想实际进行启发教育，还要根据学生的实际业务水平，有针对性地介绍一些英语词汇学的知识（例如“构词法”、“语言的分类和运用”等），让学生在理论的指导下做到“举一反三”、“触类旁通”，提高语言的活用能力。还要指导学生把在课堂学到的理论知识，运用到自学和言语实践中去（如写作、言语交际等）。

其次，教师要站稳讲台，在上课之前必须进行认真充分的备课，加强与学生的交流，收集例证，讲课做到“有针对性”，能调动学生学习积极性，活跃课堂气氛，提高教学效果。

最后，教师是站在讲台上给学生讲课，但教师的教学活动范围不限于讲台，还必须开展各种“课堂活动”（如师生讨论问题，教师回答学生的提问）和“课外活动”（如布置课外作业、个别辅导等）。

我们认为，教师如能认真做到上述各点，就说明他们胜任教学工作，能够站稳讲台，取得满意的教学效果。

两点建议

戴镏龄教授指导我攻读副博士研究生，对我帮助很大；他指导研究生的方法、他在治学方面的成就，对我启发也很大。这里，我提出两点建议，供母校中山大学外国语学院老师和同学们参考。

第一个建议：研究生要扩大学术视野。

我的导师戴镏龄教授知识面很广，学识渊博，学术视野广阔。我在他的启示下，也千方百计扩大我的“语言学术视野”。我在学习英语词汇学的基本理论后，钻研“语义学”、“词典学”、“翻译学”、“语用学”和“英语教学”。其实，这些语言学分科是相互渗透、关系密切的。作为语言学研究生，必须努力扩大自己的学术视野，深化自己的语言学知识，这样才有望在语言学研究中提出带有独创性的见解，在教学中灵活运用。

第二个建议：研究生、中青年教师要接老专家的班。

中山大学外国语学院教师队伍人才济济，但是由于自然规律，一些年纪大的老专家、老学者、老教师先后离开教学、研究岗位。我建议：研究生、中青年教师要向这些老同志学习，把他们的渊博的学识和丰富的经验继承下来，传承下去，并且发扬光大。“接老专家的班”应该列入我们的教师培养计划，并注意检查考核，让我们的教师队伍日益壮大。

感恩母校　感恩老师

1960 级英语　陈禹山

一

我是英语专业 65 届的，1960 年进校，1965 年毕业。我们那届大部分同学，包括我，来自农村，小学、初中没学过英语，高中才开始学。英语对我们这些农村孩子，好比天书。语法、特别是发音，很难学，记不住。我们有些同学就用中文来注音，比如“good morning”（早上好），在旁边注上“狗头猫脸”，“girl friend”（ 女朋友），注上“狗粪的”。

一年级，教我们的是张一康、郭纯儿老师，从 A、B、C，从国际音标教起，就像给幼儿园的小朋友上课。幼儿园的小朋友白纸一张好教。对我们这些发音学坏的成年人，要改过来就不那么容易。张一康、郭纯儿老师费了九牛二虎之力，才逐步把我们那些“狗头猫脸”、“狗粪的”发音改正过来。

在我们同学中，还有一些调干生，是相关机构如外贸单位等的在职工农干部。他们的年龄比我们从高中上大学的同学都大，学习反应较迟钝，文化水平也不高，有的人连中学都没上过，困难最大。

高年级，教我们的是王多恩、桂诗春、伍谦光等老师。他们教我们学英国文学原著了。我们背诵一些原著诗歌和名著段落，如“My Love Like Is a Red Red Rose ”；“To be or not to be，that is a question”等。

经过五年的努力，老师们循循善诱，诲人不倦，教我们掌握了英语的基础知识；我们走出校门迈向工作岗位，为国家为人民工作。

二

遵照当时教育必须与生产劳动相结合的教育方针，我们除了在课堂上学习专业知识外，每周都安排参加系里组织的校内半天生产劳动。每年夏收夏种，学校又组织我们到农村去，帮助人民公社农民收割水稻、插秧。记得有一年，我们系到珠江三角洲南海县抢收抢种，还开展劳动竞赛。班上一位同学来自中山县，自小养成劳动习惯，割稻插秧他小时候就干，很熟练，割稻一马当先，插秧一天能插一亩多田，不亚于当地人民公社社员，受到当地公社生产大队干部的称赞。而出生城市的同学干这种活，就不那么得心应手，是很艰苦的。

劳动是繁重的，面朝泥土背朝天，炎炎烈日，纷纷雨水，除了吃饭时间外，一干就是一个白天，晚上还开会总结工作。然而大家意气风发，干劲冲天，因为大家知道，自己是在走党指引的与工农相结合、又红又专的道路。

我们吃住在农民家。南海那次抢收抢种，正巧遇上一个节日，各家各户均备酒菜庆祝。席间，住户要同我“干杯”。此前，我没喝过酒，不知深浅，把酒喝了，结果醉到。这是我平生头一次醉酒，恐怕也是最后一次。我醒来后，同学告诉我，住户家人都在照顾我。农民对我们很好。农家情，我们至今无法忘怀。

当年社会上常搞政治运动，学校根据上级指示精神，组织我们参加，去受教育，去“经风雨，见世面”。有一年，开展社会主义教育运动，主要是整农村的阶级敌人地主富农。我们外语系被安排到鹤山县，我们班分到茶山上的一个村子，要走一个多小时山路才到。这里有几十户人家，开门就见山，出门不是上山就是下山。村上没有电，点的是煤油灯。“社教”运动结束后，回到学校，我看东西模糊，一检查，说是得了近视了。从那时开始我戴眼镜至今。有些同学不适应山上艰苦生活，营养不足，病了。我给校刊写稿子，介绍茶山上的生活条件，用“山青水瘦”来形容。在同学和老师中引起争论，有的说：“瘦”字用错了。桂诗春老师说“用词得当”。

1964 年搞“四清”运动，主要是整农村那些多吃多占的干部。我们被派往广州郊区花县（现为花都区），与农民“三同”，即同吃、同住、同劳动。白天与农民一起劳动，晚上开批判斗争会。同吃，假如住户餐桌上有鱼、肉、蛋之类的菜，我们是不能吃的，只能挑选素的吃。各种农活都干，包括掏粪挑粪下地，劳动强度大，又缺乏营养，同学们的体重锐减。如果蹲在地上站起来，满眼闪着“金星”。

虽然艰苦，但也有快乐，因为得到人生难得的锻炼。我们没有怨言。

三

我们上大学，是不用交学费的。家庭经济困难的同学还可以申请助学金，包括伙食费和零用钱。也就是说，家庭贫困的贫下中农可免费上大学。同学们人穷志不穷。有的同学助学金生活零用钱已被评为每月 2 元，却主动提出只要 1 元，将另 1 元让给别的同学。大家非常节俭，以艰苦朴素为荣。

1959 年至 1961 年，是我国三年大饥荒时期，饿死了很多人（这是我参加工作后才知道的）。据说当时毛主席也不吃肉，指示确保大学生口粮供应量，男同学每月口粮约 30 斤，女同学约 28 斤。由于缺副食、少油水，单靠粮食吃不饱。食堂用陶钵蒸饭，分 3 两、4 两两种，由同学自选，也避免了分饭带来的不公平。那时餐桌上没有浪费现象，连吃剩的咸鱼汤也舍不得倒掉，冲上开水喝进肚子里。

由于吃不饱饭，学校号召大家不要太多参加体育活动，尽量多休息。每到周末，中区广场都放电影，同学们自带小板凳在草地上坐着看电影。广场附近小礼堂有舞会，跳交谊舞。不去看电影或跳舞的同学留在宿舍学习或干自己的事。

我是系团总支宣传委员，周末常常出墙报、黑板报或给校刊《中山大学报》写稿。我是校刊通讯员，负责报道外语系的好人好事和其他信息。我写过外语系两位先进人物的长篇通讯，一位是校工，另一位是德语专业的同学，反响较大。我后来当记者恐怕与这有关系。校刊负责人汉水（刘孟宇）老师写了部反映中大大学生校园生活的小说《勇往直前》，被认为是“毒草”，因为没有写阶级斗争，把校园写成疗养院，把大学生活写成同学之间“打情骂俏”。校党委通过我系团总支负责老师蒋世华，叫我写文章批判《勇往直前》。当时极“左”，批判《勇往直前》是错误的。我奉命写了，发表在校刊上。对此事，我一直深感愧疚，感到对不起汉水老师。

四

我们进中大外语系，是通过全国统一考试的。当时高考没有激烈竞争。考试分数当然重要，但不是最重要的。最重要的是家庭出身和自身表现。如果出身地（主）、富（农）、反（革命分子）、坏（分子）、右（派分子）家庭，考试成绩即便高分，也不会被录取；如果政治上表现不好，不拥护党或党的路线、方针、政策和党开展的各项政治运动的，连参加高考的资格也没有，就更谈不上上大学了。

毕业后，不用为找工作担心，找工作不存在竞争。工作是组织上分配的。工作分配前，也像报考大学前一样，要进行严格的政治审查，根据审查结果进行分配。我被分配到北京新华总社。当时我国农村成立了人民公社，我家所在的人民公社社员很不理解，说，村里出了第一个大学生，不回自己村上的公社，去了北方新华社。村上的“秀才”说：“那不是我们的人民公社，新华社是国府。”进“国府”后，我见到1965年到中大招毕业生的那位同志。他说，学校党委向他推荐我，他看了我的档案，了解了我的表现，知道我是外语系团总支宣传委员，看了我发表在报上的东西，就决定要我。

我们班共十几个同学，分配到“国府”（中央直属机关）工作的，还有梁丙添（外交部）、章振旭（中央调查部）、曹小冰（团中央）、潘珍珍（中国民航）。

我在新华社工作了13年，后到光明日报社工作8年，又到人民日报社工作6年（5年派驻香港），之后落叶归根，回到广东深圳任南山区委常委、宣传部长兼文体局长至退休。

在母校，我曾被评为“三好学生”，奖给我的是印着校党委书记冯乃超题词“持之以恒、久久为功”的精美书签。我一直紧记母校领导的教导，走自己的人生之路。

在母校90周年校庆之际，我向母校和老师们报告：作为记者，我做了记者该做的事；作为官员，我做了官员该做的事。我已进入耄耋之年，过着良心上没有重负的晚年生活。

我感谢母校对我的栽培，感谢老师们对我的教导，感谢同学们对我的帮助，永远。

师恩深如海　缘系康乐园

1960 级英语本科生、1981 级英语硕士生、1998 级英语博士生
杨秀玲

中山大学外语学院学妹彭冬敏发来热情洋溢的电邮，紧跟著话筒又传来我的博导、当年中大外语系同窗区鉷教授亲切儒雅的声音，都是为庆祝母校中山大学 90 周年华诞，同时也是为外语学科创办 90 周年邀稿。

区教授用他那一贯恳切又甚具说服力的语气对我说，我跟他一样，是为数不多的本科学位、硕士学位、博士学位都在中山大学完成的人。是啊！我一生寻梦都没有离开过康乐园，也算得上是个中大人了！

就这样，我陷入深深的回忆中，脑海闪过那峥嵘岁月的每一个片断……尽管年代久远，岁月流逝，尽管康乐园在变，人在变，一切都在变，但最让我终生难忘、永远感怀的，是那些可敬可亲的恩师们！就是恩师们，包括他们渊博的学识、永不磨灭的人文典范、人格魅力、真情实意，却是永恒不变的，让我一生学之不尽、用之不竭。而对康乐园时代的同窗，我永远心存感激，他们永远是我的好友。深情浓谊，永远不变，永远珍惜，永远不忘。

我在读小学和中学时都跳过班，在中大英语师训班读完一年后又直升三年级，当年我是班里年龄最小的，老师和同学都不约而同地亲切地叫我“小杨”，自然得到老师和同学们的特别关照。对于我的恩师和同窗好友，我真有说不完的故事，若有机会，容我在母校百年华诞时再说吧。这里先让我讲述两个小故事。

“一饭之恩”

我与中大结缘，始于 1960 年 10 月。康乐园里的师资队伍，阵容鼎盛。从师训班到本科到后来的在职攻读学位，我幸运地遇上中大外语系的多位恩师，如邓佩璋、李根洲、祁庆生、陈珍广、桂灿昆、戴镏龄（还有戴师母）、方淑珍、杨琇珍、钟日新、王多恩、骆传芳、夏露德、吴继辉、蔡文显、谢文通、王宗炎、蒋世华、关锦俭、李筱菊、黄伟文、桂诗春、陈兆忠等等，还有后来的区鉷、黄国文、吴增生、萧净宇等等。犹记当年，上课我多坐前排，特喜欢问问题，老师也很欢迎我问问题。有时，他们会把我带回家悉心教授，解答完学习问题、谈过功课之后，他们常会留我在他们家里吃饭。饱餐语言文学精神盛宴之后，又美美地享用一顿营养大餐！后来回想起来，这绝非随意或偶遇那么简单，而是用心为我安排的，这灌注着我敬爱的恩师们的心意，灌注着老师对学生的深切关怀、呵护和照顾！

上个世纪 60 年代初，全国经历经济困难时期，大学生的膳食不外是定量的半钵蒸饭和一碟“无缝钢管”（即炒通菜），不少同学因营养不良患上肝炎和水肿，学校惟有向他们分发砂糖和炒黄豆以改善营养和身体状况。我没病，但老师们担心我的健康，想

方设法轮流给我增加多一点营养。在那物质十分匮乏的年代，老师把自己节省下来的食物让给了学生！“一饭之恩”啊，怎能忘怀！

在我几十年的教学生涯里，恩师们的人格魅力一直激励着我、指引着我；我以恩师为榜样，传承教师的人格魅力，将直到永远！

1960 年 10 月（中间戴草帽穿工装裤者为杨秀玲校友）

“百米跑季军”

康乐园是学子们互相学习、互相关心、建立恒久友谊的的园地。我们来自五湖四海，那时还有众多的归国侨生和港澳学生。我在康乐园结交的终生好友数以百计，他们对我在学习和生活各方面的爱护、关怀和帮助我至今难忘。我幸运地受助于众多的同窗好友，包括吴曼霞、苏定中、陈玉燕、温纪梅、温奇亢、林雄儿、陈定华、李浩昌、伊玲文、徐建辉、万茂林、安文彬、廖泗友、童燕卿、曹小冰、饶瑞云、李嫦娥、骆天同等。

在康乐园里，除了埋头读书，读完一本又一本的经典名著，在众多同学的陪伴下，我学会了游泳、骑自行车，也能打乒乓球、羽毛球，还有体操和其他运动我都喜欢，但短跑绝非我的强项，平时也没有练习。在一次班际运动会上，不知为何，到比赛时，百米短跑只有三人出赛。本来早该被淘汰掉的我，竟然跑得轰轰烈烈，还拿了季军！

其实，比赛一开始我就被其他两位选手远远甩在后面，一泄气，跑得更不行了，曾想放弃。这时，有小师姐出现在我的前面“带跑”，拼命喊：“小杨，加油！加油！”后面还有小师姐给我打气，拼命喊：“小杨加油！加油！”我不仅打消了放弃的念头，还使出我全身力气，拼命向前跑。就这样一群傻丫头，一面笑一面跑，嘻嘻哈哈，唧唧喳喳，轰轰烈烈地跑到终点。曹小冰笑弯了腰，对我说，可叫你笑死我了！大家恭喜我获得季军，为我们班争夺团体冠军增添了分数，夸奖我为班争光。现在回想起来，难免有些惭愧，但更觉得好玩，更加怀念当年的同窗好友！

请让我借此机会，再一次衷心感谢我敬爱的老师们，并遥祝我的同窗好友，永远幸福快乐！师恩深如海，缘系康乐园！

中山大学建校 90 周年随想

1961 级法语　陈昆明

幸运之星

从 1961 年我迈进中山大学外语系学习法语，至今已经过了 53 年。当年康乐园西区的美景、教学楼、宿舍、食堂和运动场等建筑物浮现眼前，法语老师马炳华、梁宗岱、罗勇、黄建华等记忆犹新。1966 年 6 月“文革”动荡开始时我念完了 5 年的本科，学业基本没有受到干扰，但毕业分配方案遭受影响，时间也推迟了两年。因为“红五类”出身，学习成绩优秀，加上没有参加过武斗，我被挑选到空军工作，成了一名职业军人。那个年代，当兵是一件吃香的事，全国人民都在学解放军，不知道有多光荣呀。1968 年，我告别了度过 7 个春秋的康乐园母校，独自来到北京军委空军司令部报到，一脚踏进空军第 34 师——这个为中央首长提供专机服务的王牌飞行部队。部队是不能乱的，我躲进了这个避风港，在连队安稳地接受了一年的下放锻炼和再教育的考验，被评为“五好战士”，光荣地参加了中国共产党。与我的校友相比，我是幸运的，我没有改行丢掉专业，也没有被发配到牛田洋蒙受折磨，我已经心满意足了。那时候，空军正好引进了法国的“云雀”直升机，我的法语派上用场，只要学习空军有关航空知识和飞机的专业技术就能应付工作。我走进人民解放军这所大学校、大熔炉，有机会塑造自己的军人品格、作风和素质，成为我生命中永恒的烙印。同学和朋友都羡慕我成为一颗幸运之星。

第一次出国的感悟

1970 年，空军组建翻译队，我这个本科毕业的高材生自然成为骨干，当了法语组组长，当年陪同由空军、三机部和民航总局组成的代表团访问英、法两国，考察飞机和空中交通管制系统。上世纪 60 年代，组团出国是一件稀罕的大事，我倍感光荣和责任之重大。这是我第一次走出国门，到西方发达国家，异常激动。记得当时受极“左”思潮影响，出国人员不允许穿西服，只许穿着中山装，而且要佩戴毛主席像章。我们每人按 40 元人民币标准定做 2 套卡其布中山装，发放 10 块钱人民币的外汇。我在英国买了尼龙布，比较划算，当时在国内还算是稀缺的奢侈品。出国必须携带毛主席语录红宝书，这是领导的叮嘱和要求，也是一种自觉。“天天学，早请示，晚汇报”成为风气，也成为日常要执行的制度。

当我踏上英国的土地时，就被伦敦的繁华热闹所震动。从机场到住地的路上，我的双眼就被道路两旁的风景、琳琅满目的橱窗、巨大精美的广告牌和川流不息的车辆所吸引。人们穿着时髦美观、举止彬彬有礼。大街小巷整洁干净，次序井然。宽敞明亮的厂房里所看到的是数字化机床和自动化设备，看不到几个人在工作。铁路沿线两旁的田野是一片片绿葱葱的草坪，只见一群群的牛羊，就是看不到庄稼地。乡村的房子都是一栋栋精美绝伦的别墅，院子里开着丛丛簇簇的鲜花，给人世外桃源的感觉。原来这就是“日薄西山，气色奄奄，人命危浅，朝不虑夕”的资本主义社会？回到北京，感觉特别土，反差巨大，看不到高楼大厦，马路暗淡无光，商品匮乏，粮油定量，物品供应凭票。人们穿着颜色单调，千篇一律……这就是上世纪六七十年代中国与西方国家的写照，但嘴上还要说“敌人一天天烂下去，我们一天天好起来”。1978 年改革开放后，中国发生了翻天覆地的变化，北京与巴黎、伦敦的差距缩小了，跻身于世界大都市行列，而且某些方面还超过了它们，一种民族自豪感油然而生。从第一次走出国门到现在，我出国上百次，足迹遍及亚欧美几十个国家，相比之下，还是觉得祖国家乡好，越来越好。

工作中二三事

我工作了 47 年，其中在军队度过了 20 年，从事口、笔译工作。曾经作为空军法语翻译一把手，陪同空军首长，如张廷发司令员、吴富善副司令员等出国访问，参加技术考察、培训、装备验收等任务；翻译过数百万字的技术文件和资料，涉及航空、航天，机械工程，电子工程，土木工程，气象学等数十门专业技术，出版过《世界发明》，《乘坐飞机指南》，《空中交通管制》等译著作。1985 年被任命为正团级翻译。1987 年转业到中信保利公司，隶属总参装备部管辖。虽然脱下了军装，但面对的是海陆空三军以及军工企业，所以仍然觉得自己是一名军人。1988 年被评为副译审职称。2003 年退休，之后三次返聘回保利，至 2014 年彻底离任，在保利公司度过了 27 年。我的工作履历主要是执行外事、军贸、技术服务领域的工作，经历简单却不乏丰富多彩。我的人生道路笔直又笔直，从军队到军贸，始终姓军，却历经峰回路转，值得记录和回味。有几件事，值得回忆。

1. *在一次高空飞行训练中遭受雷击*

20 世纪 70 年代初，“文革”还未结束，在支持世界革命，履行无产阶级国际主义的思想指导下，空军接受了一批来自刚果布空军空勤人员的培训任务，包括飞行员、领航员、机械师和通讯员。我作为翻译组组长，带领 10 多名法语翻译，负责学员的毛主席著作学习，飞行原理、飞机构造、飞机驾驶、导航、机械电子操作等专业的理论和实际操作等翻译工作，历时两年，转战北京、石家庄和武汉等地。记得有一次带领刚果学员转场飞行，从武汉到广州，途中飞越湖南上空时，我们的安－24 飞机遭遇到特大雷雨的袭击。我们当时的任务正好是飞复杂气象条件训练科目，从气象部门送来的预报说，航路上为积雨云天气，没有雷电。领航员从机载雷达上观察到的天气符合昼复条件的要求，所以飞机就勇往直前往南飞，高度 3000 米。不知不觉，我们进入了厚厚的云层，驾驶舱外变得天昏地暗，好像在夜间飞行一样。外面下大雨了，飞机出现剧烈的颠簸，舷舱外声光交织，雷鸣电闪。飞机颠簸得越来越厉害了。我们试图改变航向，爬高，绕过雷雨区。受性能的限制，飞机爬不到对流层的高度，只好继续在雷雨中穿梭。突然间，一声巨响，座舱被照得通亮，飞机一咕噜也掉下去几百米的高度，我的脑袋也撞到天花板上，再重重地落在地板上。突然觉得飞机要爆炸，世界末日来临了。幸好这以后，再没有听见震耳欲聋的雷声，我们飞出了雷雨区，飞机也变得平稳了。大家松了一口气。当我们飞机降落在白云机场做检查时，发现机翼末端的防电刷被雷电击毁了，周围都烧黑了。我们飞机福大命大，每当想起这次事件，都有点后怕，永世难忘。

2. 非洲穷乡僻壤盖房子

2007年，保利公司派我去刚果布执行简易活动房的安装任务。工作地点在内地的穆萨克小镇，紧靠赤道，常年高温多雨，潮湿闷热，蚊虫肆虐。它是刚果河河滩上的一个渔村，人口四五千，周围被河流沼泽包围，实际是一个小岛，没有公路和汽车，交通工具是独木船。住地是一个小客栈，没有自来水和电力供应，洗漱用的是从屋顶收集的雨水或河水，夜里漆黑得伸手不见五指，晚上起夜不打手电就会掉进又臭又脏、充满粪蛆的茅坑里。吃的是木薯、香蕉和咸鱼干。那里的土地是河沙，白天暴晒后温度达50度，晚上地面辐射热久久不能扩散，特别炎热。因河泽水草茂盛，蚊虫大行其道，专门往裤腿里钻，防不胜防。当地是疟疾高发区，医药条件极差，患疟疾死亡司空见惯。我们当中一位专家就感染了疟疾，连续发高烧40度，只好联系使馆，请示国内，及时送他回国治疗。前车之鉴使我们大家小心翼翼，做好预防。晚上睡觉时，点上蚊香，涂风油精，手腕和脚脖子都套上超声波驱蚊器，用尽浑身解数，使我免于一难。我们在那里工作两周，经受了艰苦的考验，顺利完成了任务。刚果布装备局局长对我说，穆萨卡对于他们刚果人来说，属于艰苦地区，一般人不愿意去那里。我们不但同意到那里工作，而且出色地完成了任务，使他们学到本领，他们非常感谢。

40多天的刚果布之行，使我经受一次艰苦的考验，也成为我人生一笔精神财富。当我踏上祖国的土地时，居然有回到天堂的感觉。华夏大地真美好，为什么我们有些人身在福中不知福呢?

3. 中非原始森林考察

2008年2月，我参加了保利公司企划部派出的石油森林考察组赴中非访问，同中非有关部门洽谈，目的是希望得到石油区块和森林资源以及其他矿床，以便用出口武器装备去换取，进行开发。中非是世界上最贫穷、最落后的国家，但却拥有丰富的自然宝藏和森林。记得我们到原始森林考察时，一共6个人，乘坐的是一辆吉普车，加上司机和警卫，车上共有8个人，挤在只有6个座位的破烂吉普车里面。中非基本没有沥青公路，全是土道，路面坑坑洼洼，崎岖不平，而我们必须向西南方向行驶一千多公里，才能到达森林。可以想象路上我们有多辛苦，我常常被颠得抛起来，撞到车顶棚上，又重重地落下，觉得五脏六腑都散了架。好不容易到了目的地，见到茂密的热带原始森林，我们兴奋起来，顿时忘记了困倦和疲劳。通过两名当地黑人披荆斩棘开路，我们踏进了铺天盖地的林区中。里面尽是遮天蔽日的高大树木，脚下踩着厚厚的、腐烂的树叶，身体与灌木丛林亲密接触，各种飞虫也向我们迎面扑来，嗡嗡叫，甚至扎穿我们的衣服，向我们发起攻击。我们行走到纵深一两公里的森林中，对不同树种进行了测量和登记，得到了第一手林木数据。这是我第一次走进非洲原始森林进行实地考察，领略了热带雨林这个世界第二大的原始森林的奥妙，极大地丰富了我的人生阅历。

4. 刚果布执行46米巡逻艇技术服务

2011年，我已经68岁，公司派我去刚果布负责4艘46米巡逻艇的交装、培训和售后服务，直到2014年3月，历时3年。作为领队和翻译，我必须做好表率，出主意，发挥专家的作用，做好服务工作，又要当好翻译，架好中外双方沟通的桥梁，促进友谊、发展合作。刚果布的气候条件和生活条件要比中非、乍得、尼日尔要好一些，但也是一个严重缺电和缺乏生活用水的国家。它地处赤道地带，终年炎热。与其他大多数非洲国家一样，基础设施落后，道路破烂、交通困难；物资匮乏，物价昂贵，加之蚊虫肆虐，容易患疟疾，生活条件、卫生条件和工作条件都是比较艰苦的。想象一下，烈日当头，工作一天，汗流浃背，回到住地没有电又没有水是什么滋味？这种日子不是一天、两天，而是常年到头。我们的幸福观标准很低，只要有电有水就是幸福。我们已经习惯了在无电缺水的原始状态下生存。我的工作得到刚果布海军官兵的肯定和称赞，刚果布海军司令多次表示不让我走，致使我一再延长在外的逗留时间。

这次海军46米巡逻艇的售后服务，给我的军工服务生涯画上了圆满的句号。在1971年至1973年期间，我作为翻译组组长参加了对刚果布空军20名空勤人员的培训，他们当中造就了两位刚果布空军司令员。那是我第一次与非洲军队打交道，是一次无偿支援第三世界国家的义务。40年后，我来到刚果布黑角负责4艘46米巡逻艇的交装、培训和售后服务工作，历时3年多，这是中国走上世界，向发展中国家销售国防装备的一次有偿服务。期间，通过联系寻找，我遇见了已经退役的空军司令——曾经是学员的恩杜迪上校。光阴四载，见面时双方有说不完的话语和友情。可以说，我的军工服务生涯是从刚果布空军开始的，又以刚果布海军的军工服务为终结，可谓对刚果布情有独钟，情深义厚。

我的第二母亲——中山大学

母亲只生我身躯，哺养我成长，母校却栽培和造就了我，是我走向社会的阶梯和摇篮。每一位中大培育出来的弟子都会无尽感激母校给予的爱和关怀。在“博学、审问、慎思、明辨、笃行”校训的指引下，在毛主席关于德智体全面发展的教育方针指导下，中大为社会输送了数不清的人才。尽管我不是什么杰出人物、名人、将军、科学家、领导人，但平凡的我为社会主义建设贡献了自己一生精力。在军队曾是先进代表，受到华国锋、邓小平等党和国家领导人的接见；在保利公司，多次受到表彰，为军队的现代化建设做出了应有的贡献。这一切，首先归功于母校、是母校园丁们的精心教诲，使我从ABC学起，掌握了法语，又自学了英语，成为有用之才。除了出国出差任首席翻译之外，我曾被派到伊朗、斯里兰卡、巴基斯坦常驻达6年之久，退休返聘之后又在非洲艰苦奋斗了8年，直到古稀才罢休。回想起来，感慨万千。此时此刻，我更加想起我的启蒙老师马炳华，辅导老师黄建华，恩师梁宗岱，外籍教师罗勇，还有林托山、于耀南、李良裕、吴绪、孙传才和端木正等老师。他们当中有多位自我告别康乐园以后就未曾谋面，当中也有一些已经离开我们了，在此我向他们表示崇高的敬意、衷心的感谢和诚挚的思念。

早已跻身全国前十名的中山大学如今一片新气象，已成为国家教育事业的中流砥柱，人才辈出，海外闻名。衷心祝愿母校早日冲进世界名牌大学百强之列，这是我的梦想。

1966年毕业的校友都变成了古稀老人，我们对一切都已经看得很淡，我们已经没有了攻读学位的压力，没有了晋升职称的烦恼，没有了功名利禄的诱惑，但我们仍有一颗炽热的心，我们仍然有梦想，希望看到母校2024年诞辰百年的时候梦想成真。

2014年4月18日于北京

“熔炉”岁月的火花

1961级英语　钟子美（毓标）

中山大学成立90周年之际，曾经是康乐园里莘莘学子的我们这一茬人，已经或者即将踏入古稀的门槛。当我们回首往事时，虽不能像保尔·柯察金那样充满壮志豪情，却也可以说得上“无悔”二字。我们毕竟在暴风骤雨的时代里学习过、奋斗过，也收获过、快乐过；有过百结回肠的秋夜，也有过阳光璀璨的春晓……

1961年金秋时节，我考入中山大学外语系英语专业，编入A班。由于自己自小喜欢文艺创作，开学不久，即被选为班的宣传干部，11月3日，全系宣传干部开会，系学生会委派我负责编辑一年级墙报，我的“熔炉”岁月便由此开始。外语系的墙报名为《熔炉》，曾经有过辉煌，与历史系《火焰报》、化学系《惊雷》等齐名。

《熔炉》的定名应始于1958年的大炼钢铁运动，具有明显的时代特征。我们入学时，政治气氛较为宽松了，学生会宣传部有人提出把《熔炉》改名，一时间编委们议论纷纷，提出了许多新的名字，如激流、红蓓蕾、朝阳、风暴等等，也有根据陶铸“风自寒人人自瘦，拼将赤血灌春花”的诗意提议改为“春花”的，但最终都一一给大家否决了，认为还是《熔炉》有特色，代表了我们的时代。

当时《熔炉》分两个编辑组，高年级一组，低年级一组，总编辑是三年级的黄焯耀。我与二级的方树年是第二组的编委，实际初期由方树年作主力。当时负责系宣传工作的还有陈禹山、苏定中、杨秋萍、许国烈、方汉泉、曾宪材、梁定祥等。起初墙报以毛笔写在大红纸上，后来改进了，用白报纸，一期用上四、五张白报纸。一学期出报五、六期，节日或有重大政治运动时还出专刊。墙报的第一任务自然是政治宣传，第二是学生们的投稿，表现各系各级各班的动态的文章及文艺作品。由于学生们都忙于专业学习，因此稿件来源不多，这是所有编委的苦处。人手短缺，留下孤军奋战的情况也时有发生。好在我们都是理想主义者，追求着“每一个日子都有英雄的影子”。后来我设法找了英一B班的马刷（后改名马英华）、德一的李忠民等，壮大了编委的行列。

到了1962年秋，我被选入系学生会当宣传部长兼《熔炉》主编。《熔炉》出版组仍分两组，二、三年级一组、低年级一组。高年级组的由曾养欢、王翠英负责；低年级组参加编委与美术、抄写工作的有区鉷、许拱辰、冯远初、罗俊华、周恩泉、雷夏鸣、曾高参、刘锦标等等。区鉷、潘永钿、林兆平等都是写稿好手。

1962年11月初美国封锁加勒比海，逼迫苏联将核武器运出古巴，古巴卡斯特罗摆出强硬姿态，保卫古巴革命。中大学生也和全中国人民一道，举行盛大的示威游行，支持古巴。还发起每人一信运动，给英雄的古巴人民。信中我附了一首诗：《献给你——英雄的古巴人》。我们外语系所在的中大西区，向着大球场的小土坡上有一条泥路，同学们称之为“幸福道”，两边植满羊蹄甲树，秋冬时节，顶着寒风，冒着冷雨，枝头绽放出一朵朵紫红色鲜艳的花。我也常在“幸福道”读书、与知友谈天说地，这段时间，看见满树紫红的风雨战魂，想起古巴革命的危机，浮想联翩，就在12月5日写下一首现代诗《羊蹄甲颂》，本想加上副题“献给英雄的古巴人民”，后来想到作为对羊蹄甲一般性的讴歌，让读者有更宽广的想象空间，也许更好，便以“赤子”的笔名在《熔炉》上发表。全诗如下：

羊蹄甲颂

当乌云撕破了蔚蓝色的天空，
大地在阴风的铁蹄下呻吟，
唯有你，坚强的羊蹄甲，
在严寒中傲然直挺。

你，每一片粉红的花瓣，
都是只只致命的铁拳，
抗击着利箭似的苦雨，
阻挡了毒雾般的阴风。

你，每一片粉红的花瓣，
都是朵朵炽热的火焰，
把苍白的大地织成绚丽的锦绣，
把乌黑的天空铸成奔腾的铁流。

你，每一片粉红的花瓣，
都是颗颗跳动的心，
透过阴霾弥漫的天空，
看到了明天灿烂的朝阳。

诗刊出后，引起全系同学的注意。思想比较激进的一些同学认为这是“对现实不满”的毒草，陆续给团总支投出批判文章。12月10日团总支书记关锦俭找我谈话，才知道诗是我写的。我告知创作这首诗的原委，也许因为去掉了副题，使主题不明确，引起误会了。12月13日，方树年找我，提出要搞辩论，认为争鸣有好处，对同学们的思想和学术的提高都会有所裨益。我同意，并为此请示关书记，他说还没想好用什么方法较好，安慰我，组织上对我没有什么别的看法。12月16日，决定以小字报形式进行辩论，我与方树年、梁定祥一起主持争论园地的编辑工作。最初是一边倒批评该诗的文章。文章贴出后，不仅引来西区学生的围观，中区、东区也有不少同学专程来观战。12月19日，外语系党总支书记叶维名也过来了解，见到我，他安慰说：“意图是好的。”当晚，我在日记上写道：“（对于批判文章的指责）我不怕，我的动机是纯正的，我没有理由反对党，反对祖国，反对人民。……我也认识到这次争论对同学们，对墙报，对我自己都很有好处，它不仅能提高我们的思想，而且能提高我们的鉴赏能力和写作技巧。至于有许多同学过于激烈的指责，是不用放在心上的。他们不了解我，这可以原谅。任何了解我的同学都知道我写这首诗的意图是好的。”12 月 20 日下午，在一、二年级同时选修的“文学概论”课上，廖世健老师特意提到《羊蹄甲颂》，他提醒同学看问题要全面、不要断章取义，尤其对待一首风景诗，要考虑到作者的主观意图，也要考虑效果。第二天，开始出现了一批洋洋洒洒唱好的文章，主要是高年级的同学的作品，他们认为思想没问题，艺术性很高。记得作者中有冯导民、许国烈等。接着我患上严重的感冒，回华侨新村的家休息几天。休息期间，意外地收到同班同学陈佛标的信，带来全班同学的问候，还有李玉根送我的一首诗：“赤子忠心人共知，十级台风等闲之。砥砺磨得锋更锐，苦寒熬来香万里。”病好了回到学校，争论已经草草收场。后来我要求团总支给这场争论下结论，关书记说：“不必了，文学概论老师是党总支委员，他课堂上说的就是总结了。”

这就是外语系著名的“羊蹄甲颂事件”，是我“熔炉”岁月的火花，也是我一生中闪烁于一瞬的火花。

“羊蹄甲颂事件”并没有影响我的情绪。我继续担任主编工作直至 1964 年春天我患了严重肺结核休学为止。其中经历了 1963 年初学习雷锋的运动、1963—1964 年两次社教运动，1964 年初的评功摆好运动，《熔炉》都起到了称职的宣传作用。我在 1964 年 3 月 11 日的日记中写道：“昨天，我们奋斗了一天，出版了最后一期的《熔炉》，共十版，这是空前的，内容全是介绍评功摆好会上摆出来的好人好事。其中也有介绍我的文章，题目竟然是《走又红又专的道路》。我觉得非常惭愧，自己在这方面有过动摇，也做得很差。最初我不想把这篇稿登出去，但陈禹山（团总支宣委）坚持要。”

1966 年 6、7 月间，文化大革命初期，《羊蹄甲颂》当作外语系“资产阶级路线的产物”重又被大字报点名，这回可真是杀气腾腾杀无赦的样子，幸而与当时校内外的“参天大毒草”相比，这几朵紫红的羊蹄甲只是“小菜一碟”，不久就被遗忘在血雨腥风的斗争里了。然而几年前“坦荡荡”的情怀早已荡然无存，我心中忐忑不安，最终在当了逍遥派之后，彻底封笔，连我从小学五年级开始记日记的习惯也永远地忍疼割弃了。

后来，展现在我眼前的，是人生漫长而坎坷的求索之路，荣辱互见，却始终与文学无缘。直至 1991 年，机缘巧合，我才重新拾笔走上文学之路。去春，我为自己主编的香港古诗词刊物《夏声拾韵》写了十首《咏紫荆》（七律），其中第三首如下：

名园旧梦

匣底寻踪展泪吟，斑斑岁日梦何深。
风中剑客羊蹄甲，诗后黉门鼓角音。
雏鸟惊弓花孽重，孤窗焚稿月光沉。
春山今喜全红湿，慷慨三杯荐杜霖。

【解说】 余于上世纪六十年代初，就读广州中山大学外语系时，发表一新诗《羊蹄甲颂》，以“莫须有”之名遭批判。

【注释】（一）名园，指康乐园，中山大学校园。（二）“慷慨”句：杜霖，指杜甫名句“好雨知时节，当春乃发生”。将好雨统称“杜霖”，乃余之杜撰，不知同好者以为然否？

除了原注外，还必须解释，我这里的“紫荆”指的是“大一统的紫荆”，包括洋紫荆、羊蹄甲、宫粉羊蹄甲等。

“熔炉”岁月的火花，越过半个多世纪的时空，辐射至今日，已经形成为我们这一代人回忆与感怀的多元光谱。我的“想象眼”里，祖国的春天正展现着“回观红湿处，花重康乐园”美不胜收的景象。

康乐园，我的伊甸园

1962 级英语　何海伦

1962 年 9 月，我和另外几十个幸运儿一起，成了当年中山大学外语系的新生，开始了我们新的求学生活。现在，我已经 70 岁了，回忆一生中的各个阶段，我感觉还是在康乐园那几年（1962—1966），是最快乐的日子。我应该是 1967 年毕业的，但 1968 年才离开中大。“文革”开始，学业中断，幸福的日子也就提前结束了。

当年，进了大学，毕业后工作是分配的，也就是说，方向已经定了，学校提供优秀的师资，丰富的图书资源，优美的学习环境，剩下该做的、能做的，就是用好这些资源，学好本领了。那时，早上 6 点多起来，早操，洗漱，早饭，然后去上学。一般上午四节课是满满的，中午去饭堂就有饭吃。

虽然和如今相比，物资仍然是匮乏的，不过顿顿有肉。每周一个下午政治学习，一个下午体育课，其他下午自修，到 4 点钟左右，大家就纷纷出来锻炼了，玩各种球类，做体操，游泳，不一而足，优秀的可以参加学校的运动队。另外，系学生会组织了文工团，歌咏、舞蹈、戏剧，各人按自己的兴趣参加。星期六晚饭堂有交谊舞会，虽然乐队只有一把小提琴，一把手风琴或一把吉他，但搞得有声有色。晚饭后在到处可闻花草气味的校园散散步，然后自修，10 点半熄灯睡觉。

时光流逝，追忆一些当年生活的鳞爪，还是有滋有味的。

文工团首次亮相，一年级获双奖

记得是学法语的同学动员我参加文工团的。我说：“我既没有好嗓子又不会跳舞，能参加什么呀?”“戏剧呀。”“我没演过戏呀!”“学不就成了吗?”我就这样参加了戏剧组。排练的第一出戏是《革命家庭》片段。我演母亲，陈炯建演父亲，温烈光演儿子，陈建纯演女儿，黄天源演工人。记得排练之初，导演许孟钊老是说我声音太小，我烦了，就生气地大嚷了一句，不料他说这个音量就对了。我发现排戏很好玩，对台词根本不费气力。更没料到的是，演出居然得了一等奖，奖品是一只展翅欲飞的石湾陶瓷鹰。一年级为主的另一个节目舞蹈《小刀会之弓舞》也得了奖。一时间，比我们高班的同学都说，这一届的一年级人才济济。后来，我很期待再有机会演戏，可惜再也没有了。不过，我又遇到另一次演出的机会。这次 A、B 两班同学组织乐队演出自己编曲的《解放南方》，还有余伟樑记谱的阿尔巴尼亚、古巴歌曲。他们缺三个弹曼陀林的。我完全不知道参加乐队演奏是怎么回事，只不过课余在宿舍喜欢玩玩曼陀林，觉得原来这乐器很容易学。这样我糊里糊涂地参加了排练。这次好像没有得奖，不过，排练的过程真是乐趣无穷。

端木正老师上的世界史课

大一开设的这门课是在周日某天下午上的，在外语系的大课室，走得快5分钟就到，可是每次都有不少男生迟到，总有些人跑到趔趔趄趄地冲进来，当时不知道端木老师是大教授，连端木是复姓都不知道，管他叫“端老师”。只见一个白发老者在课室外的走廊抽着烟，等学生来。他从不挖苦责备迟到的同学。他说过的最重的说话是“请大家准时来，不然上课会越来越没有保证了”。当时，我心想，这老师怎么这么好脾气啊，要是发生在中学，老师不知要怎样骂了。

我是从来没迟到过的，可是，有一天，我的麻烦来了。突然，老师提问了。“鸦片战争发生在哪一年？”“这位同学”，老师指着我。“184……”为最后一个数字我迟疑了几秒钟，周围居然没有一个同学提醒我，我正臊得恨地无缝，“坐下吧，记得184已经很不错了。”哇，老师竟然用这样的方法替我解围，我是永远不会忘记的，从此，1840年鸦片战争，1842年南京条约，我终生不忘。

陈永培老师组织的背诵比赛

英一的专业目标是语音过关，陈老师上大班（两个班一起上）语音课，B班的精读课，认真得不得了。有时提问同学读某个词，纠正3次都没纠过来，就让全班一起陪他读3遍。每周有3个傍晚去语音室听录音半小时，为了使我们对国际音标烂熟于胸，有时陈老师在听录音这短时间让我们听写音标，其中一个同学到黑板写，写完之后老师讲评。

为了提高大家对枯燥的语音训练的兴趣，陈老师组织了一次Recitation Contest（背诵比赛），每篇长度差不多，内容是自选的。我记得我为了挑战自己，专门挑了一篇毫无故事性的，讲巴甫洛夫的文章，仗着年轻记性好，当然没问题。比赛的结果，大家公认最好的是冯远初，尽管他中间卡壳了一次，但是他的声音语音都最好听。奖品是陈老师自己掏钱买的，得奖不分名次，凡参赛都有奖，每人一本文学名著，我的奖品是《名利场》，中英对照简写本，扉页上由书法最好的罗俊华用硬笔书法写上纪念的文字，我对这本书很珍惜，可惜后来我去了牛田洋，回家后再也找不到了。

一年级结束，升级之前，陈老师找每个同学单独谈了话，指出各人的优缺点，我的缺点是ing音发得有点过，知道了这是讲粤语人常有的通病，我就很快改掉了。

后来我也当了几十年英语老师，自问做不到陈老师这般认真，汗颜啊。

王多恩老师的言传身教

1966年6月，所有课都停了。为了不虚掷光阴，我们天天练打字。王多恩老师还常常来宿舍看我们，教我们把毛选英文版里的中国成语找出来，做成卡片，以后编成中英对照。当时我们还不懂这就是科研，只觉得既可以练打字，又可以学到成语对照，就很认真地做起来。王老师当时已经头发花白，抽烟。但从来不会烟灰乱弹，他随身带个装过胶卷的空铝筒子，火柴棍、烟灰装在里面。他还教我们保养那部笨重的老爷打字机，转动的地方要加点缝纫机油。常常用旧牙刷刷掉字粒的污渍，保持字粒清晰，打出来的字才清楚。王老师是研究欧·亨利的专家，可惜当时只教了我们一些从中国出版的英文杂志选出来的文章，后来连这都停教了，不过，他教我们保养打字机的情景，还是给我留下了深刻的印象。

中大，我的太阳

1962级法语　黄天源

历史不会注视1962年那个平凡的秋天，而我，却永远将那个秋天铭记在心中，因为它是我人生的分水岭。就在那个秋天，我这个出生在偏僻山村的男生，打着赤脚，手拎装着简单行李的小木箱，走进了位于珠江之滨的大学堂——中山大学，开始了五年的大学生活。

中山大学一直是我心仪的大学。还在读中学的时候，我就知道中山大学名师荟萃，名气很大，早早就暗下决心，将来要成为其学生。高中毕业考大学，我毫不犹豫将中大作为自己的第一志愿填报。后来，我果然实现自己的愿望，踏进了康乐园。

康乐园的景色如同它的名字一样优美。怀士堂前、惺亭四周，到处绿草如茵；校道两旁、马岗顶上，古木参天，一栋栋红墙绿瓦建筑点缀其中。啊，我的大学如此多娇！

“所谓大学者，非所谓大楼之谓也，有大师之谓也。”中山大学和北京大学、南京大学一道，是当时我国仅有的设立法语专业的三所重点综合性大学（三所大学的西语系也是当时中国最好的西语系。上世纪80年代，中国开始设立学位制，三个西语系加上当时的北京外国语学院，成了第一批博士学位授予点）。三所大学的法语专业都有大师担纲：北大有郭麟阁，南大有何如，而中大则由梁宗岱领衔。梁宗岱是我国现代文学史上一位集诗人、理论家、批评家、翻译家及教授于一身的才子。他早年在法国和欧洲游学，翻译了不少中国古诗在法国刊物上发表，深得象征主义大诗人瓦莱里和诺贝尔文学奖获得者罗曼·罗兰的赏识，并与他们结为忘年交，成为两位文学大师了解中国的桥梁。28岁上，他就被胡适钦点为北京大学法语系主任，培养出很多著名的法国文学专家。40年代初，蒋介石多次拉拢他进智囊团均被拒绝，后来辗转回到广州，成为中大赫赫有名的教授。

法兰西语言之优美早有耳闻。俄国百科全书式的科学家、语言学家、诗人罗蒙诺索夫曾经说过，对敌人要用德语，对女人要用法语。这是对法语的最精彩和最形象的诠释。我庆幸自己能够在康乐园学习这一语言。

法语教研室是藏龙卧虎之地，光是教授副教授就有6人之多（那时的教授副教授不像现在多如牛毛），还有后来名满法语界的黄建华、程依荣、孙传才等青年才俊，其中的佼佼者当然是颇具传奇色彩的梁宗岱，大家都希望有朝一日能够聆听他的课。第一次见到宗岱师，还是在一年级的时候。那天我们去上课，经过系办公室，见到一位老者，他就是宗岱师。正赶上发工资，他靠在围栏墙上大模大样地数钱。据说是318元。这是什么概念呢？一个中学教师的工资也不过三四十元。宗岱师是二级教授啊。

直到四年级，我们才有幸聆听宗岱师的课——现在称之为精读课。宗岱师一年四季都是一身白色短打扮，连袜子和鞋子也是白色。他身材粗壮，走路大步流星，显得孔武有力，颇有运动员范儿。据说他第一次给中文系上古典文学课，在教室门口等候，竟然被学生误以为是体育老师。宗岱师给我们上课，从不让我们把教室门关上。冬天北风那个吹啊，冷得我们那个苦啊！虽然大家都裹在厚厚的衣服里，还是止不住瑟瑟发抖，而他依然是经典的短衣短裤，站在大门边的讲台上，任凭朔风劲吹，他自岿然不动。有时候课间休息，他兴之所至，要跟我们掰手腕。我们选出力气最大的同学，却让他不费吹灰之力扳倒。他还经常带着装满药水的瓶瓶罐罐来到课堂，宣传他研制的绿素酊，要大家有病不要去卫生所，喝他的药就好。有一次，他得知有个女同学感冒去卫生所拿药，很生气，害得她不敢再跑卫生所。宗岱师特立独行的性格也给我们留下深刻印象。学校在大礼堂召开全校师生大会，他不坐在前排的座位上，而是坐到窗台上，还穿着短裤，手里抱着厚厚的法语拉鲁斯词典，左顾右盼，不像在听报告。有一次，省里的领导来演讲，完毕之后，他径直冲上台去，拉起人家的手硬握，其憨态把我们笑翻。宗岱师厌恶趋炎附势、溜须拍马，他的这一行为令人不解。

宗岱师上课一般先海阔天空一番，然后才转入正题。他不时表露出他的诗人气质，念起课文特别是诗歌摇头晃脑，忘乎所以；见到门外或窗外有女子经过，还会探头探脑，甚至行起注目礼。他讲课条理清晰、深浅得当，通俗易懂，很受欢迎。宗岱师是一个刚正不阿、敢说真话的学者。有一次，给他当助教的黄建华老师（后来成为我国著名词典学家、广东外语外贸大学校长）在他不知情的情况下，给我们布置了一道作业，翻译大庆人的豪言壮语，什么一天不学毛著就如何如何，两天三天不学又如何如何。宗岱师发现后，下令我们不要翻译，说那都是假话空话，还说他从未学过毛著，却活得好好的云云，说得大家哄堂大笑。“文革”中宗岱师因系“反动学术权威”而受尽折磨，被批斗时脑袋遭极“左”学生用凳角敲得鲜血直流，但他威武不屈，正气凛然，拒不承认自己“反动”。

一流的师资、优美的环境，是搞好学习的优越条件。我刚进大学的时候，学习上是个贫困户，不过，我没有气馁，经过辛勤耕耘，逐渐脱贫，并走上了富裕道路，后来还厕身三好学生之列，这得益于母校的辛勤栽培和老师的谆谆教导。

1966 年 6 月的一天下午，我们正在中区电影广场（今梁銶琚堂的位置）割草劳动，系团委书记突然从身后拍拍我的肩膀，通知我和法三、法四另外五位同学一起前往北京担任翻译。天啊，这就要当翻译了？简直像做梦一样！1968 年春季，我又被借调参加广东出口商品交易会，为出席交易会身份最高的一位法国人——驻华使馆政务参赞担任翻译。二十出头的年纪，就陪着外国人到处跑（那时外国人少之又少），让不明就里的路人羡慕。在人生最喜欢做梦的阶段，有机会干上如此拉风的差事，让我梦想日后能成为一个满天飞的翻译。

可惜，一场疯狂的“文化大革命”运动让美梦成为一枕黄粱。我们毕业离校先到农场“接受再教育”，之后，被毫不留情地打发回各自的不快乐老家，干着与专业风马牛不相及的工作。

……

近半个世纪弹指一挥间，往事依然历历在目，老师慈祥的笑脸、同学可爱的身影，仿佛就在眼前。

中大，我的母校，你教会了我专业知识，使我掌握了服务社会的本领，有了安身立命之本。中大，你是我的太阳，你把我带出了知识的蒙昧境地，照亮了我人生的道路，让我的生活充满阳光。

离开中大虽然已经40多年，我工作的地方也远离广州，但是，时间和地域都无法阻隔我的母校情。对于母校的思念难于言表。我常常利用出差的机会，返回中大，最多的一年达三次，看望老师，与昔日同窗聚会，共忆当年情谊，其乐也融融。我每次回广州，大都借宿已改名西苑宾馆的西区招待所（近年由于价格太贵，难以承受，才移宿别处）。回到母校，我会在校道散步，到北校门凭栏眺望，欣赏珠江美景，接受轻风的抚摸，让记忆穿越时光，回到当年的康乐园。在我工作的城市每逢有校友会活动，或者母校有涉及校友的活动，我必定“逢场作戏”，一场不落。我还三头两天登陆母校网站，了解母校的情况，看到母校取得成绩，我会为之欢呼雀跃，仿佛自己还是中大一分子。

母校永远是我的福地，在校期间是，毕业了以后也是。2004年的一天，我在母校书店偶然发现一本署名京城某著名大学的作者的法语书，竟然肆无忌惮剽窃我的一本书。由此，一场维权反剽窃斗争开始了。由于我的这本书后来又连遭两次剽窃，这场几近惨烈的斗争持续五年之久。我将剽客诉至法院。虽然白纸黑字，证据一目了然，但是法官不知是糊涂还是腐败，居然判我败诉。我当然不服，继续上诉。其间我受到了骚扰、恐吓甚至夺命威胁。最后，在全国各地专家学者的签名声援和支持下，在律师的努力下，上一级法院主持了正义，才判我胜诉，我也获得了一笔可观的赔偿金。这一案件成为最高人民法院公布的2009年中国知识产权保护十大典型案件之一。如果没有母校之行，我也许不能发现或不能及时发现这一龌龊行为。

前些年，“寻访中大校友足迹”活动小组的学弟学妹采访我。见到母校的亲人，我十分兴奋，给他们谈到自己对母校的眷恋，还讲了一件事：2002年，我翻译的法国十岁女孩蒂皮所著《我的野生动物朋友》一书风靡全国和港台地区，成了一本超级畅销书，从中央到地方六七十家媒体作了报道，央视的读书时刻栏目更是反复进行宣传，使其几乎家喻户晓。2005年，这本译著获得了首届国家图书馆文津图书奖，我因此应邀到国家图书馆作了讲座。讲座一开始，我首先自我介绍是中大毕业。小弟弟妹妹们听了，大受感动。后来，在采访报道中，他们把我称为“疯狂的中大校友”。

中大，我的太阳，我永远为你疯狂。

蔡腾，中国油画产业梦想家

1963 级英语　蔡向元

如果你有机会阅读国家文化部主办的《文化月刊》2013 年 5 月号（下旬刊），就会看到一篇长篇报导：《蔡腾——中国油画产业梦想家》。文章介绍蔡腾如何把成千上万社会青年培训成画家，开创中国油画产业，确认蔡腾是中国油画产业第一人。你难以相信，这个蔡腾就是 1967 年毕业于中山大学英语专业的蔡向元。你也难以相信，荣获国家各大传媒及广大观众评价为“现代清明上河图”的《乡村旧事》两幅油画巨作的创作者就是蔡向元。

也许你更难以相信，2008 年 10 月 8 日中央电视台《朝闻天下》、《全球资讯榜》、《新闻代代裤》专题报道的“弘扬中医文化老蔡有新招，卡通巧帮忙”中那个当了十年草药医生，设计了两百个草药仙子，用卡通方式去教青少年学习中医文化的老蔡，会是中大 67 届英语专业毕业生蔡向元。

许多同学、老师都不相信，当年埋头读书，言不出众，语不惊人，的英三 B 班蔡向元，会成为颇有名气的赤脚医生，又成为中国颇有名气的油画家。

这里面有很长的故事。

一、阳光总在风雨后

1966 年，“文化大革命”像超级龙卷风要毁灭世界一样，把许多怀着毕业以后可以干一番事业的大学生的美梦打得粉碎。这一场风暴，对于能独立思考，有忧国忧民之心的蔡向元的打击，似乎比其他同学更要重些，有些同学说他傻掉了。

看着学生红卫兵打老师、抄老师的家，把所有抄来的书烧掉，蔡向元彻夜难眠。

能否做一点有益的事情？蔡向元向革命造反委员会提出去“管牛”，那时的“牛”就是“反动学术权威”的老师。

一起“管牛”的刘同学似乎与蔡向元一样，很同情这些做着繁重体力劳动的“牛”。

“坐下来，学习毛主席语录，”蔡向元大声地把挑着重担的“牛”叫到树荫下学毛主席语录。

“我们的同志，在困难的时候要看到成绩，看到光明……”

蔡向元并没有想到这场暴风雨要十年后才停止，以为很快就会天晴。若干年后，蔡向元在回忆这段大学生活时，写下《怀念中山大学》，配的是歌曲《北国之春》的曲调：

“珠江边那中山大学，是我怀念的地方。美丽的校园，绿绿的树林。处处是鸟语和花香。琉璃宫殿高高耸立，人生向往的天堂。朝霞披上彩衣裳，好比天仙美丽无双。啊！你可记起康乐园，记起童真梦想！

“珠江边那北校门，引我激情翻滚。湍急的河水，汹涌的浪，小船竞航海天茫茫，跳进波浪觅安静，逃避‘文革’广播狂响。欲借河水洗忧伤，深信风暴之后有阳光。啊！你可记起逆流搏浪，养精蓄锐待明天。

“珠江边那康乐园，是我见你的地方。聪明的眼睛神秘的情，婷婷玉立冰清娴静。和你散步花径弯弯，尽情细说心中愿。谨记国父的教导，共为祖国做贡献。啊！你可记起康乐园，记起同学少年。”

在外语系的小体育室里，不管是白天黑夜，哪怕是星期天，都有英三的蔡向元和唐同学，还有德三的三个男同学和一个女同学，表面上写点大字报，实际都在啃书，如饥似渴读着从教授家里抄来的书。哪怕是狂风暴雨，蔡向元都坚信“阳光总在风雨后”。

1968年，蔡向元和一些分配到“外事部门”的同学来到牛田洋，接受再教育，飓风把他从海堤吹起，甩到二十多步外，给他身体一些痛楚；然而，最令他惶恐的还是清理阶级队伍，因为祖父曾是国民党副乡长……

二、当上赤脚医生

1970年冬，蔡向元穿着一身从部队农场带出来的褪色“军装”，来到粤北山区的一所中学当英语老师，希望这套“军装”能“保护”他……

学校革命委员会主任介绍了学校的“阶级斗争”，之前有个英语老师竟然教学生学先生（mister）和小姐（miss）而不教同志（comrade），被打成反革命……

蔡向元心里很清楚，教英语很危险，“一定要找到一条可以活下去的路”。

恰巧蔡向元的岳父是老中医，家里有很多中医书，他放假回家便把许多中医书带到学校。

整夜亮着灯看书，引起学校领导怀疑，“祖父是国民党，父亲又在香港……会不会在发电报”？

“砰、砰、砰”，紧急的敲门声，一开门就冲进几个老师。“一条大蛇进了你房间，”他们说。

一番搜查，并没有发现发报机。

“我祖父、父亲都是中医”，蔡向元向学校领导请求兼任“赤脚校医”，学校领导答应了。

十年中学老师，十年“赤脚校医”，却让蔡向元成为远近闻名的草药医生。

每个星期天带了几个学生，拿了锄头，上山采草药。学生到山坑下面找“金钱风”。蔡向元一抬头，离他十来米的山坡上有一条金黄色巨蛇，他愣住了。巨蛇向他冲过来，他心头明白，逃跑、反抗或者惊怕昏倒都会没命。巨蛇已到眼前，他屏住呼吸，巨蛇从他脚边溜到山下去了。蔡向元写了小说《赤脚医生日记》，记述当赤脚医生的峥嵘岁月。

三、梦想成真

1979年，蔡向元乘改革开放的春风，走过罗湖桥，来到香港。在人民入境处填表时，他把名字改成“蔡向源”。

由于蔡向元说得一口流利英语，“文革”三年他都在啃书，很快找到一份好工作；由于从小就喜欢画画，蔡向元做起了油画生意。

在中大期间，他偷偷地读了很多英语小说。文学和艺术相辅相成，给了他创作的灵感，创作了许多油画样板，得到很多订单。在香港找不到画家，他灵机一动，便到广州找门路；开始请美术学院老师和学生画，可这些画又贵又不合欧美买家口味。

于是蔡向元想起了自己培训画工。一番周折后，在广州一个防空洞办起中国第一间油画工厂，把成千上万社会青少年培训成画工、画家，这些画工学会后又到其他地方办画室培训画工，然后把画交给蔡向元出口。

低廉的工价，增强了竞争力，蔡向元成了油画出口的佼佼者，就这样开创了中国油画产业。

四、奔腾的人生　奔腾的梦

正当油画生意十分兴旺，人生旅途来到高峰的时候，按道理蔡向元完全应该留在深圳，留在广州播种的田地上等待丰收的到来。可是，出现了新情况——

20 世纪末，珠江三角洲几乎有三分之一的工人因“大三阳”肝炎带菌而被开除，收音机播着医生的广告，每次诊金 80 元。

一番剧烈的思想斗争后，蔡向元毅然离开深圳，回到当年做赤脚医生的地方，希望能找到防治肝炎的草药。

蔡向元找到了当年一起采草药的老农民灶叔，在粤北山区建设了一个有两千个品种的草药园，一心想研究出可以防治肝炎的草药凉茶，在赚钱的同时也可以帮助“大三阳”工人。

人在江湖，身不由己。没想到蔡向元被诱导去建设一个大型温泉度假村，度假村建成了，来了有势力的人，“收购了”华宇温泉。

六十多岁了，该歇歇吧！蔡向元却开始用“蔡腾”的笔名写小说，搞动漫。一场世界金融风暴把做出口生意的蔡向元卷进金融漩涡，他必须搏浪求生……

似乎一切都必须从零开始。蔡向元只能重新拿起画笔，从事油画创作。

经过几年的构思和日以继夜的努力，两幅巨作《乡村旧事》——《春耕》、《秋收》面世了。这两幅画凝聚了蔡向元几十年对文学艺术的钻研，几十年生活经历，所见所闻，用油画去叙述一个神秘年代的农村生活。

《乡村旧事——春耕》

《乡村旧事——秋收》

德国艺术和艺术史教授 Mr. J. G. Buechting 把两幅巨画评价为“有世纪纪念意义的巨作”，“它们是没有被‘文化大革命’政治斗争洗涮掉，而用大脑记忆保留下来的时代文化瑰宝”。国家许多主要传媒和百万观众把这两幅画评价为“现代清明上河图”。

出于对国父孙中山的崇拜和怀念，蔡向元做了个梦，梦见国父回到人间，看到祖国一片繁荣，欣慰地笑了。蔡向元把梦境画了一幅画《国父笑看江山美》，愿以此画献给母校，作为母校建校九十周年的微薄礼物，并与校友共勉。

《国父笑看江山美》

长风破浪会有时，直挂云帆济沧海

1963 级法语　端木美

题记：本文是作者在中山大学外国语学院2014年毕业典礼上的发言。

尊敬的校领导，尊敬的老师们、家长们！
亲爱的学弟学妹们！

感谢学校、外语学院的领导邀请我参加今天盛大的毕业典礼，给我机会分享诸位学弟学妹即将走上人生路时的快乐和期待。这一殊荣令我深感荣幸。谢谢！

我发言的题目，借用唐朝著名诗人李白的《行路难》最后两句。原诗标题“行路难”比喻世道艰难，隐喻诗人的政治失意、前途迷茫的悲愤苍凉心境，但是也暗示诗人怀着坚定信念和理想，在人生艰难旅途上继续前进，期盼终有一天能施展抱负，实现理想。我希望诸位走出校门独自面对纷繁复杂的世界时，感受到艰难困惑，也能够坚强乐观、排除万难，争取实现自己的梦想。

关于这个历程我想与大家分享我的一些体会。

一、行路艰难

不同时代的毕业生们面对不同的命运挑战。我不想回顾我们那个年代，现在的年轻学子不可能理解在当时政治背景下，一些年轻的怀着梦想的毕业生要背负的压力，他们仅因家庭成分而无辜地被边缘化，面临政治、业务前景无望的困境，对行路难的体会一辈子都刻骨铭心。今天情况大不一样，也许你们会有找工作的困难，会因为有太多的抉择而困惑，或者会因为梦想与现实有差距而痛苦。但是，你们处于国家最好的大环境之下，这是生存发展最有利的保障。要知道行路难是人生常态化的状况，不管什么情况下、不管你愿意不愿意，都必须坚强地走下去。这是一个迎战命运、挑战自我的过程，成败则取决于你的抱负、你的意志、你的坚守。

二、迎战命运

处于逆境时，有人怨天尤人、自暴自弃；有人则坚强面对、从不退缩、迂回顽强前进，不管能否实现自己的理想抱负，就在这个过程中体现个人的价值。这个方面，我父亲端木正是我的榜样。父亲生前是本校教授。他50年代初留法归国，满腔热情想为国效力，但是形势使得一个法学博士改教历史，而且很快就经历他始料未及的各种政治运动，跌到人生低谷。但是，他不抱怨、不自暴自弃。在失去上讲台机会、只能在图书室工作时，他也兢兢业业，并因有良好的多种外语条件而能利用好图书室资料，继续积累知识，埋头苦干。当时没有人能看到他的前途出路。然而，当“文革”刚结束，学术界还处于荒漠状态之时，他不但能为商务印书馆译校难度很大的英法文著作，而且在北京大学请他代法国史教授讲课时，带去一系列关于法国大革命、拿破仑时代等内容丰富、传达国外学术新信息的报告，一时震惊北京大学及国内业界人士。当年在北大学习的一位法国留学生多年后成为外交官，还能追述当年听课盛况，教室不仅座无虚席而且连过道窗台上也坐了人。此后，历史学界公认他的成就。1980 年，中山大学复办法律系，学校对我父亲非常重视和关心，他成为了首任系主任。就这样，他在花甲之年重建中大法律系，把工作也做得让人称道。晚年，他被国家任命为香港基本法起草委员会委员、最高人民法院副院长、海牙仲裁法院仲裁员，演绎传奇人生。这正是他挑战命运、不断努力、学有所备，在机遇到来时才能实现青年时代的报国理想，以国内少有的跨历史、法律两学科的专家身份为国效力。

三、无欲则刚

父亲总是在在关键时刻为我指点方向。有很多事例，我就不一一列举。我只想举其中一件：在研究工作中，申请课题很重要，我曾经抱怨过社科类项目所得到的资助比自然科学少。父亲马上指出，当年抗战时期在西南联大，教授们生活非常清苦，一些教授太太甚至要卖首饰衣物贴补家用。在那样艰难困苦的条件下，教授们还教课、写书、做科研，培养出一大批国家栋梁。现在条件好了，有了科研经费，怎么可以抱怨？以后，我慢慢理解老一代的襟怀，不以物喜、不以己悲，学会不再计较分房、待遇、经费；学会远离物欲的诱惑，安心在学术研究的冷板凳上一点点积累学术成果、尽自己力量推动学术发展。

四、学无止境

当我们怀揣毕业文凭走出校门时，大学只为我们打下知识的基础，在工作中才知道要学习的东西太多了。特别是从外语系毕业，我们只算初步掌握一种工具。人文社科类的词汇量之大远非我们在校学习的所能包括，知识层面也相差甚远。在我留学瑞士之初，体会尤深。最初上课教授们所讲内容我完全不能连贯听下来，专业词汇成了拦路虎。我需要借同学笔记、拿字典阅读老师指定书籍、到语音室反复听相关内容的磁带，每天学习超过 12 小时，半年多之后才勉强进入相关语境。能听懂了，但离开口参加与外国师生一起的专业讨论还有距离，学习没有休止的时候。有老同学不信，认为外语系毕业生如是说，太夸张了。事实就是如此。甚至在国外参加不同的宴请聚会，谈话主题、内容不同，要适应都有个过程。后来我有幸参加国际史学会首脑们的一些会晤，在毫无准备情况下充当翻译，每个人的专业、口音、语速不同对我的考验都是很大的。直到今天我依然感到每天都要不断学习、不断请教，才一步一脚印地走上国际学术舞台。所以学无止境。

五、女儿当自强

外语院校女生多、成绩好，但有时在离开学校后，一些客观因素使女性发展多有障碍。这里不详谈。我只想说，女性个人需要有自尊、自爱、自立、自强的精神。我多年在历史学这个成功男同事占多数的领域工作，从不敢松懈。十多年来作为中国法国史研究会会长，通过自身专业不断提高、通过对培养青年一代的高度关注、通过对高水准的国际合作的推动，取得一点成绩，因此，在 2011 年获得法国总统颁发的法国国家功绩军官勋章。在今年纪念中法建交 50 周年之际，我应邀参加一系列活动，某些时候只有我一名女性代表。作为全国妇联执委，我感到有必要好好思考，如何提出关注高层次知识妇女发展的提案。总之，女儿当自强是我与在座学妹们分享的体会。相信有一天大家都能乘风破浪、高挂云帆，在沧海中勇往直前到达梦想彼岸！

谢谢大家！

我美好的圆梦之乡

1963级法语　刘文立

在故乡长沙读高中时，我酷爱俄文，立志报考北京外国语学院俄文系。临到高考，在一位老友的极力推荐下，才改填了中山大学外语系的俄文专业为第一志愿。1963年8月30日，我越过南岭来到了珠江畔的康乐园。到位于西区的外语系报到时，不料俄文专业已停办，自己被分配到了法文专业。

开学时，外语系举行了迎接新生的报告会，由系主任戴镏龄教授主持。1960年代初，在越来越革命化和政治化的中国文坛，针对“有鬼无害论”而展开的大批判正方兴未艾。听老生说，这位曾留学英伦而潜心研究过莎翁的学者，眼下的日子很不好过了。可是，戴先生似乎未加以理会，依旧埋头于繁重的教学及行政工作。系主任在报告中给新生简述了这个系的历史及现状，并介绍了几位到场的教授。戴先生尤其勉励年青人为革命的事业而发愤攻读，日后将自己的学识才智奉献给国家和社会。随后，我们参观了系图书馆的藏书库以及语音室，顿感耳目一新。

从湘江边一所喧闹的中学走来，踏入南国最高学府的宁静书苑，我确实感到好奇和振奋。于是，急切地等待政治学习的结束和专业课程的开始。最初将我们领入法语之门的是毕业于南京大学的青年教师李良裕。上第一堂课时，他便发给每人一面镜子，要求大家在课堂内外都对着镜子看自己的口形来练习发音。用了3周的时间，总算过了发音关。良裕师严肃认真的教学态度给了我深刻的印象，特别是他对学生的关怀和爱护，使日后毕生从教的文立受益不浅。当年，整个外语系只有两个播放磁带的笨重台式录音机，供英语、法语和德语3个专业使用。由于本年级听录音的时间有限，当61级上“灵格风”课时，我常溜进教室的后排旁听，努力去模仿巴黎人的语音和语调。那时，就读过北京外国语学院的马炳华老师也给教材中的双语录过音。作为地地道道的广州人，他讲的法语不仅发音纯正，而且译成汉语时还略有“京片子”的韵味。我初来南粤，耳旁响起的是混杂着广东各种方言口音的普通话，所以觉得马老师的双语都清晰悦耳，听过不忘。在校的第一年，程依荣老师教过我们精读，还批改作业。有一次，广州外文书店来外语系售书，一本影印的法语词典让我爱不释手。可自己身上仅有几毛钱，而该书的售价为7块多，超过了半个月的伙食费。无奈之下，我只得鼓起勇气向程老师开口。他二话没说就往宿舍走，一会儿便把所需的钱借给了我。后来，这本词典在几十年中被我翻烂了，而今虽面目全非，但还在书斋中占有一个醒目的位置。如此令人感动的经历于无形之中启迪了自己，应当如何对待身旁那些有困难的学生。要掌握法语，必须在语法上下苦功夫。读二年级时，毕业于里昂中法大学的杨润余先生给我们上这门课。她讲解时和颜悦色，非常耐心，条理特别清楚，让我迷恋上了严谨的法语语法。这位教授也来自古城长沙，少时思想激进，参加过新民学会。听杨老师说，包括她在内的一批有志青年在上世纪20年代初从上海登船赴法勤工俭学时，毛泽东曾亲临码头与之话别，为其壮行。于耀南和孙传才两位青年教师曾在燕园求学，受益于罗大纲、吴达元和郭麟阁等知名学者。他们条分缕析地给63级上精读课，介绍几部文学名著。在他们的引导下，我对法国文学的热爱有增无减，很快便开始阅读《悲惨世界》和《九三年》的简写本了。那时，正师从梁宗岱教授的黄建华老师也给我们上过文学著作选读。他讲解《待租的房间》时口述的几段译文非常贴切传神，至今我还记忆犹新。读三年级时，李慰慈、吴绪、颜继金和林托山等教授先后教过我们，分别上精读、语法、翻译和作文课。这些前辈不仅学养深厚，而且谈吐不凡，举止优雅，显示出忠厚智者的风范。颜老师有一位法国太太，大家都以“Madame”相称。这位50多岁的西方女士个子不高，衣着朴素而得体，不苟言笑。我们专业的同学为了练口语，常会借故与Madame“寒暄”一番，课后还不惜将她“拦阻”在归家的路上。1966年春，颜继金先生给我们上翻译课时带来了一本自己的新作，是关于如何正确使用法语动词的教学参考书。有一次，他称赞我汉译法做得好，同时又指出法译汉死板，要我向同窗李佐淇学习。先生的话，我牢记了。从此，往往将李的翻译练习和自己的相对照，看他如何遣词造句。80年代初，在严苛的史学论文的撰写之余，我想换一下口味，便试译了一篇题为《中彩的号码》法国短篇小说。稿成后，我觉得自己的译文艰涩板滞，难以表达原作的轻松和幽默。发表前，我请文采斐然的佐淇为这篇译作润色，效果显然好得多了。1966年初夏的一天，颜先生因脑溢血而骤然辞世，让我们震惊和悲痛不已。翌日，文立在日记里寄托了弟子的哀悼之情。作为低年级生，我们没有资格听文坛大家“南国诗人”梁宗岱教授的授课。于是，他给法语专业60级上文学课时，我就在教室外窥伺。有一次，梁教授将一段关于信鸽的短文抄写在黑板上，让这个班当场做汉译法练习。我想起，包括这段短文在内的整篇文章就刊登在前一天的《羊城晚报》上。上二年级时，出于对语言和文学的热爱，又耳闻目睹了外语系多位师长的生动范例，文立就已萌生毕业后留校工作的梦想。实话说，从那时起，我便向往能与学生和书籍长年为伴的一种校园生活。

1960年代，就文理科综合性大学而言，只有北京大学、南京大学和中山大学设有法语专业。可是，这3所学校好像都偏重于文学的教学和研究，学生的会话训练并不多。然而，当时各用人单位所急需的却是口译人才。1964年，多亏马炳华老师的积极举荐和多方奔走，中山大学将法籍教师Henri Rognon（罗勇）和陈妹妹夫妇调来外语系任教。随着两位老师的加盟，法语专业掀起了一股口语训练的热潮。比如，1965年，我们专业展开了近一个月的“口语运动”，规定日常会话必须讲法语。那时，各位任课教师均来到学生宿舍督促和指导。傍晚，大家都待在房间收听法文版的“九评”，由高年级的同学朗读，大喇叭就挂在宿舍的楼道里。1966年春季的“广交会”期间，广州国际旅行社分批次地接纳法语专业63级的同学去当翻译，大家都圆满地完成了一个多月的实习任务。看到苦学的法语派上了用场，同学们无不备受鼓舞，开始期待来年分配到什么单位去工作了。正在这时，“文革”的惨祸降临，外语系被迫停课，我们的专业学习也就中断了。汉法互译这门重要的课程没修完，我十分痛惜而无法倾诉，决心自行求索。此前，外语系要从西区迁往中区，即现今的紫荆园宾馆旁边的一座红砖楼。于是，同学们手提肩扛，为系图书馆搬运图书和报刊。因为63级法语班的同学读中学时学过俄文，所以要我们负责《真理报》的整理。经过反对修正主义的学习和斗争，我们已不再相信这些“真理”了。但是，工作归工作，大家仍然认真地将这些发黄的报纸依照月份和日期一一归档，摆放得井然有序。在那场史无前例的大浩劫中，我们法语专业63级的21名同学虽然参加了不同的革命组织，却自始至终没有极端的派性色彩。处在“阶级斗争”尤其是“路线斗争”全面展开的年代，我们班级里对立派别的同学的日常相处依然友好，即便在派别斗争的剧烈“事变”猝发之时，至少大体上也还过得去。全然不像有些系、专业或班级那样，极“左”思潮的冲击和泛滥引发过“文攻武卫”，以致“造反派”和“保守派”之间的关系形同水火，斗殴和流血的事件曾有发生。我想，这与我们班级很早就形成了的彼此和睦与相互善待的积极的班风有关。的确，黄庆升和林巧銮等团干部几年中都以身作则，积极沟通，为此做过诸多有益的工作。

当年，康乐园的西区主要是外语系的教学和生活区，其外围有三弯池塘和一个运动场，皆为绿树、竹林和花草所环抱或掩映。此外，在朝北的方向还有一处幽暗的墓茔，据说早年在岭南大学服务过的若干仁者先贤如今安息于此。我们外语系的教学楼、图书馆、学生宿舍和活动场所，就在西区这大片地域。包括办公用房在内的教学楼有两幢，以一条以红砖砌成的小道隔开。就地理方位而言，教学楼和图书馆都紧邻作为海珠区大动脉的新港西大马路。不过，围墙外是大块的菜地和散处的民居，只有14路和25路两条线的公交车在此经过，其他的车辆少之又少。所以，我们的教学及生活环境在整体上还是十分安静和清幽的。在生活区，除了教工居住的几排小平房外，就是4栋以红砖砌成的学生宿舍，其中1栋为女生宿舍。4栋宿舍之间的距离不过10来米，欢声笑语或喧闹争吵能隔窗相闻。偶尔，从对面宿舍的窗口会飘来一阵深情的独唱，或是有人特意地弹奏出的一段乐曲。此时，知道内情的人便会意地逗笑起来。那时，大学生几乎都全力以赴地投身于专业的学习，公开的花前月下之事非常罕见，而这样的情形到“文革”中才产生了明显的变化。宿舍旁边就是食堂，因此我们的生活区离教学楼和图书馆很近，不过百米之遥。其间的地带为活动的场所，包括篮球场和排球场，一处设有单双杠的大沙坑，还有一座近乎废弃的小型体育室。这里有必要提到的是，我们的外语系真不乏体育尖子，诸如乒乓高手杨宗熹、梁永韬和蔡济美；篮球健将麦瑞生；短跑“名将”黄天源、林巧銮、王红英和潘玉冰；网球“明星”廖少廉；“剑坛之花”伍坪；还有包括陈昆明、刘汉宗、谭大新和郭迪青在内的一大批“浪里白条”；特别是在“文革”前的一次中山大学校运会上，外语系取得了女子团体总分第一名的佳绩。当年，在教学楼旁铺展着一片草坪，便于练歌排节目或开展口语会话。印象很深的是那里长着含羞草，一碰就低头。学生宿舍旁有一宽阔的直达西校门的长方形地带，花木和翠竹繁茂，被一条小道隔为东西两部分，尤其利于晨读。我大学年代的记忆，大多就沉淀于这整块区域。除了教室，我们的学习时间大多在图书馆里度过。二楼的阅览室通常是我们自习的地方。那时，放一本书或词典提前去“霸位”的现象非常少；阅览室的座位坐满了，自然就会移步至一路之隔的教学楼。在图书馆守门的是一位年过5旬的女工友，衣着朴素，赤脚踏着凉鞋；对老师和同学总是笑脸相迎，露出一颗金牙齿。出入图书馆时，学生们都亲切而没大没小地称她为“卿姐”。在阅览室复习完功课后，我常常翻阅《收获》、《人民文学》、《诗刊》和《世界知识》等期刊。在《世界知识》上，我读过一篇关于戴高乐将军访问魁北克的报道。这次访问在法国和加拿大之间引发过一场外交纠纷，让我对法国在北美扩张的沿革产生了浓厚的兴趣，并由此追根溯源而扩及到法国近代史。于是，我的专业兴趣在法国的文学和历史之间游移不定了，所幸“文史不分家”吧。

临近60年代中期，国民经济已从50年代末期的严重经济困难中恢复过来。我们就餐时，凭分成早中晚的餐票先到窗口取菜，米饭则已不限量了，自己到大桶里取就是。中晚餐还提供也是用大桶装的素菜汤，上面飘着星星点点的油花，大家亦可随意享用；至于汤瓢，则为半边椰子壳，带有一个竹制的长柄。为了改善伙食，每个月都发几张“加餐票”，固定在某一天使用，凭票领取一块肉或一份鱼。那一天，同学们就餐时就不像平日那样草草了事而匆匆走人了，饭厅里的气氛显然要热闹和欢快得多。羊城气温高，我们食堂里的10多位男工友一年到头几乎都身着围裙，一条汗巾搭在赤裸的肩上或系于腰间，默默地劳作在厨房和锅炉房，为大家煮饭、做菜和烧水；偶尔也能听到他们轻松地哼几句粤曲或是相互打趣一番，那是在我们洗完碗筷而快要散尽的时候。这些男工友单瘦精干的居多，体态硕壮者很少。通常，女工友负责在窗口给学生分菜，清洗厨具和搞卫生。女工友中有一位北方大婶颇为显眼，不仅服务周到细致，还喊得出许多同学的名字。在打扫饭厅时，她会热情地同我们聊天，通常用粤语，不过含浓重的河南口音。在取菜的窗口前，学生们排起长队，几乎没有加塞的。此刻，大家还不忘练习口语。这样一来，饭厅里几种外语都能听见。那时，每栋学生宿舍的进门处都有一个盛开水的大木桶，由各房间轮流派人到锅炉房挑水将它装满。可是，亦有不少人学雷锋做“好人好事”，不按房间的顺序而争着去挑水。

1963年，正是雷锋的事迹广为宣传的时候，很快在康乐园里产生了影响。于是，“一帮一、一对红”的活动就在外语系开展起来了。按照那个年代的价值观，由思想进步的来帮助思想落后的，学习成绩较好的当然要帮助学习成绩稍差的。比如，在西区的那条“主干道”上，晚餐前后常看到一对又一对的男女同学保持着一定的距离而肩并肩地散步，表情十分坦然。现今的大学生可别误会，他和她未必在谈恋爱，往往是“一帮一、一对红”在交流思想或练习口语。当年，尽管我们班的同学在专业学习上你追我赶，有时还会因对语法或词语的理解不同在课余争得面红耳赤，但总的来说大家都能相互帮助，取长补短蔚然成风。在那个极“左”之风愈刮愈烈的时期，文立因家庭的背景和刻苦的学习而受到了批判和教育。不过，许多同窗仍诚挚地帮助或关心过自己，像黄庆升、李佐淇、蔡济美、丘一剑、杜桐华、马婉青、林巧銮、陈子新、陈再干、谭大新、刘国麟等。来自五湖四海（两广居多）而就读于外语系同一个班级的学子，十分珍惜这种少有的缘分和深厚的学谊。时至今日，我们班级里居穗的“老头老太”们还常欢聚于康乐园，一起去拜望耄耋之年的师长，在孙中山先生的铜像下共同回忆大学年代那些难忘的人与事。远在北京的余勤耕和大洋彼岸的苏庆荣，也常与大家电话联系，交谈甚欢。当年，文立常向高年级的同学讨教，从李逢森、梁启炎、黄天源和许孟钊等人那里均获益不浅。除了外语课外，我们63级英语、法语和德语专业各班的公共课主要有现代汉语和政治经济学。这时，三个专业的同学走出各自的小教室而共聚一堂，80多人在大教室里相互间常有交流。1964年春，外语系63级的全体同学还参观了三元里纪念馆、东方宾馆和越秀公园，大家都很兴奋。那一天，英语专业的女同学在汪念郴的带领下合唱了《花儿为什么这样红》和《怀念战友》；记得电影《冰山上的来客》刚上映，我们不久前在中区的电影广场上看过。说真的，专业学习十分紧张，政治学习和运动也不少，这是外语系为我们这个年级组织的仅有的一次集体郊游。当时，纪经纬老师担任63级3个专业4个班（英语分A班和B班）的政治辅导员。除找团干部和班干部开会外，他也常与一般的同学联系，耐心地做思想工作。1965年，由于“重专轻红”而挨批，我的情绪较为低落。这时，他找我认真地谈过两次话，叫我不要背思想包袱，无论如何不能放松专业学习，应当主动靠拢共青团组织。但我虽经努力，仍不得其门而入，于是更执着地走在寻求专业发展的路上。1966年春，作为政治辅导员的纪老师派我作为首批实习生中的一员“打头阵”，去广州国际旅行社当翻译。1991年初，在我办理从武汉大学往中山大学的工作调动时，又是纪老师如实地向历史系的领导介绍了我就读外语系时的情况。

由于“文革”，我毕业后留校任教的梦想彻底破碎了；然而，随后的多年中，重返康乐园的夙愿仍时不时地躁动于心底。1968年8月，我和外语系的许多毕业生一道被遣送至牛田洋军垦农场接受改造。大堤上和海田里，我们“战天斗地”了两年多；在1969年7月28日那场导致堤毁人亡的超强台风和特大暴雨中，一同经受了生死的考验。63级外语系的大多数学生，从康乐园到牛田洋，作为学友和“牛友”，朝夕相处的时间未间断地延续了7年多。1971年春，我开始在长沙的周南中学教英文；1973年初被调到长沙铁道学院教法文。1978年秋，文立考入北京大学历史系世界史专业当研究生，攻读法国近代史。1981年冬，我被分配到武汉大学法国研究所从事教学和研究，后来远赴日内瓦大学历史系深造，并两度在巴黎高等社会科学研究院进修。1991年寒冬，我终于回归留下了自己青春年代那段无比珍贵回忆的温馨的康乐园。从此，我在中山大学历史系讲授法国史和世界当代史，将主要的精力用于培养研究生。就读外语系时，因家贫我享受过伙食费全免的人民助学金。为此，本人曾暗暗立誓，日后一定要知恩图报，为人民和社会尽一点力。而今，翻阅一本本的影集，文立时而回望聚散于长、京、汉、穗4座城市的人生岁月风云。在京广线上，我由北向南再由南至北，继而又在域外负笈求知，在1所中学和3所大学工作，充当了一辈子的教书匠。在指导过的众多硕士生和博士生中，有3名博士生来自当年培育了自己的外语系，这让我颇感欣慰。

时值母校迎接90华诞之际，我永远铭记1963年8月30日，这是外语系敞开双臂将文立拥入怀中的一天。同样，我也难以忘怀2012年除夕，这是我告别历史系的日子，难舍难分地离开了永芳堂内那间待过20年之久的办公室。此前，我已将半个世纪以来自己收集的3千多册中外文专业书和词典捐赠给历史系图书馆，留在了康乐园。

啊，中山大学外语系，我吸吮过乳汁琼浆的坚实母体；啊，珠水之畔的康乐园，我职业人生的美好圆梦之乡！文立带着至诚的感激和无限的依恋，轻轻地呼唤你……

康乐园里的青春足迹

1963级英语　唐　强

躺在床上，辗转反侧，久久不能入睡。我的心情一直处于混乱状态，开学第一周的几个活动画面，不断在脑海里重复出现。

1963年9月1日，我怀揣录取通知书，手提简单行李，前往中山大学报到。从14路车下来，抬头一望，首先映入眼帘的是南校门上“中山大学”四个刚劲有力的大字。多年来，我朝思暮想进入这所名校深造，如今终于梦想成真。外语系迎接新生的师兄师姐们早已在校门口等候，他们热情地接过我和其他新生的行李，带领我们到小礼堂办理入学手续。走在宽阔的逸仙路上，但见两旁树木婆娑，花草茂盛，红墙绿瓦的堂馆掩映其间。小礼堂两边的林荫大道，贯通中大南北大门。小礼堂前方，有一个长方形的大草坪，芳草萋萋，中间一座高台上屹立着孙中山铜像，远处还建造了一个紫色琉璃瓦顶，上盖呈八角塔形的惺亭。这里是中山大学的中区，既华丽又宁静。办完入学手续，一位师兄详细地介绍了小礼堂的历史。原来，小礼堂是美国机械仪器制造商史怀士捐资，于1916年建成的。1923年12月21日，孙中山先生曾在此发表演说。我第一次听到“要立志做大事，而不是做大官”这句名言。

在前往西区外语系的学生宿舍途中，一名新生问师兄：“听说外语系有不少名师，他们是谁?”“外语系人才济济，先讲两、三位吧。”师兄张口就是英语系的戴镏龄、王宗炎和法语系的梁宗岱。他说，三位教授都是大师级人物。简单地介绍过名师的情况后，他语重深长地说：“我们应该发扬光大他们治学严谨的精神。”

63级英语专业共48人，分成三个小班，每班16人，我被编排在A班。西区宿舍由四幢红墙绿瓦两层高的楼房组成，其中三幢属于外语系英语、法语和德语专业，一幢属于生物系。每个房间有四张双层床，八张书桌，窗外可以看到四季开花的夹竹桃和大红花。能够在这样舒适优美的环境里读书，我感到无比骄傲和幸福。

我是班干部，很快就和同学们混熟了。常言道：不是猛龙不过江。我的同学入学时就能用英语会话，阅读英文小说简写本。与这些强手在一起学习，我感到压力很大。大学的第一节课进行听力摸底考试，刘达康老师念了一篇约200字的短文，每个句子念两次，最后还全文读一遍。课室静悄悄，只听见同学们笔下沙沙响，而我却急得满头大汗，被那些“连读”搞得昏头转向。高中几年，我学的是聋哑英语。摸底考试结果不言而喻，我是班里倒数第一。中学年代，学习上我一直处于班里的领跑地位。但刚进入大学，我就输在起跑线上。沉重的打击压得我抬不起头来，情绪一落千丈。心有千千结，我可以向谁诉说？最后决定找辅导员陈老师谈谈心。

傍晚，我见到陈老师，谈了这几天的感受，并且提出自己想转学到中文系的要求。听了我的思想汇报后，陈老师安慰我，说：“像你这种情况每年都会发生。在起跑线上跑得最快的，未必最快到达终点；在起跑线上跑得最慢的，未必最后到达终点。”辅导员言之有理，可我对自己缺乏信心，仍然希望他帮忙联系中文系，看看那边是否愿意接收我。

两天之后，辅导员告诉我，中文系那边没有学位，要我安下心来，集中精力学好英语。没有退路了。既然今生要与英语结缘，只能正视它，想办法征服它。我不能与别人比，但我可以和自己比，只要不断进步，也就问心无愧了。

“他就是梁宗岱教授，”英五的马大哥低声告诉我。随着他的目光看去，但见前方20米处，一位身穿白色开领汗衫，短裤衩，戴金边眼镜的长者，正在操场边的林荫道上做晨运。他看上去五十开外，身壮力健。据马大哥说，梁教授个性刚烈，特立独行，有许多奇闻轶事。他的故事中，最感动我的是，16岁成为南国诗人，20多岁精通英、法、德、意等多国语言，28岁任北京大学教授。相比之下，我一门外语都不懂，在语言大师面前，自惭形秽。从那一天开始，我决心以大师为榜样，无论有多大困难，也要勇往直前，永不言弃。

我分析了一下，英语包括听、说、读、写、译几方面。对我来说，听和说最难，首先要突破这两大关。60年代初，除了留声机之外，没有其他多媒体。外语系只有一台留声机和几张大碟，供全系学生轮流使用，每个班一周只有一次听碟机会。我不得不另寻出路。那个年代，留声机属奢侈品，一般家庭都买不起。幸好，我的一位堂兄家中有一台留声机。于是我节食省用，花钱买了几只日常会话的英文大碟，周末就到他家播放，训练听力。平时，一有空我便跑图书馆，借阅英语读物，扩大词汇量和吸收更多的语法知识。

1963年11月22日中午，我刚步出饭堂，忽然听到几个五年级的学生谈论一则特大新闻：美国总统肯尼迪在德克萨斯州遇刺身亡。因为他们懂英语，第一时间就从“美国之音”的广播里收听到了。当天稍后时间，中央人民广播电台也播放了这条消息。肯尼迪，美国历史上第二个最年轻的总统，不久前化解了古巴危机。他的突然死去，让全世界感到震惊。懂英语真好，很多消息可以捷足先得。我心中暗暗地羡慕那几名学长。

临近期末，国际上又有一件大事发生。1964年1月27日，中法两国政府发表联合公报。法国总统戴高乐奉行独立自主的方针，冲破西方大国的障碍，率先与中国正式建立大使级外交关系，并主张恢复中国在联合国的合法席位。形势大好，中国返回国际舞台指日可待。为了适应形势需要，中山大学外语系调整了学制，由原来的五年制压缩为四年制。这意味着，我们这届学生要提前一年毕业。

很快到了期末考试。那时的考试包括笔试和面试两项，前者与中学时的测验相似，只是题目多了，但后者有点新鲜，四、五位老师一排儿坐在讲台边，学生一个个轮流进场，根据图片的内容，回答老师们的问题。过了几天，刘达康老师在课堂上公布考试结果，大部分学生成绩优良，几个中等，不及格的仅1人，最后宣布：“唐强，58分，不及格。下学期初可以补考。”这就是我半年“奋斗”的回报，同学们的目光都转向我，我羞愧不已，感到无地自容。一连几天，我闷闷不乐，准备寒假留校复习，准备补考。但突然之间，峰回路转。放寒假前夕，全年级开大会，刘达康老师突然出现。她说：“我要更正唐强的考试成绩，经过认真核对，不是58分，是78分。”一开始，我不敢相信自己的耳朵，旁边的同学重复了一遍老师的话，我才如梦初醒。康乐园里最大的享受是，周末前往中区露天广场看电影。1964 年春末的一个晚上，露天广场人头涌涌，青年学生争相观看《早春二月》。读高中时，我就喜欢柔石的小说《二月》。书中主人公肖涧秋与陶岚和文嫂之间纠结而又凄美的爱情故事十分感人。我和同学们一样，狂热追捧孙道临和谢芳主演的《早春二月》，散场了，依然久久不愿离去。

五四前夕，中山大学校报发表社论《向又红又专的杨秋萍同学学习》。杨秋萍，1959 年中山大学工农干部速成班学员，后来该班因故解散，杨秋萍选读英语。入学时她只懂 26 个英文字母，与其他同学的英语水平相比，差距甚远。5 年里，她没有周末，没有寒暑假，坚持刻苦学习，终于后来居上，笑到最后：全国大学生笔译雷锋日记比赛，她夺得亚军；外国友人访问中山大学，她当学校领导的口译员。中山大学学生会举办“学习杨秋萍”活动，在小礼堂展出杨秋萍读过的英文书籍和她写的读书笔记，共 8 箩筐。杨秋萍成为年轻人，特别是像我这样的后进生学习的好榜样。

经过一番努力，我的听说能力略有提高，英文写作方面有了较大的进步，多次受到刘达康老师和钟明占老师的好评。正当我学习英语尝到了一点甜头的时候，国内政治环境发生了急剧的变化，文化界吹起了批判风。1964 年 7 月，《人民日报》发表文章，点名批判中央党校副校长杨献珍的“合二为一”论。紧接着中央宣传部组织批判《北国江南》、《早春二月》等“毒草”影片。一时之间，百花纷谢，万马齐喑。阶级斗争的火药味越来越浓烈，教育界也闻风转舵，老师们急忙中断讲授《大卫·科波菲尔》、《简·爱》、《远大前程》、《呼啸山庄》等西方文学作品，转而让我们学习诸如“大寨和大庆战天斗”类的文章。

1965 年初，中共中央《二十三条》指出，农村要搞社会主义教育运动，并要求大学生到农村去锻炼。12 月，外语系派我当先锋，前往鹤山县，联系当地的干部群众，为迎接 300 多名师生来参加运动，做好食宿安排。我克服了各种困难，按计划完成任务。一个月后，我们赶回学校边上课，边参加另一场批判“资产阶级文学道路”的运动。从此，康乐园内阶级斗争硝烟弥漫，平静的读书生活一去永不复返。

帝王将相，才子佳人，不问青红皂白，一律打成毒草，“高大全”的文艺作品独占书架和舞台，文化生活单一乏味。上海的柯庆施、姚文元之流，不停地发难，今天批判这个，明天打倒那个，惟恐天下不乱。在那特殊政治环境之下，我们只好假借批判之名，偷偷阅读西方文学作品。孙中山先生“要立志做大事”的教诲依然时刻出现于我的脑际。没有本领，如何做大事？于是我经常钻入中区学校图书馆里，“管它春夏与秋冬”。在那里，我最喜欢与《英语学习》为伴。当年的那份杂志，内容丰富，不管你是新手还是学者，从中各取所需，收获不同的知识。

1966 年 3 月，某日课间休息，外语系人事处通知我，12 点钟前往中山大学招待所，那里有位贵宾约见我。我准时到达招待所“黑石屋”，轻轻敲响 201 室的房门，不一会贵宾就出现在我的眼前。进屋后寒暄了几句，谈话便进入正题。贵宾详细地了解我的学习和工作等情况，我一一如实回答。一周后，人事处负责人告知我，贵宾来自北京外交部，此行的目的是了解我的简历，计划大半年后派我到英国深造。我的英语水平远远不及同窗学友，不知道系里的老师和领导看中了我身上的什么特长，这个独一无二的留学美差落在了我的头上。

我进入黑石屋之日，正是“文化大革命”风暴日益逼近之时。1965 年年底，上海《文汇报》发表姚文元写的文章《评新篇历史剧〈海瑞罢官〉》，正式拉开“文化大革命”的序幕。1966 年 6 月 1 日，中央人民广播电台广播了北京大学聂元梓等 7 人炮轰北大党委的大字报。从那天开始，康乐园也像其他大学校园一样，完全淹没在铺天盖地的大字报海洋里。很快，权力失控，红卫兵打着“造反”的旗号，肆意抄家抓人。中山大学上至李嘉人、马肖云正副校长，下至戴镏龄等各个系的主任，一个个被打倒。学术权威的命运最惨，主张为人治学应有“独立之精神，自由之思想”的陈寅恪大师，受尽残酷折磨，最终含恨离世。学贯中西的梁宗岱教授多次被批斗，也几近于死。这场浩劫延续 10 年之久，中山大学一直处于无政府状态，我那区区之“留学英伦计划”，也就随之灰飞烟灭了。

1967 年夏季，广州“东风”“红旗”两大派组织从文斗演变成武斗，中山大学处在风口浪尖上。一日，康乐园被某组织包围了。我没有参加两大派组织，只与一位同学组成了“共工战斗团”。闻到武斗风声，我们俩当即撤出校园。站在南校门外，默默望着“中山大学”四个醒目的大字，暗自唏嘘：四年前，我怀抱远大的理想踏入神圣的学术殿堂，如今却狼狈逃离康乐园。彷徨复彷徨，不知什么时候才能重返校园，完成学业，然后奔向社会，圆我“不做大官，要做大事”的美梦？

我的乒乓趣事

1963 级英语　杨宗熹

我 1963 年 9 月入读广州中山大学外语系。在此之前，这年的 4 月份，我代表湖南省常德地区参加了在湖南郴州市举办的省青少年乒乓球赛。在青年组的男子单打决赛中，我与原湖南省专业队第一主力曹振华（后来参军离队）相遇，我在先胜两局后，连输三局，获青年组第二名。

省体工队领导要求我入队，我说待本年高考后，再决定去留。8 月，我收到中大录取通知，我当然选择入读中大。

我和梁永韬同时入读中山大学外语系一年级 A 班，同房住宿上下铺。梁永韬是广州乒乓名将，曾与当时国家队主力之一梁丽珍同时在广东省队集训。1964 年，我和梁永韬同作为中山大学校队主力队员参加了广州高等院校乒乓球赛。我除了输给文史夜学院的谭卓林（他曾是中国国家队队员，且曾连续九次击败当时的世界冠军、日本的荻村伊智朗）外，我胜了其他高等院校的所有出场队员，后被选入广州大学生代表队，参加广州市第 5 届运动会乒乓球比赛。在比赛（只有团体、没有单打比赛）中，我连续打败 5 名一级运动员，获得新的国家一级运动员标准及风格奖，并入选广州市男子队，接受训练，拟参加广东省第二届全运会。我暑假回湖南，未告诉教练林金源，后来联系中大体育教研室还是找不到我。失去了这次比赛机会，可惜。

中大五年，我每年均作为广州大学生队第一主力参加广州市级各种比赛。我水平下降，成绩一般。

1968 年，毕业分配到河南省焦作市矿务局，同行共 5 位中大外语系毕业生，其中有 62 级的区鉷同学。我们到达焦作的第一天，路过市少年宫时，区鉷对我说："你就来这里当乒乓球教练吧！"没想到一语成谶，被他言中。在小马村矿下井挖煤不久，就被调到焦作市体委，开拓了焦作市的乒乓球业余训练，一干 8 年，每年均能取得河南省乒乓球比赛各种名次，并向省、部队输送了多名队员。其中张敏是最突出的，她曾获全国比赛第二名，后从河南省队选入国家队。张敏近 20 年在广东省唯一的政府专业级伟伦体校任男子队教练，为省队、国家队输送了多名队员。现中国八一队就有伟伦体校张敏送去的 6 名队员。最近获得 2014 年南京青奥会男子单打冠军的中国队新星樊振东也正是她送上去的队员。

本人 1976 年返穗后，转回与大学所学英语专业有关的工作岗位，后又被派到香港中国招商集团下属公司工作，与乒乓球绝缘了 20 多年。2004 年退休后，重拾球拍，分别代表上海和香港"老顽童队"参加了全国"历史文化名城"和"万杰隆杯"、"李宁杯"等比赛。参加这类比赛的选手分为 30 岁/40 岁/50 岁/60 岁等年龄组别，打过专业队的人约三分之一，业余选手居多，本人属于后者。每年成绩尚可，最佳成绩是 2008 年打过全国第二名，2009 年在呼和浩特的全国比赛中拿了第一名。

我今年 74 岁了，老矣，有病。看来，最有可能死在乒乓台旁，乐此一生。

中大那些美好的日子

1965 级法语　余春容

2014 年迎来了中山大学 90 周年诞辰，适逢中法建交 50 周年，吉庆的日子把我带回了母校，激起我对中大生活的无限回忆。

那是 1965 年的秋天，经过中学六年苦读的我以高分从湖南一个小山村考入了中山大学外语系法语专业，实现了我走出大山的梦想，成为了一名中大学生。我一个穷妹子从山沟到广州这个繁华的大城市，来到中山大学这个华南的最高学府，开始了我崭新的人生。

踏进中山大学，清一色红墙绿瓦的“小礼堂”、“广寒宫”、“爪哇堂”、“生物大楼”等著名建筑，古色古香的“孙中山雕像”，小叶榕搭成的宽阔的林荫大道、成片的青翠的竹林、翠绿的草坪、明亮洁净的教学大楼，构成一幅美丽的图画，这就是中大校园——康乐园。

我每天苦读在图书馆和教学大楼，漫步在校园的林荫大道，嬉笑打闹在干净整洁的宿舍里，活跃在绿茵场中。学生会组织了各式各样的活动团体——体操队、舞蹈队、话剧社、广播站，让我的课余生活多姿多彩，中大生活的五年让我深深体会到什么是真正的大学生活。

知识改变命运，在我后来的人生，我深深体会到这句话的含义和分量。最令我终身难忘的是培养指引我走向人生的外语系的老师们，包括我的法语启蒙老师陈妹妹、罗勇夫妇，李万钧，李良裕，陈学吟，马炳华等。说起陈老师夫妇，还有一段美妙的故事。陈妹妹老师在法国长大，讲一口标准流利的法语。她的先生罗勇（中文名）老师是阿尔及利亚人（讲法语），当年他们为了追求自由和幸福“逃婚”回到了中国，当了广州华侨糖厂的工人。一次偶然的机会，学校外语系的法语老师发现了他们，把他们调到中山大学，当了法语专业的口语老师。在老师们的辛勤培育下，我开始学习西方的贵族语言——法语。在中大五年的学习中，我打下了扎实的外语基础，在后来四十年的工作生活中，依靠着这样的基础我不断学习、进修、深造、留学，一直都在使用法语，我的人生和法语结下了不解之缘。法语成为了我的工具甚至可以说是利器，我深深的爱上了这门语言。印象最深的是在 1998 年，我陪同广州市教育局一个代表团到法国参观考察，全程担任翻译和讲解的工作。当时，当地接待我们的法国教育参赞称我的法语非常标准，问我是否是在法国学的语言，我骄傲的回答他，我是在中山大学学习的法语，这让法国人对中国的法语教育水平感到十分惊讶。

我永远忘不了我的母校，永远忘不了教我的法语老师们，我深深感谢母校，感谢老师们的辛勤教育，所以我也以他们为学习的榜样，成为了一名法语老师，用我学到的知识去培养一批又一批的法语人才。如今，我的学生遍布全世界，他们大部分都在使用法语工作，在各个领域为祖国的建设服务。我用自己的实际行动实践了自己的人生目标，同时回报母校的培养。

我为自己是中山大学的学生感到无比的骄傲和自豪。在母校的大喜日子里，我祝愿母校像一棵参天的梧桐树，引来更多的金凤凰，使他们能在最好的学习氛围中成长，成才，成就最美好的人生！

从贝岗村到中大校园

1973 级英语　吴红蕾（小惠）

那一年到番禺看望友人，朋友建议我去参观新建的大学城。当我们在车上围着这美丽气派的建筑群遛弯时，一个写着“贝岗村”的路牌赫然映进了我的眼帘。贝岗，多么熟悉亲切的村名！这里就是我曾经度过整整五年青春岁月的地方吗？此地就是我插过秧，割过稻，挑过地瓜，扛过甘蔗，流下多少汗水的农田村舍吗？如今那些稻田，那些蔗地都已不复存在，我的那些父老乡亲也已迁往他乡，只剩下村口的老榕树和一间破落的祠堂在望着我，仿佛在低吟，在唱咏：忘了，忘了……

忘不了，忘不了！1968 年，刚满 15 岁的我，因缘际遇，以投亲靠友的方式落户这条贝岗村。当年这条村子并没有接受下乡知青的任务，仅有的几个插队青年都是来自本县城镇的回乡知青。对我这个来自广州（后来还知道我其实是来自香港）的小姑娘很觉新奇也很关心。几年间，老乡们手把手教会我各种农活。就说挑担吧，从挑 30 斤直着走，到学会左右换肩挑上一百多斤小跑，铁肩膀和铁脚板慢慢练出来了。同学们应该还记得我们上体育课跑步时，我一定要光脚丫，穿上鞋子我反而不会跑，也跑不快。下乡五年，我从一个肩不能挑、手不能提的城市姑娘锻炼成一个晒得黝黑，手脚粗壮，勤于农活和农家家务的村姑。下乡的最后一年，我被选为生产队长和铁姑娘队长，多大的变化啊！

我和中山大学结缘始于下乡的岁月。我们生产队以种植水稻、地瓜和甘蔗为主，一年两造交了公粮，卖了余粮才按工分分钱。为了让社员们口袋里有点零钱购买日常生活用品，队里不时把收成的少部分水果、蔬菜和塘鱼拿到附近小镇售卖以换取现金。而我则是经常在半夜被队长叫起来穿乡过镇当小贩的人选，原因不是我特别得力，也不是我最善叫卖，而是考虑到我是最老实的。要知道这种没数的买卖大可以打点“斧头”（私吞），而队长知道我绝对是“担屎不偷食”的主儿，因此每次卖物都少不了我。话说有几次我们挑着木瓜来到中大的校门对面叫卖，当时我看见进进出出的老师和大学生，心里连羡慕都说不上，村姑与大学生，贝岗村和中大校园，能联系上吗？开什么玩笑！

直到 1973 年的初夏，我记得我正在摘荔枝，村里民办学校的校长忽然走到我跟前，对我说现在大学在招收工农兵学员，鼓励我去报名。我跟他说我只有初中一年级的文化水平，怎么跳级也跳不到大学嘛。校长说现在大学招生重在表现，除了本人报名，还要由贫下中农推荐，他觉得我在整个生产大队里表现最好，很有机会。我怀着忐忑的心情，任由校长“摆布”，办了整个报名手续。过了一关又一关，终于到了去县城参加文化考试和体检的最后一个环节了。天哪！务农五年，我连初中一年级的课本都丢光了，现在要考文化课，如何是好！但回心一想，都已经走到这一步了，硬着头皮都要走下去，考不上顶多继续当农民呗。

当年的文化课考试试题只是初中程度而已，但对我这初中一年级学生来说还是很艰辛的。我记得数学一科我仅仅懂得画一条数轴；物理和化学则乱撞了几题；唯一可以发挥的是政治和中文，因为那些年我们是政治学习不断，有关路线斗争等常识难不倒我。至于中文，因为我在农村那几年唯一的业余爱好就是看小说，所以动起笔来却也轻松。考完文化课，我已是心灰意冷，上大学怕是无望了，还是快快打道回乡吧。正当我在收拾行李时，有人通知说中山大学来了一位老师要对报考外语的考生进行面试。来人正是后来与73、74级同学朝夕相处、深受大家尊敬的李根洲老师。我因为考文化课的失落，躲在房间不敢出来。记得李老师走到每一个房间查问有没有报考中大外语系的，一个同伴把我“供”了出来。当时我跟李老师说我不行的，不考啦。李老师亲切地说不用害怕，来试试嘛，就把我带到了一个面试的小课室。我还记得当时的那些“竞争者”大都是其他公社的知青，他（她）们的穿着对比起我是时髦多了，而且他们竟然可以朗朗上口地读英文版《中国日报》，看见这种情形，我的自信心又一次被打到谷底。还记得李老师让我跟着他读几个单词，仅记得其中一个是“basketball”。李老师的亲切和朴素，一下子把我这个农村姑娘和大学教授的距离拉近了。当时我想，如果真有机会进大学，受教于这样的老师就好了。

后来当我在乡里接到入学通知书的那一刻，真是又喜又忧。喜的是我居然可以成为一个做梦都不敢想的大学生，虽然前面冠以“工农兵”，但当年工农兵是多么吃香的名衔啊。忧的是自己那点文化基础，到了学校还不知会多吃力呢。另外，我也很舍不得相处了整整五年的“三同户”（注：当时城市知识青年到农村插队，安排到贫下中农家中同吃、同住、同劳动），把我当作亲人的贫下中农和那些刚开始欺负我，到后来处处帮我，护我的同辈伙伴。报到那天，乡亲们送我到村口，我是一步一回头，含着眼泪从贝岗村走到了中大校园。

而今，站在贝岗村口，思绪万千。我怀念你贝岗，虽然离开你已久，你永远是我的第二故乡；我热爱你中大，虽然毕业多年，我永远是母校的女儿。对于所有那些帮助过我，教育过我的乡亲和老师，我除了感恩还是感恩。如今贝岗村与包括中大校舍的大学城竟然融为一体，是巧合？是缘分？是命运？从贝岗村到中大校园，我重要的一段人生！

难忘的大学时光

1973 级英语　肖仲腾

1973 年 10 月，我和外语系 73 级的同学们一道，迎着初秋的凉风，怀着求知若渴的心情，从广东各地来到广州的康乐园，即华南第一学府中山大学拜师求学。近三年半的同窗生活，我们有欢乐，有收获，也有迷惘。三年多的时间里，我们的老师对我们的谆谆教诲，对我们知识上的传授和品格上的栽培，奠定了我们坚实的知识技能基础，培养了我们坚韧的品格和良好的作风。1973 年至今已 40 年有余，在康乐园那段特殊的日子，给我的记忆确实太深了，一切仿佛就在昨天。

如今我还清楚地记得，进入康乐园后的第一个清晨，因前一天的舟车劳碌，我还在睡梦中就被校园的 A、B、C 广播声唤醒，这意味着我们的学习生活开始了。此后的一段时间里，每天清晨，学校的广播都在播放 26 个英文字母的发音练习。那时我在想，我们的学习就那么简单枯燥吗？几天后开始上课，经老师的面授和指导，才明白 26 个字母发音是否准确，对我们今后能否学好英语关系甚大。这种最基础的训练，能帮助我们记住成百上千的词汇，能帮助我们学好标准的发音。在学习英语语音阶段，老师每天训练我们的发音，练到我们脸部三叉神经都疼了，还得练，这是老师对我们的严格要求，也是我们的学习责任。每天老师为我们上小组课训练口语时，我们都难免说错一词半句，出现一人说错、多人在笑的场面，授课老师的脸上也会露出关爱的微笑，然后再耐心地矫正我们的发音。我还记得，有个同学在口语课时，像唱着抒情歌曲来表述她来自阳江镇（I am from Yangjiang Town）时，我们听后顿时开怀大笑。在那段学习的日子里，欢乐的场景和事例还有很多很多。

如今我还清楚地记得，我们每年有一两次走出校门，到农村和工厂学习锻炼。在农村，我们或在田头插秧，或穿梭在果林的羊肠小道为果树施肥培土；在工厂，我们穿着工作服，在机器旁边聆听师傅讲解各类机器的名称及其操作技术。每次从地头田间或从工厂车间劳动回来，我们都有一份与工农相结合的体会和收获，当然也会感到身体的劳累。可是更累的还是我们的老师，他们除了与我们同劳动，还要结合农村工厂的素材为我们编写英语教材，使我们在劳动之余还能结合实际，继续专业学习。在农村在工厂的日子里，老师和我们同吃一锅饭，同宿一居室，生活上对我们关怀备至，学习上认真细心辅导。师生亲密无间的情景，40 年来我都不曾忘怀。

如今我还清楚地记得，入学后的两年时间里，康乐园里的生活是多么的安宁和快乐，我们不愿缩短半年的学习时间，要求仍按原定三年半的学制多学些知识，打牢我们的知识基础。可是到了 1975 年下半年后，那股莫名其妙的“反击右倾翻案风”和批“周公”的阴风吹进了校园，校园就不是那么宁静和欢乐了；特别是到了 1976 年，全国各族人民衷心爱戴的三位伟人相继辞世，我们沉浸在沉痛的哀思和迷惘的思绪中。国家往何处去？我们毕业后的路在何方？是否像有人比喻的那样，“同学就像火车上的乘客，到了终点站各找自己的归宿”？当时除几位同学留校外，其余的同学大都按“从哪里来回哪里去”的分配原则，有的回乡，有的回原工作单位。在当时，我们谁也没去比较各自的岗位差与好、优与劣。有的同学回到原单位，完全不能学以致用，但他们没有气馁，仍然脚踏实地做人做事，坚持学习，一步一个脚印地走着，等待报效国家的时机。在当时的社会情况下，要问我们的路在何方，回答是：路就在我们自己的脚下。

我们的命运是和祖国的命运紧密地联系在一起的。1979 年国家实行改革开放。同学们都能顺应时代的潮流，在国家需要之时大显身手，在各行各业做出出色的成绩。比如，留校任教的几位同学，不因为是“工农兵学员”而自暴自弃，经过不懈努力，不断提升自己的学术水平，被晋升为教授或副教授；还有一位同学凭自己扎实的政治理论和专业知识，先后担任过大学教师、驻外使馆官员、大学领导班子成员，从大学讲台到国际舞台，从普通教员到高级管理人员，都能潇洒自如，做出佳绩；许多回基层一线工作的同学，在岗位上成才，有的走上了领导岗位，有的成为企业的老总或董事长，他们像海燕在浩瀚的商海中搏击、翱翔，为振兴中华创造财富；还有上面所述来自阳江的那位同学，恰似其家乡闻名的“十八子刀”，洁身自好，以坚韧的意志和锐利的目光在海关战线日以继夜守护着国门，为改革开放保驾护航。要问同学们的成功之路在哪里，我想还是那句：路就在我们自己的脚下。

据我所知，同学们毕业后都各自找到归宿，而且大多数都找到了好的归宿。同学间一直保持密切的联系，相互间常有探访；同学结婚办喜事都会前往庆贺；旅居国外境外的同学回来，有空的同学都参与聚会；不时也会有同学回母校探望我们的恩师；老师或同学身体不适，也有同学前往慰问。我们把老师当作长辈，把同学当作兄弟姐妹。在 1973 年秋到 1976 年底三年半的时间里，我们从相识、相知到建立深厚的情谊，外人不一定容易理解。一位老师曾经这样评价：“你们这届同学之间、师生之间的感情是前所未有的。”

毕业后的 40 个春夏秋冬，风霜染白了我们的鬓发，催老了我们的容颜，我们从小辈变成了长辈，整个社会和我们的生活环境都发生了很大的变化。但是千变万变，我们结下的师生情谊和同学之间的感情不会变；我们永远都不会忘记曾经培育我们成长的母校和恩师；无论我们走多远，都要抽点时间、找点空闲常回母校看看，从中汲取精神养料，延续我们的记忆和欢乐！

一个影响我人生的小故事

1974级英语　马　军

1974年秋，我几经努力总算是梦想成真，从锻炼了四年的韶关市配件厂重新迈入了学校的殿堂。没有经历过高中学生生活的我，奉“教育要革命”的最高指示，一步跨进了大学的校门，成为一名名符其实的“工农兵”大学生。当时的心情真是难以形容有多么高兴，同时也有几分彷徨。

进校不易，学好更难。我一个初中生，说满怀信心去读大学那是假的。进了学校能否读得下去，心里确实没数。怎么办？还是“听天由命”吧！抱着这种犹豫恍惚的心情我最后决定：若读不下去，就回来当工人。

临别工厂时，班组的同事为我在车间开了个欢送会。欢送的形式很简单，参加的人坐在长长的木板条上，也有蹲在地上的，大伙热烈地祝贺我，说我是他们上大学的代表，还说了不少鼓励的话，同时也表达了舍不得我离开的情感。我当时脑子很乱，没有认真听清师傅们都说了些什么。心里一直在想，这个大学我能否读得下去……我的文化基础其实就是一个挖了两年防空洞的初中生水平。一步跨入大学，万一读不下去，能得对起这些朝夕相处近似长辈和兄长的师傅和师兄们吗？我真能代表他们去读大学吗？他们舍不得我走，我也依依不舍。车间里一排排不断转动的机器也好像在呼啸着劝我留下，舍不得我的离去……毕竟我为他们清洁维修相依相伴了几年。去读书后恐怕再也没机会陪伴他们了。

我是一名机械修理工，对机械原理很有兴趣，修理厂里的设备也算得上是骨干。我原来报学的是机械制造，打算学习毕业后能更好地为厂子服务。谁知道阴差阳错学校收我学外语，简直就是风马牛不相及的事，我曾想过主动放弃。如果一开始就说去学外语，也许我不会报名，而且恐怕也轮不到我——工厂的领导和工人师傅也不会推荐一个机床修理工去学外语。后来才了解到是学校调整了名额，我才被分到外语系。这就是人们常说的“命”吧。不管怎样，去读书是我自愿报名的，现在只能去碰碰运气了。抱着忐忑不安心的心情，我离别了工厂，踏上了去学校的路。

到广州一下火车，看见火车站门口摆着一张贴有“中山大学报到处”的小桌子。我立即走过去，见一位女生正在填写表格。真巧，她是外语系的新生。我也赶紧填好一份表，表示已报到。理论上讲，报到了就是中大的大学生，她也就是我的同学了。然后，我赶紧转过身去问那位女同学，“你从哪来，也是学英语的吗?”那是明知故问找话说。她羞涩地答了我几句，好像也问了我一些什么，可我一句都没听懂，以为她说外语，吓得我一句话也不敢再说。第一次与同学交谈就出了一额头的汗，本来就缺乏自信心的我受到了沉重的打击。我连26个字母都不会读，这样的同学我能同得起吗?

熟悉后，才知道她当天说的不是英语，而是带有乡音的普通话。她是农民学员，是我进校认识的第一位同学，是同在一个起跑线上的同学。后来我曾开玩笑地对她说：

“我差点在火车站就给你吓跑了，连校门都不敢进哦。”听后，她也觉得好笑。

进校一周，新的学习生活已开始。一天傍晚，有位老教授来到宿舍看望我们这批建国以来都不多见的“工农兵学员”新生。他叫谢文通，外表一看就是个知识分子，端庄的相貌带几分严肃，让人见了肃然起敬，但又有几分亲切。他关心地问寒问暖，同学们也七嘴八舌好不热闹……这是我第一次与教授零距离接触，我鼓起勇气问了他一个问题。

“教授，我已是18岁的成年人，还能学好一门外语吗?”

他想了片刻，没有直接回答我“yes”还是“no”，不快不慢地说了一个故事。他在美国时，邻近迁来了一位中国小伙子，他是新移民，一点英文也不懂。但住下不到半个月，他就把一位漂亮的邻居美国姑娘带跑了。教授反问我：“你说不懂话怎么能带跑一个女孩子?”接着，一字一顿地说：“外语能不能学好，就看你有没有需要。”

他的话引起满宿舍同学哄堂大笑。这一笑我也不敢再问了。这是我一生第一次面对教授，第一次向教授讨教，仅仅是一句话。这句话无意中问了一个一生都会遇到的大问题。教授就是教授，不直说，你自己去找答案。他讲的故事启发了我，已给了我一个完满的答复，让我明白了一个一辈子都牢记心中的道理——有需要就要学习，反过来说，学习是为了解决需要，不学习一事无成。正是这个小故事蕴藏的大道理启发了我，鼓励和指导着我日后的学习和工作实践。

中大三年的学习生活，为了我的“需要”，为了实现我心中的梦，我可是费了不少力。按我的文化基础想不掉队，必然要比别人付出更多的努力。

三年里，我朝着心中的目标努力了一把，拼搏了一番。虽然，梦想没能完全实现，没能成为佼佼者，也算没有拖大伙的后腿，没有丢工人学员的脸，没有辜负众位老师的期望，一步一拐总算坚持走到了最后。

校园的生活美好难忘。红墙绿瓦古朴优雅的教学楼，空旷清静优美如画的环境，清晨总有不少同学“依依啊啊”在树下练发音或朗读课文。我们同吃同住同努力，各自都在为实现自己的“梦”默默地拼博。这就是我熟悉难忘的中大外语系。老师们的悉心教导和同学们的相互帮助不仅使我增长了文化知识，政治思想也有很大进步。三年级，我加入了中国共产党。

1977年毕业，我被分配到广东省陶瓷工艺进出口公司工作。搞外贸出口，签合同、打单证、做发票全都是新鲜事。学校的教材从未涉及外贸业务知识。当年进出口公司的业务员大都是外贸中专毕业生，非常熟识业务，专业外语也很棒。我是大学生，工资要比他们多几块钱，看在钱的份上和碍于大学生的面子我不敢实说不懂外贸知识。不懂还逼着要装懂。为了应付工作，适应“需求”，只有“偷师”。下班后，偷偷地将归档的材料拿出来看，了解客户，了解交易的过程，然后照葫芦画瓢，改改商品名称、单价、数量和金额……果然，忽忽悠悠也算得上一个业务员了，收到订单后心慌慌手颤颤地做起业务来。

同事惊奇地问：“你们中大也学外贸专业课吗?”

我答：“工农兵学员什么都学。”

我心里很明白，到了社会这个大课堂确实是什么都要学，往后要学的东西还多着呢，只希望不要样样都要“偷师”。有困难我不怕，教授教过我，只要有需要就去学。只要肯学，虚心地认认真真去学，应该没有事能难倒我……

不知不觉，在省陶艺进出口公司干了一年，而且越干越像个业务员，从来就没人怀疑过我是个门外汉。公司的领导还有意派我去香港中艺公司工作，可惜收到“信儿”太晚，我已经提出了要回韶关。俗话说“好马不吃回头草”，我这匹马也不敢吃，错失了机会只有一走了之。

1978年秋，我调回了韶关，在市外事办公室当一名办事员。地方外办可不像省里的外事机关，人员少，条件差，只有两间办公室（与统战部一起办公）。最头痛的就是没有交通工具，有外事接待任务要到政府车队要车，要了车也要看司机的脸色，伺候司机比伺候外宾还难。那也难怪，政府车队的司机都是为领导开车的人，个个都有自己的“老板”。部门用车不给面子那是家常便饭。那个年代会开车也算得上是一项“技术专长”。司机要玩“技术”，真是一点法子也没有。碰到这种情况，我那几位老革命顶头上司也只有干着急。

遇到困难有了需求，我又想起了老教授讲的故事。求人不如求自己，有需要就学。经领导同意，我学起了开汽车。1979年以前好像还没有驾驶学校，韶关肯定没有。我只好闲时抽空跟朋友学开大货车。进山拉木头，到河边拉沙石，到工地运砖土……山区拉木材的路之崎岖，城里人是无法想象的，不时还有塌方之类的事发生，现在想起来还有点后怕。家里人对我的举动很不理解，很不放心。可我觉得为解决“需要”一定要学，多危险都要学，值得！

半年后，我考取了正式驾照，多了一项“专长”。那是正规的驾照考试，一点人情都不讲，也没有额外花一分钱。学会了开汽车解决了需要，给我的工作带来了极大的方便。司机、翻译、办事员我一身兼几职，拿一份工资干几个人的活。出差自己开车，不用多租一铺床，吃饭不需多一个碗，更大的好处是出车时少了几个耳朵多了几个位子。这样的“马仔”，既会跑又不用多喂草，哪个老板不喜欢？

学来的各种知识和技能，为我日后发展打下了良好的基础。短短几年，我从一个办事员升为副科长，后来一下就提拔到部委办副主任（副处级）的位置上，想来有点不可思议。一个初中生一下变成了大学生，一个副科长一下变成了副处长！当时，二十几岁做部委办领导的确实不多。老中青三结合，我是“青”，另加党员和大学生的牌子，又多了一两门显得比别人能干的技能，早点给个发挥个人潜能的机遇，也算是顺理成章不足为怪。不了解情况的人以为我靠“父荫”得到提拔，非也！确切地说，那是老师给的智慧，时代给的机遇，加上一点个人的努力和运气。还是那句话，就是“命”。

1985年，我被派出去香港工作，又是一次新的挑战，一去就是15年。在港任职韶关市驻香港的窗口公司——广韶发展有限公司，先任副总经理，1992年任总经理。广韶发展公司属粤海企业集团的子公司，后来不少中大外语系的同学也相继被派到粤海公司及下属公司工作。林晓伦、杨思、李红、何福英和我成了一个粤海集团公司的同事；方玉都、吴小惠、蔡怀枫、冯穗、胡桂萍、黄建基、李冬青、付史电以及75级的赵文、何水球等同学也都先后到了香港工作。在香港的日子最高兴的事就是有老师和同学从内地来。平时不常见的同学一听说老师或同学来了都会很高兴地在一起聚会，共叙当年的师生情和同学情，我很享受。

香港的工作充满挑战和刺激，甚至令你疯狂。那段日子真是不好熬，身在其中一点也感觉不到别人认为的风光和荣耀。当年香港人认为我们是内地人——乡下佬，称我们为“表叔”，而我们则很难与“侄儿们”沟通和融合。

韶关市经济欠发达，在香港办一家公司政府一分钱也没给，只给每人发了一本护照（当年用护照），公司未开张就欠了一屁股债。没出去时高高兴兴，雄心勃勃，出去后面对现实一片茫然，大有海外孤儿自生自灭的感觉。立足不下，找不到饭吃，又有何颜面回去见江东父老？为了求生存，又想起了老教授讲的故事。没别的选择，有需要就要学习。学做生意、学搞项目、学在香港的求生之道。每做一个商品都要学商品知识，力争将各生产环节搞清楚。从出处到用处，从工艺流程到市场行情都要学，学得越多越好，尽可能避免在客户面前一问三不知的尴尬。

30 年前电脑不普及。我不会用电脑，不会搜索，更没有关键词的概念，一时半会找点资料也不太容易。做转口生意最难断定和搞懂的事就是收到众多的“皮包商”给出的信息。信息传多了人云亦云自己也成了十足的“皮包商”。有个朋友取笑我做的工作像搞猪配种——找到公猪不见母猪，找到母猪公猪又不知去了哪。好不容易公猪母猪都召齐了又没那个缘分。忙了一大阵子生意还是做不成。此话听了有些刺耳，但又很切实很形象，相信做过生意的同学会有体会。要摆脱这种困局只有重新学习，只要有心学习就有机会解决问题。后来，我学做代理生意，代理进口美国惠氏品牌的系列婴儿奶粉，一度成了销售进口婴儿奶粉的中国第一“奶爸（霸）”。从此，公司有了主业，效益也大有改观。正当我刚刚融入香港社会，公司业务蒸蒸日上之时，一纸“轮换”公文召我返回韶关。

1999 年底，我轮换回到了政府机关，在市外经委做了两年副主任。2001 年，我被调到了贸促会当会长，一干又是十来年。

几十年来，我就是靠边学边做，边做边学应付过来的。在学校几年，最大的收获就是老师们教懂了我学习的目的和方法，提高了我的自学能力和解决问题的能力。这种能力全都用在了我几十年的工作和生活实践中，不断地充实着我。

学习给了我无限的智慧、力量和收获，给了我许多乐趣和最大的幸福感。

人生如梦，从 1974 年入读中大转眼就 40 年了。40 年来，谢文通教授讲的小故事一直印在我脑海里。这个小故事紧紧连接着我的人生大故事，“只要有需要就要学”是千真万确的大道理。学习会使一切都变得更美好。今后还有很多新的知识等着我去学，很多美好的事会发生。我最大的愿望就是能常见到尊敬的老师和同学，希望你们还能像以前一样教我帮我，希望能常和你们一起欢聚，共享美好的未来。明天一切都会更好！

我自豪，因为我是中大外语人

1977级英语　夏纪慧

“你的英语是在哪里学的?”“你翻译得不错，是北外毕业的?”……不论是外国友人、还是国内领导人或业内同行，每当他们询问我从哪所大学毕业时，我总是自豪地回答：我毕业于广州中山大学外语系。

我是生在中大、长在中大、读在中大的中大人。我出生、成长在美丽的康乐园，从西南区的小楼到“飞机屋”，再到东南区的小楼，在中大幼儿园和中大附小度过了朴实无华的童年。1977年中学毕业后赶上了恢复高考，被中大外语系录取，从一名教工子弟变成了中大的学生，并于4年后获得中山大学英美文学士学位。

时光飞逝，转眼间毕业分配到北京工作已经30多年了。令我兴奋的是，母校为弥补当年没有为77、78级学生举行毕业仪式和程序的遗憾，在2012年纪念我们毕业30周年时，校领导专程到北京，举行了“芳草有情，岁月如歌——中山大学建校88周年暨77、78级毕业30周年北京庆祝酒会”的纪念活动。校友总会特地将学士服、硕士服、博士服从康乐园空运到北京，让校友们穿上学位服、戴上学位帽，并分别与学校的老师领导合影留念。母校领导和老师对毕业生的关注、关爱，特别是在30年后帮助我们圆梦，十分令人感动。

时光回放至1981年底。大学毕业分配时，我个人的选择是希望留校当老师。因为我从小在校园里长大，对父母的依恋是不言而喻的，也舍不得离开兄姐和熟悉的环境。时任副校长的父亲和外语系老师的母亲，把国家需要放在第一位，没有溺爱自己的幺女儿，鼓励我服从分配到北京，把广州的名额留给其他有困难的同学。我不埋怨、不后悔。后来的事业发展让我深深感谢大公无私的父亲和胸怀宽大的母亲，为我创造了探索人生新领域和为国际交流事业服务的机会。

我被分配到北京后，一直从事的是国际交流工作。无论是做外事翻译，还是负责具体的对外交流项目，再到担任各级行政职务、为中央领导外事服务，和谐务实的中大校园文化对我产生了积极的影响。在校期间，中大外语系和外籍的老师们对教学精益求精、对学生严格要求，还有优秀的同学资源，都从各方面激励着我刻苦学习，努力掌握国际交流必须的基本功，为后来适应工作打好基础。到了工作单位，我牢记“博学、审问、慎思、明辨、笃行”的中大校训，学习中大外语系老师们的敬业精神，从练习打字、记录、翻译开始，从服务做起，虚心学习，勇于实践，努力提高工作能力和思想水平，脚踏实地地争取把工作做到极致。

我的工作需要担任翻译。还记得第一次陪同外宾到母校参观，可以算是毕业生接受母校的一次现场测试。出面接待的校领导是我父亲。虽然他的英语很娴熟，但为了照顾当时在场不懂外语的同志，他要我为他当翻译。活动结束后，外宾这样对我父亲说：你可以为有这样出色的女儿感到骄傲，中山大学也可以为有这样优秀的毕业生而感到骄傲。其实，当时我缺乏经验，胆小，水平也差得很远，在整个翻译过程中，是父亲不时地提醒我、帮助我。事后，父亲还亲自为我做总结，把译得不好的地方给我指出来，教给我一些习惯用语和词汇，使我获益匪浅。

国外偶遇老中大人。还记得1984年我第一次出国执行公务是到美国。抵达纽约的当天，在下榻的宾馆用晚餐时，有一位亚洲人面孔的老侍者为我们服务。听着他带广东口音的英语，我立即试着用粤语跟他对话。他老人家很是激动，没想到来自北京的代表团里还有人可以跟他用家乡话交流。当时是改革开放初期，国内到美国访问的代表团还不太多。他是第二代华裔了，不会讲普通话。他听说我是中大人后，感到更加亲切，因为他的家庭也与中大有关。我与老人家的交流十分愉快，因为我把国内的新气象、特别是中山大学和广州市的新变化向他作了介绍，并欢迎他有机会回家乡走走看看。

77、78级是个特殊的群体，我们是"文革"结束后恢复高考的首批大学生。有校友曾这样作自画像："从当年入学开始，我们身上承载和被投射了太多国家民族的时代使命。毕业后的三十多年里，由于个人体验总与国家命运高度重合，这批人身上秉承了浓郁的理想主义和富有使命感的情结；由于多有从社会大学走入文化大学再进入各行各业的经历，历经种种面对现实的巨大震动和深刻反思，这批人身上有着强烈的忧患意识和批判精神；并因为人生轨迹恰处在中国社会从"文革"到改革开放，从封闭走向世界的历史拐点，故这批人拼搏顽强、思想开放、勇于探索、敢于成功。伴随着中国的改革开放，77、78级成为中国当代社会的一股推动力量和国家发展的栋梁之才。"

的确，我为自己是改革和开放的一代人而深感幸运。三十多年来，我在专业上精益求精，从水平有限的现场翻译，到勇闯同声传译箱，直至为国家领导人担任翻译，我都坚持"正直做人，朴实求真，追求卓越"，因为这是以我父母为代表的中大教职员工长期坚持的行为准则，也是中大外语人的素质。我在行政管理上高标准严要求，以身作则，竭力打造一支和谐上进特别能战斗的先进集体，表现出中大人的精神风貌。

2014年是中山大学建校90周年。母校沐浴了沧桑风雨，经历了改革开放。在中国继续深化改革、为实现两个一百年的目标、实现中华民族伟大复兴中国梦的伟大征程中，我衷心祝愿母校中山大学早日实现成为文理医工各具特色融合发展，具有广泛国际影响的世界一流大学的战略目标。

我自豪，因为我是中大校友，我是中大外语人。

回顾中大难忘的年月

1978 级英语　林湄湄

岁月匆匆溜走，转眼间，我在瑞士已定居了 29 个春秋。长期以来，我脑海中常常浮现昔日在母校中大的情景。母校的 7 年，在我的生命里留下了不可磨灭的痕迹。

我生长在越南西贡市，20 世纪 30 年代，祖父带着 7 岁的父亲，离开家乡湛江到越南谋生。我的童年与少年都是在战乱中度过。1978 年 5 月初，趁着越南北方闹“排华”运动，我与一位女同学以及我的三弟，从老街偷渡至昆明河口。我们本想赴湛江寻找叔公与姑婆，但刚抵河口的“归侨接待所”，便被统一安排至“蕉岭华侨农场”，接着，我又被安排到农场小学当教师。农场书记乃善心之人，见我和另一位女同学原是英语中学毕业生，便鼓励我们参加高考，力争能在高校继续深造。我们当时有些迟疑，因为 1972 年中学毕业后，我们丢下书包已多年，历史、地理、数学等知识早已丢到九霄云外，现在突然要在两个月内重拾中学的课程，实在是一件难事。书记为我们准备了所需的参考书籍、复习课本，并开玩笑地对我们说，“考不上大学，就送你们回越南去，哈哈！”为此，我们抱着必胜的信心去县城参加笔试。果然，皇天不负有心人，我们顺利地通过了笔试，并有机会去梅县参加口试并最终被录取。入校后，有一次听林裕音老师说，是她看中了我的考卷，拿回外语系开会讨论后，才把我定为“特招”学生。我的同学也考取了梅州师范大学英语系。她入学后才知道还让她兼任“公英”的教师，由此认识了她的学生（后来的丈夫），1983 年两人奔赴加拿大与她的家人团聚。去年我赴加探望她们，她还一再多谢我当年邀她一齐回国，才成就了这段美好的姻缘。

1978 年 9 月左右的一个早上，我三弟送我到广州，我们刚抵客运站，便获得 77 级校友的热情接待，并被送至中大报到。我们穿过与红墙绿瓦的围墙连在一起的雄伟校门，走在两旁开满紫荆花的校道上，仿佛来到了万紫千红的公园，那一刻，我从昔日一位平凡的越南华裔姑娘，变为伟人邓小平指示恢复高考后的 78 级学子，激动的心情是无法用文字来描绘的！签到后，我们被送到中区第八宿舍，与我同宿舍的还有五位女生。我中学毕业后第一次住校，又是在一个陌生的环境里，心里不免有点彷徨。幸而室友们都很热情，给予我生活上的各种帮助，令我很快就适应了下来。入学后第二个学期初，我们参加了一个月的军训。在越战中长大却第一次摸枪，心情实在兴奋，还可以参加实弹射击，更觉有趣，我记得实弹射击时，每人可射击 5 发子弹，有没有射到 50 环满靶的，我就记不清了，但记得旁边的朱小伦同学射了 47 环，他至今还引以为傲。我从小不锻炼，体能较差，操练时也闹了不少笑话。平时早上 7 时起床，梳洗完毕，大家便到饭堂排队打早餐，在那儿碰到几位勤奋的室友，刚在运动场跑了两圈回来。吃过早饭，大家漫步至课室大楼，在上课前与同学们说说笑笑。还记得副班长何启德，上课时一副专心致志的样子，课余时说起幽默的笑话，常常令大家捧腹大笑。我爱做广播操，音乐声一响，大家便蜂拥而至到草地上做广播操。我认为每天做广播操确有必要，尤其

1978 年陈思明、Sally 与林湄湄于白云山（班级外游）

是到了冬天，做完操后身体会很暖和。直到现在，我还在做这些简单的广播操，觉得它比太极拳容易得多了。1996 年，有一次我陪先生去少林寺武术学校研习武术，才发现这种广播操的有些动作是从“八段锦”演变而来的。午饭时间一到，大家直接去饭堂打饭带回宿舍享用。大家一边听着电台的讲古大师张悦楷在活灵活现地讲故事，一边津津有味地吃着简单而美味的饭菜，我那时的体重竟达 48 公斤（除了怀孕时，至今我的体重从未能超过 46 公斤），可能就是经常食饭听故事得来的。饭后是午睡时间，这种午休是中国高校的特色，我至今仍保持午睡习惯，虽然有时因工作忙只能小休一会，过后仍觉得精神奕奕。下午放学后，男同学都爱去踢足球（有两名同学是校队队员）或跑步，有些女同学去打篮球，有些回宿舍听音乐、做作业或去冲个冷水澡。冬天时，大家都要提暖水瓶去热水房打水洗澡。晚饭后，同学们喜爱在校园内散步，一来帮助消化，二来可练习英语对话。我的对话伙伴如今成了挚友，出国后我们一直保持联系。也有些同学忙着去中区图书馆门前排队，等着开门后去占个好位置。还有些同学回教室去，围着录音机在练习听力。听完有时便相约到校门对面的大排档吃宵夜。冬天，喝上一碗热腾腾的牛肉粥或来一份油滋滋、香喷喷的干炒牛河，每碗牛肉粥或每碟牛肉炒粉都是 1 角 5 分，价廉物美，实在是人生的一大享受，我舌尖至今还留有牛肉的余香。现在这儿的超市只卖冰冻的牛肉，做出来的食物，味道相差很远。周末时，住在本地的同学都回家，宿舍只剩我与一位从香港来的室友。我俩有时用小电炉开小灶，有时与邻室的学友结伴去康乐餐室大快朵颐。夏天时，我爱提着保温瓶去旁边的冷饮店买冰棍，当时普通冰棍每根 4 分钱，雪批则 1 角钱，挺便宜的。我们曾可笑地在冬天穿着大衣，去北京路的冷饮店吃冰淇淋。2009 年，我参加中国旅游团，途经广州逗留一天，我也不忘相约老同学去那里吃冰淇淋。在校时，室友们也很热情地邀我去她们家作客。尤其记得郭仿先同学，她待我如小妹妹一样，常带我回家玩耍，吃饭，还与她的家人出外旅游；大二时，仿先赴美留学，她的双亲也经常打电话给我，邀请我去她家度周末。有时我也去探望一下我在广州的“契姨妈”。她是妈妈的金兰姐妹，1954 年从越南北方回国定居。在寒、暑假期间，我则回湛江探望亲人们。周六晚上，有时我们拿着凳子去广场看露天电影。在校期间，我还看了很多中外古典文学名著，如《红楼梦》、《三国志》、《水浒传》、《西游记》、《家春秋》、《莎翁戏剧》等等。多年后回国探亲，家人都说我的中文知识长进不少。大学时，我最怕的是体育课，因为自幼体弱，很多体育项目都不能达标。记得有一次要补考“投篮”，让当体育委员的易贯宜同学下午陪我练了几小时篮球，差点误了晚饭时间。

我的同学们年龄从 16 岁到 31 岁不等，有工人、干部、职员、教师与应届毕业生。尽管年龄相差很大，但是我们相处得很愉快。我最爱听老知青们聊些他们上山下乡的艰苦经历，他们虽然吃了不少苦头，却在实践中学到了不少宝贵的人生知识。当时读大学的同学，如有五年工龄，都可带薪读书，最多的每月有 47 元；但到农村的，就很倒霉了，农村时不算工龄，所以很多老知青都不带薪，十分不合理！“文革”前的大学毕业生每月工资 58 元，当时算高薪了。

我们的老师也都是学识渊博的高级知识分子，记忆中印象最深的是方淑珍教授生动活泼的教学法，令课堂气氛活跃不少。她下课后还问寒问暖，让我感到犹如慈母一般的关爱。另外，她很注重纠正我们英语单词的发音和语调。后来我来瑞士后学德语也常常记起她的教导，严格要求自己准确发音。现在每当听到别人夸奖我的德语发音很准确时，我便感谢方老师以前对我们的谆谆教导，严格要求。还有对黎秀石教授所说的，翻译要“信、达、雅”，我一直把此铭记在心，以后做翻译工作时，脑海中常出现他的言传身教。还有他说起他在“二战”时当战地记者的故事，也令我敬佩不已。1995 年，我第一次回穗来去匆匆，只在校园转了一圈，未能及时去拜访恩师。2010 年，我第二次回校，他们都已不幸作古，未能再见，实感遗憾。一年级时的外教 Sally，上课时常即兴加插一些故事，使课堂气氛轻松不少。天气好时，还让我们把椅子搬到户外上课，大家都觉得很新鲜。后来我儿子上小学时，老师让他们坐在草地上听课，我才知道这是西方的教学法之一。她的丈夫 Peter，是英国 BBC 的播音员，后来何启德也去美国之音当了广东话播音员，据说是受了他的影响。Sally 夫妇晚上还抽空教了我们两节交谊舞课，那时广州还未流行这种交谊舞，男男女女搂在一起，觉得非常尴尬，但老师的面子不能不给，只能硬着头皮去学。Sally 曾说，一堂交谊舞课下来，比回一趟伦敦还累！现在大家回想起男同学争着与 Sally 跳舞，把她像冬瓜一样推来推去的情形，都忍不住哈哈大笑。二年级的 Moya 则较为严肃，指导我们拍了三辑英语教学录像片，大家在排练时也有不少趣事。四年级的 Maria 英美文学知识渊博，为我们讲解英美文学史，还指导我们欣赏古典音乐。周末时，还带领我们去听广州乐团演奏的古典乐章。新的语音室开放后，又引导我们去观看原版的经典名片，如《飘》、《音乐之声》等，看后还进行了讨论。Maria 说我有文学天赋，鼓励我以后写作，但因环境变迁，我的愿望至今未能实现。希望过几年退休后，能拿起笔杆写些回忆录。还有，我毕业论文导师 Hilary，指导我写成了一个以越战为背景的故事。Hilary 还说我的声音娇嫩，可配童音，因此我与她、还有一位男同学，共同为一本广州语音出版社出版的儿童英语课外教材义务配音。再有政治辅导员黄飞红老师，就像一位大姐姐般照顾我们的起居饮食，尤其对外地学生更为关怀备至，令大家感动不已，终生难忘。上次回校重逢这位大姐姐，看到她退而不休，仍很活跃，心中颇感欣慰。

1982 年准备拍摄毕业照

毕业后我被分配到广州英语培训中心工作，这是中大与加州大学合办的一个项目，由杨琇珍教授领导，中心的教师有一半是由加大派来的，另一半则是由外语系调来的，这些教师都曾到加大进修。中心的学生们则是全国名校的精英，考取了公派赴美的奖学金，来此学习八个月强化英语，学习的内容有听、读、写、说与美国文化。我则有幸地被分配去负责口语课，同科的都是资深的教师，与他们的互动使我学会了不少教外语的技巧与要点，这些技巧后来在我学德语和教瑞士人中文时，都运用得很成功。我们还与外教同事一起编了一本中心用的口语教材。离开时，杨教授给我写的推荐信，更对我日后求职帮助很大。上次回国时本想去拜会杨教授，不巧遇着杨教授的先生廖教授入院治疗，只能在电话上匆匆问候了几句。不久，广州的同学告诉我廖教授不幸已仙逝。过了一段时间，他们又去探望杨教授，从照片上看来，杨教授还很精神，希望下次回去时能去探望她一下。还有一位美籍同事 Cynthia，回国后一直与我保持联系，1987 年赴美探亲时，与她相聚了一次，前年赴美探亲因时间关系，只在电话上寒暄几句。有一同事 Nancy，在任期时约了未婚夫，在中大小礼堂举行婚礼，双方的亲人也从美国飞过来参加，是当年中心的一大乐事。十年后，他们带了孩子重游中大，让他们参观了父母举行婚礼的地方。另有一同事 Tom，说得一口流利的京片子，原来他曾在台湾教学多年，现任女友也是美籍华人。

自 1985 年赴瑞士后，我一直与广州的几名挚友保持联系，她们曾到欧洲出差，旅游，我还抽空与她们团聚了一下。2009 年底，美、加数名同学创立了一个“78 学子网站”，大家又在人间天际，延续三十多年的友谊。离校至今，我们 78 级有三名同学离去，实在令人不胜唏嘘，人生无常，应珍惜亲情！最近，诸位同学或获佳婿贤媳，或含饴弄孙，对此，大家举杯相庆，共享人生欢乐！

忆往昔，中大难忘的岁月，真是我的醇绵厚道的美酒！

我与中大的“童”缘

1978级英语本科生、1986级英语硕士研究生　韦启昌

我在中山大学的正规读书与教学经历，足有十年（大学4年，研究生3年，教学3年），但这些与中大的“成年”缘，与在读大学之前与中大所结下的“童”缘相比，那后者给我留下的印象，却深刻得多，我对后者的记忆，也似乎更加真切。原因可能就是叔本华说的，“我们的童年时光，就是一首持续不断的诗篇”。并且，与中大的童缘，也让我的先天潜力和兴趣，碰到了与之暗合的外在动因。这，也是这段童缘让我难忘的又一原因。

我虽然自小就住在远离中大的地方，亦即先后住在广州解放中路（几乎是广州的中心）和东华东路，但我自童年起，就与远在广州郊外的中大结下了至今难忘的缘。

我的大姐比我年长足20岁。在我还没读小学的时候，我大姐就结婚了。姐夫从部队复员以后，被分配到中大机械厂。他那时候的复员证，上面并排有毛泽东和刘少奇的照片呢。我最初踏上中大的时候，就是参加我大姐与姐夫结婚的宴会。

我那时还很小，一大早就跟随一个年长亲戚，先是坐车，后是坐船（现在想来应该是坐船到中大的后门码头），然后步行到中大东区我姐夫的住处。

那时候因为年纪小，也没怎么出过门，最远的只是随我父亲从东华东路到过东山龟岗而已。坐船，当然就是十分稀奇的头一次，那种新鲜感兴奋感幸福感，还有当时的种种画面，至今仍然鲜明地保留在脑海。

进入中大以后，那种世界之“大”的感觉，说是“震撼”，也不为过。后来我姐夫还带着我们，步行走了不少地方，但我记得最清楚的，就是到处都很大很大，从来没见过那么大的一个地方，整个过程，恍如漫游太虚幻境。以前并不曾见过的巨大草地和空地（不少除了是空置草地以外，应该是篮球场和足球场），还有大的、在小时的眼中看上去就是湖一样的水塘，还有那些对于当时的我是参天看不到顶的密林，还有那些竟然没人玩的秋千和翘翘板！我们小时候也只有在节日，才有机会由大人带着去中山四路的儿童公园玩这些世上最好玩的东西。而且，要荡秋千的话，在儿童公园，在那在人山人海的节日，可得排上长队，上去了也只能荡一两百下就得下来。而在中大，这些游戏设施多的是，并且无人问津！那种难以置信的震撼，丝毫不亚于现在让我突然置身于一个摆满珍宝的皇宫。

最让我惊奇的是那一排排的香蕉树，树上结着一串串的香蕉——竟然没人摘取。我还记得要我姐夫把那生涩的香蕉摘了下来，我把它们像珍宝一样带回家，然后捂在米缸里，三天两头就拿出来检查是否熟了可以吃。但这“熟”的一天当然永远没有等到，因为那些香蕉还根本没长大，并且，我们后来也等不及，迫不及待就剥皮把生蕉吃掉，吃完舌头上还起了厚厚的舌苔。

那时候中大给我的印象，实在是太大太好玩了。现在，每当我带小孩在外面大的空

地玩的时候，我就跟老婆说，现在这么大的地方，在小孩的眼中，更是大得不得了——因为在说这话的时候，我是想起了小时候，那极其空旷开阔宏大的中大所留给我的鲜明印象。

当然，初到中大，也让我前所未有地领略到了蚊子的厉害。我到现在还记得，在那草地上还没玩多久，脚上就被蚊子叮得不成样子，又痒又痛，一天下来，两只脚是惨不忍睹。虽然如此，在我姐姐的婚礼的那一天，是我童年时度过的少有充满快乐的一天。那些异常好看的红鸡蛋，宴席上所吃的东西，在两棵树上吊起来的摇摇床，都不如我所见到的中大环境那样新奇。

由于父母平时没有时间，也根本不曾想过带我去我姐那玩，因为那时候到中大玩，一去就是一整天，所以，我只有在读初中的时候，才开始与我上面的姐姐，偶尔去海珠广场坐 14 路公共汽车去中大我大姐那玩。通常，我一到姐夫家，就马上步行或者骑着自行车在整个中大校园漫游。因为我们去的时候都是星期天，所以，校区里都很安静。有时候骑车到了一个除了只有树叶和一些小虫声音以外就别无其他的去处，我就下车观看。那时候的感觉是那样的舒服，以致后来看到“天人合一”的说法，我的其中一个联想，就是这段愉快体验。当然，除了这些良好的自然环境以外，中大那些红楼和其他别具一格的建筑物，也是与我们当时在东华东路的陋巷旧屋迥然不同。对于当时住在市区的我，来到市区以外的郊外（中大），就恰似大乡里（乡巴佬）进城。

我姐夫当时住在东区的一排平房里面，前面是大块的空地。他住的是两房一厅，后面还有一个不大不小的庭院，还有个小鱼池，甚至还有一个私家卫生间！现在这些平房已被拆掉了，当时是在现在的东区游泳池附近，亦即从东门直入到尽头。回想起来，在那时候，如此这般的居住环境，按当时的标准，称为“豪宅”，绝不为过。

我去大姐家玩时，有时候就是星期六晚上去，住一晚，第 2 天一早就跟我姐夫去水塘用网捞虾。通常，那收获都够中午吃上一顿。然后，我就骑着我姐夫家才有的很小的自行车，满中大到处转。那时候在中大的骑车神游，实在是愉快至极。所以，每当人们现在说起现在的儿童很幸福，我心里就不以为然，因为幸福与否，确实并不是以生活中的物质充裕程度而定。生活物质不充裕时期，也有非常愉快的时光。并且，与现在的痴迷游戏电脑相比，我那时去中大玩、骑车去大金钟水库游泳、去均益球场看球踢球、用学工时买的月票与同学结伴游车河，在我现在的眼光看，其实更加先进，更加健康，也更加适合儿童。

离我姐夫屋子不远，就是东区的学生课室和宿舍。星期天，那些工农兵大学生就在宿舍门前理发或者看书或者打球，有些还穿着疑似军装——看着他们，我心里是说不出的羡慕和渴望！从那时起，我就有了类似“彼可取而代之”的雄心：如果能够有朝一日在中大读书！小时候，我从来没有渴望过成为大富豪，也更加没有想过要做大官，当然也没渴望过成为一个司机或者成为解放军战士一类，但却明确地渴望做教授，做博士。那时候我还记得跟我哥说，我要做 Doctor Wei——这应该是与这中大的童缘，加上那时新闻所报道的基辛格博士，布热津斯基博士等所共同引发。但不管怎么样，我那时的兴趣和追求，到现在从根本上还是没有改变，现在是做了并非“博士”含意的“doctor”，也可勉强说是“一语成谶”吧，我也认为这是冥冥中注定的事情，而绝非巧合。

那时候，我比较喜欢读书，尤其喜欢学物理（我初中时是班里的物理科代表）和英语。而我姐夫呢，可能是由于在“文革”时曾经看管牛棚中的一些中大教授和老师的缘故，与他们有一定的交往，甚至可说是朋友。看见我喜欢学习，我姐夫就多次带我去见中大的物理名教授李华钟和当时外语系的一个姓张的老师。在他们家里，我却是正襟危坐，毕恭毕敬，想要小便都不敢说，因为他们是我心目中很有学问的人，并因此是我敬佩的人。在李教授的家里，到处都是英文的资料，这更增添了我对其的敬佩。他们当时是与我姐夫交谈，我只是旁听，但那时候，他们的确是我心中最羡慕的人了。

我那时候比较腼腆，虽然很想看书，但都不曾想过自己亲自去看那些教授的书柜，或者开口要我姐夫向那些教授借书。这样，我就只能姐夫随便借到什么，我就看什么，并没有充分把握此机会。我还记得我姐夫借了一部大概是什么对外交往英语高级会话的，句子、字词等都比较深。还有就是《虹南作战史》、《香飘四季》及其他看了以后并没有留下什么印象的书。这也是没有什么办法的事，因为我姐夫并没有什么文化，不可能了解适合我读的书。当时我就清楚这一点，并且也很纳闷：像我姐夫那样的可说没什么文化之人，为何与那些响当当的教授（他甚至与容庚也有交往），却那么熟络，随时可以到他们家登堂入室与他们聊天？

说来难以置信，虽然我姐夫帮我借的书，没有多少是合我的意思，但姐夫家所拥有的、除了毛选以外的唯一出版物，却是我当时的至爱。那就是那时候很难看到的报纸《参考消息》。据说《参考消息》并不是一般人都有资格订阅的。但没有任何职务也不是党员的我姐夫，却一直以来都可以订阅这特权报纸——这个中原因，却是我们不明白的。我当时就归因于中大就是不一样！但我姐夫似乎对这报纸也只是一般兴趣而已，两三分钟就已经翻阅完毕。倒是我爸和我，都明确叮嘱我姐夫看完这报纸以后，务必保管好，然后隔两个星期左右，我爸就专门到我姐夫家把折叠好的报纸拿回，以供精读之用。

中大以其种种神奇之处，成了年幼的我异常羡慕的对象。

后来参加高考，我的目的很明确，就是一定要考上中大，这缘由也是由上述种种而起。

我上面说过，我儿时的雄心壮志，就是成为教授和博士（doctor）。那么，成年后，我曾经成了中大的老师（如果不走，现在也应该是教授了）。而现在，也是中医学的“doctor”，这样看来，从与中大结下童缘起就产生了的儿时愿望，后来也都可说实现了。这样能够实现儿时雄心壮志的人，估计也不是太多。每当我对生活有不满的时候，就以此警戒或者说安慰自己。

以上，就是我与中大的“童”缘。

全心全意为同学服务

1984级英语　胡伟明

我1984年入读中山大学英语专业，1988年毕业。期间我担任了外语系学生会生活委员，也曾担任英语C班的班长，本着全心全意为同学服务的精神，做了几件值得记录的事情。时隔21个春秋，世界已经发生了翻天覆地的变化，但是全心全意为人民服务的精神是永远不会过时的，因此，这里把几件事拿出来跟大家分享。

改革迎接新同学的程序

中大康乐园有多大？从西门、正门到东门，公共汽车就设三站，我们就是徒手走一圈也得花好些时间。我那年背着被服和其他生活用品，跟一位因晕车呕吐已被折磨得够呛的同学一起乘车到了中大南门（中区），进了学校才知道要到东区二饭堂报到。报到完又被告知我还必须回到中区中三宿舍住宿。这样背着重负颠来倒去的，再看看我那同学的苦况，真是疲惫不堪，实在不是滋味。

入学后，我担任了外语系学生会的生活委员，主持迎接85、86、87级新同学就成了我的职责。为了让我的师弟师妹能更顺利地报到，不再吃我们吃过的苦，我对新同学报到的程序进行了改革。我们接到新同学后，首先查出他们所分配的宿舍，然后帮他们把行李送到宿舍并派发钥匙后，才带他们到指定地点办理其他报到的手续。细心周到的服务让我赢得了这几届同学的尊重和信赖。

多做两根晾衣服的铁丝

我们外语系男生所住的中三宿舍由于是旧楼，条件比较差，我刚入学那时，只有一根拴在骑楼柱子上的铁丝供大家晾衣服，由于不够用，往往一些刚洗的湿衣服会把已晾干的衣服又弄湿了。这很容易在同学之间引起争执。

针对这种情况，作为生活委员，我向系里申请了费用，找上几个同学，借来一些工具，给每层楼都多装了两根铁丝。从此同学们晾衣难的问题就解决了。

建议饭堂放置收集剩饭剩菜的盘子

我入学的时候，中大饭堂的餐桌上是没有放置收集剩饭剩菜的盘子的，只有在饭堂某个角落放置了大泔水桶。由于一些同学不自觉，把剩饭菜直接就倒在餐桌上，这样就让后来就餐的同学面对脏兮兮的饭桌。

为了创造一个舒适干净的就餐环境，我向学校建议，每张餐桌上都放置一个收集剩饭剩菜的盘子。学校接纳了我的意见，在全校所有饭堂的餐桌上都放置了盘子，从此同学们的就餐环境得到了改善。

修正助学金的发放对象和比例

学校对家庭困难的同学提供助学金，学生在入学的时候提出申请，但是，每个班的助学金是有总量控制的。经过了第一个学期的共同生活，大家基本上就知道了哪个同学家里真正困难，哪个同学更困难些。有些家里很困难的同学因为“老实”，申请了较低的补助，有些同学家里很富裕，还竟然申请助学金。这就产生了不公平的情况，同学间各种不同意见就出来了。

作为英语C班的班长，我召集了班干部会议，大家进行了充分讨论，最后班干部集体讨论做出决定，提请系里修正了我们班助学金的发放对象和比例。这是件硬碰硬的事情，但因为处理公平公正，所以赢得了大多数同学的支持，提高了班委会的威信。

每年接送外省的同学

我们读大学的年代交通落后，来自外省的同学每次放假返家或回校乘火车都不是件轻松的事。因为我家在广州附近，相对轻松，所以，在大学四年里，放假时我坚持送完班里每位回家的同学我自己才回家，开学时也坚持提早回校，到火车站迎接班里每位从外省外地回校的同学。

当了四年的派信员

同学们的信件都是派到系办公室的。由于大家不经常到系办公室去，所以不能及时收到信件。时间长了，信件甚至可能丢失。大学四年，我坚持给我们84级的和其他级熟悉的同学送信。因为我住中区，女同学住东区，所以这活要坚持下来也是不容易的，但是我坚持了四年。

这几件都是很平凡的事。能做出来，能坚持下来，就是不简单了，都是听毛主席的教导，全心全意为人民服务的结果。这也是我一生坚持的信念。我想，生活有很多不如意，人生有许多困难。面对困难挫折，我们不要怨天尤人，而是要不畏困难，敢于改革创新，贵在坚持，我们就一定会战胜困难，取得胜利。

很多人可能关心的就是，这样学雷锋，这样付出，值得吗？我想说，上帝真的很公平，善良的付出，一定有好的回报。我获得了两次中大三好学生奖，一次三好学生干部奖，这就是组织对我最大的肯定。毕业后，有一次跟接我任C班班长的同学聊天，他说那时班里的事要做决定，做班长的他都还是要听我这个不是做班长的才行，这就是同学们给我的面子。

最后想说的是，全心全意为人民服务是放之四海而皆准的真理。当公务员应当遵守这个宗旨，做企业的也应该遵守，那样你能把服务做得更好，把产品设计、制造得更好，自己也会得到更好的回报。

康乐园

——回顾中大校园生活，展望未来

1986 级英语　许思红

我总是对自己说，我最美最爱的家园永远都是珠江之畔、山清水秀的中山大学康乐园。康乐园的灿烂时光是镶嵌在我青春画册上的一道绚丽的彩虹，曾一度载着我五彩缤纷的梦想、祈求、希望和憧憬，如今也依然跨越我人生路上的春夏秋冬。就在康乐园这融贯中西文化新生力量的摇篮里，身为一名 80 年代中期幸运的英语本科生，我接触到了许多令我钦佩的老师，一代天骄的同学和文艺、科学精英；就在康乐园的鸟语花香之中，我得到了中外文化潜移默化的熏陶；就在这涵盖珠江南岸方圆十里的康乐园内外以及在我想象所至的海阔天空里，我犹如插上了雄鹰的翅膀，自由飞翔、探索体验，追求能升华、照亮我个人及身边每个人身心的灵感和理想的火花，不断自新、脱颖而出。

在中山大学众多优秀的教师中，对我影响最大的包括拉瑞（Larry）和 唐娜（Donna）两位年轻有为的美国英语教授。他们的教学题材广而精，上课内容丰富多彩，启发力强，深深吸引着每个在座学生的注意力。他们俩在课堂内外都平易近人，仅以名字称呼。在我和同学们的心目中，他们是我们在学途上敬重的向导和朋友。

拉瑞在我的美式英语写作班上任教。他幽默风趣，时时以动人的故事活跃课堂的气氛，悉心教导我们写作必须以情动人，并结合使用我们的观察力，想象力和分析、思维能力。他很关注学生们的学习进展，有时甚至牺牲个人的时间来进行个别指导。有一天下午课后，拉瑞和妻子布兰达（Brenda）邀请我和舍友梅艳芳同学到他们在康乐园外宾教师楼公寓去，以便及时解决我们在写作功课上的一些疑问。我和梅艳芳受到拉瑞一家的热情款待，首次体验到美国式的客情。我们一起研讨作文后，拉瑞和布兰达还端出了甜蜜的鲜果和精美可口的香港风味面包糕点。

唐娜是我的英语听力老师。我很喜欢她在课堂上播放的英文影视片、英文歌曲、新闻录音和纪录片。朱莉·安德鲁斯（Julie Andrews）主演的《音乐之声》扣动了我的心弦，那种深刻的感染力竟然历经数年，不知不觉地把我带引到朱莉·安德鲁斯在洛杉矶西城的老朋友之中。我们透过课堂荧屏领略到异国风情，以及中国精华在外宾、游客视角里所显示的风采。在惊讶于当时的美国总统里根（Ronald Reagan）当年在荷里活银屏上的演技之余，我们又听到有关综合他与当时世界风云人物“铁娘子”英国首相撒切尔夫人（Margaret Thatcher），以及苏联总统戈尔巴乔夫（Mikhail Gorbachev）会晤时对话的新闻报道录音。对于著名的美国喜剧演员鲍勃·霍普（Bob Hope）游览长城、紫禁城和天安门广场的纪录片，我至今记忆犹新。鲍勃·霍普贴切地引用了一首百老汇音乐剧主题歌《结识你》（*Getting to Know You*），他机智诙谐，妙语连珠，启发了我当时对于未来在其洛杉矶家园“民族大熔炉”里与各族人民交融的遐想。如今，每当我经过洛杉矶 101 高速公路上的“鲍勃·霍普机场”路标时，我就不由回想起唐娜选播的鲍勃·霍普电视专辑。

我班的同学团结友爱，积极向上，并在班长智勇和副班长曾海青的感召下，参与了各种校园内外的实地考察以及文娱、体育活动。在中大期间，外语系老师带领我和其他暑假提前回校的同学到广州市的一家酱油厂参观，我因此了解到工厂的生产流程而大开眼界；我与中国化工建设广州公司联络，以实习生的身份，加入该厂在广州春季出口商品交易会的代表团，为中外顾客提供英语咨询服务，并浏览其他厂家琳琅满目的产品、样品和精心设计的图样展览，目睹了当时中外商业文化交流的盛况。英文朗诵、写作和书法比赛常常给予我莫大的乐趣；在校园晚会上，我与英专各级同学在合唱团音乐指挥铿锵有力、节奏分明的指引下，放声歌唱英专同学自创的、慷慨激昂的《冲浪去》；刘力波同学的男声独唱《血染的风采》，以及张熙同学的女声独唱《橄榄树》赢得听众的阵阵掌声；黎文烽同学一显身手，表演了魔术环特技。不管春夏秋冬，我一有机会就在早上课前到奥林匹克式的中大游泳池游几圈锻炼身体，不过因为当时还没有吹风机使用，难以完全擦干我长长的直发。有时下课后，我也参加系里的体操队活动，只练些简单的体操动作，心里却很佩服几位不同年级的女生，她们的素质和水平不亚于职业体操队员，高低杠、平衡木，样样精通，而且，有一位队员能在平衡木上打两个漂亮的后空翻，然后稳稳地跳落在地毯上。有两三次，我和班里的同学在周末相约去溜旱冰。我溜冰时总是小心翼翼以确保平衡，刘力波看到我笨鸟学飞的样子很不以为然，他当时虽然也是溜冰新手，却勇敢地作出示范，放开身手，享受潇洒自如地在旱冰上快速滑行的乐趣，并决意演绎出冰上艺术的韵律。有一次，在越秀公园里，班里的同学分组进行划船比赛，彼此竞争，不分胜负。忽然间，越秀湖里的一条大鱼跳进我们船里，掀起的水花打湿了我和同舟共济的队友们。刘力波和黎文烽等男同学手疾眼快，一眨眼就把在船上猛跳的大鱼抓住，并笑说起码有十斤。兴奋之余，我和其他队友包括吴伟英、郑小萍、谢兵、杨敏等都一致赞成把鱼放了，这大鱼也就马上被送回它湖里的家。

在中大二年级起，于林娜开始在我班旁听英语。一天下课后，我和同学们在英语教学楼正门石阶前的水泥平地上玩车技，林娜轻捷地跳上我的单车后座，我却全然没有负载之感。此后，我们俩就这样在单车上一前一后，结伴往返于康乐园的各个落脚点，不亦乐乎。于林娜人如其名，轻盈袅娜，聪慧优雅。她酷爱艺术、歌舞、诗词、哲学等，能言善辩，并时时触景生情，背诵几句“我是一片云，天空是我家”等校园诗词。她把我的姓名巧绎为许愿于红豆相思。“六四”事件后，我因病在家疗养，第一次离开康乐园一连几个月。待我第二年回校时，原来同班的同学都已毕业并各奔前程了，幸好外语系对我格外关怀、照顾，把我安排到一样出色的英语班，在这新的英语班里，更有我的同乡和中学校友李永熙与他的一班好友包括南粤才女祝敏、区慧莲以及洛阳才子赵江涛时时伸出援手，并在多方面给我支持、希望和勇气。他们不仅天资聪颖、记忆超人、过目不忘，而且开朗乐观、敢做敢爱。他们的睿智激励了我，他们的乐观精神和热情感染了我，他们的友情像和煦的阳光一样温暖了我的心。大学毕业前，我独步在康乐园，想到中大敬爱的老师、职员和新旧同学的时候，感激之情一下子涌上了我的心头。我联想到林娜的红豆相思，于是特地拾起相思树下的两颗红豆作留念。自此，无论走到天涯海角，我一直都珍藏着这两颗红豆，思念我热爱的康乐园，怀念与同学们在此度过的快乐时光和飞扬的青春。

我喜欢骑单车，也喜欢散步。我和好友吴伟英对许多问题常有“英雄所见略同”之感，因此我们俩常在黄昏之时，一起手挽手像亲姐妹一样，漫步于通往珠江边的康乐园大道小径，分享每一刻响彻心扉的欢声笑语，每一刻渗透茂林修竹的宁静和默契。有一次雨后，我们俩站在怀士堂南面的草坪上，仰望矗立着的校训“博学、审问、慎思、明辨、笃行”，并思考每对精辟训词之深意，觉得校训背后一排树干笔直的棕榈就像一支支陪衬着的参天灯柱和一个个追加的感叹号巨雕一样，增添抑扬顿挫的乐感和庄严肃穆的气氛。当我们俩拐过弯来时，我忽觉眼前一亮：伸展开阔的草坪如茵，似乎把我的精神和视野带到一个更高的境界。在那里，一道优美的彩虹从半空弯下来，梦幻般轻轻地罩住绿草坪远方的一角。我们俩一同却步凝神，一时陶醉在此情此景的诗意之中。阵阵和风吹来，带来了沁人心脾的花香，我们抬头一看，喜见前面满树紫红色的花朵笑脸相迎。我们立即心旷神怡，步入了怀士堂邻近的紫荆园。随后，在我们到系里的信箱取信时，又见到这些赏心悦目的紫荆花就像一抹抹璀璨的朝霞一样，点缀着外语系楼外四周的美景。我心里想，紫荆花会不会有一天成为我们的校花和系花呢？后来我到中大图书馆查阅，发现紫荆花已是香港的港花，其心形或蝴蝶状的“聪明叶”是智慧的象征。几年后，我在撰写毕业论文和翻译一篇充满诗意的英文散文时，总好像闻到这些“智慧花”香，总觉得有“聪明叶”的精神陪伴着。当我凭这两篇文章拿到“A”荣誉时，我心花怒放，觉得从中山大学毕业就像攀上了一个高峰。惊喜之余，我仿佛正站在这高峰上凭高眺远，东方的旭日正放射着万丈光芒，照耀着漫山遍野、香飘十里的“智慧花”……

如今，每当我听到80年代校园歌曲的优美旋律时，我的脑海里就会浮现出珍藏在心里深处的一幅幅康乐园彩画，我就会不禁微笑，并跟着哼起来。重温起康乐园里的每一片欢声笑语，每一个难忘的时刻，我的心灵也就会充满阳光和快乐。我也就会再一次领悟到，整个世界原是那么的美妙绝伦；只要我们睁开自己心灵的眼睛，只要我们愿意将心比心，愿意破除陈旧观念的束缚，我们就会发现和感受到，世界上的一切，无论我们是否能看到或触摸到，最终都是一脉相连的，都是一个至高整体的一个部分，而且，此至高整体的智慧所至将超越任何人所能想象的空间。我于是就会再次提醒自己，必须借着心灵上永不磨灭的康乐园之光，坚定信心，继续学习，不懈探索，一步步迈向永恒的生命和希望之光。

中大、德语与我

1988级德语　范海珊

“你的德语说得真好！你是在德国读书的吗?”德国人瞪大眼睛地问我。这种情景，经常是我一开口说出德语就会遇到的。

“谢谢！我是在中国广州学的德语，在中山大学!”我淡然地回答着，不由得怀念起那寒窗苦读的校园岁月，那可敬可亲的老师们，那剪烛长谈的同窗校友和那自此伴随着我的德语……

毕业廿几载，在香港生活工作多年，依稀记得一路走来的心理历程。刚出校门兴冲冲盼着学以致用，因时因势却屈从于缺乏发挥的事业和工作环境，这一“放下专业”就给放了十来年，所幸在这些人生低谷的日子里，仍然努力逼自己暗自“磨刀”——继续进修德语，参加德语界的社交活动，留意德语求职信息，更重要的是放开心结，重新联络回中大的德语老师们，只为的是在电话或电邮或见面时，感谢老师们当年的教诲之恩，是他们卓越超前的教学法，使我打下扎实的德语基础，让我感觉自己的德语天天在进步，令我在听到德国人的大力赞许时，暗自庆幸能就学于中大外国语学院，并且师从出色的德语老师！虽然教过我的老师早已退休，但他们的精辟良言，每每拨开笼罩我心头的薄雾、纠正我的迷茫，让我旗鼓重整、振奋努力。而且，透过老师们的转介，使我跟德语校友们紧密地联系起来，即便大家各散东西，读中大时认识或不认识，甚或彼此

88级德语与奥地利籍外教 Mr. Poeschl 在中大南校区小礼堂旁留影（1989. 7）

就读年份相差不止十来年，都无碍于中大德语人网络的建立，大家在德语之路上相互扶持、共勉前行。

在母校的怀抱里，我从入学时被迫“铲除”中小学学习的英语，从零起步，如婴儿学话般展开德语 ABC 学习之路，直到四年后带著满脑的德语语法，战战兢兢地迎向象牙塔外，那千分之一或更少的应用机会。跨出中大南校门，难以说得清楚，我从康乐园还学到了什么，但当我面对德国人时，内心的慌张担忧马上被老师一句赠言“不卑不亢”所掩盖；报章上出现母校、院系、老师和同门校友的名字或事迹时，满满的自豪感忍不住与人分享；寻找到学以致用的岗位后，不绝于耳的盛赞和满足感让我深深明白：中大，令我能拥有这些！

悠悠校园情，哺育我成长；深深师长情，鼓励我进步。身为中大学子外院人，是时候鞭策自己，尽力回馈母校和院系了。让更多的青春热血在康乐园激情挥洒、展翅飞扬！

初学者

1995 级英语　卢迎华

1995 年，我入读中山大学外国语学院英语系。大学四年间，我自始自终没有对学习英语后的就业前景抱有非常明确的规划和期待，但也没有焦虑过，对于这个过程所能产生的结果，我是相当懵懂的。那个时候，我对学习英语充满兴趣，而且入学之后尤为如此，我充分享受着学习英文中体会到的语言的审美，没有太把学习当作负担。

印象中英语系有不少老师都具有强烈和突出的个人风格——

严格且具有威慑力的钟佑同教授，考试时经常爱站在我们每个人旁边，看我们写答案，一旦发现有误，总要忍不住骂我们一句，可以想象那该有多么让人精神紧张，不得不绷紧神经听讲和温习功课，以降低当众出丑的比例，当然我们也深知那都是钟老师爱我们心切的一种表达方式。

高文平老师的课则较有弹性，也宽松许多，精读课尤其生动。老师知识面渊博，令人瞠目。

总体而言，老师们自身的卓越学识对于我就是一种极大的榜样效应，因为仰慕尊重而希望能锤炼自己，达到同样的水准。对我个人影响较深的老师还有几年中教授过我们的来自英国、美国的老师，这种教学中所传达的开放性和好奇心时至今日挥之不去。和外籍老师的相处也远远超过课堂上的时间，课外我们交谈甚多。大二时教过我们的有一位美籍老师 Judie Manulkin。她带我去参加一场古董拍卖会，并在拍卖会上买了一个瓷碗，多年之后我进入艺术行业，回想起当年与这位老师参加拍卖的经历，可以说是一个具有启示意义的体会。这位老师还曾在课堂上对我们说过：保持对一切机会的开放心态。这也指导了我在大学期间面对一些实习机会的心态，以及毕业之后几年的就业历程。

如果要我回想自己的大学时光，想起来真的有些单调，也很投入，而这种投入是建立在对于语言学习的兴趣和逐步加深了解的基础之上的。大学是一个从被教育到学习自我教育的过程，每个人都可能摸索出不同的道路。我庆幸自己在这个学习过程中没有太把语言仅仅作为语言或一门工具来学习。相反，通过它，我阅读了大量的文学作品、社科类作品和外语期刊，打开了一扇认识世界的门。中山大学的图书馆里有一个房间，专门呈现国际友人和交流机构赠送给学校的图书，我误打误撞进到了这间屋子，在里面随意浏览，并在此之后不断地从那里借书来阅读，非常没有系统性和章法，却常常有惊喜。科幻小说、哲学文本和诗歌等把我带入各种奇妙的思考和想象之旅，虽然我从未想过我会从事与艺术和写作相关的工作，但当时的这些阅读无疑至今仍然在我身上起着各种各样奇妙的化学作用。

大一大二的时候我的学习具有极大的强度，除了睡觉我几乎都在听英语、想英语，就像着了魔似的。没有人要求我这么做，我也说不清楚当时为什么会这么入迷，但事后我发现学习的确是需要一定强度的。只有一定的强度才能帮助你达到深刻的理解，并进入到更高的层面，看到其中更多的可能性。借助着一、二年级高强度的训练，我发现我对于这门语言已经有一定的掌控，这种掌控度让我能更自由地使用它，包括在工作和实践中。大二期间我加入了《朝圣》（Pilgrimage）杂志的编辑团队，约稿、编辑、组织印刷，这个最初的出版经验相当宝贵，和同学一起边做边学，成就感非常饱满。写到这里我再看看今天的工作，出版同样是我重要的一个实践领域，在一定程度上可能也是得益于当初的这个实践平台。

大三下半年，我主动给当时在广州的一份由英国人和美国人合办的英语杂志主编写信，请求到编辑部实习。我的信很快得到回复，主编约我见面，并邀请我给他们写一篇稿子。通过这篇短篇报道他们开始了解我，请我到杂志社实习。尽管那是一个很小的团队，我却有机会参与一本杂志从构思到制作到发行的每一个环节，工作强度同样很大，但这种实战的经历却对我的语言、写作和组织训练有很大的帮助。在这个时候，我已经不需要太考虑学习英语的问题了，因为工作中必然会接触和运用它。在我实习的阶段，同事们在工作上把我视为平等的一员，赋予我重任，这使我在很短的时间内认识到我不是一个什么都只是试一试的学生，而是要真枪实弹地投入工作中，担负起责任，并要快速地成熟起来。毕业后不久，杂志社邀请我接任当时即将离职的执行主编一职，我也成为了这本杂志的第一位母语是非英语的执行主编。这本杂志成长得很迅速，后来发展到北京、上海，我也分别成为这两个地方的杂志的创始团队的一员，随之“流浪”到北京和上海。

我的学习和职业生涯充满了各种偶然性，从未有过确切的规划，也没有太担忧过报酬和待遇的问题。我始终看重的是当时出现在我面前的工作机会是否能够拓展我的视野，丰富我的经历，是否是我自己所感兴趣的，是否是我希望投入时间去深入了解和经历的。我甚至在毕业前夕都没有打印过简历，或者去为工作机会奔走，但更幸运的是我这么多年来始终在与文字和思考相伴随。2012 年春，在帮助杂志社顺利地创立并刊发了一本新的关于城市指南的英文出版物之后，我辞掉了主编的职位，从此开始了我独立的职业生涯。

在杂志社任职期间，我的报道和写作内容涉及大量的文化活动，包括艺术、戏剧、音乐和电影，使我逐步接触了在中国活跃的一些艺术家并对于中国的文化产业有一些非常粗浅的印象。离开杂志社之后，我有意进入艺术行业，成为一位观察者、写作者、评论者和参与者。在此之前我从未接受过任何艺术方面的训练，我凭借着英语的基础进行了大量的翻译工作，并在这个过程中逐渐形成一些局部的认识；一年多之后，我又开始向国际上的一些专业艺术杂志写信投稿，并获得了积极的回应，我用英文为这些杂志写关于中国的艺术动态和展览信息。在我之前，中国的艺术行业里能用英语写作的中国人非常稀少，而愿意投入心力和精力去研究和写作的人更少，我至今坚持用中文和英文同时写作，两方面都不放弃，这一点非常重要。通过书写来认识、描述和参与，因为参与而有了更深入的体会。不久之后，我申请到瑞典马尔默艺术学院一个批评课程的学习机会，在马尔默学习和实践了一年。这个班每年只招收十位学员，分别来自世界各地，并且都必须是在艺术系统里有一定实践经验的人。十位学员的工作各不相同，有艺术家、艺术史研究者、写作者、策展人、艺术机构的工作人员等，这些不同的文化背景和实践领域为我们之间的交流带来了无限的机会，但也有隔阂。对于我而言，这种“外来者”的感受尤为强烈。我是这个班里唯一一位来自亚洲的学习者，在此之前完全没有体验过这种只有讨论没有教授的课程。每个月我们只上一次课，而且每次的老师都可能是来自世界各地的艺术家、研究者。他们通过邮件发给我们阅读资料，上课的方式就是要求我们发表各自阅读后的想法并向彼此提出问题。我们所阅读的文本大多是哲学类的、形而上的论述，尽管所阅读的文本都是英语，但这些文本的内容对于我的陌生程度几乎等同于重新学习一门全新的语言。我对于这些论述背后的历史渊源，上下文的语境缺乏了解，更让我如入迷宫。这个学习过程充满了无限的挫败感，也让我充分体会了学习的另外一种状态：就是承认这种困惑、尴尬、不理解和无知，并试图与它们共处，不要企图能在短时间内克服它们，也不要逃避或远离它们，诚实地面对自己的困顿，给予这些学习上的盲点和自己一点时间和空间，并始终不放弃。这个课程要求我们各自在当地一个美术馆里实现一个展览计划，并以十个人合作一个展览的方式作为我们的毕业作业。相比在中国所接受的教育，这个课程设置的方式完全是自由主义的，可以说是“无目的”的。我们所谓的“班主任”居住在丹麦，我们一两个月才和他见一面，没有人检查作业，更没有考试或任何必须完成的任务，我们完全需要进行自我管理，并认识到只有自己才能对自己担负责任。我所面临的最迫切的挑战莫过于要逐渐摆脱之前教育方式中所形成的依赖性，由于总是等待被布置和被考核的惯性而缺乏了自我发现和自我学习的能力。自瑞典学习回到北京以后至今，我继续开展独立的写作、研究、演讲、出版和展览策划的工作。在这个行业中，不断的学习已经成为我每日实践的一部分。

我很庆幸我在大学的时候学习了英语，并比较扎实地将之融汇到我的基本能力和经验之中，因为它，我能够去阅读来自世界各地的文本，获得一个更宽广的视野。这种阅读能力给我带来不仅仅是更多的文本，而是丰富的思想疆域，是对于其他文化的好奇和开放的心态，帮助我获得中国作为世界的一部分的想象，也使我今天具备参与国际对话的可能性。我对能够在最初几年的从业经历中寻找到一项值得持久投入的事业而心怀感激。很快我在当代艺术领域的生涯已经超过了十年之久，在这项事业面前，我永远既是实践者也是学习者。因为这些学习和工作的经历，我能够立足于我们自身的文化和社会语境，借助丰富的历史资源，通过写作、出版和展览制作，去认识和深描我们的文化主体，去寻找与当代，与世界对话的切入点，并始终保持一个初学者的虔诚心、热情和忐忑。

勿忘初心，方得始终

1997级德语　陈　亮

人们常说往事如烟，时光飞逝，但随着时间的流逝，我的大学往事却愈加清晰。同窗好友的睿智和幽默，老师们深邃博学的眼神，淡定从容的辅导员，时常在我脑海浮现，愈回味愈珍惜，这一切早已嵌入我的记忆，是我行动的源动力，更是我取之不尽的正能量。毫无疑问，中山大学外国语学院的四年学生生涯，是我人生最美好的时光。

师者，传道授业解惑。学院的老师不但在专业上培养我们扎实的德语功底，更在治学和做人上成为我们的榜样和标杆。古色古香的红楼当时是德语专业课的主课堂，也是懵懂学子最留恋的课堂，现在回想起来，那也是一道最美的风景。治学严谨的曾广声老师，幽默的李忠民老师，知识广博的彭念慈老师，平易近人的王蓓蓓老师，他们不但是德语专业同学的学业领路人，更让年轻人们在容易浮躁的年龄远离尘嚣，扎扎实实地为未来打下坚实的基础。由于我家在外地，只有寒暑假期可以回家，老师们的关怀尤其让我心存温暖，舒缓独自在异乡的心理压力。我大学毕业后被前任公司派驻中东两年，德语毫无用武之地，但是一直坚定地相信德语学必有所用，后来有机会外派德国，我的德语恢复和提高得很快，毕竟大学的语法底子还在。有了德语的辅助，工作开展也颇受裨益，这无疑要感谢老师们当初的谆谆教诲。当初的大部分老师现在都已经退休，除了心存感激和怀念之外，我衷心祝福老师们身体健康，安享退休后的生活。

经历过高考的竞争步入中大校园后，父母不在身边，中学的巨大升学压力荡然无存，我也曾经有一段时间非常迷惘，但是经过短期的调整后，我快速融入了新的学习和生活环境。当时还庆幸自己的适应能力强，现在回想起来，中大有浓厚的学术氛围和优质的教学资源，有勤奋刻苦的莘莘学子，自己怎能不被感染？从东区宿舍区步行到西区上课的路上，我经常喜欢走小路经过陈寅恪大师的故居，思绪穿越时空，历史感不由自主地荡然而生，心中越发踏实，这可能就是人们追求的精神上的奢侈吧。在中大期间，学习上也走过弯路，主要是以求职为导向，求快求全，给自己过多压力，强迫自己旁听选修经济类的课程，偏离专业课程。当时为了兼职赚一些外快，甚至有几次逃课，自己反而自我安慰是“社会实践”，后来逐步调整过来。想起曾经走过的弯路，现在还有些懊悔。工作后我一直从事经济工作，逐步意识到，大学时间如此短暂而美好，精力一定要放在自己的学习和兴趣爱好上，因人而异，切不可人云亦云。学习是一个持续和终生的过程，大学期间学到的不仅是知识，更重要的是学习的方法和做人的态度。大学时树立的理想和理念基本决定一个人的价值取向和人生观，上善若水，大道至简，这才是真正受益终生的技能，也是在母校期间最大的收获吧。

曾经的大学同窗，现在都已经为人父，为人母。调配宿舍的老师，或许不经意的安排，却让十个莽撞小伙子结为舍友。当初高考填写志愿的同学，来自五湖四海，有缘在外国语学院德语专业成为同班同学。男女生比例失调是外国语学院一大特色，当时的英法德日四个专业所有男生20人，刚好搭配在了两个宿舍，成为近邻。大家性格相异，兴趣爱好不同，有文学青年，有体育狂热爱好者，有英语发烧友，不一而足，当时就很佩服大家惊鸿一现的才能。宿舍虽然非常拥挤，但大家平时谈天说地，学习起来小范围交流也非常方便，我当时学习英语的时候直接借用下铺英语专业陈江的英语教材和磁带，大四毕业论文需要一些法语的素材，也径直到隔壁宿舍法语专业吴伟平那里请教了不少材料，在同学和集体氛围的带动下，初到新环境的不适应很快就调整过来，宿舍里来自广东的同学还曾带我去从化和茂名的家乡旅游，现在回想起来，怎么能不感激不想念那些好同学、好兄弟。

中大以及外国语学院的社团活动，我也曾经非常积极和活跃地参加。那确实是激情澎湃的时光，也是思想自由飞翔的岁月。记得军训刚结束，我就第一时间递交了入党申请书，大二第一学期考察结束终于入党，党支部云集了很有思想的杰出同学，大家在一起不光在思想上，而且在学习和生活上都可以交流和互相带动。当时学校和学院学生会以及团委也给很多活跃的同学提供了展示才华的舞台，各类文体兴趣小组和社团也不少，我同宿舍的邱剑峰参加了吉他协会，弹得一手好吉他，非常让人羡慕。我当时参加了外院学生会和团委的竞选，还记得当初准备演讲稿的忐忑不安，学院的黄飞红书记和国亚萍老师非常平易近人，也经常鼓励同学们多参加社会活动。当时外院不少同学都参加了海珠区的义务家教，以及义务献血等活动。大学校园无疑是锻炼健康的心智和提高社会认识的大课堂。正如校训所言，“博学、审问、慎思、明辨、笃行”，明辨大是大非，知行合一，这都是我在中大时期的感知，工作多年后体会颇深。

光阴荏苒，时光飞逝，转眼间中山大学外国语学院迎来90周年华诞，这是学院发展的重要里程碑，我心情自然无比激动和自豪，也再次回想起那段仍然历历在目的美好时光。多年后，我们拥有如此多的规划自己人生的机会，如此爱惜自己的所得，但是我们往往忽视了当初我们的起点，还有关爱我们为我们奉献的母校和老师。希望不要因为自己的步伐太快，而忘记了自己的起点，勿忘初心，方得始终。祝福学院90岁生日快乐，衷心祝愿学院在全国的学术阵地百尺竿头，日新月异，让更多的学子为中山大学外国语学院骄傲和自豪。

缭绕紫荆花香的中大外院二三事

1997级日语　曾　沂

越过车水马龙的新港西路，穿过典雅庄重的中山大学南门，沿着开阔的林荫道漫步百米，一幢有着高高拱门的教学楼就静静地伫立在路旁。这，就是我们亲爱的外国语学院。时至2014年，欣闻中大外语学科迎来了学科创办90周年华诞。90年，见证了多少沧海桑田；90年，刻印了多少师长学子的一生……

1997年9月步入外院的那一天，还是新生的我并未想过，就读日语系的此后四年竟然会决定了自己今后的人生。在这里，恩师们字字珠玑，开启了我对人生、对职业的思考；在这里，朝夕与日语为伴，让我找到了自己真心喜欢并且赖以安身立命的职业；在这里，我遇到了携手人生路的伴侣，开往樱花国度的家庭之舟扬起了风帆。中大外院，日语系，沉淀着青葱岁月的点点滴滴，也承载着人生的一个个契机，叫人怎能忘怀？

一、恩师点滴感铭

日语学习生涯中，我们遇到了邱雅芬老师、谢崇宁老师担任精读课，还遇到了佟君老师、林丽老师、沈雪侠老师担任古典文学、新闻视听等课程，首先必须感恩。这些老师们绝对值得称为恩师，曾有机会沐浴他们的智慧之光，是非常值得自豪的事。

一年级，正是打基础的最重要阶段，此时担任精读课程的是刚从日本留学归来执教的邱雅芬老师。对邱老师的第一印象是她细腻无瑕的肌肤、端庄得体的打扮；第二印象则是引人入胜的谈吐，生动活泼的授课技巧。到后来懂了点日语门道后，第三印象就是她无比地道的日语发音和严谨的治学态度。如果说初恋是最难忘怀的，那么邱老师应该就是自己日语学习中的初恋吧（笑～）！

犹记得老师有一次给我们讲一个日本古代神话故事，大概是说到往天上爬去的某人嫌下面抱着他腿的家伙麻烦，就猛踹猛甩，要将他们甩下去。平时淡定雅致的邱老师，居然手脚并用，很秀气又很传神地再现猛踹猛甩的情景，当时课堂上那个欢乐呀，至今仍历历在目。

邱老师对我们的发音抓得很严，在学习50音图的阶段，像那些“し（shi）”和“す（su）”、“な（na）”和“ら（ra）”，来自不同地区的学生往往会受到各地方言发音的影响，但老师总是严格把关，一次又一次地耐心纠正，绝不放过。至于我自己，印象最深的是开学两个月后，某日轮流朗读，当我颇有自信地读完几天来用功练习过的课文，轻松等着老师pass时，邱老师云淡风轻地就给了我一句表扬：“So桑（小曾）你英文一定很好！”咦？话题怎么跑到这里了？正当不知道是否该用力点头并沾沾自喜之际，老师继续来了一句黑色幽默：“你念的日文听起来都像英文呢！”被这道幽默的霹雳劈中后，从此发愤图强、在东湖湖畔苦练发音的日子正式拉开了帷幕……如此种种趣事，不胜枚举，现在回想起来，都是满满的温暖！

我想，作为一位传道授业解惑的师长，最高境界应该在于传道二字吧。“道”，包括了人格、人生观、治学处世态度等等，能影响到学生的人生观、成为学生的人生楷模、帮助学生建立起自己的Identity，这点也许比学识的传递更令人激赏。

就像邱老师、谢老师、佟老师等等恩师，听他们的课，每次都会让人觉得意犹未尽。在课堂上，除了外语知识的传授外，老师们更是妙语如珠，结合自己在国内外的所见所闻、亲身体验、新闻时事，展开一个个话题，毫不吝惜地分享自己的观点。对于这些时而认真执着、时而嬉笑怒骂、时而充满温情的探讨和见解，虽然彼时的我们总像只呆头鹅似地端坐在木板凳上默默倾听，甚少给出什么有意义的回应，但老师们依然挥洒着热情，细水长流地向我们传递着人生之道。

二、紫荆花瓣下的“相手（Aite）”

从南门进入中大，走过外语学院大楼，在第一个路口右转，就步入了一条紫荆花道。每逢春天，夹道的紫荆树缤纷盛放，小道染上满目青葱与浓紫；春风拂过时，紫红的花瓣洋洋洒洒坠了满地，颇为浪漫。花道的中途，在左手边会看到一栋工字型的三层楼留学生宿舍，小道尽头处，则坐落着一所名为紫荆园的设施。紫荆园餐厅是当时周边为数不多的一家食肆，估计当年外语学院90%以上的师生都来过这里用餐；除此以外，紫荆园也是外籍教师的宿舍所在地。

与其他外语学科相比，中大日语系的学生在练习口语方面多了一件秘密兵器。这件兵器作为一项光荣传统流传下来，中国学生以日语将之命名为“相手（Aite）”，而日本学生则以中文将之命名为“互相”。Aite特指与自己结对练习口语的日本人伙伴，通常是经由外教或师姐师兄的介绍而结识，彼此定下每周固定练习口语的时间，在这段时间里以中文和日文交谈，以期互相学习、互相纠正。

与Aite练习口语的地点，往往就定在留学生宿舍，当时中山大学还没有建起如今的新留学生宿舍，各国留学生都热热闹闹地居住在紫荆花道上这座简洁朴素的大楼里。带着学生证在留学生宿舍接待室登记会面的情景，相信会是不少日语系同学的深刻记忆之一。练习口语时，也许是在Aite居住的宿舍房间里，也可能是在宿舍走廊上摆两张椅子就开始交谈。

90年代的学子们能接触到外国信息的渠道还比较窄，即使是外院的学生，估计当时大家对外国人总也免不了会怀着一种光环印象。而Aite，却能让我们实实在在地接触到当下的各种日本人，看到真实的“外国人”是怎样的，了解外语交流是一种怎样的东西，在这个实战过程中慢慢学会以平常心去看待外国人和外语。我想，与提升口语水平的目的相比较，Aite系统所发挥的这种“去光环”效应，其作用之重大更是难以估量的。

关于Aite的另一个深刻回忆，则是在1999年的那一个春天。当时担任我们外教的是宫崎茂老师，这位老先生已经年过70，矮矮胖胖，滚滚圆圆，经常穿着一套深蓝色的背带西裤和格子衬衫，为人爽朗，声如洪钟。宫崎老师就经常为日语系的同学们介绍Aite。记得那日时值阳春三月，天气晴好，老师带着我们二年级的三名女生来到留学生宿舍，与两名刚报到不久的日本新生碰面，决定如何结对练习。这两名新生都是男生，一位需要2名练习伙伴，另一位则需要1名练习伙伴。我们决定抽签来结对，于是由我制作了3张签，班上的其他两名女生先抽，剩下的一张就是我自己的Aite。打开便签，看着签上的两个字，我自然而然地就念了出来：あ、Andoだ！（哦，是Ando！）就这样，我认识了这位名唤Ando的新Aite，并在后来相知，最后还被这家伙突破心防，成就了我们如今的小家庭。直到现在，先生仍然对当时在留学生宿舍抽签的那一幕记忆犹新，每次说起，他都会惊讶一番：你当时可真是自来熟，直接就给我呼び捨て了！（呼び捨て——意指直呼其姓，在日本，这是亲密的朋友之间、或上级和长辈称呼下级和晚辈时才用的叫法）天知道，那时我才二年级，根本不知道这种繁文缛节……

总之，当时日语系学子们的学习生活中，特别是低年级同学中，Aite绝对占了一个非常重要的位置，有的同学每周甚至安排了四五次Aite练习。大家在这条紫荆花道上往往返返，一步一个脚印地走进另一个真实的外语世界。

三、那些让我们又爱又恨的课程

读外语，精读、泛读这些常规课程的重要性无需在此赘言，让我印象深刻的课程还有日语新闻视听以及日本古典文学。因为难，所以印象深刻。

当时，我们的视听课基本都在红楼进行。红楼外墙以红砖筑成，建筑样式洋气而怀旧，非常有特色。日语新闻视听课程由林丽老师担任，使用的教材也是由林老师在日本搜集了大量日语新闻映像资料后编写而成，我们应该是第一届有幸学习到该课程的幸运儿。当时互联网刚刚兴起，网络环境并不像今天那样完善，即使是网上，各种资料也远不如现在丰富。要看日本的新闻节目，最了不起就是每个周末收看香港电视英文台播放的那一小时“Japanese Hour”。而新闻视听在外语学习当中绝对是一大难点，因为其中涉及的语速、语境、话题等等，都与我们平时课本、课堂上学习的内容相去甚远。

三年级的新闻视听课程，一开始简直让人觉得如坠五里雾中，耳边似乎只流过一阵阵的叽里呱啦，想抓住关键词都非常吃力。上听力课不时还要被提问，回答自己听到的东西，回想起来，每次上听力课总不免有点心惊胆战，希望不要被点到名回答问题。许多同学直言抱怨听不明白，这时林老师总是回我们那一句：听多了自然就懂。起初觉得这是不可能实现的幻想，但没想到静下心来坚持听，慢慢果然能开始抓住新闻播报的一些规律，到课程结束时，当初的叽里呱啦，居然十有八九能听懂了。

现在，每当在家中打开电视，耳边流过一段段日语新闻播报时，总会不觉想起那年的新闻视听课程，心中充满了感激。

至于日本古典文学，该科目之艰深真是一言难尽。这门课程当时由佟君老师担任，在记忆中，我的日语各科目中，考得最差的应该就是古典文学，想来真是愧对佟老师辛劳的付出。了解日本古典文学，研习古文，读懂一些普通的日语古文，无论从文学修养的角度上来看，还是从实际应用的角度上来看，其实都是很有必要的。

佟老师上古典文学课时，经常会在课堂上旁征博引，而且言辞风趣，总能令容易偏沉闷的课程变得生动起来。现在回头看看，觉得这门课程只在四年级学了一个学期其实并不足够，在日本，比如到博物馆、名胜古迹等地，常有机会遇到一些古文，看不懂时总会生出“书到用时方恨少”的感叹，恨不得重回外院再次听讲。

这些让我们爱恨交加的课程，原来，都是如此重要。

四年光阴匆匆而过，2001 年七月，我们 97 级毕业了。而中大外语学院，依然为天下向往着外语学习的学子敞开大门，精心培育着一代又一代的外语人才。

身在外院苦读时也许未能深切感受到她的美好，但相信每位踏进了社会的毕业生，在经过种种历练后，都会由衷珍视自己在中大外国语学院度过的岁月，并对她满怀敬意。

中大外语学院，永远是学子们心目中的另一个桃源乡！

文短情长，谨以此文，向中大外院以及日语系恩师们表示深深的感谢。

小语种大世界

2002 级法语本科生、2006 级法语研究生　郭文静

为什么选择法语？这是我读大学之前和出国之后遇到的大多数人会问的问题。十几年来，我给的答案都略微不同。如果说之前我的答案是想要凸显我的心思别致和选择的小众化对就业的影响，那现在我给出的答案怕是更无趣了。那仅仅只是因为法国网球公开赛上裁判别致的法语发音和观众表现出来的优雅。所以我考入中山大学法语系，似乎是个很自然的结果。我是广东人，不愿远离家乡，而中山大学又是广东省最好的大学之一，我就这样在法语系待了五年，本科四年，硕士一年，最后在远离中大的里昂拿到了我的中山大学－里昂第三大学双硕士文凭。

对法语系的回忆，首先来自对老师和同学的记忆。法语系是一个小语种系，人数不多，我报考的时候是一个比较冷门的专业。我是 2002 年入学的，根据学校的安排，我们需要到珠海校区度过一半的大学生活，然后才回迁到南校区康乐园。因为人数少，从我们班第一次上课开始，我们的专业课就都被安排在珠海校区的小教室，颇有老师开小灶的感觉。在这个不足 20 个人的班里，集体生活简单同时带点散漫气息，似乎是脑海中对法国文化的理解在生活中的一种投射。我们那时还未曾完全受到热情浪漫的拉丁文化的感染，同学之间的情谊也在还在慢慢地织就，所以课间休息通常停留在安静的谈笑和默默的伸懒腰之间。我们的老师们却不愿让我们的青春消逝在含蓄之中，课间休息的时候也成为他们给我们传递法国文化的另一个课堂。我还记得听力课的郭丽娜老师在课间播放法国电影和法语歌曲，鼓励我们可以看着电影听着歌来提高法语水平。留学瑞士归国的杜莉老师经常在课间鼓励我们要出去走动，并耐心地教我们跳交谊舞，把外国文化的影响实实在在地运用在我们的日常学习生活中。在教学楼人来人往的走廊欢快地学交谊舞并以此为乐，这可以算是老师们寓教于乐的一个典型例子。又或者在外语学院每年组织的外语节中，在老师以及外教的指导下，我们组织参与一些法国文化节目，一起吟唱法国香颂，用七手八脚搭起来的法国厨房做出畅销的法国可丽饼。这些都是珠海生活中除了课堂之外，外语学习非常重要的一部分。

在珠海生活的另外一个重要部分，便是备考专业法语四级。作为第一届应考的学生，我们系的老师给了我们非常大的专业知识的指导和支持。当时上我们专业课的曾晓阳老师，经常在课间休息和等车的时候被我们围住，治学严谨的她会为了我们的一个小问题而专门查阅各类法语词典。教我们法语泛读的邓月明老师一字一句地修改我们的翻译和综述作业，希望他的严格能够帮助我们更好地提高法语理解能力。每个星期，系里面主要在广州上课的专业老师也专程坐车从广州赶来给我们补课，希望我们能够充分备战。梁启炎老师每次说起以前康乐园四年的学习，总有点遗憾，觉得我们那时两年珠海两年广州的生活对外语学习不够好。因为我们与老师们分开两地，不如我们的师兄师姐们，可以经常得到专业老师的指导和建议。而且老师们每次都是匆匆而来，在课程上完

之后又匆匆地离开，对法语学习的答疑解难只能在课间休息的时候，或者课后老师等车的时间，就连给我们备战专业四级的专门开的小灶也只能根据老师们在广州的课程而安排。

在珠海两年的专业学习一回到广州南校区就有了用武之地。外语学院一向重视外语的实践应用，那时候每年一次的广交会就是我们练兵的好契机。外语学院给学生们安排了实习周的时间，要求每个学生都必须得进行外语的实践运用。我们班的同学于是相邀一起到广交会会场前举牌找翻译工作。这是我们第一次正式面对翻译市场和外语就业市场的考验。来自各地不同学校和不同语种的学生站在展馆前的一块小区域里面，举着手中自制的牌子，希望能把自己的服务推销出去。我首次见识到市场的残忍和竞争的激烈。虽然说法语翻译的市场价格在那时候稍微比英语翻译高，但市场对低价的追逐这一原则并没有丝毫改变，也不会因为我们是学生而手下留情。我们的潜在顾客们在我们面前一个接一个地问价，让我们集体感受到竞争的压力，希望因此可以压低我们的价格。虽然我们班的同学一致坚持了我们的价格底线，但我们无法与来自其他学校的学生结成同盟，只能眼见着翻译的市场价从400元一天，降低到350元一天，再到300元，甚至250元又或者200元。和英语翻译的仅有的一点价格差也被这种残酷的竞争消耗殆尽，让我们提前担心我们未来的就业。面对其他学校学生的竞争，我们把中山大学外国语学院的名字展示出来，印制在名片上，希望能够借由这个名字提高我们的市场竞争力，但这并不足以改变整个局面，毕竟广交会就是基于这种市场竞争的原则组织起来的。举牌的烦恼并不仅仅局限于面对面的价格竞争，还延伸到我们私生活中。我们女生们曾经在不同的时段收到一些客户电话，以要求翻译为名，提出一些时间地点暧昧的话语。又或者，在我们的工作结束之后，未能如我们要求的价格收到我们的报酬，如此种种。可惜的是，这些在翻译兼职市场里面会遇到的情况并没有在我们的学习课堂中，或者老师们对我们的指导教育中出现。我在想，如果有经验的同学们，比如我们的师兄师姐，或者是老师们能够组织一些跨语种的翻译工作经验交流会，教我们如何应对，指导我们做些实际运用的准备工作，比如专业词汇编册，那我们就能够更加自如地面对外语实际运用中的突发事件以及实际就业市场的残酷了。

除了竞争激烈的开放的商业翻译市场，法语系的老师与法国文化商贸组织或者领事馆常常组织一些文化交流活动和法国产品推广活动，为我们锻炼法语提供了另外一个平台和机会。法国领事馆的文化处和经济处以及法国食品协会为不同的项目设置了实习生的工作，除了给我们法语口语、写作、听力、翻译等全方面的实践机会，还能帮助我们提前适应职场生活。在许多半正式和正式的场合，我们班曾集体参加过法国代表团艺术品展览会，法国美酒品尝会和美食推广会的翻译工作。进入大三以来，我们在课堂上要面对的考验也越来越与实践运用结合在一起。蒲志鸿老师指导的法国文化和法语翻译课是我们当时严阵以待的课，我们需要阅读一本本法语原文著作，范围涉及语言学、社会学等人文科学，并且在一节课的时间做简短的内容介绍；或者选择一个感兴趣的话题并且用法语做讲演以及接受同学的提问和老师的讲评；我们还需要应对蒲老师在翻译课上随性的提问和即时会议翻译的考验。杨令飞老师对法国文学的解读，引经据典，思维缜密，经常让我们惊叹不已，我们也因此能够更加广泛地阅读不同时期的法国文学作品。

在法国留学多年的陈元老师，凭借他对法语词汇的掌握和应用的深厚功底，穿插着介绍现代法语以及法国俚语的应用，让我们直接从书本的90年代背景跳跃回21世纪初期的现代法国社会，不至于与现实的法国社会脱轨。

在本科后两年的学习中，法语系的老师们给我们非常宽容的待遇，允许我们时不时缺席于课堂学习，去实习，或者翻译兼职。我想，正因为老师的宽容和理解，我才能遇上改变我人生选择的一个翻译经验。我曾在六个月的时间里协助法国的两位人类学学者在广州进行田野调研工作，研究社会工作在中国的发展。我们一起去不同学校的社会工作专业听课，我一边听一边记一边翻译，并时不时地请他们给我解释社工专业名词的法语以及内涵。除了听课，我们还参与不同学校组织的社工周活动，以及访谈了解社工学生在不同的慈善和民政组织实习的情况。在这个经历中，我遇上不同社会阶层，不同社会背景以及不同年龄层的人，倾听了他们多样的人生经历，悲喜交杂，曲折多舛。直到现在我还与其中的一些访谈对象保持联系，而这种跨年龄的友谊让我获益良多。这个翻译经验完全不同于我在领事馆经济处或者法国食品协会里面的实习工作，因为在这个工作里面，我做的不仅仅是翻译，还有聆听他人以及反思自己。我意识到我对社会的了解是如此的浅薄，而我之前为自己人生定的目标又是那样的模糊不清，我不禁思考我想要的未来和生活是什么。社会学和人类学对我的吸引便在此埋下了伏笔。

在研究生期间，我很幸运能够得到去里昂交换学习一年的机会，但这次自费学习的机会让我犹豫不已，原因主要是经济上的负担。我很感谢当时我的导师陈元老师以及我的父母对我的支持。在经济上能够负担的前提下，他们更关心的是我的想法以及这次出国学习的机会能给我个人成长带来的影响。我顺利地来到了法国，也拿到了法语双硕士的文凭。答辩结束的刹那，我意识到我的留学生涯并没有结束，我对知识的追求才刚刚开始。法语系的老师们一直教育我们，语言只是一门工具，而每个人都要找到自己利用这门工具的方法。我想，人类学便是我要利用法语这个工具的领域，而巴黎就是我要去的地方。从当时高考冷门的法语专业，到现在冷门的人类学，我走的路虽然人少，但我想我可以看到的世界更大。从发展社会人类学的硕士，到现在社会人类学博士即将毕业，我在索邦大学度过的六年生活里，经常让我怀念的还是康乐园里面的师生情谊，因为正是从那里我看到了小语种中的大世界。

长大后我就成了你

2004级日语　潘　宁

时光荏苒，不知不觉离开母校的校园，已有六个年头。和很多前辈相比，在中大虽然时间不能算长，但不知道为什么却经常梦到重回大学校园，和昔日的同窗、老师相叙甚欢的情景。离校越久，越发留恋。适逢院庆之际，望借此小文抒发一下对学院和逝去的大学时光的感怀，以示慰藉。

我2004年入日语系，2008年毕业。细细算来，到今年博士毕业为止，自己的求学之路已近二十余载。这期间从未离开过校园，本应无所谓眷恋，但自己的内心却好像对校园有一种难以割舍的情缘，对每一段逝去的学生时代都异常留恋。除去交换留学的一年，我在中山大学外国语学院度过的学习生活实为三年。三年时光似长实短，却带给我诸多收获和美好的回忆，因此它对我意义非凡。最近经常思考，校园、学院对于自己来说究竟意味着什么，又记载了什么。可以说是追求梦想的岁月，也可以说是一去不复返的青春。但这其中最让我感怀的还是种种相遇。

首先是和同窗相遇。北方出生的我，初到广州，面临的第一大考验就是炎热的天气。这曾一度让我担心：未来的四年自己该怎样度过。但很快我发现自己的担心是多余的。正因为有了同窗的陪伴，让大学的学习生活充满着欢乐。我们的集体去过飞沙滩，参加过拔河。在日语沙龙上捏寿司、弄茶道。现在想想，都是“不成体统的艺术”。但确实是只有那个年龄才敢做，做了也不会脸红的事情。大家身在异乡，因为共同的日语学习聚在外语学院。一句玩笑、一次斗嘴、一声安慰，构成了美好的回忆。友情弥足珍贵，彼此共同创造的青春岁月值得珍惜。

其次是和学问相遇。和学问的邂逅不是偶然，要归功于学院里开设的丰富多彩的课程。在出席各种课程并加以比较后，我找到了自己感兴趣的领域。而大学三年级时，一次难忘的交换留学经历不仅让我开阔了视野，也让我坚定了自己要前进的方向，那就是继续求学。大学毕业后我选择留学深造，从事感兴趣领域的学习和研究。可以说在学院的学习，让我明确了自己的人生方向并且奠定了将要从事的事业的基础。从这个意义上讲，外语学院是提供给我梦想的舞台，也是带给我硕果的地方。

第三，是和恩师相遇。从小至今，对于教师这一职业心中无比崇敬。对于站在讲台、传播知识的老师，始终有种神圣感。而自己在求学路上更是得到了诸多老师的帮助。在学院期间，老师深夜批改我的参赛作文，不厌其烦地回答我的种种问题，更是像对待自己的事情一样为我的未来发展提出建议。这一件件小事都历历在目，一份份师恩都铭记在心。可以说，老师的言传身教让我学知识，让我学做人。今年毕业的我，即将走向讲台。我之所以选择教师这个职业，除了对职业本身的敬仰，很大程度上是受到大学老师的影响。我将一首自己非常喜欢的歌曲作为本文的题目，激励自己传递师恩，希望可以像歌词所唱：举起别人，奉献自己。

在外院和同窗，和学问，和恩师的美好相遇，带给我一份份珍贵的回忆、收获和感动。值此院庆之际，我要对学院道声感谢和祝福。感谢母校、学院、老师的培养。祝福学院未来发展之路更为广阔、顺畅。最后，如果问在外院学到的什么可以和尚在校求学的师弟师妹们分享的话，我想是珍惜求知路上的每一天，感恩对自己帮助的每个人。

拙 记

2004级日语 吴惠芬

“芭蕉不展丁香结，同向春风各自愁”。接到老师的委托，说要写一篇关于怀念大学生活的文章，心中愁情万分。我想自己必是少了一些懂得怀念过去、展望未来的神经，故不常回头怀念过去，更不常放眼展望未来。虽脑汁绞尽，却下笔维艰，不恰当地引用章质夫“轻乱飞舞，点画青林，全无才思”。思来想去，写写老师，写写同学，写写自己，以人为本。想着，大学没有人，何以称大学；生活没有人，何以谈生活。

老 师

一直认为大学是我的第二次生命，这个生命的源泉之一，是老师。本无意进入外语学院学日语，学语言非我所愿，当然亦非不愿，只是预料之外，——此是画外音——总之就是日语走进了我的人生，教日语的老师亦走进了我的人生，走进了灵魂。

第一个影响自己的，就是邱先生。学院为了保证教育质量，把我们班34人分成两个小班上课，我在A班，邱先生是A班读大一时负责教精读课程的，也就是日语主课语法、阅读的老师。邱先生非常严格，本以为上了大学会轻松些，未想碰到了异常严格的老师，致使大一上学期一直处于惶惶的上课状态，只要是邱先生的课，无不紧绷心弦，唯恐先生上课批评读音不准，背诵不流畅，一节课下来，能量燃烧得厉害。因我本来对日语并无多大兴趣，又从未接触过日语方面的一切事物，学起来比其他同学来得艰辛。就拿认假名一事来说，别的同学两三天就全部认出来了，我花了一个月时间才算基本掌握，于是邱先生课上的小测成绩自是最差的一个。“最差”其实并无多大压力，心里总想着假以时日，学日语也犹如学英语一般得心应手（这里并非说英语易学，一切的学习，如要深入都是困难的），然而压力来源于老师的严格。以自己不服输的性格，压力自然就成了动力，于是每天花两个小时阅读课文，两个小时背诵课文，直至认为背诵流利程度满意为止。但是仅仅朗读与背诵还远远不够，老师上课提问是另一大压力，第一完全听不懂问题，第二听懂了也不知如何回答，自己天性愚钝，顾得了背诵，却无法兼顾语法和单词的记忆，自然成绩也就提不上来。这时又鬼使神差一般，接触到了日本有名的动漫文化，此后就掉进了动漫的深渊，开始学背台词，并经常厚脸皮的随口蹦出一串日语，随后便能慢慢地跟上节奏。大一下学期开始，邱先生的课就变得欢乐轻松多了，因为先生认为班上同学们的读音终于算是正常了。这纠正读音，整整用了一个学期。先生会说很多日本方面的话题，禅、佛、歌舞伎、戏剧、傩、能、狂言，听得云里雾里。我也被老师的博学深深吸引，开始往文学方面去浅尝日语的味道。仅仅因为当时先生的博学像踩到了我的灵魂上，并踏出了一个深刻的足印，致使我如今对粤剧产生了浓厚的兴趣。

再是肖老师。第一次真正知道肖老师，是在一个会议上，当时肖老师还不是教我们课程的老师。仅仅因为“气质”吸引到了我。会议总是无聊的，我心烦气躁，旁边的同学又开始咬耳朵，老师们也多少显出烦躁，只见肖老师定如佛。心想，要如何才能做到这般境界？直至大三开始，肖老师教精读课，一节课下来，能听懂30%，已觉得很高兴，肖老师喜欢说老子的道德经，说梵文，说禅佛。“古之善为道者，微妙玄通，深不可识”。因为听不懂的居多，现在非常后悔，该有多少深刻的道理被我的不知而错过？最记得就是老师的“自证”与“他证”，以及“真相永远近真”。因为肖老师，开始看禅佛，开始读道德经。道德经的解释看了四五个版本，还看了日语版本的翻译，感觉相当有趣。前段时间听说老师出家了，据说要为佛教禅宗翻译经文，我没有感到意外。“若人生百年，不解生灭法，不如生一日，而得解了之。”

还有吴之桐老师，一位儒雅的老者。他会各地的方言，稍许的愤青，偶尔抨击下学风，自诩比鲁迅厉害，甚是可爱。我喜欢他的名字，喜欢上他的课，所以总是坐在最前排，享受着两样风牛马不相及的事物被他论到一块去时所带来的惊艳。思想与学识总是能带来不期的愉悦。

今天，依然爱看书爱学习爱思考，纵然学习能力思考能力不高，但希望自己多少能如他们一样，至少能浸出一些诗书气来。

同　学

志不同而道合，人与人之间的微妙即在此。实际上大学四年，过得如此平凡，如所有的大学生一样，一起学习，一起组织活动，一起接受各种锻炼与洗礼。同学们性格不一，人格却都不乏魅力。和其中几个成为密友至今十年，十年我们都换了一身，叹人生，几番离合，便成迟暮，但人生不只如初见。仔细想来，友情也是看天时地利人和，有开始或许就有结束，开始得是如此自然，结束或者并不是绝对意义上的结束，只是会走上不同的道路，然而也殊途同归。

性格古怪的一帮女孩子共同生活了4年，虽然有小摩擦，却也都是宽容与善良的，因此大学四年过的是相当愉快，又珠海校区的美丽和广州校区的古老气息，“一春长费买花钱，日日醉湖边”。在大学曾经历过一次虚空，就是无来由的被一股无名力量堵住，不知道自己要做什么，想做什么，以及怎么能驱散这股闷力。所幸当年这些可爱的孩子吵吵闹闹，学习又勤勤奋奋，不时还要聊聊人生，探讨各种话题，不经意地受到他们的濡染，开始了思考，“云淡风轻近午天，傍花随柳过前川。时人不识余心乐，将谓偷闲学少年”。

之所以说大学是我第二次生命，是因为上大学之前，我是一张完全不思考的白纸，上大学之后，这些古怪的孩子给了我各种天马行空的思考。这第二次生命的源泉之二，便是这个班的同学们。

自　己

大学时看过的一本书，《仿佛居士说禅》，里面有一句话至今记忆深刻。大意是，要开始一本书，就要抛弃以前所有的书。就是说，要能够抛弃固有的想法，才能认识到一本书带来的新的思想。然而，舀一瓢别人的思想喝下，也是会发生强烈的排斥反应的，思想有自己的血型。纵使如此艰难，我坚信那句抛弃一切书的话很对，于一切，减法都是必要的。思想与思想的碰撞，总会有美丽的火花，火花又见火花，从此对书籍也就有了瘾。书籍带来了各种思考，思考引发了对自身的审视。

林语堂在《吾国吾民》中说过："每一个中国人的心头，常隐藏有内心的浮浪特性和爱好浮浪生活的癖性。生活于孔子礼教之下倘无此感情上的救济，将是不能忍受的痛苦。所以道教是中国人民的游戏姿态，而孔教为工作姿态。这使你明白每一个中国人当他成功发达而得意的时候，都是孔教徒，失败的时候则都是道教徒。道家的自然主义是服镇痛剂，所以抚慰创伤了的中国人之灵魂者。"

对自身以及对一个民族的审视是如此深刻，在这个不断圆满的过程中，到底还需要看多少书，悟多少道呢，我总是想。感觉自己是一个落后于时代的人，真正的阅读才从大学开始，故书籍是我第二次生命源泉之三。

然而，无论灌以多少思想，我显然少了些怀念过去、展望未来的头脑构造，即将三十而立，也依然没有一个总的规划。所幸，与书为友的念想并没有断过，从大学就读，毕业，至今十年，这至少不是一件坏事。"致虚极，守静笃"，只好如林语堂大师所说，失败时是道教徒吧。

为自己的不知所云而"临表涕零"。

最后，中山大学即将诞生 90 周年，希望这座给予我第二次生命的学校自由之气息长存。

忆我的母校，我的中大

2007 级德语　胡希琴

我至今仍清楚地记得七年前拖着行李来到中山大学那一天的情景。中大如同世外桃源般的惊艳的美和中大人的热情活泼一下子就把我征服了。可以说，我对中大是一见钟情的。随着时光的流逝，这种感情越来越浓厚，转化成一种母校情结。转眼间离开中大已经三年了，三年中曾经无数次想回去看看，却总是脱不开身。在微信朋友圈里看到中大的消息，也总是忍不住第一时间点击查看。虽然回不去，但是一闭上眼，中大的一草一木、一砖一瓦，那条通往图书馆的路，那些个性分明的可爱的人，总能轻易浮现于眼前。

在中大的四年，我最热爱的是那条通往南校区图书馆的路。我在南校区的两年，有一半的时间是在图书馆里度过的。那些在图书馆三楼的角落里伴着书香静静品味时间流过的日子于今天回想起来仍是那么静谧安详，充实美好，让人向往。正是在那个图书馆里，我发现了自己对于文学的兴趣，为自己找到了一个方向；也是在那个图书馆里，我结识了几个爱泡图书馆的朋友，有了并肩作战、一起考研的战友；还是在那个图书馆里，我实现了自己进入北京外国语大学、继续师从德语文学大师的梦想。南校区的图书馆就像我心中的一个小小圣殿，无论我遇到了什么问题、无论我多么浮躁迷茫，只要到图书馆里呆一天，翻翻书籍，我就能安静下来，重新找回埋在心底的力量。

我热爱中大自由的气息。有人说中大之精神就是陈寅恪所说的“自由之精神，独立之思想”，我对此深有感触。从高中应试教育的樊笼中挣脱出来，来到中大，天地似乎一下子变得漫无边际起来。没有所谓的军事化管理，没有一切向成绩看齐的考核制度，也没有一个集体荣誉的概念来捆绑大家的个性。中大给我们良好的学习环境、朋友式的老师，也给了我们很多的自主空间。各种学生社团、学生组织、各种比赛、社会实践活动和文娱活动，都给我们提供了很多挥洒自己青春热血的机会。记得大二那年在外院团总支调研部，我们六个人一起走过了忙碌而富有成就感的一年。还记得筹划感恩节系列活动的那个夜里，味精、葱头和我坐在地上一筹莫展，不知该怎么办好活动。然后你一言我一语的说自己的想法，聊到后来都两眼放光，兴奋异常，一个大型活动就这样在言语的碰撞中成型了……那份热血和快乐成为大学珍贵的回忆。

大学最浪漫感动的事情是在教学楼顶庆祝生日。而这也是社团带给我的美好回忆。在调研部，我跟六个小鬼一起设计问卷、做调研报告，筹划讲座，准备感恩节；一起过大大小小各种节日，写下对彼此的美好祝愿。大二时的调研部像个小家一样温馨而充满归属感。记得那个晚上我按照路标不停寻找，最后找到楼顶发现一个大大的插满蜡烛的生日蛋糕！那份感动好难忘！

与中大的自由相伴相生的是包容的氛围。我所在的 07 德语班是一个活泼热情天真烂漫且无比强大的集体。我们一起从 ABC 开始学习德语、编演对话，一起拍摄超级米勒探案故事，一起为过生日的同学定制蛋糕、写祝福卡片，一起在大棵树农庄做饭，一起去三叠泉做水上游戏、夜间燃篝火……那真是些快乐肆意飞扬的日子啊！我觉得最可贵的是，德语班的每一个人都很个性化，有专注于学术研究的学霸，有在学校中呼风唤雨的名人，也有喜欢宅在宿舍的宅女。大家是那么的不同，然而凑在一起又是那么的和谐，因为大家都懂得和而不同，尊重差异与个性。正是这样的氛围造就了一个充满活力的集体，所以在学院的"争优创红"以及各种比赛中，我们班大都没有悬念地包揽一二等奖。德语班留给了我关于大学最轻松最亲切最珍贵的回忆。

时光如白驹过隙，七年眨眼而过。然而再回首，在母校的经历、遇到的人还是历历在目，那么令人难以忘怀，好想再回中大走一趟啊！

（2014 年 6 月 1 日于北京外国语大学）

My Rap 我的说唱

2008 级翻译学院英语（翻译）系　余　俊

一、Lose Yourself

如果你是一名英语老师，你敢以 rap 的形式作为期末考核的内容吗？

从拿到中大录取通知书的那一天起，我就想象着自己的大学生活应该是什么样子，会是什么样子。说实在的，我对英语不能说是没有兴趣，但也不能说是兴趣很大。至少，我给自己的设想是：大学生活应该尝试和学会不同的知识和技能，英语专业考试的分数只是其次。不过，也许和很多刚上大学的年轻人一样，先做什么，该做什么，自己并不是很清楚。现在回想起来，我也是在不断的尝试和坚持中，认识自己，发掘自己，逐渐成长。

2009 年，大一第二学期的期末考试，就是这种尝试和坚持的一个起点。

在期末考试前一个多月的口语课上，老师 Amy 把当今欧美著名说唱乐手的名字写满了整块黑板，并布置了期末考试内容：以个人或小组为单位，表演一首说唱歌曲。她亲自进行了一次示范演出，但是唱的是哪一首歌，我已经没有印象了，只记得她拿着歌词，应和着旋律在扭动着身躯，这其中还有一点羞涩，也许是大一的我们都太含蓄，她一个人自个儿在那儿扭啊扭还有点不好意思。不过，我依稀记得当 Amy 宣布完这项任务时，全班同学一片哗然——只听到 Amy 那得意而又有点怜悯的笑声——但我并没有感受到任务之艰巨，相反，我好像嗅到了一股肉的香味：从远方飘来，但又闻不出是什么肉的香味……有可能是因为我当时在学架子鼓，虽然大脑还做不到分区计算，让四肢分别按照不同的节奏来运动，但我对节奏还是有很强的认识，至少被抛到水里不会被呛着，更不会被淹死。

Amy 那片满黑板的说唱乐手，我也没仔细看，只是用手机拍了一张照片。回到宿舍，就在说唱网站上毫无目的地听歌，有一首歌似乎勾起了中学时代电视和电台给我带来的一点点回忆：

Lose yourself in the music, the moment
You own it, you'd better never let it go
You only get one shot, do not miss your chance to blow
This opportunity comes once in a lifetime

副歌留给我的这一小段熟悉的节奏，让我选中了它，感觉就好像久别重逢易生情一样。我仍然记得我无数次拿着歌词在教学楼楼顶，一遍又一遍地朗读那些生动而又诙谐的歌词，接着是听着手机里的歌，跟着节奏来 rap，就像我在追赶着一只狐狸，又好像是一名大妈拿着扫帚在后面赶着我跑，再到后来，自然而然地实现了“脱稿同步”，一旦 high 起来，楼顶的其他读书人也朝我这边看过来，只是我看不清楚他们的嘴型，究竟是在说“哇”，还是在说“切”，但这不要紧，因为我已经可以做到从任意一个节奏切入都可以应对自如了。

说实在的，在这一个月里，我是闭门造车。我生怕在练歌的时候被同学发现，也许是想一鸣惊人，也许只是想图一份低调——你知道，高手一般都是低调的。到了考试的那一天，我主动第一个上场，全班唯一一个人完整地 rap 一首歌，结果也是最高分。

后来我知道，就是这首歌，Lose Yourself，成就了 Eminem 新的生命，也开启了我的一个新的起点。当然，我也不会忘了她的名字：

Lisa Armourlm，来自 USA.

二、高校达人

在 2011 年冬天的一个寒风瑟瑟的夜里，我认识了自我上大学以来第一名玩 rap 的同学。

我这个人嘛，吃饭回来，上课回来，打球回来，和女生散步回来，有事儿没事儿都会在宿舍楼下的公告栏前翻海报，就像剥香蕉皮似的，海报多的时候，还是几层皮，剥了一层又一层，不亦乐乎。看到有兴趣的活动和时间合适的讲座，准是报了名再说，安排时间来参加，所以我的大学生活充满了各式各样的活动，可以说是丰富多彩，也可以说是“不务正业”，而我在这些活动当中也认识了很多小伙伴，大部分是师弟师妹，因为到了大三大四还这么热衷于各类活动的同学真是寥寥可数，在这一点上，我也算是一朵奇葩。

“高校达人”是社团 English Tour 联合各高校举办的选秀比赛，说是在各高校内先挑选达人，然后再进行各高校之间的比拼。初赛那天晚上，我穿上深紫色连帽卫衣，戴上一顶黑色凯迪拉克鸭舌帽，叫上青盛一起去帮我拍照。青盛也很配合，也是卫衣加帽子。那天晚上还挺冷的呢，我们俩都头顶一顶鸭舌帽，又把卫衣的连帽都扣在头上，骑着车就出发了，活像两个有组织有预谋的小偷。在宿舍楼下还碰见美女桂冰同学，她笑着问道："你们去哪儿？"

"去潇洒！"

远远就看到体育馆前的灯光。寒风瑟瑟，人影稀疏。泊好我的福特车——我的折叠自行车上印了"FOLD"这一单词——便开始酝酿内心的情感，进而开始了我的想象。我觉得，我总是又酷又拽，舌头和嘴皮子的一连串动作，迸发出一种愤世嫉俗的不满和底气十足的自信，下面的评委和观众一定是张着大嘴——大得可以轻松自如地放入一颗乒乓球——从一脸惊愕，然后到带有一种欣赏的膜拜，或者是带有一种无奈的笑容，但总是一句都听不懂，这也正常，谁能保证一下子就能听清楚周杰伦周董的歌？唱完之后，我会把麦克风向小朋友一递，然后朝着地平线的方向，转身离开，给这个世界留下我的背影。

事实基本亦是如此。Run Rabbit Run 这首连续 rap 足三分钟的歌，让我没有令这个世界失望。只是在台上没有戴眼镜的我差点被舞台上的灯光亮瞎了眼，而且我发现了一个小问题：连续 rap 如此长的时间，如果除了自由的走动和摆手之外，没有新的变化和刺激，舞台效果会略显单调。另外，可惜的是唱完后未能完成的预定动作"把麦克风向小朋友一递，然后朝着地平线的方向，转身离开，给这个世界留下我的背影"，而是被主持人"请留步"，问了一个我从没有想过的问题：

"余俊同学，你 rap 得这么好，请问这其中有什么秘诀或方法呢？"

秘诀……这能有什么秘诀，还不是多加练习呗，但我总不能说"勤能补拙"、"Practice makes perfect"这类的思想品德教育吧，何况这天气也是够冷的了……不过，我决定要更冷一些，让寒风来得更猛烈一些吧！

"秘诀……就是要'顺'！"

我听到青盛在台下说到"顺"牌凉茶，不知道当时有没有人把我和它的代言人葛优先生联想到一起……

主持人明显是愣了，"那怎么个'顺'法呢？"

"念得顺，气息顺，心情顺，自然 rap 就顺了。"

"好……那我们掌声感谢余俊同学的精彩演出！"

本来想着，这下可以了——预定动作"把麦克风向小朋友一递，然后朝着地平线的方向，转身离开，给这个世界留下我的背影"——没想到一名男同学找到了我。

为什么不是女同学……

"我看你的 rap 可以啊，要不咱俩现场搭一首 Love the Way You Lie？"

于是，我认识了自我上大学以来第一名玩 rap 的同学：刘讫。

三、Music Can

那句"4 月 8 号晚，风雨球场，约定你"的广告词似乎还在我耳边回荡，那场让人不打伞也没关系的雨至今仍是记忆犹新。

在"高校达人"之后，我继续以一种"秒杀评委，唱完走人"的心态，报名参加了 2012 年中山大学珠海校区第二届 Music Can（MC）校园歌手大赛。不知道是谁给我的启发——好像是一个"演艺圈"里的师弟——说我可以和 b - box 搭档唱 rap，还介绍了一个玩 b - box 的师弟给我。于是，我就和这个师弟参加了初赛，只排练了一两次，就上场唱了 Business 和 Square Dance 这两首歌的节选部分。

真是万万没有想到，几天之后有一个小朋友给我电话，告诉我的初赛排在前十名，进决赛了。我听了之后，只说了“哦……好啊”，但电话那头的小朋友却急了：“你听到自己进决赛……你难道不感到一点兴奋吗?”我想想也是，本来就想着唱完初赛就算了，一般评委也不会让我进决赛的……好吧，确实是一件好事，算是一种突破。

决赛的时间定在4 月 8 日晚上，决赛前一段时间，发生了两件事情：第一件事情是，我的b - box 搭档说4 月 8 日那天要和家里人去香港，不过他介绍了另一个B - boxer给我认识，一起玩玩嘛，这名新的搭档欣然答应了；第二件事情是，为了和即将到来的维纳斯比赛错开，国商学生会重新调整了比赛的定位，说决赛队伍一定要有国商的同学，这么一来，倒是逼着我在人脉关系上使出浑身解数，在短短几天的时间里，我认识了新同学，又认识了新同学的同学，“寻一名国商同学搭档参加 MC 决赛”的消息也在国际商学院上下游走，以至于到后来 MC 的小朋友们叫我不要那么高调，不过，结果在我预料之内，我找到了一名来自国商的搭档。

B - boxer，茂杰；Keyboard，梓栋；还有后来加入帮我和声的刘讫。和他们在榕园梓栋的宿舍里面排练，真是 2B 无止境，乐趣无边界；和他们录那句“4 月 8 号晚，风雨球场，约定你”的广告词，可以毫不夸张地说，我们用光影和声音结合的创意视频直接秒杀了其他选手的版本。

4 月 8 日晚，天下着雨，小朋友们前后忙碌着，我们也没有心思去看前面选手的比赛。茂杰不知道是累，还是真的淡定，没怎么说话，以至于我们也跟着无语，好似是拖着一身疲惫在等待一个仪式。我想起当天下午看 Eminem 纽约告别演唱会的视频，内心隐隐地觉得一个人格正在成形，那是风雨前的宁静。

不管评委怎么看，我都要以一种不同寻常的方式出现，彼时彼刻，我已经藐视了整个世界，直到上场前有观众同学微笑着和我说“加油”的时候，我才短暂地回过神来，在狂暴中出现了一丝温柔……但在 Intro 钢琴伴奏声响起的那一刻，我就觉得，内心的某一种能量被唤醒；和着 b-box 的节奏，以一种喘息的声音说出“look, if you had, one shot, one opportunity…”这句话时，我就觉得，这个世界都在我的脚下。我没有从后台走向舞台，我是从观众中间，一边 rap，一边走上去的。我不记得我自己有多 high，也不清楚台下有多少次尖叫，反正这首 Lose Yourself 轻松拿到了第一轮全场最高分。

第二轮我们玩了一点小花样，用 Business 搭了时下最流行的歌曲《最炫民族风》，并且把歌词改了一下，说的是榕园饭堂的饭菜……很好笑，但是没有直接晋级，要参加复活赛了。

我们对复活赛毫无准备，听到是 1 分钟清唱的规则后，我们才商量着唱些什么。正忧虑着，刘让的一句话点醒了我，“可以唱一首急速 Rap”……对对对，我也可以的，那就是 Rabbit Run！和茂杰简单地对了一下节奏的速度，就这么上了。

如果让我选择当晚最满意的两首歌曲，我肯定选第一轮的 Lose Yourself 和复活赛的 Rabbit Run。相比于其他选手的清唱，虽然我们是占了 b-box 的便宜，但是那一分钟我完全没有了比赛的概念和包袱，完全是一种节奏加情感的演绎：不由自主地走动，以至于梓栋也懒得撑伞跟着我走；不由自主地做出手部动作，也催生了几张个人酷炫照。那种临场发挥，以及和茂杰的默契，让这一分钟趋于完美。

评委们用“对我们的下一轮充满了想象和信心”的评语，把我们推进了最后一轮，虽然最后一轮唱了时下几乎是家喻户晓的 Love the Way You Lie，可是我们团队里面没有女生，这首歌 Rihanna 的部分是播出来的，最终的效果也不太理想……不过不要紧，季军和最佳台风奖，还有亲友团和师弟师妹们给力的支持，已经超出了我们的预想。

两年后，2014 年 4 月 8 日，我写下了如下一段话：

> 用马斯洛同志的话说，那天晚上，不止有酷炫，还有自我实现：茂杰、梓栋和刘让，中大 MC 的小朋友们和为我拍下酷炫照片的李帅和彩茵，当然还有我最亲爱的朋友们和粉丝们。也许，你们早已淡忘了那个夜晚，但记忆就像那天夜里的雨，时骤时疏，时而滂沱成一片汪洋，时而飘飞成漫天柳絮；也许，我们虽然难以再次相聚，但在我的心里，永远有你们。
>
> ——以此来纪念两年前的 4 月 8 日晚

四、结语

很多文章总以这样的句子来开头：时间飞逝，岁月如梭，转眼间，又到了……的季节。在这里，我想以这样的开头作为我的这篇故事的结尾：时间飞逝，岁月如梭，转眼间，到了母校 90 岁生日的日子，作为一名年轻的毕业生，我满怀着激动而感恩的心情，写下了《My Rap 我的说唱》这篇故事，以此来献给外语系，献给中山大学，献给小伙伴们，以及那段________的[①]岁月和青春。

---

① 此处形容词为作者留白。

那些在沕水晨读的日子

2009级翻译学院阿拉伯语　冯建鹏

珠海校区芳草萋萋，有五大湖泊点缀空旷的校园，东门有若海，南门有慧池，教学楼边上有隐湖，操场一侧有岁月湖，而逸仙大道的尽头，菁菁校园的最深处，更有一边靠山一边临着榕园的沕水。因为山谷那边水库的溪流注入，所以当其他几个所谓的湖被天气糟蹋得不成样子的时候，沕水仍是一片宁静，悠然如故。

还记得刚来的时候，都说沕水神秘，神秘到瘆人，主要是因为它还处于原生态环境没被整修的状态。那时候沕水边荒草丛生，没有一条路可以走，加上感觉不到它杂草遮盖下到底有几分姿色，所以鲜有人去玩儿。曾经去读过两次书，因为虫多，还没有坐的地儿，就不再去了。

后来，工人师傅扛着写有“流血流汗不流泪，掉皮掉肉不掉队”的旗帜过来了。于是，对岸的石头被变换了造型，边上的野草换成了家草，水泥镶边，瓷砖铺路，还盖了间青色的小屋，搭建了一长溜儿铁棚，放了一些垫子，不成想却成了个高尔夫球场。（本来这事儿已让我奇怪，好好地建什么golf？不过，最让我奇怪的是周围还拉上了铁丝网，后来想想，大概是防御一下偶尔迷路的野兽吧。）还好平日空闲，没几个人儿练球，加上有几把凳子在那儿摆着，还有了挡雨不遮风的地儿，从此，沕水便成了晨读的好去处。

沕水施工现场

以前早读，去过隐湖边儿上，也去过教学楼顶，但前者不能遮挡风雨，因而不能常去，后者又太远，让人受不了奔波劳累。所以，自从去沕水之后，就被她深深深深地吸引，再没换过地方。

“半亩方塘一鉴开，天光云影共徘徊。问渠那得清如许？为有源头活水来。”沕水因是活水而自然，因其自然而与众湖不同，因其不同而成一个让人倍觉清新的地方。早早起床，用过早餐，背上一两本书，带上一杯清茶，就可以去沕水晨读了。坐在被露水微微打湿的椅子上，处在朦胧雾色的包围中，清凉的感觉油然心生。远处是山峦起伏，云里雾里，近处是碧波荡漾，微风乍起，山水因云雾而朦胧，云雾因山水而多姿，此刻，明明是眼前的山水却感觉如梦如幻，明明是飘忽的云雾却感觉到从未有过的真实。至于草哇树呀，还很贪睡，想来也只有太阳最具权威，明明露水已打湿了衣裳，凉风吹动了发梢，还无论如何唤不醒。如此坐朝一池碧水，心向一汪清凉，拿出一本书来读，如果是外语，思路清晰，顺畅流利；如果是国语，那是情真意切，意境悠然，会是何等的惬意！

平常的日子不用多说，沕水听雨可是一件难得的乐事。珠海的天气永远让气象部门头疼，从来不按规则出牌。明明早上出门时阳光明媚的，但有可能十分钟后你就会被一场大雨强暴，带伞和不带伞只是湿得少与多的区别。所幸沕水有避雨的地方，不但不被淋，还有幸现场聆听一场雨的音乐。因为云雾缭绕的，说不定哪朵云沉不住气就过来了。先是象征性的“啪啪啪”告诉你它来了，赶快从湖边躲开，接着就“哗哗哗”地瓢泼一般酣畅淋漓起来。人一集中在棚子底下就略显嘈杂些了，有英语，有阿语，有日语，有法语——偶尔还有笛声，虽不悠扬，也还差强人意。就这样，风声雨声读书声和着乐声奔涌而来，“嘤嘤嗡嗡，哗哗啦啦”，响成一片，还真是一场一般人见所未见闻所未闻的“音乐盛典”。雨，是来也匆匆，去也匆匆，但却激动了牛蛙，欢快了小鸟，清新了空气，碧绿了草木。于是，待伸过了懒腰，畅快了呼吸，读书声又伴着阵阵蛙声，声声鸟鸣铺展开来。阳光，开始灿烂。

所以，我喜欢沕水。不单单是喜欢在那儿晨读，更喜欢湿露沾衣、山水朦胧时亲近自然的感觉。

晨读于沕水，晨读于自然。

沕水

予人玫瑰，手有余香

2010级德语　张　倩

2010年11月，第16届亚运会即将在广州举行，从很早以前，我就很期待能成为一名亚运会志愿者。所以，我决定从珠海去广州参加面试。经过笔试，面试，很高兴我居然被录取了。志愿服务的第一天是预演模拟工作，我一早起来，穿好志愿者服，高高兴兴地赶往工作岗位。可是，我却没有被分到任何工作。跟我一起去面试的人都接到不同的工作，有的人负责信息流通，有的人负责电话接线，或者做督查出去考察志愿者工作。20多个人，唯独我没有接到任何工作。负责人说要我先待命再做通知，意思大概就是做替补吧。我当时有一种特别不受重视的感觉，感觉自己要奉献亚运的一腔热情被一盆冷水浇下，顿时有些心灰意冷。看着办公室的同事们那么忙碌，我除了暗暗羡慕，还有点不知所措，放弃了一个月的学习从珠海跑来广州做志愿者，却没有给我机会发光发热。可能是因为独独我是大一的，不受信任？可能是因为我面试时没有积极讨论表现不突出？可能是我不会讲粤语，电脑操作也不熟练？我整整发呆了了大半天，一直到下午4点。负责人说，上层领导希望我们部门能编辑一些温馨的短信发到志愿者手中，体现亚组委对广大志愿者的关怀，每个人写两条交上来先看一看。我也写了两条交上去，很朴实的几句话，没想到负责人却十分看好。

(10月31日预演傍晚发出)

劳累了一天，看着自己的劳动成果，有没有在心底表扬自己呢？因为您认真负责的工作，带给别人诸多方便。每一份汗水都是爱，每一个微笑都是感动。让别人的生活因为您的存在而更加美好。请大家路上小心，晚上早点休息哦！

负责人当即要我多写几条，我交上去后，他表示很满意。从此，我的亚运会志愿工作便是负责亚运会期间每天早晚的温馨短信编辑，这对我来说是一份很突然的工作。从来没有想过自己会做这样的志愿者工作。还记得2008年看北京奥运会，那些大学生志愿者坚守在十字路口，活跃在奥运场馆，那才是印象中的亚运志愿工作，不是吗？而在青协，我参加了鸡山活动、敬老院活动、沙滩垃圾清洁、校园海报清理还有骄阳活动，志愿活动不应该是这样吗？所以，很长时间我有点怀疑，这是志愿者工作吗？可是无论如何，我还是告诉自己，做一件事，爱一件事。每天的短信我会写好了修改，再修改。慢慢地，这件事带给我了无尽的快乐。我所编辑的短信每天都会通过移动短信平台发出3万人次，就是说，每天都有3万名志愿者可以收到我写的鼓励的话，或者关怀的话。每天我早早起床，7点准时发出短信。经过一天的劳累下班之前再发出短信。我想，早晨的短信一定要鼓舞人心，要朝气勃勃，而傍晚的短信则应该是问候，关怀。在一个月的短信编辑过程中，我想每天都能出现一点新花样，例如，可以加入切实的温馨关怀，如如何处理脚酸、中暑等情况；及时预报恶劣天气，让志愿者们做好防护；国际大学生节还有感恩节当天要送去祝福，让他们感受到温暖。有时候内容也轻松愉悦，说不定志愿者们会会心一笑，能够消除一丝疲劳。

有一天早晨，大概是我编辑短信发出的第六天。我上班之前打开移动短信平台，有一个新发现。原来我发出的短信，有那么多人回复，我之前几天都没有注意到。我翻看着一条一条的回复，也不知道为什么，眼里突然有了泪水，很热，盈满了眼眶。“谢谢亚组委的关怀!”“我昨天在公交车上帮助了很多人，很开心。”“突然收到这样一条短信，感觉好温馨。”“我一定会继续努力的，加油。”……短信平台上短短五天竟然有好几百条回复。这是一个重大发现，我突然有一种肩负了一份光荣工作的感觉。没有想到我每天短短的问候和关怀竟带给别人如此之多的感动。突然感受到自己工作的价值，我不再怀疑、不再审视我的工作。这就是一份志愿者工作，也许你觉得它很特殊。以前的同学听说我做亚运会志愿者，都打趣说，“整天守着电视看，怎么没有看到你?”我想说：“我的工作是在幕后。在赛场之外的另一个赛场。虽然没有闪光灯。”同时，我的工作逐渐得到很多人的认可。有一次，领导还在会上专门表扬我们部门的温馨短信工作，说这体现了人文亚运的理念。

11 月 12 日，第 16 届亚运会在广州盛大开幕！那是我在亚运岗位上工作的第 10 天，那一天，我们每一个人的心情都是激动万分。我想这是一个重要的时刻，每一个志愿者心情想必都是跟我一样，复杂而微妙。我应该要写出一些跟平常不同的东西来，把这种感觉表达出来，是骄傲，是喜悦，是满足，是无尽的感慨！这两条短信收到了志愿者很好的回馈。

(11 月 12 日广州亚运会开幕式傍晚发出)

一弯珠江月，撒下亚运和谐的清辉；一江珠江水，荡漾亚运激情的浪波。此时此刻，想必每一位志愿者的心里都是激情澎湃，感慨万千！让我们掬一束木棉红，捧一颗赤诚心，屏住呼吸倒数，期待亚运的盛大开幕！中国爱，亚运情，志愿心！今晚，我们聚焦海心沙；今晚，我们尽情欢呼吧！温馨提示：海心沙附近人流量大，请大家注意自身安全！

(11 月 13 日亚运会第一天清晨发出)

金秋爽，花城乐，激情亚运，你我共享！昨晚绚烂之梦让您怀念，今日无限热情由您燃起！让我们心怀激情，整装待发！挥汗雨，争先进，有一分光就发一分热，向全世界展示亚运志愿者矍铄的精神风貌。看！亚洲风，雄壮起，志愿火，永不息！

转眼间志愿者工作已经过去半个多月，亚运志愿者服务对我来说，已从陌生到了熟悉，不由得想起自己第一天穿上志愿者服走在人群间的那点小小的满足感，不由得想起自己冲动地一个人从珠海跑到广州，冒着大雨去参加面试，因为找不到面试地点被淋得浑身湿透。亚运会带给我前所未有的心灵撞击，我感觉自己在这个大集体中找到了一种家的温馨。每天在地铁里面看到很多洋溢着微笑的志愿者，有一种很奇妙的感觉，感觉跟每一个人都很亲近，感觉和每一个人都是朋友。

在亚运志愿服务的一个月中，有时仍不可避免地感到疲惫。每天对着电脑从早坐到晚上，深度黑眼圈，满脸冒油，充满了苦涩与辛劳。每顿饭都是带着塑料泡沫味道的盒饭，好几次早上起不了床有请假不去的冲动，可是我最后还是选择了坚持。因为，我不是一直在用“坚持”鼓舞着其他人吗？将心比心，我的工作不算辛苦，很多志愿者每天在十字路口冒着太阳维持交通，很多志愿者在拥挤的地铁口重复单调的安检，很多志愿者每天都在各个站点来回奔波，我的劳累又算什么呢？短信平台上时常能看到“好累”，“好辛苦”，“感觉自己坚持不下去”这样的字眼。我深知，每个人由最初的充满斗志而渐入疲惫。当那种新鲜的感觉退去，当劳累侵蚀着我们的身心，我突然感觉自己的心和每一个志愿者那么贴近。我好想用我微薄的力量带给别人一丝慰藉。我鼓励大家要坚持，要善始善终。

（11月20日傍晚发出）

也许每天数小时的服务让人觉得疲惫，也许每天千百次的往返让人觉得单调，然而，当海心沙星光璀璨时，当小蛮腰绚烂穹宇时，当那些陌生的面孔对你投以微笑时，一切的付出都是那样的微不足道。用心付出，才能收获最真实的快乐！

一个月的志愿服务，一份平凡的工作，带给我前所未有的内心震撼，我从来没有想过，这短短的一个月我竟改变了这么多。回去学校以后很多同学都说我变了好多，脸上多了好多笑容。我感觉在这个过程中自己似乎才是最大的受益者。我获得了一股前所未有的能量，我发现自己以前的粗心大意不见了，做事认真细心，追求完美。我脱离那个总是喜欢以我为中心的自己，懂得设身处地地为他人着想。我做事不再有头无尾，感受到了那种走过风雨走过荆棘坚持到最后的巨大快乐和满足。我发现自己变得越来越开朗，丢掉了以前那个喜欢独来独往的自己，喜欢倾听，也喜欢分享。我发现自己更加敢于承担，把“责任”二字看得越发重要。我喜欢亚运会之后的那个新的自己，崭新、明亮，每一个我，都蕴含一份真情；每一个我，都饱含一份深意；每一个我，都会在苦中品甜；每一个我都会在平淡中寻求意义。也许平凡，但绝不平庸！

这一路走来，我最大的感觉就是：“予人玫瑰，手有余香。”志愿服务并不只是“助人”，亦是“自助”，并不只是“乐人”，亦是“乐己”。

“德”意清晨

2012 级德语　张奕婷

我总是比闹钟还要准时醒来。

下床，洗漱，背起书包。嗯，6：03，时间还早——说早，大概也是某些人的晚。但在我可爱的小舍友们在我不小心发出的声响中嗫嚅几声又翻身睡去的时候，我已经扑入清晨的风里了。

我喜欢这样的清晨。当我提着饭堂新鲜出炉的第一张鸡蛋饼，嘴里念念有词地背着德语文章走在校道上时，一股清新的风灌入我的脑中——仿佛昨夜里混沌的思绪造成的死结统统被解开——绕着校道走一圈，和每天都会准时出现的晨跑者打招呼，听着阿姨拿着大扫帚扫落叶的声音，云雀穿过树间的叽喳声响，好不惬意——教室管理员提着一大串钥匙为我打开自习室门，我找个靠窗的位置坐下，就这样开始一个好学的清晨。

阳光透过清晨薄雾向窗内渗入暖意，浅淡而不扰人。被我翻得渐旧的朗氏德汉词典的内页也被照的通透发亮——我喜欢翻词典，一年德语学习下来，厚厚的词典成为我最爱随身携带的物品。电子词典，在线词典都无法吸引我。哪怕只是随便翻翻，有趣的词汇和习语多看几遍，字典符号特殊注记含义研究一下，都能带给我无穷的乐趣。德语和其他外语最大的不同在于，单词的读音足以让你知道它的拼写方式，简单之余却又散发出语言本身在表达含义上的独特光彩。翻开词典，从“Jahr”开始往下逐个词条细细追寻，看到的是怎样一个关于岁月的世界啊。时移世易，年月变迁，这些词汇在一手伸向过去的同时也在伸手探寻未来。一本词典的编纂需要宏大的工程，编者力图把德语使用者的常用词汇都收录在内。但我反对把德语词典当作工具书，因为在里面你看到的是一个社会的文化，对事物的态度等等。一些平淡的词汇，也许就包含着德式幽默。它应该是一本让人百读不厌的德国生活百科全书，而不应只为查找生词而存在。玩转这样的一本词典，一直是我的目标。

作为一名大二的德语专业学习者，循环往复与德语打交道的清晨从未使我厌倦，因为每天都会学到新的东西。在一个清爽明快的清晨里，不需要咖啡兴奋脑子，不需要台灯的人造光热，思路明快，每一篇课文难以理解的点都瞬间被解开，按照自己的思路整理出专属于自己的心得笔记。此外，还能翻翻我钟爱的词典，反复朗读触动人心的德语文章。当你从一个看德文似一堆乱码的一窍不通者，经过一年清晨与勤奋的洗礼，轻而易举的将“durchschnittlich”完美地读出来，朗读德文诗篇时身临其境，你一定能够体会我的自豪感。

于是，在没有课的周末早上 9 点多 10 点，当很多人才刚刚坐下来开始今天工作学习的第一项的时候，我已经合上了书本，几乎完成了一天内工作计划的一大半——脑子已经被过去数小时的热身调整得当，更加清晰了。这时候的我便开始正式使用德语与外界交流。我给一个退休的德国女士回复邮件，询问她在看《舌尖上的中国》后有没有新的美食灵感，并过一把解说员的瘾，回答她对于中国以及我所在的城市的风土人情的问题；我也给因为时差还在熟睡的德国华裔女大学生 Jessica 回复微信语音，告诉她，她最近的中文表达有进步，还和她聊在大学的体验。如果还有时间，我会看德国的一些儿童新闻节目，从德国少儿的眼中看世界，看德国人独特的世界观以及普及知识的方式，妙趣横生又受益匪浅。

John F. Kennedy 曾经说过，评判一个国家的品格，不仅要看它培养了什么样的人民，还要看它的人民选择对什么样的人致敬，对什么样的人追怀。Jessica 曾经跟我说，她最喜欢做的事情就是在她所在的城市的博物馆里静静的待上一段时间，那样可以让她内心平和，陷入沉思。我们看德国的纪录片，都会为拍摄者的独特视角以及追寻真相与学问的执着所感动。我兀自认为，“诗意”一词足以概括这个国家的精神和品格——德国总是有足够的耐心和意志，将自己的历史和文化细细整理，分门别类，然后将它们放进德国土地的每一个角落，让它的国人们去触碰历史的心跳，追寻思想碰撞的火花，用有限的生命寻求永恒的精神家园。正如荷尔德林所说，“人诗意的栖居在大地上”，这又何尝不是一种生活的美感?

所以，早起或者晨跑，也是德国人观照心灵的一种方式吧。我的老师有一对年迈的德国夫妇朋友，他们在下着雪的冬天清晨，也要从自家山间小屋出发走上两公里，在雪地上留下深深浅浅的脚印；城市里的一群德国年轻人在一夜大风后树叶落尽的清晨穿着冲锋衣在风中奔跑。他们都选择了独特的方式去追寻自己的内心。我忽然想起，黑格尔在柏林大学熹微的晨光里思考美学，荷尔德林在清晨柔媚的湛蓝中吟诵诗篇——而当山隐水迢的中国风景还沉浸在如水的清晨时，一定也有中华儿女起身，一如诗意之德国人，朝着冉冉将升的太阳在奔跑，或者静坐湖边，整理内心的记忆，然后怀揣着心中的梦想，然后细心打磨自己的技艺，使自身强大，使内心丰盈。这两个相隔甚远的国家里的人们，在这个充满德国式诗意的清晨，带着彼此共同的信念，走到了一起。

而我，在日复一日的“德”意清晨里，一边钻研我钟爱的德语，一边朝我想要的梦想，迈进了一步又一步。

采访编

十载编书路　一生相伴情

讲述外国语学院退休教授陈珍广、祁庆生伉俪与《英语名言引喻典故》的故事

采访者信息
作者：《中山大学报》记者　汪文珊
原载：《中山大学报》第190期，2008年11月20日第03版：人物·故事

一本好书，不单写成之后得以经受住时间的考验，就是在草创之初也必然经过了长时间的酝酿和准备。然而，进入“时间就是金钱”的现代社会，“十年磨一剑”的故事便鲜有听闻了。日前，记者有幸采访到我校外国语学院陈珍广教授、祁庆生副教授。这对年逾古稀的夫妇在退休之后潜心研究十余年，编著了《英语名言引喻典故》一书，该书将于明年初面世。

“我们不过是普通的退休教师，我们做的也都是很普通的事情。”采访中，陈珍广教授很认真地一再说道。“普通”便是夫妇俩给自己和他们所从事的事业贴上的标签。源于对这份淡然谦和的尊重，记者决定摒弃华丽张扬的词句，以最朴素平实的笔调诉说这个“夫妻同心，十载成书”的动人故事。

“第一次意识到探源对于借引是多么重要”

80年代初，陈、祁两位教授在《参考消息》上看到一幅漫画，说的是当年美国总统里根希望渡过财政赤字难关的事情，画中的“Part the Red Sea”被直译为“离开红海”。这样的图文对应让人不知所云。而身为翻译家的陈珍广教授立刻发现了其中的谬误：原来“Part the Red Sea”原本是《圣经》中的一段故事——上帝为了帮助受压迫的以色列人逃离埃及，曾施法让红海裂开，空出一条坦途让以色列人通过。漫画是借这个典故讽刺里根妄图劈开红海是白费心机，那是他不可能完成的任务。意外的发现让两位教授“第一次意识到探源对于借引是多么重要”。

有了第一次勘误的经历，两位教授又陆续在一些文章和书刊中读到许多误解和错译的例子。为了不让这些语言海洋里美丽璀璨的珠贝“明珠暗投”，两人产生了编写一本“尽可能准确的参考书”的念头。花城出版社1990年出版的《西方名言引喻典故词典》便是他们首次将这一念头付诸实践的成果。该书获得了全国首届优秀外国文学图书三等奖和广东省第五次优秀社会科学研究成果一等奖，但让两位教授耿耿于怀的却是这本词典以汉译作主条目，没有外语用例，不能专供外语学习者使用。为了弥补这些不足，两位教授继续搜集相关资料。经过十多年的辛勤耕耘，这本即将由中山大学出版社出版的《英语名言引喻典故》收录了源自古希腊罗马神话、《圣经》故事、文学作品、名家警句及历史典故的用例超过2000条，以及来自古今文学作品、当今报刊杂志引用这些名

言典故的用例近4000条。

一个手指头打出百万字

陈老师严谨沉静、惜字如金，祁老师热情率直、快人快语，一动一静、浑然天成。说起新作《英语名言引喻典故》，陈老师话也多了起来："刚开始编第一本的时候，我们还是使用卡片，为了排序，卡片常常排得满地都是……""1995年，我们就开始学着用电脑了。"说着，两位老人开始向记者"展示"单指敲键盘的样子。"以前效率非常低，我们有些时候查找原著或参考人家的翻译，要去图书馆一本一本地找，一借就借十几本回来。现在只要指头一敲，就好比进入了图书馆，还用不着翻阅，就可以找到有关章节，方便多了。"陈教授又补充说："不过找用例就不那么轻松了，一个信息打进去出来的却是成千上万条，还得筛选，要想办法让电脑明白你想找文学作品还是新闻报刊。"聊起这些，年逾八十的陈教授俨然个中高手。这时候，身旁的妻子却忍不住"抱怨"起来："我们之间没别的矛盾，就只一个：他总是坐在电脑前工作，一坐就是一个上午，头都不抬一下。现在他的脖子就只能左右动，不能像我们这样上下自如了。"的确，编写这样一本百万字的参考书，远非"剪刀加浆糊"般简单，而是十多年在国内和美加认真搜集，一点一滴积累的汗水结晶。

"词典和钟表一样，最差的也聊胜于无，最好的也不能保证走得完全准确"

翻开这本十年磨一剑的英文参考书，陈教授提醒记者特别注意每个例句后括号里的内容。原来，为了保证引文的准确，弄清例句的来龙去脉，两位教授不但坚持从经典文学作品和报刊杂志中选取例句，而且注明了它们在原著中的章节、剧本的场次，甚至包括时事述评中文章的作者、题目、报刊的名称和刊出日期。对于这种在国内同类辞书中极少出现的引注做法，陈教授的解释是："第一，我不敢说我的释义和译文是绝对准确的，读者可以去找原文核对，作出自己的判断；第二，就是让读者更有信心地使用这个材料。"

两位教授反复强调编书只是"尽可能准确"。他们将这十几年来搜集、筛选、更新资料和反复修改、校对的工作看作一个"尝试和学习的过程"。这本将于2009年初出版的书不断地进行更新，搜集到的词条例句已经包括了2008年的内容。不仅如此，为了向着"尽可能新"和"覆盖面尽可能广"的目标努力，他们俩除了向同行中的朋友前辈请教疑难，还让身在北美、拥有更多外国文化社会背景知识的女儿帮忙校对。说到这里，陈教授指了一个词条给记者看："词典和钟表一样，最差的也聊胜于无，最好的也不能保证走得完全准确。"他笑着说："这里说的不是那种不负责任、粗制滥造的东西，而是说，再好的书也难免有缺点，如果我们的书还存在某些缺点，我们只好拿这来解嘲，毕竟已尽了最大的努力了。"

"做一个认真细致的资料员"

回顾十多年来的积累和努力，祁教授说："我们只想做一个很认真很细致的资料员，替有需要的人们找资料。"退休前曾担任中山大学图书馆馆长的陈教授对此更有深刻的体会。他认为，图书馆里千千万万本书就是前人或当今学者留下的资料，我们教学在某种意义上说，也是传授某种知识的资料。资料首要是它的准确性和权威性。两位教授在选条目和用例方面所追求的正是这种准确性。

既然是替别人找资料，“方便”也是很重要的一个方面。为了便于读者使用，《英语名言引喻典故》除采取流行的编排方法，以英语词条第一个词开首字母顺序排列外，书后还附上以一个或多个关键词字母顺序排例的索引。如此一来，即使那些不是很准确记得原文的读者也可以通过索引其中一两个关键字找到相关内容。这种目前在国内同类书籍中具有首创意义的索引体例虽是大大方便了读者，然而对作者而言，工作量却一下子增加了数倍。但眼前的两位教授却丝毫没有为繁重的工作所影响，而是沉浸在“让读者方便使用”的喜悦中了。

余热还在散发着

对退休人员而言，好好休息、颐养天年是天经地义的，然而这两位老人却一直闲不下来，从一开始，编书既是出于兴趣，也是“发挥余热”。“我们不是先联系好出版社的，而是先编书。他（陈教授）坚信，这个东西编起来终归是有用的，”祁老师回忆道。考虑到国内出版业的现状，陈教授坦言曾想过，如无出版社接受，就将这本书无偿放在网上供有需要的人下载使用。“我们主要是想，这个东西编出来对别人有用就好了。”两位教授对此异口同声，“后来决定把这个成果留给中大来出版，也当作是献给母校的礼物。中大出版社的领导和编辑对此赏识，这确实是我们的运气。”

此外，两人多年来支持外国语学院退休教授卢守荣所创立的广州残疾人英语培训中心，可算是“发挥余热”的另一个注脚。由这位因患喉癌致残被称为“电子喉教授”兴办的助残事业在国内引起了强烈的反响，能在里面尽一份力量同样使他们觉得生活很充实。

陈教授说，在编书和助残两件事里，妻子都做了很多的工作，特别是他在1988年因癌症做过大手术，一切都得倚赖妻子。“那时候多亏了她的悉心照顾。她总是跟在我

陈珍广、祁庆生伉俪在悉尼留影

身边，做我的‘保健医生’，没有她就没有我们眼前这一切……”他深情地说。

谈及两人共同完成的书稿出版之后的打算，“像以前一样到国内外各处走走看看，参加退休处组织的活动，”祁教授首先答道，“他喜欢写写画画和摆弄一些工艺品小玩意儿。”陈教授在旁微笑不语，默契尽在不言中。人可以献身于自己所钟情的事业，并乐在其中已然是一种幸福；而能有一位志同道合的知音伴侣携手相伴、共享人生，该是更大的幸福吧。

往事悠悠半世情 教学相长寄后人

——访1950级钟佑同校友

校友简介：

钟佑同（1932—），广东广州人，教授。1954年毕业于中山大学西语系（后称外语系）。1986年赴美国纽约市立大学从事英语语言教学研究，1987年回国。曾任中山大学外语系副主任。长期从事外语教学与研究。主张采用中、西结合，相互取长补短的外语教学法。学术论文有《评介 *English for Today* 一至四册》等。编著《简明英语常用同义词例解》、《大学成人教育英语教程》等。1993年退休。

采访者信息

作　　者：周丽莉

修　　改：徐汇源

小组成员：孙娈娈　杨帆　陈梓婕　周丽莉

中大情缘

1950年，年仅17岁的钟老师在香港的一所英文书院毕业后，考入广州岭南大学英语系。两年后全国院系调整，岭南大学与中山大学合并，钟老师成为了中山大学外语系的学生。四年的大学本科生涯，钟老师特别热爱自己所学的专业，在勤学苦练之下打下了非常扎实的英语语言基础，听说读写俱佳。后来在戴镏龄、王宗炎等老教授的指导下，钟老师不断结合教学实践，汲取新知识，追求真理，从不自满，成为当时系里深受学生爱戴的教师。钟老师从当学生至今，经历了外语系各个发展阶段，他求学于斯，成长于斯，服务于斯。期间虽然两次服从组织调动离开中大，但最后依然又回来了。当他跟我们谈到这些时，感情是那么的真挚感人。

1954年毕业之后，学校将钟老师分配到部队机关工作。一年后，钟老师转业到铁道部武汉长江大桥工程局。1956年，中大急需英语教师，于是钟老师就回到了中大，开始了他梦寐以求的教书育人的工作。

1969年，中大外语系各专业的大部分老师出于种种原因被调到广外，于是钟老师便到广外继续教书。这一待，就在广外待了十年。

1977高考恢复，两年后，因为工作需要，在时任外语系主任戴镏龄教授的建议下，钟老师和其他一些老师一同回到中大任教。

回到中大后，钟老师主要教本科一至四年级的精读课。那时没有什么固定教材。低年级主要用《新概念英语》和《今日英语》等。高年级则多用国内著名大学编写出版的高年级英语教材。当时钟老师已是语言教学的老将，又是抓全系教学工作的副系主任，他根据自己的丰富经验及参考兄弟院校行之有效的做法，提倡强化实践、狠抓基础、师生互动的教学理念。在他的带动和示范之下，全系各语种的教学热情大大增强，师生积极性高涨，教学成果显著提高。钟老师这些成绩得到了全系师生的一致认同。

出国进修

1986年，钟老师到美国纽约市立大学当访问学者。当时他在那里边听一些课，边修习诸如SLA（二语习得）等理论课程。钟老师在美国研修的目的非常明确，他在美国接触过的东西，并不是细大不捐、照收不误。他清楚地看到，美国的情况跟中国的教学情况不一样，因为在美国，英语是他们的母语，上课内容注重讲授理论，而在中国则要注重打好语言基础。说到基础，钟老师反复强调，语言学习者，最重要的就是要把基础打牢，基本功要扎实，千万不要把自己弄成一个language cripple（语言发展不均衡的人）。我们一致认为钟老师这项建议对现在的学生仍具有很大的参考价值。

教学寄语

在采访过程中，钟老师特别强调英文写作的重要性。他说，当时一至四年级的学生都会有很多笔头作业，三、四年级还专门开设了作文课。中国老师都会很细致地给学生批改作业，并在课堂上分析讲解，同时也要求外籍老师这样做。钟老师还说，学习英语就要抓basics，要经常操练。我们认为这种严谨的治学态度很值得我们学习，因为现代人越来越依赖电脑的自动修正，反而缺少了老一辈学人的知识积累和一丝不苟的态度。钟老师的一番话更让我们认识到，我们外语系优秀的传统与严谨的治学态度是非常值得发扬光大的。

采访手记

三次采访钟老师，我们感到他非常平易近人，而且热情好客。我们刚到，他就问我们，coffee or tea？然后亲自从厨房里拿出四个瓷杯，说一次性茶杯太浪费资源，而且也不一定干净，自己家的杯子都是用开水烫过之后才使用的。这让我们非常惭愧，环保已经成为钟老师的一种生活态度，但现实中很多人对环保的理解大多还只停留在口号的层面上。

钟老师还是一个非常谦和的人。他早年在香港求学，英文基础比较扎实，在本科学习期间常有机会参加翻译工作。我们都觉得这么年轻就能当翻译是件很了不起的事情，但他对自己的很多经历都轻描淡写，只是说学校和系领导及同事们都待他很好，使他在中大当老师感到很满足。

缘定今生

——访1952级西方语言文学系黎汉材、曾美倩校友

校友简介：

黎汉材教授，男，1933年出生于香港。1952年回广州升学，1956年毕业于广州中山大学西方语言文学系，1957年到华南师范大学任教至今。曾任外语系副系主任、研究生指导组副组长、广东外国语言学会秘书长、英国剑桥大学访问学者、硕士研究生导师。主要从事英语教学、翻译和语言研究。著作有《英语长句翻译》，译著有《迎接京剧艺术的盛大节目》、《英国文化习俗辞典》等。

曾美倩教授，女，黎汉材教授夫人，出生于广东南海，幼时随父母定居昆明，1952年考入广州中山大学西方语言文学系，1956年毕业。1957年到华南师范大学任教，与其丈夫黎汉材先生共同译著《英国文化习俗辞典》。

采访者信息

作　　者：张靖栩、莫嘉茵，2013年外国语学院广州1队，2012级翻译学院、外国语学院

采访地点：黎汉材、曾美倩校友家中

采访时间：2013年7月

采 访 人：张靖栩　莫嘉茵　张碧心

约访电话接通的瞬间，耳边响起的是一把年轻而不失庄重的声音，这让我对电话那头素未谋面的老教授越发好奇：黎教授与曾教授是什么容貌？他们性格如何？是否健谈？抑或严肃？访谈现场气氛如何？一系列的疑问占据我的头脑，对于这次访谈，心头交织着兴奋与紧张，萦绕着期待与忐忑。

南国的雨，丝丝柔情，与我们一同踏上从康乐园到教授家的路途。漫漫路途，思绪万千，不知不觉中，我们仿佛也化身点点甘露，滴落于朦胧的岁月长河，激起朵朵涟漪，漫化成20世纪50年代康乐园的种种幻想……

门铃响过，大门打开的刹那，所有的不安烟消云散，眼前定格成两位热情友好、和蔼可亲的爷爷奶奶。嘘寒问暖间，曾教授已把洗净的葡萄递到眼前，黎教授也已为我们送上茶水。仿佛在给孙女们讲故事，他们在康乐园度过的青葱岁月，如画卷般徐徐在我们眼前展开……

凌云志　求学梦　故乡缘

"That is a long story to tell."

一聊起如何与中大结缘，黎教授便眉飞色舞，丝毫不像八旬老人，倒像一位纯真可爱的小孩。生于中国百年嬗变的激荡岁月，祖籍为广东顺德的黎教授虽生于相对开化的香港，却因家境贫寒无法支付高额读书费用，更无法于香港圆大学之梦。虽然毕业后能在当时的大东电报局工作，享受相对丰厚的工资，羡煞旁人，但他心底最强烈的愿望依然是读书上大学，脱离英人统治，回归祖国。"我就是特别想读书。"

1952 年，年轻气盛的他不顾家人反对，不顾失去再度回港的机会，放弃了待遇优厚的工作，毅然决然地选择了参加高考。他虽然报考了理工科，却并未受到工科学校青睐，反倒因英语水平不错而被中大西方语言文学系录取。

与黎教授不同的是，曾教授生于广东南海，自幼居于昆明，从小便接受教会学校的教育，用黎教授的话说便是："她是恩光女中正牌的高中毕业生。"

比起不同，两人有着更多的共同点。曾教授与黎教授同样出身贫寒，却有着同样强烈的求学愿望。她惋惜地说，其实当年最想去北京念书，可一想到家里根本没有足够的衣物让她度过北京的严冬，她最终还是选择了广州，选择了这里最好的大学。就这样，优秀的她被中大以第一志愿录取到西方语言文学系，成为少数女大学生中的一名。

那一年，怀揣着对知识的渴求，他们回到了故乡，在康乐园开始了崭新的追梦之旅。

青青校园红线牵　细水长流六十载

遇见你，在我最美的年华。

风华正茂的二老，在中大校园邂逅了彼此。1952 年院系调整，中大英语系的学生少之又少，两人却是同班同学。被问及两人的罗曼史时，二老又仿佛回到了当年，笑得如此青涩。黎教授只用了一句话阐述了爱情的萌生："一年级的时候不大认识，二年级的时候开始熟悉，三年级的时候一起漫步，四年级的时候便形影不离了。"

满脑子好奇的我们又怎么能满足于这个回答？黎教授好像看出了我们的心思："我们那个时代，大学生是不允许谈恋爱的。然而康乐园的青青草坪、红砖绿瓦、小桥流水却营造了那样宁静、美好的环境，每个傍晚的散步，都是如此舒适怡人。叫人怎能不动心？"那些年，康乐园里发生过的大事、小事、怪事、趣事，他们都牵着手一同见证。

"当年的女同学像仙女一样，都扎着两条小辫，穿着蓝裤子！"陷入回忆的黎教授，眼里闪烁着淘气的光芒，曾教授则露出了羞涩的笑容。后来黎教授还让曾教授拿老照片给我们看。一张张发黄的黑白照被珍藏在曾教授的明信片夹子中：英俊帅气的他和温柔美丽的她在广寒宫前合照，英语系的同学们在小礼堂前留影……时光仿佛倒流了 50 多

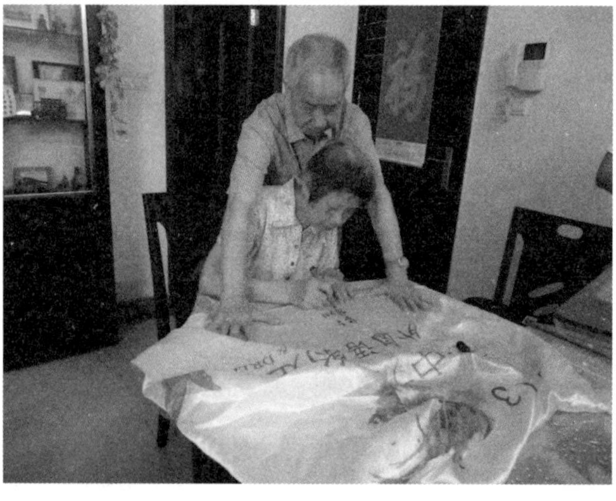

年，我们看到了风华正茂的学子，看到了担任中大播音员的曾教授在小礼堂的演播室播音，看到了年轻的二老正深情对望……

而今60载过去了，二老依然恩爱不减当年。我们邀请二老在队旗上签字时，他用双手为她撑开旗子，她则在他宽广的双臂间安安静静地写下名字。或许我们不能从他们的话语中完全理解60载的校园爱情，然而举手投足间，这平平淡淡细水长流的情缘早已流入我们心间……

吾师吾父心难忘　为师为父桃李满

对于中大，二老印象最深刻的，是当年教过他们的老师。

老师们学贯中西，却不吝给学生传授宝贵的知识，还会明确指出学生的缺点。黎教授就曾被王宗炎老师指出："你的翻译还要多下工夫!"周光耀老师更是一针见血点出："你的作文华而不实。"正因为这些老师的"当头一棒"，让黎教授更加专注、踏实地学习。最忘不了的还是戴镏龄老师钻研学术的精神。上翻译课时，戴老师甚至对当时被认为是英译范本的毛著第四卷进行了点评，他指出，译文的确有不少妙笔佳句，但也有不尽人意的地方。戴老师精益求精、一丝不苟的精神深深烙印在二老头脑中，历久弥新。

当年的英语系学生少，教授多，常常是分组学习，每个小组有2～3名教授带着。教授们把学生看做自己的孩子，用心地传授，传授知识的同时，更注重如何做人。二老就在老师们的精心呵护下成长，更与老师们结下深厚的情谊。二老不止一次地说，那时候英语系的同学都勤奋得很，生怕学不好，会辜负了老师们。正是这种淳朴的情、浓厚的爱，造就了康乐园一代又一代的杰出人才。

光阴荏苒，因缘际会，也许是冥冥中恩师们在牵线引路，没有接受过专业教育学知识学习的二老在华南师范大学培育出了一代又一代英材。他们所传授的方法，都源自中大的老师的言传身教。虽然以前不曾读过专门的教科书，但有恩师们做最鲜活的范本的他们，对待学生也像对待孩子一般，夸奖与批评结合……匆匆间，半个世纪过去了，二老桃李满天下，遍布欧美等众多国家，还时不时收到学生们的邀请与礼物。

回忆似流水，滋润着二老的心田。当谈及"中大精神"一词，二老一时语塞，竟不知说什么好。是啊，想说的太多，又担心无论怎么说都不能准确、完美地把它传达给年轻一辈。但是，回头想想二老与我们分享的点点滴滴，何尝不是中大精神的真实写照呢？康乐园里的一草一木，那些年那些人的尽心付出、埋头苦干，早已如年华里的诗歌一般，将动人的故事唱进我们灵魂深处……

寄语青年人：大学时光最美

二老的谆谆教诲让人印象深刻："孩子们，好好珍惜属于你们的大学时光啊吧……学会思考，善于学习，善用老师，吸收师长的长处，多奔图书馆!""啊！还有，"黎教授忽然狡黠地笑了，"抓紧时间谈谈恋爱并在恋爱中寻找正能量!"两位八旬老人如同一本耐读的经典，给我们讲述了中大的故事，也给我们讲述了自己的故事，用他们走过的人生给后人提供了弥足珍贵的经验。

尾　声

快乐的时间总是过得飞快。黎教授与曾教授的故事，仿佛与“缘”字不可脱离。邂逅中大，是“缘”；两人从相识到厮守，是“缘”；与恩师亲如一家，是“缘”；从求学到为师，是“缘”。他们的爱情，平淡中洋溢着幸福；他们的一生，是平凡的传奇。

踏上归途之际，思绪仍不愿就此挥手告别。驻足回望，发现二老寓所名曰“陶然庭苑”。与其说巧合，毋宁说注定——缘至深处皆为情，爱相随之便陶然。

人生博弈有道　进退适宜最佳
——访 1955 级黎导校友

校友简介：

黎导先生籍贯广东省兴宁市，1935 年 12 月生于北京。1955 年，黎导先生考入中山大学西语系学习，1959 年 7 月毕业后留校任教。1970 年，因中大外语系撤销并与广州外国语学院合并，黎先生遂转入广州外国语学院任职。现任广东外语外贸大学教授、硕士生导师，曾任广州外国语学院副院长，中国翻译家协会副会长、广东省译协会长等职，为享受国务院特殊津贴专家。黎导先生从事高等教育近半个世纪，一直致力于英国语言文学的教学与研究，在学术研究、教学改革、对外交流、职业教育方面硕果累累，成绩卓著，是海内外颇有影响的著名学者、翻译家、教育家。

采访者信息

作　　者：张碧心，2013 年外国语学院广州 1 队，2011 级外国语学院英语专业

采访地点：黎导校友家中

采访时间：2013 年 8 月

采 访 人：张碧心　张靖栩

当我们怀着忐忑的心情，穿过小桥流水，来到广外的生活区时，黎教授早已经在楼下等我们了。78 岁高龄的他头发花白，但精神矍铄，面容开朗，十分热情。

在随后的访谈中，我们强烈地感觉到，作为 50 年代的大学生，黎先生的人生是和当时的时代背景紧密相连的。但是，无论后者给予黎先生的是艰难和无奈，还是机遇和发展，他总是用一种沉稳而欣然的语调给我们细细讲述。似乎在整个人生博弈里，他永远进退适如，永远以最佳的姿态拥抱多变的人生。

进则一搏长空

1949 年新中国成立前夕，黎先生初中毕业。由于家中贫困交不起学费，他只好暂时辍学，回到老家耕作。一年后，他重新回到高中读书。在高一暑假，广东省商业厅干部培训班招收学员，黎先生报名参加了考试，结果被录取，从此停止学业，正式走上了工作岗位。那一年，他仅仅 16 岁。

工作了四年以后，黎先生感觉自己的文化水平有待提升，于是向单位领导提出重回高中完成学业，可是领导拒绝了。他想，既然组织不让他复学，就算了吧。过了不久，一天，他在报纸上看到高校招生简章，突然起了更加大胆的念头——报考大学。领导只好点头批准："如果考不上，以后也不要再提上学二字。"

重回校园，似乎是黎先生这一时期最深切的渴望，即使阻碍无处不在，他也决定不惜一切，放弃过去，勇往向前。

离开校园四年，他很久没碰过教科书了，即使一直坚持自学，他的知识体系也与接受过完整高中教育的人有很大差别。不过，坚持阅读的习惯还是为他的考试成功奠定了

基础。自工作以来，他一直坚持用平时省下的工资来买书订报。“多读点书真的很有好处，大学入学考试时做的地理题和时政题，都来源于我平时的知识积累。如果不读书，也许就考不上了。”

1955年秋季，一纸录取通知书送到了黎先生的手中。当时商业系统有50多人报考大学，只有两名被录取，黎先生便是其中之一。他高兴至极，没想到原本想要回高中复学的念头，竟然变成了到大学读书的现实。此时，命运已经实现了大逆转，20岁的他终于要踏入美丽的康乐园，开始追逐新的人生梦想。

退则独善其身

阴差阳错，黎先生因填错志愿与心爱的新闻学系擦肩而过，进入了当时颇为冷门的英语系，但是他心态平和，甘之如饴，在毕业时还以优异的成绩被留校任教。

1955年，由于特殊国情，中国高等大学多设俄语系，极少数大学设英语系。因此在多数人看来，就读英语系并没有多大的“前途”。黎先生却很豁达：“既然国家还设有英语系，那就说明国家还需要这方面的人才。”而且在他看来，能够进入大学，本身就已经是一种幸运了。

然而，单有良好的心态似乎是不够的。条件艰苦、英语积累不足、前途渺茫像一道道栏杆依次摆在面前，如果想赢得此次跨栏长跑的胜利，他必须摒除外界影响，沉淀下来，努力适应奔跑和跳跃的节奏。

在当时的中大西语系，教学设施比较落后。全系只有一台巨型录音机，磁带是由特殊纸做成的，容易卡带。而且，学生也不允许收听外国频道。不过，西语系有足够多的老师，能够照顾到每个学生的学习。而且，西语系的图书馆藏书丰富，学生借阅外文书籍十分方便。最重要的是，西语系的学生，包括黎导先生，亦非常艰苦上进，把学习视为重中之重。

黎导先生说，大一的时候，他很努力学习，每天固定温习和预习功课，有时候晚上也会跑到卫生间借光看书。在期末考试的那一段时间，他竟然瘦了5公斤！他认为，这种奋力向上的态度就是他记忆中的中大精神。

付出总是会换来回报。在毕业分配工作时，黎先生就成了唯一一个留校任教的学生。而后，中国开始与欧美国家建交，他后来成为了新中国成立后第一批由政府派往英国的留学生之一。改革开放时期，英语人才俨然成为南方沿海地区的“香饽饽”，当然此是后话了。谁也不能预料时代的发展，最好的态度便是如黎先生那样，不骄不躁，踏踏实实做好眼前。

展翅高飞：科教和行政两肩挑

1970年，中山大学外语系撤销并与广州外国语学院合并，黎先生遂转至广州外国语学院（后改为广东外语外贸大学）英语系/英语语言文化学院任教，后来同时担任行政要职。

黎先生笑言：“我的生活可以概括为：早上闹钟催起，中午不午休，晚上工作到很晚。”兼顾行政工作，他需要比别人多付出更多。由于白天的行政事务太多，他只能在晚上备课。在午休下班时间，也经常有人来找他商量行政事务。久而久之，他便养成不午休的习惯。而为了科研，他也会利用周六日的时间。

各种各样的事情占去了不少时间，但是他强调说，“我从来没有离开过教学工作”。黎先生给我们讲述如何提高教学水平，讲述英语专业学生的优劣势，解释为什么做大学老师就必须要进行科研工作，解释为什么要让小语种专业学生副修英语。言语之间，他确实从来没有离开过“老师”这个可亲可敬的身份。

在访谈之前，我们看到的是黎先生辉煌的履历表，从外语学院副院长到中国翻译家协会副会长，每一个头衔都让我们仰望。然而在真实的交谈中，我们真正接触到了黎先生的人格魅力。面对每一个提问，他都娓娓道来，耐心补充细节，还经常问我们：“还想了解什么？”这常常令我们心中充满感动。为人师表当如是。

在访谈的最后，黎先生不忘嘱咐我们：“不管怎样，要勇于尝试，勤于学习。”我们突然醒悟到，在漫长的人生旅途中，人们有时会因为模糊的方向而迷茫，有时会因为社会的阻拦而烦恼，也许，制胜的法宝便是如黎先生一样：当机会来时，不惜一切向前；当机会潜在暗处时，努力武装自己。如此，在年老之时，我们也才能像黎老那样，心态豁达，笑看人生。

一路走来　勤励睿勉　寄语师生　情真意切

——访1957级黄建华校友

校友简介：

黄建华（1936—）。1957年考入中山大学外国语言文学系法语专业，1961年毕业后留中山大学任教。1970年调广州外语学院，历任讲师、副教授，西语系副主任、主任、副院长等职。1977年末至1981年中在联合国教科文组织任译审。1986年晋升为教授。1993年任博士研究生导师。1989年起任院长。1995年广州外语学院与广州外贸学院合并组建广东外语外贸大学，即任新大学校长。2000年6月任期届满。退休前为广东外语外贸大学外国语言学及应用语言学研究中心教授、博士生导师。曾担任的主要社会兼职有：中国辞书学会副会长兼全国双语词典专业委员会主任、广东省翻译协会会长、全国法国文学研究会副会长、国际词典学杂志（*International Journal of Lexicography*）编委；还曾任亚洲辞书学会（ASIALEX）首届会长。

他在学术上的主攻方向是词典学研究。其论著《词典论》1989年获广东优秀社科科研成果二等奖。他主持撰写的《英俄德法西日语文词典研究》于1994年获广东优秀社科科研成果二等奖；“七五”原国家教委科研项目合作研究成果《双语词典学导论》于1999年获广东优秀社科科研成果二等奖。此外，出版译作和文学作品多种，其中主译世界学术名著《自然法典》等4种，出版社科译著《此时此地》等数种。

曾获得的主要荣誉称号有：1986年经国家人事部批准被定为中青年有突出贡献专家；1989年被评为全国优秀教师并获奖章；1991年起享受政府特殊津贴；1994年获法国政府颁发二级教育勋章；1999年被评为南粤杰出教师；2001年9月，被中国教育工会全国委员会评为全国师德先进个人。

采访者信息

作　　者：丁梅竹　李小璇

采访队伍：2013年外国语学院广州2队

年　　级：2012级外国语学院法语专业，2011级翻译学院英语（商务外语）专业

采访时间：2013年8月7号上午

采访地点：广东外语外贸大学行政楼232室

采 访 人：李小璇　李文洁　张贝芃　丁梅竹

2013年8月7日上午，我们采访小组抵达广东外语外贸大学北校区。10点左右，我们敲响了黄教授办公室的门。教授笑盈盈地迎接我们，并热情地让我们就座。进门后的第一眼就让我们十分震撼，他的办公桌上堆满了文献和词典，许多书页都还打开着，看起来很“乱”。虽然之前已经知道年逾古稀的黄教授仍在工作，但眼前的景象还是让我们惊讶，也油然生出强烈的敬意。我们坐定之后，道明来意，教授笑着说：“今天你们可以随便问，我呢，随便说！”他的亲切和蔼消除了我们原有的忐忑和紧张，一个多小时的谈话就这样以轻松快乐的基调开始了。作为老一辈中大人，教授将自己的大半生经历娓娓道来，其间流露的真情真性让我们这些新一代的年轻中大人感动，他的建议与冀望也带给我们思考与启迪……

结缘法语　缘于"意外"

黄教授初中时偏好理工科，毕业时考取了一所中专——中南建筑工程学校。他的父亲是名木工，光有手艺，没多少知识。所以年少时的他想着读个中专，有点知识，将来子承父业，也许会比父亲更胜一筹。况且当时家境不宽裕，家里兄弟姐妹五人，他是老大，念中专，就可以早点毕业工作，分担父母的重担。然而初中毕业时，黄教授意外查出患上了肺结核，那所中专学校因此不允许他入读，他只好休学在家。后来考虑到上中专学建筑比较辛苦，不利于身体的调养恢复，再加上别人的建议，他就去读了高中。因为身体还在康复中，高中时他对数学等理科科目没办法投入太多时间和精力，倒是看了不少文学方面的书，甚至至今他还记得当时经常阅读一本名为《文艺学习》的杂志。从此，他就转向了文科，高考后又选择了中大外语系。对于这一选择，黄教授说，一来是外文不像中文，若离了老师，是不可能学好的；二来外文可以打开一扇通向世界的窗户。至于语种，则是考虑到当时中苏关系有些走下坡路，故学俄语不合适；英语被当作帝国主义的语言，正遭排斥，故也没学英语；而那会儿中大刚刚开办法语系，经过几年来广泛的阅读，他对巴尔扎克、雨果、莫泊桑等大文豪和他们所处的法国文化比较熟悉，所以就决定学习这门"世界上最美丽的语言"之一——法语。

种种必然与巧合，让黄教授结缘中大、结缘法语，从此他在这一方领地上辛勤耕耘并自得其乐……

康乐园求学　四载难忘

黄教授所在的那个班是中大第一届法语班，只招了 10 个人，不可不谓是精英。老师们也都是早年留法的精锐人才，像梁宗岱先生、李慰慈先生等。而且当时班里老师和学生的数量差不多，学生们求教很方便，和老师面对面交流的机会也比现在多得多。当时的学习硬件很差，没有语音教室，每个班顶多有一台大型号的收音机。而且由于当时的政治环境，没有外教和出国留学的机会。但是黄教授也强调："我们那一代有我们优越的地方，有我们的长处。"由于条件有限，他们在外语的听、说方面不如现在的学生，但是他们的读、写功夫确实是非常扎实。那时候老师们布置读书和写作任务很"狠"。黄教授回忆自己在大学三年级时就把法语原著《红与黑》读了三遍，读完以后就写读后感，梁宗岱老师亲自细心批改。他还记得当时外语系主任戴镏龄先生也要求英语系的学生在读期间必须读完 40 本英文原著。黄教授说，我们这一代接触的高新技术、新信息很多，我们有更好的学习途径和环境，但不少学生也会因此分心，花在读书上的时间少。他激励我们要学习老一辈刻苦读书的劲头，多花时间"狠狠"去读书、勤练笔，以提升自己的语言文化素养。

在康乐园学习之余，教授偶尔会去打打篮球，到小礼堂前面看看电影。他说最喜欢中区那一带，因为小礼堂、中山像等都保留得很好，它们典雅美丽又蕴含着深厚的历史意义。黄教授的大学阶段，有半年左右时间是师生集体下乡到东莞干农活：割稻、翻地、松土……老师也都和学生们一样，白天一起劳动，晚上打通铺睡在一起。那段时间，每天主要是劳动，老师多在田头教外语，教上几句算几句……谈到这些，教授感慨："那一辈的知识分子也蛮苦的……"

我们多少知道，那个时期国内仍是风云迭起，求学不易，其中的苦楚心酸也定是我们难以想象和体会的。半个世纪过去了，"忆往昔峥嵘岁月"，黄教授始终平和淡然，不多提曾经的苦难，滤过沉重与伤怀，多是追忆和珍惜往日的美好——康乐园里扎实的学识积累和师生、同窗间珍贵的情谊。

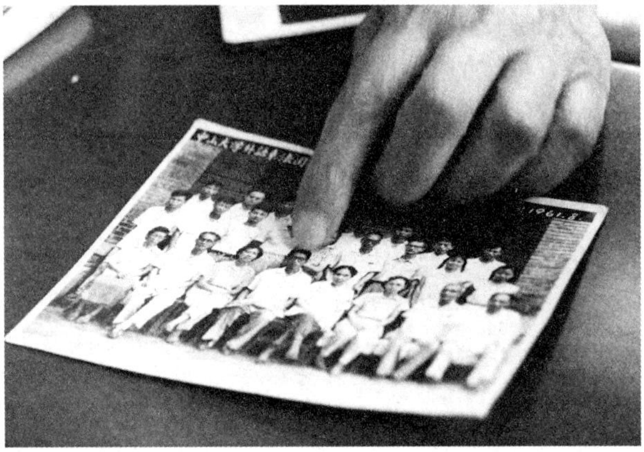

毕业照：第一行左四戴镏龄，第二行左四梁宗岱，第三行左一黄建华

杏坛著学　穷尽心力

1961年，黄教授大学毕业了，当时班上其他人大都去机关当了公务员，他却选择留校任教。教授说他喜欢单纯的校园生活，当老师比较符合自己的性情，而且自己对钻研学问也确实很有兴趣。而当我们问到后来为什么会选择词典学作为主攻方向时，教授爽朗一笑："其实啊，我当时也糊糊涂涂的。可以说是一种偶然因素让我走到这一条路的。""文革"后期，文化建设百废待兴。北京商务印书馆的老总来到广州，邀约一些教授、老师编写词典。因为当时学校学生少，老师教学不是很忙，所以他就参与了《新简明法汉词典》的编订。黄教授又笑着说："这就是'从战争中学习战争'，预先没有一点准备，完全是偶然。后来编着编着就把人给编进去了……""把人给编进去"——是啊，从那时起直至现在，教授在词典学的研究上几十年如一日，呕心沥血，为中国词典学学科的建立与发展做出了宝贵的贡献。

黄教授杏坛躬耕半个世纪，学术成果颇为丰硕，我们都非常佩服他的成就，但他本人却非常谦虚。回顾几十年的学术之路，他说其实对自己不太满意。不过，他很肯定自己的一点是："几十年来没有偷过懒。"因为一直觉得自己天赋不怎么样，黄教授就坚持"笨鸟先飞"，把所有的业余时间几乎都用在了学习和工作上。多年来，教学行政"双肩挑"让他十分忙碌，一方面行政工作占用了他不少时间（从系副主任到系主任，到副院长、院长，再到后来的广东外语外贸大学的校长），另一方面他又打心底里热爱学术研究。无奈分身无术，他只得减少休息时间。这么多年来，他没有享受过一次真正意义上的暑期休假。以前广州外语学院每年都会组织一些院内人士到避暑胜地休假，他一次也没去过。“因为去一次就得七八天，我舍不得这个时间，”教授说，“但是我心甘情愿。如果不这样，根本没时间，这事（做学问）是不可能取巧的。”听了这些话，我们都有些愣住，心中充满了感动和敬重！

“老骥伏枥，志在千里。烈士暮年，壮心不已。”听完黄教授的叙述，我们突然就理解了他如此高龄为何还在这烈日炎炎的假期伏案工作，突然就理解了何谓老一辈学术大师的毕生追求。为了治学，像黄教授这样的学者淡薄名利，甘于寂寞，奉献一生，这种品质在如今这个浮躁的年代显得何其可贵！

寄语师生　真诚恳切

在如今的高校里，学术科研与教学二者关系的处理很受争议。我们就这个问题请教黄教授时，他的观点很明确，立场很坚定。他认为：“大学老师首先是个老师，教书育人是其首要任务。”大学不像科学院或社科院那样专门的科研机构，它不是以科研成果作为最终的衡量标准的。但同时，大学老师也不同于中学老师，后者主要是知识的传授者，而前者不仅是知识的传承者，还应是知识的创造者。如果老师本身的科研水平不够高，就很难培养出创新型的人才。所以他总结说：“大学老师的身份，要兼而有之（知识的传承者和知识的创造者），但首先一条，要做好老师。”他又强调，如果老师不做好本分，只顾自己搞科研，把学生置于可有可无的地步，学校教出来的学生质量肯定不高，大学也没办法办得好。教授言辞恳切地说：“千万别偏颇了，老师教学工作马虎塞责，对大学就很危险，那不行，对学生也是不负责任的表现。”

说起对如今学外语的学子的期望与建议，黄教授则笑着说：“一言难尽，很难概括。”接着又补充道：“但有一点，希望你们不要忘记多接受中国语言文化的熏陶。学外语，若是离了中国文化，不会有大的建树。”黄老认为他们那一辈人与前辈相比，中国语言文化的底蕴就差很多。像梁宗岱、戴镏龄、陈寅恪等，他们出身书香门第，青年时期又留洋数年，是真正学贯中西的大家。而当我们说到现在学校普遍对外语专业的中文课程设置不是很重视时，黄教授告诉我们不要依赖学校的课程，毕竟中文方面大家都

有自学能力，可以根据自己的兴趣，合理地安排时间，主动学习。他相信不自学难以成才，并以他自身为例激励我们勤勉求学。“不要光靠学校教，要靠自己学。只要有心，都能学出来。”他开始着手词典学的时候，国内没有一个大学开这门课。在法国期间，黄老拜访了法国所有有名的词典学家，借联合国教科文组织的图书馆的便利，拼命研读各国词典学方面的书籍。就这样，他把词典学带回了中国。

对老师、对学生，黄教授字字期盼、句句嘱托、声声勉励，动情入理。我们这一辈人自当时时激励自己，不负所望，勇于攀登新的高峰！

后记：祝福母校

回到母校中大这个话题上，黄教授很自豪地说：“中大的确是人才汇聚的地方。学术思潮多样，不是单一纯粹的。”他告诉我们，学校的发展与国家、与社会各个阶段的大环境息息相关。黄教授语重心长地说，在某一时期由于特定原因，一种风潮会掩盖住别的思潮，使其散发不出应有的光芒，但这并不代表它们没有价值。比如，梁宗岱先生当时就不被欣赏，但他确实是个值得学习的人物。又比如陈寅恪先生，当时许多人对他不屑一顾，认为他不过是个盲人，没什么了不起。“但后来，这两位先生都逐渐被认可、被推崇。中大还有许多值得后辈学习的人和事，这就需要你们去发现，去学习。”的确，作为中大人，我们应该好好去了解学校悠久的历史，用心去发掘岁月长河中沉淀下来的熠熠生辉的珍宝。最后，面对我们的镜头，教授用法语表达了对母校的爱，希望母校能够越办越好，取得更大的成功。

访谈结束后，已经快12点了。带着母校的故事，携着黄教授的回忆，载着感动和启迪，我们与他依依告别。我们衷心祝愿教授身体健康，在其挚爱的学术道路上体验更多的乐趣。

两代中大人，悠悠芳草情。广外校园枝叶缝隙间，道道光影倾泻而下，这蓦地让我们联想起时光沙漏——它无声地见证着我们的寻访之旅，默默记录着代代相传的中大情结……

坎坷路上出英雄
——访 1958 级龚华基校友

校友简介：龚华基，现代外语教学事业创始人之一，1938 年生，1958 年进入中山大学英国语言文学系就读，1963 年毕业后任职于中山大学外语系，1970 年跟随广州外语高校“四合一”大潮从中大外语系调入广州外语学院，1970 年至 1988 年在广州外语学院英语系任教，1979 年代表广外参与恢复高考后第一届英语考试试题的编写，1988 年力排众议开办国贸英语专业，后在国际商务英语、法学专业先后执教。1992 年由学校推荐当选广东省政协委员，1997 年当选广东省政协常委，1994 年当选全国政协委员并连任两届。2005 年，教龄长达 42 年的龚教授因病正式退休。

采访者信息

作者姓名：张贝芃　李小璇

采访队伍：2013 外国语学院广州 2 队

年　　级：2012 级翻译学院英语（国际事务）专业/2011 级翻译学院英语（商务外语）专业

采访时间：2013 年 8 月 8 号上午

采访地点：龚华基校友家中

采 访 人：李小璇　李文洁　张贝芃　丁梅竹

2013 年 8 月 9 日 8 点，带着激动而忐忑的心情，我们来到了广外龚教授家院子门口。炎热又清透的阳光照耀着龚教授的院子，院外一盆盆植物，藤蔓相互缠绕着沿着栏杆努力攀向高处，给人一种生机勃勃的感动。旧式的小庭院没有门铃，我们轻轻敲门。很快传来一阵脚步声，龚教授打开门，亲切地领我们进屋。屋内装修很简单，不大的客厅里摆放着两张沙发和几张椅子，显得稍有些拥挤。

“你们这么大老远来，想问什么就问什么，我没意见，我这个人反正很随便的，”龚教授很热情。说说笑笑间我们和龚教授的距离一下子拉近了，拘谨感也很快就消除了。在两个多小时的谈话中，龚教授和我们分享了他那些精彩的故事和美好的回忆，我们也从他身上感受着那些过往的时光和珍贵的品质。

不一样的童年

1947 年，8 岁的龚教授随母亲、姐姐和弟弟一起去了缅甸，他的父亲就在那里工作。龚教授也就在缅甸从小学读到高中毕业。“我母亲很重视教育，我小时候中文、英文、缅甸文全都要学，很辛苦。早上一起来就学，一直到晚上。除了学校的功课还要加上家庭老师的功课。而且当时的娱乐只有周日 Sunday Morning Show 时看一场电影而已，不像其他小孩子可以整天出门去玩。”说到辛苦，龚教授风趣地皱起眉头直摇头：“很惨的”，和我们小时候不愿意上学的表情一模一样。

龚教授在缅甸就读的是国民党办的学校，学校管理十分严苛。谈起“法西斯”一样的学校，龚教授说当时的老师、校长经常体罚学生。“印象特别深的两次，练举重的老师以为我欺负女同学，用报纸打一下我的头，我整个人头晕眼花。还有一次被校长用藤条打——这么长的藤条啊!”边说龚教授还边用手比划着藤条的长度。除了体罚，学校还存在着学生之间的“校园暴力”。为了不被欺负，年少的龚教授很努力地锻炼身体，吊环、跳绳、哑铃，终于从被欺负的瘦弱男孩变成了“壮得别人看见都让开”壮小伙，保护了自己，也为日后的坎坷经历攒下了“革命的本钱”。

漫漫求学路

回想起读中大为什么会选择外语系，龚教授感叹道：“这是一个‘意外’。”1957年底回国后，一心想读医的他先在华侨补校（现暨大）的医科先修班读了几个月书，随后参加了高考。“很简单的，带一支笔，从华侨补校走路去华师就高考完了。不像现在的学生高考啊，家长全都出动了，哈哈哈。”由于当时是铁了心想学医科，所以前四个志愿都填的是医科，第五个才填的中大外国语言文学系。可由于当时的政策原因，归侨学生极少有机会进入医科学习，这才“阴差阳错”进了中大外国语言文学系。

回忆起当年的求学生活，龚教授感慨“不容易”。当年的生活条件不似如今，宿舍只有8人间，房间很小，桌椅都摆放得很勉强，甚至连风扇都没有，粮食数量不多，甚至连饭都吃不饱。

1958年龚教授刚刚进入大学，全国就掀起了修铁路风潮，龚教授也参与其中。那些时光犹如昨日记忆浮现眼前。先是持续了三四个礼拜的三班倒的工人生活，不久人民公社成立后，19岁的龚教授又跟随大部队到东莞参加劳动。“知道什么是‘放卫星’么？从白天起床开始拼命干，干到晚上月光都没有，实在看不见了才休息。”龚教授顿一顿，“一开始公社提供粮食，所有人都任意吃。有些人就会拼命吃，粮食很快就吃光了。”后来大家只能吃水果充饥，还想出了靠喝汽水撑饱肚子的办法。“那个时候很艰苦的呀，受不了啊。”龚教授嘴上喊着苦，语气却很轻松，面上也始终带着释怀的微笑，充满经历磨难却沉淀出释然的风度。

这样的劳动持续了将近一年，一年后外语系才开始了英语的语音学习阶段。为了让学生们依旧学到应具备的知识，老师们抓紧时间教授，也更加严厉，一年级的语音阶段抓得特别紧，常常让学生练发音直到满意才下课。当时的教务制度也很严格，两年连续不及格的学生要强制退学。

恩师情难忘

回忆起当年教过自己的恩师，龚教授赞不绝口，对王多恩、桂灿昆、戴镏龄等老一辈外语大师很是敬佩：“中大的老师个个都很有学问，很谦虚，很有料，大多都有留洋经历，学贯中西，都很厉害，对学生很用心。”

龚教授对戴镏龄先生的记忆尤为深刻。戴先生十分用心对待学生，甚至还主动提出听学生朗读文章来帮助他们改进口语。“戴老师原来上课很特别，单手一直摇着扇子，两眼望向窗外，很少看学生，只是写自己的板书，讲自己的课。”龚教授很开心地说着，还摆出了那个姿势，我们都情不自禁地笑起来。龚教授与戴先生都很爱下棋，直到龚教授也成了老师，他们仍常常一起下棋。现在谈起，往日与恩师秉烛切磋棋艺的情景仍历历在目，“戴老师，他的脾气很特别，跟他下棋，如果他一直都是输，他就不放你走，要一直下到他赢了为止，有时为了脱身也为了他身体考虑我就故意输两盘，戴老师就会很高兴地叫我回去休息。他就是这样的性格，很特别。我很崇拜他。”教授的言辞举止里透露着对恩师的深深怀念。

文革苦难，淡然面对

1963年龚教授从中大外语系毕业并留校任教。不久，国内就掀起了“文化大革命”，中大许多老一辈的教师在“文革”中被打骂折磨，一些如梁宗岱先生一样的学术权威在当时更被认为是“牛鬼蛇神”，受到了非常不公正的对待。激进的学生把砖头放在筐里强行挂在梁先生脖子上“强迫知识分子向人民低头”，还把梁先生安排住在破旧的工具房里。甚至有女学生组成的“四大天王”用军皮带抽打老师。很多老师只因和国民党牵扯到一丁点关系就被关在屋子里，被强迫“交代资产阶级思想”。那时只要穿戴稍微好些就会被说成是“资产阶级的少爷、小姐”，“穿双皮鞋都要写自我汇报，本来很融洽的师生关系被搞得很分裂、糟糕。那时的日子真是苦不堪言。”被“打上标记”的师生不但被迫写自我检讨，还要互相揭发，很多人变得不念情谊，惶惶猜疑。当时的龚教授身为教师，和学生“同吃同住同学习”，一起床就带领学生一起去早读，和学生一起在食堂吃饭，住学生宿舍给学生答疑，却在“文革”时被学生安上“教学不负责任”的帽子。龚教授说：“我心里觉得冤枉。”

再后来，运动进一步展开，中大一干老师被悉数“流放”到粤北靠近湖南的罗家渡干校，甚至户口都被迁出广州，开始“自食其力”。龚教授作为先锋部队的成员要先于大队伍到达干校盖茅棚。当时工具不齐全，只好用柴刀砍树干，就这样一刀刀砍下树干，砍去树枝，搭建老师们居住的草棚。

当时外语系老师被安排在山顶劳作，可山顶温度低土质差，根本种不出粮食。大家只能将山上的竹子砍了拿去镇上集市卖，卖得的钱再拿去买粮食。下山到市场来回要走一天的路，粮食不多，菜也很少，有时一条小咸鱼分成四份，几个老师一人一小块，拌着酱油下饭吃，日子就是这样一天天过来的。

“什么都干过了，酸甜苦辣尝遍了。抬死人，挖坟墓，搬棺材，为同事守陵都做过。当时很多老师，没有什么菜，常常一天三顿都是酱油捞饭，吃饱就不错了，吃饭前要唱歌，睡觉前要打报告，每天都要跳‘忠字舞’，每天都要读‘老三篇’，还要交流思想。每天都要说新的感想，说不出来就要写检讨。”

在干校苦不堪言的生活中，龚教授尽自己所能保护一辈老先生，在那个人情冷漠的时代更显得珍贵而感人。帮体弱的老先生们搬行李上山、安排一些轻松的活给他们干、汇报工作时为他们说好话……也正是在这样的经历中龚教授和前辈们建立起了深厚的革命友谊。同是棋痴的龚教授和戴镏龄先生甚至会顶着被组长当众批判的风险一起下象棋。

经历过“文革”的人总是对那段记忆印象特别深刻，龚教授也不例外。讲起那些不堪回首的事，龚教授十分感慨。尽管身体上很受折磨，但他最在意的却是“文革”将原来学生尊重老师的风气、原来融洽和谐的师生关系通通打破，尊师重教的优良传统似乎不见踪影。然而，那些灰色背景下的深厚真情和可贵品质却在历经岁月的冲刷后愈发感人。

政治生活：从“特务”到全国政协委员

作为归侨，龚教授年轻时没少受冷待，虽然因为历史清白免于被迫害，却也一直由于华侨身份被视作“特务”，这使他在入团入党的路上走得很坎坷。劳动时期虽然龚教授表现得十分积极，团支书却仍碍于他的归侨身份没能引荐他入团。谈起后来得以入党并成为全国政协委员的一步步，龚教授笑言自己一直对政治很感兴趣，却一直没有机会，经过这么多年终于不受华侨身份的限制，如愿成为了党的一员。他将自己能够成为政协委员归功于自己诚实的品质，“论文不多，教学一流，政治进步，实话实说”。

祝福母校，寄语后辈

“中大是人才辈出的地方。学术氛围好，学术水平高，著名教授多，老师们水平都很高，学生水平也不会差，中大外语系在文革前是全国的‘Big Five’。我们外语专业学生学习外语就是要打下坚实的基础，所以要虚心向老师请教。我的英语能有今天的成就，绝对离不开在中大外语系学习时老师们的无私奉献，他们教会了我很多我不懂的东西。”龚教授直言自己虽然从小学习英语，但是英语真正条理化还是在中大外语系，对自己能被这些老师教过深感荣幸。

“I love Zhongshan University, and I wish Zhongshan University still greater success.（我爱中大，愿母校愈发辉煌。）”在中大读完大学、毕业、留校任教，十几年间，他见证了中大外语系戴镏龄、梁宗岱、桂诗春等一代外语大师的传奇人生。调任他校也不忘母校，他也见证了中大五十余年来的重大改变。我们很高兴能有这个机会与龚教授一起回忆他与中大的故事，并将这个故事传递下去。

振兴中华，教育为先

——访1959级彭岷胜校友

采访者信息

笔录员/作者：吴婕

采 访 人：赖伟雄

队　　伍：2004年韶关队

采访时间：2004年8月4日上午

第一次见彭老师不是在采访时，而是在一次校友聚会上。彭老师的个头不高，但是身上却散发出一种特有的学者风范，那是一种经过岁月洗礼的稳重；深邃的眸子里透出的是为人师者的乐观与热情。还记得当时的我们显得有些紧张，虽然我们面对的是我们的校友，可是人生阅历不足的我们，多少还是有些胆怯，毕竟他们都是现在在社会上小有成就的“师兄师姐”，那种敬畏的心理还是占了上风。可是彭老师热情的笑容，风趣的语言很快拉近了我们的距离，让我们紧张的情绪化为乌有。也许正是这种与生俱来的感染力与亲和力让我对彭老师有着格外的好感，他的事迹更是勾起了我的好奇心。

第二次见彭老师就是我们的采访当天了。彭老师约了我们在家里采访，热情好客的他亲自到韶关一中的门口接我们，让我们很是感动。还记得刚到彭老师家，他就张罗开了，招呼我们吃水果，为我们倒茶，拿风扇，一切一切都是那么地周到与细心，让我们这些后辈都有些不好意思了。彭老师那掩饰不住的欣喜流于言表，总是笑眯眯地说：“见到你们这些小校友，我真的好高兴！”

彭老师可以说是我们韶关外语教育界的长者，从事外语教学已经有30年了，在这30年里，他孜孜不倦，把自己的智慧和汗水都浇灌在这片粤北大地上。现在他已经退休了，可是仍没停止过他的工作，仍在用他毕生所学为韶城的外语事业做贡献。

采访开始前，彭老师首先用一段标准而流利的英语跟我们进行了简单的自我介绍，并表达他对我们的欢迎与期望。这种新鲜且亲切的形式让整个气氛都变得热烈而轻松，采访就是在这样气氛中开始了。

彭老师于1959年在广东北江中学毕业，接着就读于中山大学英语系。我们对彭老师当时的选择有些不解，为什么他要选择读英语呢？彭老师笑着说：“这个问题问得好！其实当时英语是门并不被看好的专业，因为是反美时期嘛！我也是在第八个志愿填的是英语，当时被选上读英语，自己也很不解。后来才知道这原来是教育部门的一个实验，想看看曾经学过英语的人与从来没接触英语的人，最后学习英语的效果如何。我在中学时很少接触英语，所以就被选上了，也是一种机缘吧！”而就是这种特殊的缘分把彭老师和英语联系起来了，并且一伴就是大半生。彭老师接着就谈起了他在中山大学英语系读书的日子，虽然已经离校40年了，可是很多事他仍记忆犹新，就像昨天发生的一样。在讲起这些往事时，他脸上流露出的是像孩子般天真的笑容。他回忆着：那时他只有 18 岁，是他们班上三个姓彭的同学中最小的一位，所以他们班的同学都亲切的喊他“小彭”，而且他年纪小，心无杂念，只知道埋头读书，所以他的体形一天天胖，因此他又有个外号叫“肥仔”。他很爱打乒乓球，当时还是学校的乒乓球队的队长呢！记得有天，他运动回来，或许太累了，一回到宿舍就倒头熟睡。午夜从床上滚到地上，被舍友发现了，又捧到床上，可是他还是不知道，仍在呼呼大睡。第二天醒来，被舍友问到仍不知道发生了什么事，于是这件事成了舍友茶余饭后的“笑话”。这些趣事自然成为彭老师宝贵的记忆，但是最让他难忘的还是中山大学的教授、教师对他的悉心教导和关爱。让他印象最深的是一位外教——Mrs 骆（骆传芳教授的夫人）。Mrs 骆经常与他一起探讨学习上的问题，例如发音问题，语法问题，她很耐心地为他讲解，并且常为他指导论文。有着老师们的帮助与教导，他的英语得到了很大的提高，心里真的很感谢他们。正是这些老师把他带入了英语的殿堂，也为他的后半生铺垫了一条路。

但是道路并不是一帆风顺的，彭老师在中大毕业后就被分到北京从事外事工作，但是没多久就爆发了“文化大革命”，可以说这段时间就改变了他的后半生。当时复杂的环境让年轻的他毅然选择了回到自己的家乡——韶关。也许是那份落叶归根的感觉在牵引着他，1970 年回到韶关后，他就全身心投入英语教学，用自己所学到的专业知识回报家乡，回报社会。他先后在几间中学、师范学校及教委工作过，成绩都很出色，最后的驻足点是韶关市一中。这间高考率极高的的重点中学也因有彭老师的努力而增色。担任英语科组长的彭老师从 1987 年投入了“高中 QEA 课文全英教学”的试验，运用听说法和口语法，强调课文的整体教学及外语思维。春催桃李，花结硕果。彭老师很自豪地告诉我们，他的学生可谓遍布世界，有很多还保持联系，国外的一些学生也常寄卡片给他，他感到很欣慰。彭老师不仅在课堂上呕心沥血育幼苗，课后还尽心辛勤地笔耕。在从教的 30 多年里，他在省级报刊杂志已发表过论文共 20 篇，合编的书 6 本，均受到行家的好评，有的还获省市有关部门的奖励。

可是彭老师并没有满足于完成在职教学，他还为促进韶关市的外语教学做出了不少努力。1992 年他应聘为广州教育学院院外的客座教授；1993 年 2 月起，他和女儿一起创办了韶关市第一个外语节目——“彭老师周日英语餐”。这个节目形式多样，生动活泼，受到广大师生和社会各界的一致好评。彭老师那流利、标准、亲切地英语就这样如潺潺流水般流进了千万青少年的心田。除此之外，彭老师在韶关日报开通了“英语信箱”栏目，通过多种途径来帮助学英语的人。刚开通这个栏目，信件就多如雪花般飞来，有的人向彭老师请教问题，有的人与彭老师分享学英语的心得，还有的就是感谢彭老师的帮助的。彭老师露出欣慰的表情，说道：“这个栏目帮助了很多人，意义很大。”

党和人民没有忘记这位辛勤的园丁。1988 年以来，彭老师先后当选为韶关市第六届政协委员，是北江区政协常委，市九届人大代表，1992 年 4 月入编《中国外语教育名人录》一书。为表彰他教学的成绩，他还被评为 1992 年教改先进个人，1993 年市教书育人优秀教师。于 1996 年被评为特级教师，1999 年入选大型系列丛书《中华魂——中国百业英才大典》。

昔日获得的这些荣誉，为彭老师的事业做了一个最好的见证。彭老师就是这样一位生命的光辉都洒在英语教育事业上的人。在他2000年退休后，亲朋好友都对他说：“彭老师啊，您都从事英语教学三十多年了，退休了就该好好休息一下了。”然而，他瘦小的身躯又撑起了另一片英语的天地——韶关市迈克尔（Michael）英语培训中心。这是一个以彭老师的英文名命名的培训基地，“学英语，为未来提速”是这里的办学目标。提到培训中心，彭老师激情澎湃。他说，开始开办迈克尔英语培训中心，为的就是自己可以继续为韶关英语学习者提供一个学习的场所，在这里的学生最小的仅是4岁的小朋友，也有许多各行各业的在职人员，不过最主要对象还是在校学生，他们在这里可以得到与教学同步的辅导。彭老师在培训中心忙得不亦乐乎，每周一次的培训课程到处都是他活跃的身影，一会儿与英语爱好者进行自由对话，一会儿在多媒体教师指导学生进行网上交流，一会儿又用英语歌唱一段粤语小调……他把满腔的英语情怀都倾注到韶城英语爱好者的心中！我想今天我才更加明白了“老夫喜作黄昏颂，满目青山夕照明”的那种豪情！

为什么在彭老师那貌不惊人的身体里，竟然蕴含着一种如此可贵的执着？他回答道：“是我的母校——中山大学所赋予我的，在母校多年的学习生活，在孙中山先生精神的熏陶下，才铸就出今天的我。”也许正是这种深深的母校情结，让彭老师在忙碌的工作中仍不忘为母校尽自己的一份力量。他主动参与到韶关校友会的工作，担任校友会秘书长的工作。他积极地开展工作，加强校友之间及与母校的联系。工作认真的彭老师还有一本专门的工作簿，把校友会的一切活动都记载了下来。“每次翻阅这本工作簿，往事就全涌现在脑海里了。人的年纪大了，很多东西会忘记，但是生命中有些东西是一辈子都忘记不了的，”彭老师意味深长地说道。是啊，关于母校的一切对于彭老师都是那么的可贵！

虽然阔别了母校40年了，彭老师心里对母校还是感慨良多。“去年我又回母校看了看，真的变了很多！”彭老师好像陷入了无尽的想象之中。“校园内红砖绿瓦，鲜花吐艳，鸟语欢歌，昔日魂牵梦绕的康乐园还是那么让人难忘。庄严的孙中山铜像，肃穆的惺亭，风采依旧，浩气常存；英东体育馆、曾宪梓堂、永芳堂、伍舜德图书馆等多栋精美新大楼与古典式的旧红墙楼房相映成趣，构成一幅中西合璧的绝妙画图。”“那我们的珠海校区呢？您去过吗？”我们迫不及待地问道。彭老师笑了，笑声很爽朗，他说：“当然很modern啦！珠海校区体现的是一种当代大学的模式，世界潮流的模式！我印象最深刻就是图书馆和连通式的教学楼，在国内是很少见的。”这时一股强烈的自豪感油然而生，包括彭老师和我们。彭老师接着说：“好快啊，离开母校40年了，现在回想起来很多事仍是那么历历在目。自己也一直以一名中大人在要求自己。孙中山说过：做大事，不做大官。自己这辈子可以说没做什么惊天动地的大事，也没做个一官半职，连个科长也不是，就是从事了教育30年，有人对我从北京调回家乡从教很不理解，毕竟“人往高处走”嘛，可是我却甘愿在粤北故乡工作，并选择了教育事业。对此我的回答是：正所谓振兴中华，教育为先。外事工作重要，教育更重要。何况平平淡淡才是真，我觉得我过得很充实，很轻松，很快乐，又何必去强求什么达不到的奢望呢？”彭老师又笑了，可是这一笑让我很震撼的，那是一种大智慧的坦然！是啊，人生在世，只要对得起自己，对得起社会。一句问心无愧就是彭老师生命最好的诠释。我顿时觉得彭老师好高大……

“今年是母校的80年校庆，我身为中大的一员，我衷心地祝愿母校可以迈入全国高校的领先行列，培养更多地人才，成为全国乃至世界名校。”彭老师说到对母校的祝福，我们从他眼里看到的是真挚与坚定。“同时，也希望我们的小校友好好珍惜学习机会，珍惜身为中大人的这份荣誉，将来为母校争光，为社会作贡献。你们就是我们未来的希望啊!”会的，我相信中大经过我们一代又一代人的努力，一定可以实现彭老师的期望！我们也会更时刻记得自己是中大人的荣誉，像彭老师那样做一个问心无愧的人！

这时我们所有人的心都融在了一块……

苦心孤诣治学　孜孜不倦育人

——访1960级梁启炎校友

采访者信息
作　　者：刘郁晨
修　　改：江　军　招杰冰
小组成员：信天晓　陈淑君　刘郁晨　江　军

5月的一个午后，我们一行四人穿过阳光斑驳的林荫道，怀着万分崇敬的心情，来到康乐园西区，拜访梁启炎老教授。梁老身体有恙，一直在家静养，平日很少见客，但听闻我们小分队前来采访，便早早准备，出门迎接。一场春雨刚过，花香、泥土香扑面而来，空气格外清新，看见梁老满面笑容地在门口迎接我们，我们之前的忐忑便烟消云散了。进入屋子后，教授赶忙让我们坐下，装潢朴素的客厅却透着浓浓的书香气息，干净而整洁。落座后，梁老热情地拿出水果招待我们，我们也渐渐地不再拘谨，和梁老聊了起来。就这样，梁老精彩辉煌的人生经历，也在我们眼前清晰起来。

忆往昔峥嵘岁月稠

少年贫苦　不改其志

1940年，梁老生于广东罗定一个小农村。幼年时期经历了日本兵战败前的疯狂，从小埋下了救国强国的理想种子。中学时，因为买不起学校食堂的饭菜，梁老每天中午就走路回家吃饭。可是学校离家五六公里，来回十多公里，中午时间不够，就由梁老母亲煮好稀饭带到半路给自己吃。“我母亲当时年纪大，身体不好，每天我走一半路，她走一半路，中学就这么熬了过来。”再到后来，梁老就在离学校近一些的远房舅父家吃午餐，而真正的午餐事实上就是自己煮的稀饭，吃完午餐还要走两公里的路帮舅父挑两担水。说到这儿，梁老抬起头，望着窗口好一会儿。这样的贫苦生活并没有动摇梁老的求学意志，反而是更加坚定了他要好好学习的决心。

康乐修学　其乐陶陶

“后来啊，上了大学就好了很多。”回忆起大学时光，梁老脸上泛起了光彩，似乎又回到了那段青春的岁月。“因为大学不用交学费，每个月还有补助，我努力学习就行了。”那时的他由于幼时养成的好习惯，作息很有规律，晚上10点睡，早上6点起，起来就做早操。他抓紧每分每秒学习，从不放松，他嫌早上吃饭排队时间长，就先早读。因为作息有规律，从不会上课打瞌睡，做事情也有条不紊。说起现在的学生，梁老觉得现在的学生作息很没规律，睡得很晚，容易分心的事情太多。晚上打打游戏聊聊天就很晚了，所以在他任教的时候常常跟学生说，不要太晚睡，要养成良好的作息规律和学习习惯。

谈起报考中大外语系的原因，老人不无自豪地说：“我青年时就认为法语是一门优雅的语言，法国文学非常丰富，而当时中山大学1957年就已开设了法语专业，这在当时的学校是不多的，综合性大学也就北大、南开、中大，外语学院里面（也就只有）北外（开设了法语专业）。”梁老从未后悔自己的选择，这也发展为他一生所钟爱的事业。

梁老的大学时代虽然单调，但却充实。“我学习外语的方法很简单，就是高声朗读，一篇课文我会读几十遍，上百遍。”正所谓，读书百遍，其义自见。梁老每天都会读好几个小时，读到喉咙干了，就回去默写，现在很多大学时学过的课文、诗歌他还能背出来。说到这里，我们都十分佩服梁老的记忆力。说着说着，梁老脸上泛起了红光，露出了得意的微笑，仿佛又回到50年前的青葱岁月。好书不厌百回读，熟读深思子自知。现在又有多少外语学子，能像梁老当年一样不偷懒，不浮躁，踏踏实实，本本分分对待学习呢？

辗转坎坷治学路

1964年在中大法语专业毕业后，梁老留校任教，1965年被公派到法国进修学习，回国不久后又被派往柬埔寨做援外翻译。1970年由于柬埔寨内战，经历了战火洗礼的梁老回到了国内。其后，中大外语系大部分师资并往广外。1979年，梁老回到中大，着手恢复法语专业，1980年中大法语专业恢复招生。

重建之始，法语专业只有四五个老师和十来个学生。慢慢地，随着教学的发展，法语专业人数逐渐增加，班级数量也随之变多，有些课程没有老师开，梁老师就主动去上。由于重建专业工作压力大，梁老工作几个月就要病倒一次。一方面我们对梁老奉献精神十分钦佩，另一方面又对他如此的付出感到不解，当我们问到梁老为什么拼命工作时，梁老语重心长地说道：“我是国家培养的，也是中大培养的，我当然要拼了命去干，回报国家，回报学校。”说到情深处，梁老不由得握了握拳头。“外院有着互帮互助，一代帮一代的传统。比如说我记得我上大学时没有蚊帐，老师向学校借蚊帐给我。我的法语老师经常叫我去读课文给他听，看看有什么问题。虽然已经几十年的事情了，但老师尽职尽责地对待同学，我都记得很清楚。”梁老师还说到现在可能是扩招学生太多，老师太少，对学生的情况了解得不太多，而那时他们的老师对学生学习上有什么困难、生活上有什么困难、思想有什么问题，都相当清楚。梁老自己也曾帮助过许多学生，“学生需要人帮助”，梁老的赤诚之心，可见一斑。

辗转坎坷的人生经历，造就了梁老坚韧不拔，踏实肯干的性格品质。正是由于自己年轻时求学之路的艰难，才让梁老推己及人，不顾自己身体，常年奋斗在教学一线。

退休之乐何处寻

2000年退休后，梁老并没有闲着，而是回到熟悉的课堂，带了6年研究生，并前往珠海校区担任本科生的教学督导员。在2008年因病正式退休之后，梁老一直在家静养，但他仍坚持读书读报，笔耕不辍，关心学院和学生的发展。“僵卧孤村不自哀，尚思为国戍轮台，”梁老半开玩笑地说道。最后，梁老还对我们提出了殷切的期望，“现在我虽然离开了讲台，但是仍然牵挂着你们，希望你们努力学习，打好基础，以后好好地为我们国家服务，为我们国家富强，人民富裕，民族复兴服务。”外语学院是梁老奋斗一生的地方，也是他挂念最深的地方，因为这里有着他许多美好的回忆，有着牵挂的那群人。即使到现在，梁老还想着什么时候条件允许的话，回学院给同学们做一场讲座，再跟大家一起探讨学习。他希望看到外语学院的美好未来，这也是他最大的期盼，“外语学院即将走过 90 年的路程，越来越强大，我感到很高兴，很欣慰，希望外语学院在新的征程上更加强大，兴旺发达。”此时此刻，我们都感觉到梁老内心的那份真诚，顿时也感觉自己肩上的担子重了好多。听了梁老饱含深情的期待，相信每一个外院人自豪之感都会油然而生。我们也会努力践行梁老的期望，不负青春，不辱使命。

接近一个半小时的访谈很快就结束了，而我们却还久久沉浸在梁老的故事里面，和他一起回味着往昔岁月。我们起身向梁老拜别，梁老一直把我们送到门外。临近傍晚，太阳已经西斜，我们却依然能够感受其炽热的光芒，阳光撒在身上，很温暖，很充实。

五十二载中大情　一生一世外院人
——访1961级李友文校友

采访者信息

作　　者：孔斯琪

修　　改：任雪怡　刘娜杰　萧雅汶

小组成员：任雪怡　刘　乐　刘娜杰　孔斯琪

半个世纪前的羊城，八月酷热不减今日，却仍比不上澄海学子李友文热切的求学心。寒窗苦读十余年，终得鲤鱼跃龙门。如今在眼前的，正是声名远扬的高等学府。校门上“中山大学”四个大字映着日光，刺得他几乎睁不开眼。他深呼一口气，把两天的辛苦颠簸抛在身后，走进了那片书香浓浓的校园。没想到，这一呆就是一辈子。

如今，当年意气风发的他已逾古稀。半个世纪来，从学生到老师到党委书记，身份一直在变，不变的是对这片绿树红瓦的爱与念。性格温和恬淡的老人，谈起当年来激动不已，只因这是他几经跌宕的辛与苦，桃李天下的甘与甜，一生相守的情与缘。

遥忆当年，校农田哞声一片

与中大结缘，是偶然也是必然。

20世纪60年代，拥有深厚学术传统和雄厚师资的中山大学已被称为“华南第一高等学府”，吸引着众多学子。虽然已经过去50多年，他的回忆里中大的模样依然清晰可见。当时只有9个系的中大，与今日相比，安静而古朴，周围是小楼和农田，间或有一头头水牛悠闲漫步，点缀其中，景色煞是好看。

西区是李老师安享晚年的归宿，亦是他学生时代梦的伊始：外语系旧址，正是此处。60年代的外语系，汇聚了来自全国的著名学者和教授，这不仅在华南地区首屈一指，在全国也赫赫有名。李老师说，当年的外语系，只有英语、德语、法语三个专业。外语系的学生们，分别住在离外语系教学楼不远的两栋宿舍里（今教职工住宅区）。而德语专业新建不久，一届只招15个学生，8个男生一间宿舍，吃住学在一起，感情很是深厚。

书生意气，峥嵘岁月乐无间

这一片陪伴了他大半辈子的地方，经历了半个世纪的风雨，如今已经没了过去的痕迹。当初在这里孜孜不倦的日日夜夜，那群同甘共苦情投意合的人，那些激昂向上意气风发的话语，那些循循善诱诲人不倦的老师，一点一滴，都存在了记忆里，即使过了50多年，依然鲜活如昨。

60年代初，尽管我国教育事业还很落后，教学设施匮乏，但当时学校还是为外语系配置了录音室，另外还订阅了一些字典、外文书籍等供大家使用。师资更是国内一流，虽然当时德语专业招生不多，但有七八位老师，每一位老师带两个学生，师生关系比较密切。尤为难得的是，德语专业的同学们很早就有了自己的外教。那时候犹太籍朱白兰教授从南京大学来到中大，教授口语和精读课。一同过来的还有德语翻译界的泰斗章鹏高教授，教授德语写作等。谈及两位德高望重的老师，李老师脸上洋溢着崇拜和敬佩之情。

尽管教学条件十分简陋，外语系的同学们学习热情却十分高涨。每天天没亮，大家就已经起床背书了。宿舍的走廊上，校道上，随处可见晨读的身影，下午的公共课一结束，大家一会儿也不休息，全都到图书馆自习去了，晚上八九点才回宿舍休息。

大家不仅学习上勤奋刻苦，而且思想上也积极向党组织靠拢。早在大一，李老师就向组织递交了入党申请书。但由于当时入党比较困难，组织考核严格，直到三年级他才被被党组织接受。入党之后，李老师顺利当选学生会主席，带领学生会的成员们开展各项工作。

说起学生组织，外院的团委和学生会历史可谓悠久，建系一两年就有了这些组织，而且当时学生会的规模还不小，每一届有 11 到 13 个干部，除此之外还有一些干事，协助组织学生工作。他们除了“内联”外，还积极地与中大的其他学生组织进行“外结”。外院和理工院多年的深厚情谊，正是通过“外结”奠定起来的。当时每个系都有文艺宣传队，理科系女生数量较少，在办联欢晚会等活动时常常要请外语系女生作为“外援”，联合联欢，外语人豪爽大方，从来有求必应，一来二去，双方的友谊越来越深厚，合作也因此渐渐形成传统。

除了学生组织，同学们当然还有其他社交活动，而有一项活动在今天都难以想象：每周在饭堂举行一到两次的交谊舞会，每次都是同学们自发组织的。吃过饭，大家合力把桌子摞在一旁，腾出地方来，就着广播里的音乐，欢快起舞。

学以致用，书生尚忧油米盐

为了把学科基础搞得更扎实一点，外语系决定引进五年制教学。后来因为各种因素，中大外语系只有 66 和 67 届的学生实行了五学年制，德语系又是隔年招生，所以就只有李老师那一届（66 届）赶上了五年的本科教育。在康乐园里求知若渴的五年固然给予了他们较高的语言水平和较强的学术能力，但临近毕业他们还是得面对严峻的就业形势。

据李老师说，德语专业就业向来不容乐观，那个时代小语种专业的学生要为毕业出路早早打算。当时，出国深造不太可能，经济上、政治上都有极大困难；国内也没有德语专业的研究生培养点，所以德语读研这条路也走不通。因而对于小语种学生来说，留校教学几乎算得上是最好的出路。而李老师也是如此——1966 年 2 月，李老师提前留校工作。虽然 6 月份才正式毕业，但经过老师推荐，李老师在学校里留任辅导员，并从 1966 年 2 月开始工作了。李老师说，能够留校主要是本科期间积累了丰富的学生活动和学生工作的经验。除了担任外语系的学生会主席外，他还是学校军体部的部长，通过组织一些活动，与系里面的老师、领导联系也比较紧密，他的能力得到了领导和老师的肯定。

风云变幻，天降大任于斯人

正当李老师准备在新岗位上大展拳脚的时候，轰轰烈烈的“文化大革命”开始了。不久后，一个意料之外又在意料之中的通知遽然而至，他不得不离开校园——从1968年开始，李老师接到命令，和学生们一起下部队接受劳动锻炼。据李老师回忆，当年外语系许多人都下乡改造了。而李老师被派往珠海斗门白藤基地（白藤湖）。当时那里汇集了全国两千余名大学生，都是派到农场接受锻炼的。当时的形势对大学生很不利，农场上的生活像刚解放一样艰苦，大家穿着缀满补丁的衣服，在田里艰苦劳作的模样还深深地镌刻在李老师的脑海里。在斗门劳动了一年之后，李老师就和学生们被转到湖南的洞庭湖，之后又去了湖南岳阳和常德这些地方。那时候全广东水灾，农场里、抗洪堤上死了很多战士和大学生。虽然湖南的灾情没有那么严重，但学生们的劳动任务很重。他们先是在农田里割稻，之后去插秧，持续两个多月。每天早上4点多起床，5点钟走，晚上八九点回到连队。学生和官兵同甘共苦，风雨不改。许多人因此落下了后遗症，常腰酸背痛。虽然条件艰苦，任务繁重，但李老师认为下乡劳动对学生的锻炼很大，不仅锻炼了身体，心灵也变得勇敢、坚强。在湖南等地方待了几年后，中央军委就来了通知，说要在全国锻炼的学生中选拔优秀人才入伍。经过选拔，李老师等20个人从两千多人中脱颖而出，进入部队成为解放军战士。锻炼的学生陆续返回，而李老师和中大的几个人被分配到部队重新站岗，当了半年兵。半年之后升职做了副指导员，然后在146师的政治部当干事。

重建外院，风雨同舟比金坚

五年军旅生活，并未使老师忘记母校，相反，尽管留在部队前途不错，但李老师还是渴望着有朝一日回到母校。终于有一天，改造运动结束了，学校重建需要人才，于是派人接他们回去。部队一开始不愿放人，李老师几番央求，终得司长首肯，于1973年重新回到中大任职。

几经波折，当李老师终于重新踏上了这片熟悉的土地时，不由得心生感慨。外语系在“文革”期间四分五裂，老师们不是调到外地，就是下乡劳动，原来的外语系早就不复存在。回到广州，李老师第一个想到的就是联系老师，重建外语系。没想到期间却被人事处截了过去当科员。三年的人事处生涯，从来都没有减灭李老师重回外语系的决心。终于，1976年，李老师回到了魂牵梦绕的外语系，着手参与外语系复办的事宜。找办公处所，调老师，买书籍，百般周折，外语系终于重新建立起来了。李老师担任了德语系的主讲教师，与自己的恩师章鹏高老师以及从广外和全国其他地方调过来的德语老师并肩作战，开始重建德语专业的事业。然而历经十年动荡，外语系百废待兴。从招聘到招生，从教学到行政，各项工作都要从头开始。特别是改革开放后，德语专业招生政策发生改变，由原来的两年一招生改为一年一招，为此，李老师每年都要带领老师们在省内四处奔波，到各中学去招生。就这样，在领导、老师、校友及各方坚持不懈的努力下，外语系终于又迎来了她的春天，学生的数量和质量都在逐年提高，外院的声望也在逐年提高。

从最初建立，到撤销再到重建，发展到今日，外院的院楼也几经迁徙。最初，在李老师的求学时代，外院院楼在西区；外语系复办时，老师的办公室在小红楼，教学课室却零散地分布在一教、三教。办公与教学的割裂，对老师、同学的工作和学习造成了极大的不便。看着别的院系都慢慢已经有了自己的院楼，老师们和学生们都看在眼里，急在心里。

终于有一天，在李老师和其他几个领导和老师的努力下，新院楼的兴建终被提上了日程。据李老师回忆，当初有两个地方备选，一是在外语系的老红楼，一个是近南门处。领导们考虑再三，认为红楼那里比较偏僻，而南门则处在一个比较显眼的位置，有利于展现外院的对外形象。本来有人提议说将院楼再增一层，但后来一致决定，将钱用于建设多媒体教室，提高教学设备的质量，便利学生。此后，外院院楼从无电脑，无大会议室，无多媒体向现代化挺进，实现了质的飞跃。

当然，外院院楼的建立不仅跟领导的密切关注、老师的劳心劳力分不开，最关键的还是校友和捐赠者的资金支持。这份情谊，当被历史铭记。

展露锋芒，最望后浪推前浪

多年来，外院对中大的外语培训、出国、考试、外事工作都作出了巨大的贡献。此外，外院还为校内输送了许多优秀人才；而放眼校外，外院人在不同的岗位上发光发热。而这些，跟外院老师和同学们的努力付出是分不开的。

谈到最后，李老师更是语重心长地提出了对我们的建议和要求："首先，我们要对自己有自信，当然这种自信要建立在扎实的专业技能和较强的综合素质上。小语种就业从来就不容易，语言是门工具，你们要多去发展其他能力，比如学好英语，三语人才总比只会一门外语有竞争力。此外，还要抓住学习机会，掌握诸如经济、法律、贸易等方面的知识，提高自己的综合能力。我不赞成只走一条路，适合自己的工作每个人都会有，但要不断地试。你第一个岗位试探试探，不适合就转换。毕业后我当辅导员，去部队，回来搞人事，后来搞专业，然后搞行政，也走了好多不同的路。一个学生如果能力比较强，他必然会跳槽的。总是待在一个岗位不是很好。不断尝试，也是对自己的锻炼，但如果立志学术的话，就要静下心，全身心投入专业学习，搞好科研。"

听君一席话，胜读十年书。52 年，李老师人生大半的时间献给了中大，献给了外院。时间仓促，他无法一一诉说 52 年来与中大的点点滴滴，然而他的言语，经验，无一不深深地透出一股正能量，推动外院人不断前行，超越往昔。即使到现在，他也从未停下脚步。退休之后，李老师仍然关注着中大的发展和外院的建设。除了给予后辈知识和经验支持外，他还担任西区住宅区业主代表、退休党员党委书记等职务，参与中大建设，为中大各项事业发展服务。冥冥中，他与中大有着一辈子的情缘，因为这深厚的情缘，他一生甘为中大奋斗；因为这不懈的奋斗，他才自豪地称自己为中大人。他的一生，是外院人艰苦奋斗历程的缩影，是中大人建设母校的写照。"献身外院，建设母校"，愿吾辈继承发扬老外院人的精神，做一辈子的外院人，织一辈子的中大梦。

老照片的故事

——访1961级德语专业殷麦良校友

采访者信息

作者：李　斌

队伍：2004年佛山队

花草情思

——殷麦良

岭南红豆最相思，康乐园里绿草滋。

鸟啼花开先佛信，山清水秀乃吾师。

诗歌优美的意境将笔者带到那草木丰茂的康乐园，引发出笔者对中大无限的情思。相信只有对中大有着深厚感情的校友，才能写出如此动情的诗句。而诗歌的作者殷麦良，便是这样一位热爱中大的性情中人。在他简朴的居室里，收藏着许多关于中大的老照片，每张照片的背后都埋藏着一个引人遐思的动人故事。没等我们坐下，师兄便迫不及待地向我们讲述那老照片的故事。

时间回到了1961年的中大，康乐园里绿草如茵。家境贫寒的殷师兄，经过三年的苦心准备，考进了中大外语系。高考前三年的工作阅历和经验，使23岁的师兄比其他同学更加成熟，更有主见。当上系学生会主席以后，师兄便成为了系里的活跃分子。同时，师兄也十分热衷于文学创作，流畅的文笔让师兄成为了系报乃至校报的常客，现在师兄还保留着几十年前在校报上发表过的文章。当时，高校里的政治气氛也很浓厚，四年的大学生活，师兄更多的是与大家一起“学工学农学兵”。难得的是，性格开朗的殷师兄与德语外教朱白兰老师建立了深厚的友谊。至今，在师兄厚厚的相册里，还保留着与朱老师的合影，以纪念那一份难能可贵的中德师生情谊。

时间定格于1966年的康乐园。平凡的大学生活由于“文化大革命”的到来而变得波澜壮阔，本是到了毕业年龄的殷师兄不得不留在校园里进行革命。也许是机缘巧合，也许是命运的垂青，影响师兄一生的大事就在留校的期间相继出现。向来文采飞扬的师兄，在党的号召下，投身到“文革”当中，贴出了中大第一张批判性的“大字报”……后来，殷师兄有幸拜访了闻名遐迩的国学大师陈寅恪教授。面对着身躯瘦削、双脚残疾、双眼失明而思维依旧清晰的陈教授，殷师兄不禁感叹：这就是《柳如是别传》的作者，这就是斯大林点名询问的陈寅恪。也许当年的慕名拜访，只是师兄一时的冲动，可是，在与陈教授将近一个小时的对话中，“自由之思想，独立之精神”，这一陈教授终生恪守的信条，便深深地印在了殷师兄那颗年轻的心上。这些经历即使在今天看来，也是多少人求之而不得的，而殷师兄却在短短的两年里亲历其中，成为了师兄终生难忘的中大故事。自此，早熟的师兄变得更加果断，做事更有分寸，决不随波逐流，人云亦云，终生都坚守着以陈寅恪教授为代表的那一份中大精神。

时钟走到了 1973 年 7 月 6 日。在广东中山，毕业后从事教育事业的殷师兄，主持当时高校招生的具体工作。根据当时国务院科教组相关的指示精神，在群众评议推荐的基础上，加大对知识的重视程度，以加考的方式进行招生。可是“四人帮”却认为这种方式是“回潮复辟”，要求暂停早已万事俱备的招生工作。当时殷师兄并没有理会，还是坚持自己的想法，按照国务院的文件挑选生源，最后受到了“批判”。在殷师兄 30 多年的宦海浮沉中，类似上述坚持己见的事例比比皆是。有人劝师兄放下原则，有人劝师兄顺应潮流，而师兄只是默默地工作，坚持自己独立的思考。或者是因为这种不看风向、坚持己见的做法，或者是坚持“不合时宜”的观点，多年来师兄一直身处基层，不能更上一层楼。但是师兄从不后悔，因为他坚信人是为自己的思想而活的，自己为事业而工作，无需人云亦云，不亦乐乎。只要对事业有利，自己情愿默默耕耘，不求回报。这是中大人的铮铮铁骨，也是在陈寅恪教授身上传承下来，由殷师兄诠释的中大精神！

时间老人将笔者带回了 2004 年 8 月 16 日。吟罢自己的佳作《花草情思》，殷师兄向我们解释个中的深意：“山清水秀乃吾师”，男人是山，女人是水。“清”是指当时的校长许崇清，“秀”是指外教老师朱白兰，“乃”是指当时的副校长冯乃超。当年，中大有一批名师，引导着中大领广东风气之先。身残志坚的国学大师陈寅恪，谦和有礼的陈序经校长，曾公开指责蒋介石的哲学系杨荣国教授，当然还有中文系的商老和容老。在当时政治高压的情况下，这批名师在学术上、在思想上都引领着中大的学子走出属于自己的路，加固中大坚厚的基础。

如今，殷麦良师兄已年逾花甲，退休以后常与老伴携手漫步于夕阳之下，回忆往事，自在得意。可是，在思想上他依然热爱思考，笔耕不辍，将自己所传承的中大精神散播开去。作为中大人，已入暮年的师兄对母校依旧念念不忘，回首过去，感慨万分；展望未来，师兄也有自己的看法：中山大学是一座有着深厚文化底蕴的学府，中大今后应该要办成一个“思想库”，以传统的思想为主，将中山先生“博学、审问、慎思、明辨、笃行”的校训和陈寅恪教授“自由之思想，独立之精神，求真实，供鉴戒”的原则传扬开去，成为名副其实的广东最高学府。在学术方面，做学术的人应该有自己的思想，不能够随波逐流。只有大家一起动脑筋，学术才能有发展。

作为中大人，最难能可贵的是对中大的一份感情。殷师兄毕业已经多年，而他对中大的感情也随着时间的推移而越来越深厚，从他的《花草情思》，从他那份保存完好的厚厚的相册，笔者可以窥见殷师兄对母校的特殊感情。也许在 80 大庆到来之际，可以看到殷师兄的生花妙文，可以看到他重回母校，追寻往事的身影。

时间还在流逝，殷师兄依旧乐此不疲，向我们讲述着老照片的故事……

黄家祐：慢慢走，慢慢看，慢慢学

——访1962级黄家祐校友

采访者信息
作　　者：施小明
修　　改：姚兰兰
小组成员：姚兰兰 赵萌萌 冯宇庭 施小明

“慢一点有什么不好呢，对不对？慢慢就解决问题了。学习也一样，做人也是一样，什么东西都是一样”

“自己缺什么补什么，抓紧时间看书，看书要杂一点，见多识广，一定要这样子，眼界才能开阔。”

“眼光不妨放远一点，不要争一时一地之利。”

——黄家祐教授

从4月的春意阑珊到6月的夏日炎炎，阳光明媚的午后，我们再次来到位于中山大学蒲园区黄教授的家。教授年逾古稀，身体却依然硬朗。第一次访问时，他特地下楼接我们，5层楼，他爬起来比我们轻松许多。脸上时时带着笑意，叫人一下子便亲近起来。不远处似有打球的声音传来，风扇呼啦啦地转着，伴随教授清朗的笑声和娓娓的阐述，我们缓缓走进了教授的漫漫时光。

犹记彼时恩师情

“学做人是第一，学学问是第二。我们是这样过来的，中大外语系这传统还是不错的。”

黄教授的学习生涯其实是坎坷的，但是从他的言笑晏晏中，并未体现太多苦楚，可见黄老的豁达与释然。他的青年求学生涯多有名师相伴。当提及为什么会选择英语作为专业时，他笑言，一是受到父亲影响，当医生的父亲讲话中英参杂，激起了自己的兴趣；二是中学时代的英语老师是大师，对他也有积极的影响。而读研时，王宗炎教授作为其恩师，更是给予其影响一生的教导。

“王老的语言是通俗易懂的，深入浅出；他讲的话都是有根据的，言之有理，最重要的是他不盲从。”从黄教授的言谈中，我们感受到王宗炎这位作为国内最有影响力的语言学家和外语教育家之一的独特魅力。这大抵也是现在的学者致力追求的，不盲从、有理有据、有思想。我们想，这大概也是外院沿袭下来的传统之一。

1966年“文革”时期学校停课，后来中山大学外语系被撤销，师资与书籍均被挪到了广州外语学院。1968 年，黄教授响应国家号召下乡，在汕头市牛田洋部队农场接受“再教育”。教授轻描淡述，但是我们能体会到那个时代作为外语系学子的心酸与无奈。教授用劫后余生的语气描述了他所经历的汕头 7 · 28 强台风事件：“台风来了有大海潮，大堤垮了，就受淹了……我们掉到海里面去了，九死一生啊！我就拿了木板在海里泡了四五个小时，终于是生还了，就回来了……你怎么跟这个 15 级台风抗衡呢？结果他们就淹了，淹死了，活埋啊！活埋啊！我就觉得，那一段经历使自己很坚强，这个经历呀，使自己的性格坚强起来。”确实，经历能使自己坚强起来。如教授所言，之后的经历再如何艰辛、坎坷，他的表现恰如现在，言谈之间均是举重若轻。

之后便是 8 年的中学教师生涯。直到 1979 年中大外语系恢复研究生招考，在老教授们的劝说下，黄教授再一次踏进中山大学校门，又一次成为外语系的学生，成为王宗炎教授的学生。

1984 年戴镏龄教授举荐他到英国深造，在那里他接触了名师 Peter Newmark，在英语诞生的地方学习这门语言，领略它的文化，了解母语国家的教学方法，对于黄教授来说，是既新鲜又难得的机会。

犹记彼时恩师情，黄教授继承了外语系对待知识与传授经验的传统，“是一代人一代人帮助我们走过来的”，因此，外语系的精神才能一代一代地传下去。

言传身教是不悔

“自己可以做得更好一点，不要埋怨别人。”

“看书不要急，人家都说看一本书看很多遍，如果是好书，更是要看好多遍。”

“文革”结束后，中山大学外语系录取的第一批研究生大部分都在学业结束后接替了老教授留校任教。受到恩师王宗炎教授的影响，黄教授对英语教材、考试方向的研究尤为深入。当时，中山大学的非英语专业研究生并没有专门的英语教材，黄教授便同王宗炎教授一起，发调查问卷、亲自旁听课程，做 interview，在研究学生现有水平的基础上，针对弱项及学习特点编撰教材。

1994 年到 2001 年，黄教授任外国语学院英语系主任。“我不是搞行政的料，我是教学的料，不是行政的料，”黄教授如是说。但是师资匮乏，不做也得做，边学边做。“教学、科研、行政，我开会的时间大约用去三分之一了：教研会也要我去，系开会也要我去，学院开会也要我去，学校开会也要我去。”“一边做，一边错，一边改，一边挨骂，挨骂可以培养我们脸皮厚一点，做事情可以豁达一点，信心强一点，决心大一点。我挨骂好多次了，挨骂并不可怕。挨老师骂，挨学生骂，挨领导骂，我觉得不可怕。”黄教授性格和善，喜欢看书，这样的人本应在教书授课之余看自己喜欢的书，做自己喜欢的课题，但是彼时他却在各种“挨骂”中做自己本不擅长的工作，因为必须有人做。

在牛田洋农场劳动、出任中学老师、当英语系系主任，这些都让他无法心无旁骛地做学问、做研究，而每每提到其他同期的同学，他谦虚地将原因归咎于自己“没有他们用功”，“跟人家比较，跟人家比力，是在平时，而不是在课堂。平时多用功，看什么书，做什么笔记，你看的书越多，你记的笔记越多，对自己越有启发”。而我们为什么会比不上别人？因为别人天赋高，因为别人有好的学习工具，因为别人什么事情都不用做，只要念书就好了？“自己可以做得更好一点，不要埋怨别人。”是的，不要埋怨别人，自己不争气就只能怨自己了。

交谈之中黄教授语气中有遗憾、有释然、有劝诫。依然是轻松的氛围，却莫名有些感触。这是时代赋予那一代人的质朴与求实。他们不会抱怨时代给予他们的一切磨难。

而学习，学知识，更是学做人——这是黄教授从他老师那边学过来的，同时也将这样的理念带入自己的教学中。“接触要广一点，胸襟要广一点”，“不懂就问，抓住机会就问”，“脚踏实地，打好基础”。

回忆一片片慢慢拼接，黄教授退休前的任教时光从我们面前缓缓淌过。日光斜斜地从窗外落到黄教授的脸上，和善的眉眼，看着便不觉让人露出笑意。窗外似是一群少年欢呼而过，大抵是放学了吧。岁月终将流逝，但是留下来的精神与传统是一代一代无法磨灭的痕迹。

漫漫时光慢慢尝

“以前我看书少，现在好想要补回来了，退休这个时间补回来。”
“先把那个文学那条腿补回来。”
“创造性就是本钱。”

退休后的生活应该是怎样的呢？看看书，散散步，出去旅游，养些花。教授的退休生活没什么特别的，很是平淡，或者说平常。

他喜欢看历史、地理、文化艺术、休闲养生有关的书籍。在教授看来，“一理通，百理明”，文理科是相通的，恰如五官相通。仅看“观世音”即可明了：所谓“观‘世音’”。

他学习自己以前没有条件学习的知识，比如心理学、统计学：“补一下自己不足吧。学和干以后知困，一些事干了才知道困难，学以后才知道不足。”

面对我们的困惑，学习上的，实习工作中的，教授一下子揪住本因：“大家不要看不起自己，各人有各人的好，自己有自己的原因”，“学好一点嘛，学好一点就是优势啊。成绩好一点啊，兴趣广泛一点哪，技能多一点哪，竞争力就会强一点嘛。”

外语学科即将迎来 90 周年庆典，教授质朴的语言里满是对学院的骄傲与期望：“我希望就是外语学院呢，越办越好咯，先把文学那条腿补回来，就文学这个专业。把人才补上去，然后呢，再增加些腿吧，现在有文化嘛，有语言学嘛。最好能够多调进一些人才，多调进一些专家。”

而对外院学子，看得出来教授依然寄予厚望：“我希望你们呢就是全面发展了。就三好了，学习要好，身体一定要好；还有就是有些创造力，增加点创造力。最近我看了一本书，是反映犹太人的。其中有一句话就是‘没本钱不要紧，最重要的是不要没有创造性’。”

“慢一点有什么不好呢，对不对？慢慢就解决问题了。学习也一样，做人也是一样，什么东西都是一样。”

是的，什么东西都是一样。慢慢来，事情总会解决；慢慢学，基础才能牢固；慢慢走，人生，才能欣赏更多风光，才能经历更多风景，才能遇见更多人。

这是一份送给学院90周年的礼物，它是一段记忆：是一位教授从本科学生时代，到经历生死之关后回校读研，而后留校任教，从20岁到60岁关于中山大学外国语学院的珍贵回忆。

鸡尾酒人生

——访1964级德语黄国乐校友

校友简介：

黄国乐学长，1966年毕业于中山大学德语系，2005年从中山市华侨中学副校长的位置退休下来。初见学长，没有那种陈腐的书生气，却有中学校长不多见的干练和不怒自威的神态，而且完全没有多年劳累后的疲倦。那笔挺的身材，矍铄的精神，无不透露出一股英气，让我们肃然起敬。

采访队伍：2006年中山队

风云人物

黄学长当年在中大可谓风云人物。他曾担任班长、学院团支书，学校游泳队副队长，又擅长各种乐器，并曾在多个朗诵、演讲比赛得奖，可谓文武兼具。在许多老师和同学眼中，学长是同龄人中的佼佼者。“其实当风头人物也不全是好事。那时候其实很忙，甚至乐团、朗诵队的邀请都无法抽空参加，还会惹上一些不必要的麻烦。”尽管如此，黄学长仍对自己当年的经历回味无穷。当年中大游泳队经过艰苦训练，在教练和身为副队长的学长的带领下，在最能衡量学校游泳水平的男子4×100米自由泳接力比赛中，力挫当时长期雄踞广州地区游泳界老大位置的暨南大学游泳队，震惊一时。

学长是个对自己要求极为严格的人。当年全国入读德语专业的学生不足100人，学长为了学好比较难掌握的德语，天天早起读书背单词。“选德语完全是我自己的选择，因为法语太优美，俄语太粗鲁，意大利语太繁杂，而德语严谨同时带有威严，比较适合我的性格。”学长不但练德语，也练乐器。曾有一段时间学长为了练好笛子，坚持在寒冬时节早早起床，迎着寒风，最后练到了迎着大风尚能换气的境界。至于在发高烧时坚持考试，对于学长就更是小菜一碟。

风雨人生

正常来讲，以学长这种当时的人才应该是作为外交人才来培养的，因此不仅专业要过硬，政治素质也要绝对保证。毕业后，学长来到了部队农场。在那里，学长凭着自己出色的身体素质和音乐才华崭露头角，甚至连许多音乐学院的毕业生都望尘莫及。学长所作曲的一首《我爱咱们的牛田洋》至今仍为广东省军区所传唱，便是他这一段经历的光辉写照。

在农场里，学长结识了许多后来成为大人物的人。外交部前部长李肇星以及后来成为中国驻肯尼亚大使的一位同志（此君便是替《我爱咱们的牛田洋》填词的）等都是学长的好友，当中还有许多莫逆之交。这些可敬的朋友都在学长不同的人生阶段在不同程度上帮助过他，使他心生欣慰。

由于身处那个风雨飘摇的年代，有港澳关系的学长后来未能与大多数战友一样分配到国家外交战线上工作，而是来到海南岛（当时海南仍属广东管辖）加入外贸公司，后来又在海南的中学教了9年的语文，最后才回到中山。

在中山华侨中学，学长成为建校以来最年轻的副校长。他倡议创立了校基金会，使中山侨中成为了全国第一间拥有自己的基金会的中学。几十年的校长生涯，学长高度重视德育和艺术教育，也很舍得花钱培养学生的兴趣。侨中的管弦乐团、舞蹈团等经过多年的经营已经颇具规模，并多次代表中山市和侨务系统参加对外交流，在圈内有口皆碑。

恋恋母校情

“中大四年的生活让我留恋不已。”当年校园里的研究、学术、治学的氛围十分浓厚，不仅学生有既协作又竞争的精神，还有教授的倾囊相授，都令学长不胜怀念。“能培养出好学生的学校就是好学校，”学长从容不迫地说。“学校的名气一方面是对学校过去的贡献和影响的正面评价，但也可能造成一定的阻碍，让一些人产生惰性。因而关键还是自己。”

学长特别强调“素质”。“素质就是‘除精通本专业外，有兴趣和能力进入其他领域’。素质决定一人是否可以获得成功。”正所谓“兴趣是最好的老师”，让自己具备多方面的能力，不仅提高自己的魅力，还可以提高竞争力。“现在社会竞争激烈，有一两项杀手锏对以后的发展绝对有百利而无一害。”诚然如此。

学长也劝我们要学会合理分配时间。对一些感兴趣而又有研究价值的问题不妨专心研究、深入专研，甚至可以作为自己的发展方向。但也要保证另外一些基本事情所占用的时间，才能做到协调发展。

尽管由于时代的原因无法进入向往的外交战线让学长深感遗憾，但他绝不后悔。“我天生就是一个要强的人，敢于表达自己，不畏权威，也比较向往自由，对自己所作的决定绝不后悔。”也正因为如此，学长赢得了各方面的尊重。市里省里多次邀请其担任要职，甚至是局级干部，但都被他婉拒了。“我是个爱好自由的人，不喜欢去求人，在官场上混有太多的束缚，不适合我。”

不仅对自己，学长对自己的儿女也十分严格要求。他的两个女儿都顺利考进了中大，女承父业，其中二女儿更是成为当时少有的赴美公费留学生。“中大的氛围让我放心，这里不仅培养人才，更重要的是使人学会做人。”

学长的滔滔不绝让我们不觉忘了时间。在他丰富的人生阅历背后，我们看到了更多的面对逆境的勇往直起和对事业的忠诚热爱。他就像一杯鸡尾酒，直率、热烈、丰富而不繁杂，虽有苦涩，过后便是让人回味无穷的甘甜。

磊落人生心坦荡

——访1964级硕士研究生苟锡泉校友

采访者信息
作　　者：龚庆玲
修　　改：陈婉莹
小组成员：龚庆玲　李丽华　余夏梦　杨土惠

“先生塑像气轩昂，立厅堂，望南疆。盛名久享，学界早传扬。博学多专留硕果：佳译著，好文章。遭逢挫折志如常，鬓生霜，病瘫床。暑寒朝暮，著述未疏荒。磊落人生心坦荡，无愧疚，不彷徨。”这首词的作者为中大外院已退休的英语系老师苟锡泉教授。我们早闻其名，直至最近才得见其人。在纪念我国已故著名学者戴镏龄先生诞辰一百周年的追思会上，苟老师深情吟诵了这首他为戴先生填写的词《江城子》，以此独特的方式表达他对先师的深切怀念。在此次寻访活动中，我们小组非常有幸能够零距离接触这位成果卓著而令人景仰的学者。

苟锡泉教授于1941年11月出生于四川省一个唐朝时叫做“汉东城”的古镇——朱沱（现已划归重庆市），后来以优异的成绩考上了四川大学外文系。他的一生也是几起几落，令人唏嘘感叹。

出于从小对文学的钟爱，苟老师从大学二年级开始就尝试翻译一些文学作品。1964年，他“金榜题名”，考上了中山大学的研究生，成为20世纪60年代戴镏龄先生唯一的研究生。回忆起他第一次拜访戴先生时的情景，一切恍如昨日：保姆先让他在客厅休息等候，过了一会，戴主任（他一直任外语系的系主任，大家都这样亲切地称呼他）才从楼上下来。老师身上散发出来的严肃而又和蔼的学者风度和气质令学生感到亲切又折服。学生先作了自我介绍，老师询问了一些情况，然后就研究生的课程作了初步安排：“现在只有你一个研究生，会有几位老师一起指导你。我负责文学史和作文课，钟日新老师上翻译和戏剧两门课，桂灿昆老师上语音学，蔡文显老师教英国小说，吴继辉老师负责新闻报刊阅读。”这些课程都是那些教授们的专长，而他们则共同指导苟老师一个研究生。当年的上课方式可不像现在，而是学生到老师家里去上课。作文与翻译还是以实践为主，老师很少讲理论。老师负责出题目或指定翻译的原文（钟老师一般指定英美刊物里的文章，当时只有在英美语言文学研究室里才能找到外国的报刊），强调练基本功以培养能熟练译写的过硬本领。这后来在美国领事馆文化处考核富布赖特学者申请人资质水平的笔试中得到了验证：不借用词典，一小时内译完一首三个诗节无标题的诗。考官对苟老师的译诗很满意，说比他手中的参考译文还胜一筹。当然除了动笔写和译外，也要多读，学习借鉴英美人的表达方式和翻译名家的翻译方法与技巧。其他课则以学生自己阅读为主，上课时一般用问答交谈的方式进行。戴老师固然会回答你的问题，但他特别重视培养学生独立解决问题的能力，强调“熟读深思子自知”，不要动不动就问，自己不想动脑筋。单是戴先生开出的书单就有满满的两张纸，第一本书就是《马克思恩格斯论文艺》（两卷本），接下来是毛泽东论文艺、斯大林论语言学等。专业方面的书主要包括几本英国文学史著（戴老师等人翻译的《英国文学史纲》也在其中），经典语言学专著和英语词语用法的权威性专著（如Fowler的《现代英语用法词典》等），还有一些其他的。此外，戴主任还要求苟老师每周去语音室听文学唱片（诗歌、戏剧等），莎士比亚的著名十四行诗和《哈姆莱特》《奥瑟罗》《李尔王》等剧中的名段独白苟老师至今仍能流畅背诵。

当我们问及苟老师在研究生期间是否有论文压力时，苟老师遗憾地摇了摇头：“那时‘文革’闹得正热火朝天，学校里早就不上课了，我们少数派已被赶出中大；戴老师是‘当权派’，行动都受限制。谁还写论文呀！我本科毕业时倒还写了厚厚一本论狄更斯的《双城记》的英语论文呢。”本该是1967年毕业的苟老师，由于受到“文革”的影响，延迟到1968年才分配工作。作为中大外语系唯一的一名研究生，苟老师只能和66届本科生一起分配。本科生似乎早有“预谋”，一开始就提出把最偏远、最艰苦的地方——海南黎族苗族自治州的名额先定下来，于是他们“一致对外”，将那个谁都不愿去的名额“分配”给了学历最高的苟老师。这让苟老师受到了严重的打击，正所谓“父母在，不远游”，这份工作让他既不能侍奉远在四川老家的双亲，也不能将自己所学知识派上用场；但想到这是祖国的需要，总得要有人去呀。“我不下地狱谁下地狱”，这样一想，心中也坦然了。

就这样，苟老师连老家都未回，带着五味杂陈的心情，经过一路的舟车颠簸，只身来到海南岛。这一去竟是七年！他孤身一人远在天涯海角，后来母亲去世时都没法见上最后一面！几十年后，他还无比悲戚地写道：“怀故乡，梦里回乡千百度，醒来总是愁心绪。”“种种牵缠，般般碍阻，未能尽孝高堂去。墓前凭吊念亲恩，哀思不绝如丝吐。”到了海南没多久，苟老师和十几名刚分配去自治州府——通什的本科毕业生一起被安排下农村接受再教育，一年后回到自治州中学，所学的专业知识却仍然用不上。但是老师还是得意地说，“读书还是有用的！”因为无论在农村那一年还是在学校的六年时间里，他充分运用和发挥了自己的兴趣爱好及所学之所长。在黎族农村，苟老师带领两三名大学生，在大队民兵的后勤支援下，办了一个黎族老贫农家史的泥塑馆，十几组真人大小的泥塑人像不到两个月时间就完成了，展出后轰动整个自治州。回校后，苟老师除教学和当班主任以外，利用业余时间结合学生学工、学农、学军及在校的生活写了二十多个剧本，其中有快板剧、话剧、小歌剧等，老师还代表自治州出席了广东省第一届业余文艺创作座谈会。

苟老师回忆说，“文革”期间，我们中大的外语系被合并到广州外语学院，只留了公共俄语和公共英语教研室。当时英、德、法专业的老师全都去了广外。后来，毛泽东主席说“大学还是要办的”，部分大学开始招工农兵学员，其学历相当于现在的三年大专。中大也复办外语系，从广外调回小部分专业课的老师，包括英专的戴镏龄、谢文通、王宗炎等三位教授。几经周折，1975年省里发调函到自治州，苟老师终于在时隔七年之后回到了中大。

70年代初，中国恢复在联合国的合法席位，外交部通过国家教委组织北大、北外、复旦、中大等原重点高校部分老教师进行联合国文件的翻译工作，芶老师在戴镏龄先生的带领下也参与其中。此外，芶老师还承担了英专的泛读和翻译以及留学生的翻译等课程的教学工作。1979年夏天，芶老师出席在京举行的第一届中美汉语作为外语教学学术讨论会，并宣读了论文。同年第四期《语言教学与研究》上发表了芶老师的第一篇论文《关于教美国留学生翻译课的几个问题》。1980年芶老师又在《外国语教学》、《现代外语》和《中小学外语》上发表了三篇论文。改革开放初期，国内的外国文学翻译刊物如雨后春笋，广东就有花城出版社的《译海》和《花城译作》。中山大学作为华南地区第一学府，出版社的主编们开始与我们学校的老师约稿，芶老师先后发表了十来篇译作。在戴镏龄先生的推荐和鼓励下，芶老师勇挑重担，开始组织外语系的中青年老师集体翻译《幕府将军》。在既没有电脑、又没有打字机的年代，一百多万字的翻译只能全靠手写。在分配翻译任务之前，芶老师先通读全书，统一了人名、地名等译名，之后才开会向老师们介绍书的时代背景和故事情节，再分派任务。芶老师译完自己承担的章节后，其他人的译稿也陆续交来，他便开始修改、润色老师们的几十本译稿，并统一译文的风格。经过两年的艰苦努力，这本百万余字的译著终于在芶老师的精心组织安排下和悉心修改后完成了。“要赶任务，一个人怎么能独自打天下呢？尤其是大项目，我喜欢和别人合作。”老师坦诚地说。

随后，芶老师还先后翻译了不少名家的名篇名著：莎士比亚的历史剧《亨利六世·上》、劳伦斯的长篇小说《虹》和短篇小说集《你抚摸了我》以及英美著名诗人的作品等。芶老师遵循“老老实实做人，认认真真做学问”的信条，一步一个脚印，留下了一些实实在在的东西。比如，1984—1985年，芶老师作为富布赖特学者访美，回国后出版了一本“在国内独步一时”（戴镏龄语）的《美国主要诗人作品选介》；为研究生开出“诗歌与翻译”课后，他编注和翻译出版了《英诗欣赏》，我国著名翻译家许渊冲先生读了芶老师的译诗后，叹称中大外院“藏龙卧虎”；在给几届的研究生讲授“高级笔译”课时，带领修课的学生翻译出版了两本书——劳伦斯短篇小说集和《世界历史百科全书》，受到读者广泛的欢迎和好评……“老实人可能会失去某些东西，但你心里踏实，‘无愧疚，不彷徨’。”芶老师还告诫我们“做事情不可能事事一帆风顺，不要怕受挫折”。1992年芶老师的事业正如日中天，突然灾难降临：他在赶编一本词典时，左眼视网膜剥离，住进了医院，肉体和精神都经受了莫大的痛苦，随之而来的打击是沉重的，他跌入了事业的低谷，但他并没有气馁或消沉。经过一段时间的调整和恢复，他的事业渐渐又上升到又一个学术高峰。他的十部著作中有六本是出院以后完成的（包括那本老师为之付出了不小代价的《学生英汉双解词典》），另外还撰写发表了七八篇论文，审校了十本译著和编著（都已出版），这还不包括他为培养优秀人才而花费的心思和精力。芶老师用心良苦地指导学生完成高级笔译课作业，有的有畏难情绪，想半路退出，经老师一再鼓励督促，才坚持下来；有的翻译不够准确，甚至理解错误，文笔也欠佳，经过芶老师反复修改和润色，才达到了出版的水平。通过亲身参与极大地提高了学生们的积极性和自信心。芶老师对自己的学生可谓是尽职尽责，用心培养。他采用理论与实践、教学与科研相结合的方法，主动地帮学生找项目，他还鼓励和帮助他们参加广州、北京和香港举行的翻译大赛，取得了好成绩。尤其是到了后期，想着自己快退休了，更是加大力度培养，要让他的学生真正学有所长，学有所成。

苟老师退休后开始了诗词书画的创作，“闲时赋诗写字，任悠游”。他对诗词颇有研究。老师半认真半玩笑地说：“我现在觉得诗词方面可能比英文强了，英文我丢了十多年了，哈哈哈……”他的诗词发表在《中大老园丁》《广东老教授》《老人报》《歌乐行》等五六种报刊上。内容涉及广泛，从国际风云、民族复兴到校园风光、乡土情怀，从伟人风范、英雄业绩到百姓生活、友谊亲情……例如，关于十八大的报告和中国梦他就写了三首词：《水调歌头》《念奴娇》和《浣溪沙》。“十八大纲领，绘远景图宏。‘翻番’独领风骚，谁可与争锋？……民族复兴业，任重步从容……”“古老华夏文明，五千年史，多少辉煌作！……复兴圆梦，百年拼搏求索。”“憧憬百年中国梦，传承万古九州魂，同心合力梦成真。”说起这个，老师面带得意地笑着说：“我自己都有点欣赏自己的诗词了。”当谈到珠海校区图书馆时，他说他还题了一首《浣溪沙》呢：“远看似书近是楼，楼中学子正潜修，深钻博览早绸缪。登上书山梯百步，遥观渔港画千舟，胸襟若海纳川流。”他的写景诗词也毫不逊色：“俏荷叶拥态雍容，涟漪浅笑晚来风。”“花开南国，北方却已是漫天飞雪。日出蓬莱光万丈，犹见西陲星月。沃野平川，江河湖海，林密峰峦叠。”“雨洗清秋，绿漫康园，旖旎境幽。听须榕絮语，苑篁雅韵，塘蛙唱和，树鸟啁啾。”……

现在苟老师都70多岁了，身体状况欠佳，尤其是用眼极不方便。之前因为视网膜脱落，已经做过几次手术，所以现在阅读、写作起来有一点困难。尽管如此，老师心里还惦记着一些事，希望在有生之年能够完成它。苟老师正着手选编并翻译一本《美诗三百首》之类的书。他笑着解释道：“既然中国有《唐诗三百首》，美国也就两百多年的历史，那么我编一本《美诗三百首》又何尝不可呢?”

接近尾声时，老师鼓励我们说他相信我们会做得更好，希望我们能超过他。对此，他笃信不疑！因为现在的条件比他们那时不知好多少倍。那时的政治运动一个接一个，弄不好就被说成“走白专道路”，“文革”十年更是耗费了多少宝贵时光！不然，他的成果还会更多。

通过寻访老教授活动，我们有幸完成了对苟老师的两次专访。这两次专访让我们不仅仅能近距离接触传说中的名人前辈，更是让我们感受到学者的气魄和魅力，潜心研究而心不倦，直至晚年都还在惦念着学术研究和中大的莘莘学子，我们心中的敬仰已经不是用言语所能表达的了。我们心里都在想，苟老师在那个年代是幸福的，那么多老师培养一个学生，每个人都潜心治学。现在大学生虽然数量增加了，但又有多少人能像前辈一样在学习期间求知若渴，孜孜不倦呢？现在的社会日趋浮躁，人们急功近利的心理也日渐严重，作为当代大学生的我们，应该认真审视这个问题。还是借苟老师《沁园春·感怀伟人创校》的最后两句作为结束吧：“富国强邦，先生遗愿，激励师生争上游。知荣辱，志九天揽月，报效神州。”

心系中大
——访1973级吴红蕾（小惠）校友

校友简介：

吴小惠女士，1973年入读中山大学外语系英语专业，1976年毕业，现任中山大学香港校友联合会副会长、中国高等院校香港校友联合会理事、吴康民教育基金有限公司董事、三力国际有限公司董事。

采访者信息

作　　者：罗卓瑜，2009级药学院

队　　伍：2011总会香港队

采访时间：2011年8月16日下午3：00

采访地点：香港湾仔某咖啡店

采 访 人：罗卓瑜　林钰华　许麓清

中大情缘

吴小惠学姐在进入中大之前，在冥冥之中仿佛已经跟中大结下不解之缘。当她还是一位懵懂无知的小女孩时，孤身一人到广州求学，就读执信女子中学。不久之后遇上文革，被迫停学，大家都要下乡劳动。学姐在因缘际遇下，巧合地被分配到广州番禺贝岗村（今中大大学城校区）下乡务农。每天起早贪黑干的都是一些耕作水稻、甘蔗、地瓜等粗重农活，有时还要半夜起床挑着沉甸甸的木瓜在中大的门口摆卖……吴学姐还向我们分享了她劳动时发生的趣事，她十分感谢当地的农民，一直鼓励和帮助她，使原本娇生惯养的她，经过5年的农村生活，不仅获得一副强壮的体格，而且锻炼了她坚强的意志。

1973年，学姐因在农村表现出色，作为工农兵学员被推荐进入中大外语系，踏上中大的求学之路。她从来也没想过自己有一天不是挑着扁担路过此地，而是以学生的身份进入这所高等学府。

求知，求学

当时中国社会动荡不安，政治运动不断。在中大三年半的时光里，吴学姐和20多位不同背景的同学一起生活和学习，他们有的是华侨学生，有的出身富农（属“可教育好”子女），有的是少数民族等。吴学姐说，当时党的政策就是要由工人阶级管理大学，学生也要来自工农兵。现在很多人都不会理解当时的做法。在那个特殊的时代，学生们不只是读书，还经常要参与政治运动。外语系属于文科，上课时的内容基本上是马克思列宁主义、毛泽东思想。用的英语教材十分有限，真正学习英语的机会也大大减少了。而且经常停课闹革命，学到的文化知识更加少之又少。很多时候他们都需要去农

村、工厂实习，甚至是帮忙抢收粮食。总结下来，在中大真正学习文化课的时间可能只有一半。但吴学姐牢记着老师对他们说的一番话：大学培养我们的是思维格局，很多人毕业之后不会真正做到对口的工作，很多东西不是在学校学到的，在大学里面就是培养一种求知的氛围，让知识去引导学生的思维，以及认识一群志同道合的同学。

1991 年，中大管理学院开始招 MBA 硕士，吴学姐毫不犹豫报读该课程。她选择的原因有两点：第一，自己是中大的校友，对学校产生了深厚的感情；第二，以前作为工农兵学员毕业生，社会和专业的认同性不高。当 1977 年恢复高考时，学生年龄跨度很大，有些人看不起工农兵学员毕业生，不明白他们的辛酸经历。学姐称自己十分好强，为了证明自己的学习能力，坚决重返校园。经过三年业余时间的刻苦学习，结果以优异成绩拿到这个用汗水得来的学位，完成自己的心愿。

踏上从商之路，不忘母校

毕业之后，吴学姐在广东化工进出口公司广告宣传科任译员。虽然在校时学到的知识有限，但因当时翻译人才缺乏，“半桶水”的她仍常被派去接待一些高级的外国访华团。在每次工作前她都要查阅相关的专业英语名词做足准备，这样的细心准备令有些人还以为她是外交部出身。学姐对自己的工作十分认真，从不马虎，即使自己技不如人，她坚信勤能补拙。1979 年学姐回港工作。香港回归前，她在华润公司任总经理秘书一职。之后，一直从事石油贸易工作。

除了工作，学姐不忘母校对她的教育。加入香港校友联合会第一届理事会，成为创会理事后，她发现在校友会工作可以密切自己跟学校的联系，了解到学校的最新动态，这样就感觉到自己还是个学生，永远都是那么年轻。同时，校友会工作让她感受到其他地方没有的亲切感。吴学姐笑言，像她从事商业，整天都要和钱打交道，有时候需要做一些其他工作来平衡，净化自己的思想，不要让自己老是满身铜臭味。如今，该会已经成立了将近 20 年，吴学姐先后担任了理事、秘书长和会长。特别是秘书长一职，她负责和其他校友会联络，经常和其他地方校友见面，她每次都觉得十分高兴，之后更与之写信联系。

吴学姐还向我们介绍了该会最近的工作和过去举行的活动。她说：“如果有时间，有精力和足够经费，校友会工作可以做得更加深入，可以帮年轻毕业生找工作，帮老校友解决困难等。我们中大的专业涵盖面广，校友们在香港的际遇不同，不一定每个人都有很大成就。校友会的理念不是看你的成就有多大。前校长黄达人曾说过，凡是曾在中大学习和工作过的都是中大校友。所以我是不太赞成用财富和名气去判断校友的成功与否。当然我们很多杰出校友是经过努力奋斗换来的成功。但是校友会不能只去崇尚和关注这些有名气的校友而去忽略一些很普通很平凡的校友们。校友会的工作应该顾及到各个层面。”

最后，学姐建议校友总会多组织各个阶层的校友返校看看。她觉得校友在母校面前都是平等的，都应该以学生的身份回去拜访母校才对，并永远要保持一份谦逊。所谓一日为师终身为父。因为在学校面前，我们就是学生，我们学生就应该尊师重道，继续发扬中华民族的优良传统。

后记：我们与学姐采访时，虽然她贵为公司的董事长，但她的衣着朴素，平易近人，十分乐于分享她过往的点点滴滴。在她的言语中，我们深深感受到她的坚强和勤奋。而且，之前没想过校友会的工作可以做得那么仔细，范围那么大，例如，香港校友联合会曾帮助内地贫困小学生，安排他们来港参观。也许我之前低估了校友会的力量和影响力，这让我重新审视“校友”这一词。

中大是我永远的家
——访1978级邹启明校友

校友简介：邹启明，1950年出生，1968年开始参加工作，期间在海南农场劳动三年，后担任中学英语教师两年，1975年从师范学校毕业后留校从事中专英语教学工作，1978年即恢复高考制度后第二年参加高考，录取入中山大学英语语言文学专业，1979年开始研究生阶段的学习，1982年获硕士学位。毕业后在原广州外贸学院和广东外语外贸大学任职直至退休。广东省英语教学指导委员会初中组组长。现主要进行中小学英语教学工作指导及教材编写。

采访者信息

作者姓名：张贝芃　李小璇

采访队伍：2013外国语学院广州2队

院系专业：2012级翻译学院英语（国际事务）专业/2011级翻译学院英语（商务外语）专业

采访时间：2013年8月9号上午

采访地点：邹启明教授家中

采访人员：李小璇　李文洁　张贝芃　丁梅竹

8月9日，一个阳光明媚的早晨，我们一行人如约聚集到了广州天河东路。邹教授家楼下三层楼高的芒果树正是枝繁叶茂的时候，阳光稀稀疏疏透过树叶落在地上的斑斑驳驳，令人不由被这光影背后充满活力的盛夏气息所感染。

邹教授十分热情地下楼来迎接我们，随着一番简单的自我介绍及道明来意，我们走进了宽敞明亮的客厅里，谈话在此展开。

出身书香世家，与中大缘深难解

说起邹教授和中大的缘分，我们很自然地从邹教授的父亲楼七谈起。关于“楼七”这个称呼的疑问，邹教授笑称这真是个说了无数遍的故事。邹教授的父亲任职于中山大学中文系，是解放前著名的激进派作家，同时也是一名地下党成员，一次因参加地下党活动被抓，被囚禁在牢房的西面，为纪念此段经历故以“楼西”作为笔名。后又改为“楼栖”并一直沿用至今，甚至连户口本上都更名改姓，这才导致父亲与自己看似不同姓。

邹教授祖籍广东梅县，父母都是客家人。客家人的传统中教育占据着十分重要的地位，家中常常摆放着许多中外经典名著，在这样家庭氛围的潜移默化影响之下，邹教授从小养成了爱看书的习惯，对书本如痴如醉。同时自己作为中大子弟，在中大长大、接受教育，直到进入师范学校学习才开始真正意义上地离开中大。

正因为从小在中大校园里长大，父亲亦是老师，与当时中大一些知名教授都是多年的邻居，小时候的邹教授就和前辈们很熟悉，有功课问题也常常去请教他们。后来大学四年在中大就读，见老师常常就和长辈一般。对中大外语系以至整个中大校园都如同自家庭院一般熟悉。

然而，由于“文革”期间高考制度被破坏，邹教授没能上大学而去了师范学校念书，毕业后在外语学校教英文。1978年（即恢复高考制度的第二年），凭借扎实的英语功底，他幸运而又轻松地被录进了中山大学。谈起这场将他拉回中大的重要考试，他不禁感叹：“兜兜转转还是回到了这里。说幸运又不似77级学生一样，更多的是充满信心吧。”

也因长久身在中大，邹教授有些难以用一两句话说出中大在他心中的形象。邹教授斟酌道，其实，在不同年龄对中大有不同的印象。小时候，中大是小伙伴们心目中的“儿童乐园”，爬树比赛，摘果子吃，如同在自家小院嬉戏耍闹一般度过的童年里充满了各种乐趣与回忆。小伙伴们当时最喜爱的是惺亭，常常坐在惺亭看着一直令他们心生敬畏的大钟楼何时会倒下来。

而开始在中大念书后又渐渐发现了中大截然不同的另一面，尤为突出的一点便是“学术氛围‘特别’浓”。邹教授回想起来说，这也许是77、78级的学子因为学习机会来之不易而格外勤奋的缘故。当时有个很有趣的词叫“攻打冬宫”。这个活动并不如我们猜想的一般与苏联有关，而是当时的学生为了去图书馆抢位子而打的一场无硝烟的战役。好学的学子们每天傍晚吃完饭就在老图书馆（现在的马丁堂）两米宽的小门挤作一团，管理员刚把门打开就“哗”地全部冲进去抢位子，那仗势就和打仗一样，这才有了“攻打冬宫”的叫法。可以想见当时的中大学子对书本是多么的狂热了。

虽然当年的学生学习很刻苦，却也绝不是只会读书的书呆子，他们学习之余的生活也是很丰富的：平时上课氛围严肃的教室里桌子椅子一拉开就是学生们跳交谊舞的舞台；宿舍里一众高手切磋棋艺牌技；中大标志性的绿草地则是足球小子们的最爱；而校园爱情在当时虽被明令禁止，但正值青春的学生们情愫的萌动又怎能抑制得住，很多“地下活动”应运而生。

三位大师亦师亦友

谈起对自己影响最大的老师，邹教授直言戴镏龄、王宗炎和谢文通三位导师是自己印象最深刻也最熟悉的。

戴镏龄老先生知识渊博，从他平时上课的言谈就可以看出，这位老师视野十分开阔。他考虑问题观点往往十分新颖，出人意料。而王宗炎老师为人、治学皆十分严谨，求知欲强，兴趣爱好广泛，又和自己是对门的邻居，师生两人经常见面。甚至有时候明明是自己正想向王老师请教问题，可一进门却是王老师先发问，讨论起中国文学发展问题。有共同爱好的两人便像打开了话匣子一般能足足聊上整个下午。

而三位中邹教授最感激的还是谢文通导师。“可以说我的文字功夫能有今天这个样子多亏有他。”谢文通老师当时教的是小说研究，布置的功课是一周读一章小说、写一份读书报告。但他不像一些老师只是写“已阅”二字，而是每一份都十分认真地批改，却又不直接指出那些错误要怎么改，只是将错误标上“sp”、“gr”、“st”等符号来代表拼写、语法、结构等各类问题，引导学生自己去思考。久而久之，“我的写作成绩从全班倒数第二变成了前三”，邹教授十分感慨。

当时三位老师的这种教学方式与家中父亲对邹教授的教育方法不谋而合，因此十分适用。这不仅给了他思考的空间，更令其在不断的阅读与练习间获得了语言水平上的提升，与三位恩师的感情也随着接触的增多逐渐加深。戴镏龄老先生诞辰一百周年，邹教授还专门回到了中山大学外国语学院参加活动，缅怀往日恩师。

结缘教材编写，创新改变传统

从1971年开始，邹教授接触了不同年级的英语教学工作。从中学、中专到大学，他逐渐积累了丰富的教学经验与心得。考虑到英语在当今社会中的重要性，邹教授带着一腔对语言研究的热血，开始了英语教材的编撰。

谈起第一次接触教材编写的经历，邹教授笑道："可以说是被桂诗春老师逼的。"在广外任教的时候，教材编写组曾要找一个德高望重、有经验的老师来编教材，于是找到了桂诗春老师。可桂老师工作繁忙，于是推荐了邹教授。"师命不可违背"，邹教授就这样踏上了教材编写的征途，并越行越远，走出了一条新的道路。

从多年丰富的教学经验及自身学习英语的经历中，邹教授渐渐有了"英语应该从小时候扩大接触量"的想法。他主张，当今实行的贯穿小学的英语教学"三角形结构"应改为"倒三角形结构"，即小学一二年级开设较多的英语课程，增加阅读量，开拓小学生英语学习兴趣，不讲语法，不讲句型，甚至不对单词拼写提要求，而是通过大量输入语言来进行体验式学习。然后从三年级开始接触语法概念，强化音标意识。而到了高中、大学再上升至理论层面。他说："这样的学习顺序才符合我们语言学习的自然规律，就像我们小时候学习母语，并不是先从拼音、主谓宾等语法现象学起的。有条件的前提下，二语习得也应该是一样的道理。"带着这样的教学理念，邹教授专为小学生编写了适用的教材，内容丰富多彩，游戏环节多，插图精美，语言简单易懂，几个卡通小伙伴和小朋友们共同学习成长。

谈话间，邹教授给我们展示了几沓厚厚的教材草本，从上面密密麻麻的批注不难看出，邹教授在这套教材上注入了很多精力和心血。

寄语师生，任重道远

中大是邹教授出生的地方，成长的乐园，更是他获得知识的殿堂。可以说，没有人比他对中大更熟悉。即便是现在，邹教授也时不时会回中大走走看看，对中大的感情既深厚又复杂，"中大是母校，更是家"。

在采访的最后，对着我们的镜头，邹教授抒发了他对母校的诚挚祝福与殷切希望："Sun Yat-sen University has always been my home. It was my home when I was a child; it was my home when I grew up; it was my home when I was a student; and it is still my home now!(中大一直是我的家。从孩童时代，到逐渐长大，再到求学岁月，直至今日，她一直是我的家!)"

一个半小时的采访很快就结束了，这次谈话虽然不长，却令我们受益匪浅。从这样一位拼搏在英语教学前沿的教授口中，我们不仅知道了那些年曾发生在中大的许多故事，收获了邹教授作为外语教学先锋对外语学习的理念，更得以窥视未来英语教学的新趋势。

我们为那一代人深厚的师生情谊而感动，更为他们对英语教学事业的热爱所折服。带着母校少为人知的故事，满载着邹教授对家、对母校的回忆，我们收获了一份份感动。我们衷心祝愿教授身体健康，愿邹教授所主张的二语教学的未来得以早日实现。感谢教授百忙之中抽空接受我们的采访，让中大故事与承载其中的中大精神得以代代传承！

诗意地栖居

——访1980级戴凡校友

校友简介：

戴凡，1980—1987年就读于中山大学外语系英美文学专业，获学士学位及硕士学位；1994—1996年就读于美国纽约州立大学地理与规划系，获人文地理硕士学位；2004年获中山大学外语学院功能语言学专业博士学位；曾在英国Brunel大学教育系、英国Leicester大学以及香港大学语言学系做访问学者。在大陆首创Creative Writing课程。现任中山大学外国语学院英国语言文学系系主任。

采访者信息

作　　者：葛梓，2011级外国语学院院英语系

队　　伍：2012外国语学院广州3队

采访时间：2012年7月29日

采访地点：戴凡老师居所

如果要用一种颜色形容戴凡老师，我相信那会是木槿粉——浪漫、纯真又不失优雅。正如我们在南国骄阳下跋涉近一个小时后，在眩晕中见到戴凡老师，感受到的柳暗花明般的惊艳与欣喜。甫一进屋，老师就热情地摆出新疆甜瓜和酸梅汤招待我们，还关切地问我们有没有中暑的感觉。一番寒暄过后，我们开始了访谈，随着戴凡老师一起漫溯那浮光跃金的岁月之河……

纯真年代——Grow in SYSU

和许多中大学子不同，戴凡老师所有回忆的源头，都始于中大。这位生于中大长于中大的美丽女子，生命的前二十余载都在体会着中大带给她的牧歌式生活。当时的校园地处偏僻，有草地有水塘，其间牛羊穿梭，与外界也比较隔绝——所有的一切都未让老师意识到这是一所学校，更别提是一所非常知名的高等学府了。直至中考高考，老师才有了所谓升学以及大学的概念。但这概念也非常模糊，仅仅知道是“考进自己家里了”。懵懵懂懂的年代，老师甚至分不清中大和中山大学是什么关系，疑惑着周恩来和周总理是何等亲密的两个人。

1977年恢复高考，取消了之前的工农兵推荐制。不过高考仍需筛选才有报考资格。“我们那届是100个人最后只留了4个。”大学生，天之骄子一般尊贵。而学外语，更似一个secret society（秘密团体）——当时英语普及率低之又低，所以身为英语专业生难免会有一种优越感。

虽说是恢复高考的第三届，但80级和77、78级像是两个generation（两代人）。77、78级学生多是在动荡十年没有高考机会转而工作或下乡，而待到上大学已年届三

十。而80级开始就没有这种特殊的大龄学生了，“我们这届只有5个，也就24、25岁的样子，他们是因为前两届没有考上。”所以就算是同院相处，这些师兄师姐给戴凡老师的更多的感觉就是“叔叔阿姨”。

说起最遗憾的事情，老师感慨道，是没有住宿的经历。现在南校区的广寒宫，在当时装了几乎全校的女生。10个人挤一间宿舍，与自家的卧室相比，肯定是后者更有吸引力了。到了研究生虽是3人一间，但老师最终还是住在家里。而女生宿舍的夜谈，秘密分享小环节，自然而然地都错过了。“一直读到研究生，我都感觉跟念中学没什么区别。”

当我们问起为什么在那个对西方尚存敌意的年代会选择英语时，戴凡老师笑了笑。“我选英语是因为父母都是学英语的。”和77、78级已有一定阅历的师兄师姐不同，当年老师尚不知“前途”为何物。在那个简单、直接、彻底的年代，工作是分配的。只要在学校安分守己，好好学习，好工作自动会送上门来。优秀的学生甚至还有多份工作可选择。“那个时候对谈恋爱的惩罚就是工作不往一处分。”

如此纯真的年代，如此纯粹甚至算得上封闭的环境，戴凡老师的心智也因此处于一种简单甚至是混沌不知的状态。“当时有一个同学，说自己很空虚。我就被吓得不行，觉得他太有问题，离自杀都不远了。现在想想，当时的那个同学已经在思考一些很深层的问题了。而我呢，离‘问问题’都还相差很远。”

至于为什么要读研究生呢?

“因为当时我害怕中大以外的世界啊!”

上下求索——Search for the Passion

自小学至本科毕业都未真正踏入中大以外的世界，老师自然也对外部社会有着先入为主的恐惧心理。“当时就觉得社会特别复杂，一定会撞得头破血流。而且我又长在传统知识分子家里，也有‘唯有读书高’的心理，所以读完本科就继续在中大读研。”20世纪80年代，出国的概念还相当陌生。当时老师接到一个去美国读研的机会，但恐惧出门的心理，让老师对“出国”更是望而生畏，直接“一口回绝”。“当时要是选择了出国，命运可能完全不同。”

研究生毕业之后，老师留在中大英语培训中心任教。当时的工作是培训一些其他专业的学生或老师，以使其有资格出国深造。教了没多久，老师就产生了深深的危机感。“他们自己本身就有专业了，而且又懂英语了。那我这个学英语的还有什么优势?”

就在这危机感的促使下，老师做出了一个重大决定——出国读地理，并在纽约留下了极其美好的回忆（在“诗意地栖居”部分将有详述）。但是研究生知识的积累是纵向的，是针对某一个具体的问题纵向挖深。而本科教育是横向的，不要求知识的深度只要求广度。因此，就算老师获得了一个地理的学位，还是不能执教本科生的地理课。于是，完成了人文地理的硕士学位后，老师还是回到了中大英培中心。

回国后，老师回归了英语语言的道路——完成中大功能语言学的博士学位。“我先生的朋友当时还私下跟他说，‘她拿到博士之后就不会折腾了吧?’”戴凡老师提起别人对她的评价——“折腾”，不禁莞尔一笑。“我对语言学只能说是可以接受，但并不热爱。我之所以这么折腾，是因为心不稳，内心的探索始终没有断。”

自90年代赴美深造开始，老师就与写作结下了不解之缘。“写了就放不下了。”2000—2008年的8年间，在读书与工作之余，她仍坚持创作。老师整理自己的旅行经历，人生感悟，把它们糅成曼妙文字，让记忆在白纸间深深浅浅地流淌。写作，于她而言，一开始是闲暇雅兴，而慢慢的，就变成了生活中密不可分的一部分。从一开始不谙世事只会学习、到惧怕社会转而读书，再到为自己而坚持写作，戴凡老师终于找到了精神的寄托，给这千回百转的求索历程标上一个完美的注脚。

正是出于对写作的满腔热忱，老师2010年赴香港城市大学，开始“折腾”第五个学位——Creative Writing（创意写作）。

我思故我在——Education is a Lifelong Process

“你们今天来得真是时候，也算是一个有纪念意义的日子啊！”

老师笑着指着平铺在地上的两个行李箱。“我今天上午刚从香港城大毕业，你们下午就来了。你看我都没来得及收拾。”

这个创意写作的硕士学位，是一个2～4年的项目，共计40天，分5次，每次8天。而这8天的时间叫做一次“residency”，我们采访当日，老师正好完成了最后一次的residency。在每一次的residency，学生们就会放下手头上的工作或任务，一起从世界各地出发，聚集在香港，接受密集训练。而在每一段训练期，所有人被分成一定数目的workshop（工作室），每个workshop八个人。因为每一次的residency都会重新组合，所以每次遇到的人也不一样。每一次的训练，与其说是提高写作技巧，不如说是8个人互相分享人生经历，在不同的故事中汲取养分。

“创意写作这个学位，完全是由兴趣支撑。这个项目并不符合我国国情，对工作升迁也没有实质性帮助。那是我最累的一段时间，也是最幸福的一段时间。”

来参加创意写作课程的人，大多已是洗尽铅华、到了人生的沉淀阶段。“我本来以为我是最老的人，结果我只是中等偏老一些。最老的都有60多岁了。”更有一对55岁的加拿大夫妇携手前来。许多人都是在完成第二或第三个学位，践行着“活到老，学到老”的信仰。“国内读书也不应该有年龄限制的啊！”老师感慨道。

老师说，除非是像J. K. 罗琳那样创作出哈利·波特的畅销书作者，一般人是无法通过写作作为唯一的谋生手段。而想方设法完成这项“创意写作”项目的人，是“有意思”的人，真正地在思考，在不功利地生活。写作的前后，对一件事的认识会有本质性的变化。在写之前有可能还是流于表面的浅层印象，通过文字的积淀和凝练，在写之后往往有醍醐灌顶的哲思涌现。

“Creativity means difference.（创意意味着与众不同。）在国内，表达个性的渠道有很多限制。许多人的个性都没能够得到张扬。但是以这种创意写作的方式表达个性，是可以被接受、被认可的。”老师在教学方面一直践行着这样的主张。她在中大英语系也开了一门“创意写作”课。贯穿其中有个“超越自我”的项目。学生们被要求在课堂内外做一件一直想做却没有机会做的事情，而且需要有“曝光度”。于是，学生们大显其能，有在校园里秀行为艺术的，带着面具站在栏杆上举着标语；亦有女扮男装的，因扮相酷似谢霆锋，穿着球衣从宿舍一路走来引来了不少目光……在这一过程中，学生们被压抑的潜能被释放，他们也从心底里喜欢这个项目。

听着戴凡老师的讲述，我们队员们也心动不已。国内大学的课堂，确实应该有更鲜活生动的姿态让学生身心获益，而不能仅靠点名册将他们捆绑在课室。多多思考，超越自我，这样的生活才会妙趣横生。

诗意地栖居——Live upon Your Instinct

老师的大学毕业纪念册上，一个同学曾戏谑留言道："生是中大人，死为中大鬼。"康乐园虽为净土，但长久地生活其间却也封闭乏味。于是，在战胜自己对外部世界的恐惧后，戴凡老师对于未知事物的好奇心也远高于常人。"长时间 confine 在学校里，我会对学校外的东西产生狂热的兴趣。"探索新事物，是她的本能之举。

"生活方式有很多种。按本能生活，结果一定不坏。"

老师在纽约州立大学进修时，曾偶遇一个油漆工。得知对方竟是自己的校友，还是从社会学专业毕业的，不由得惊诧万分。但油漆工却毫无窘迫之色，为自食其力而自豪。在 20 世纪 90 年代，这对老师有着很大的冲击。她开始察觉，生活不应被观念或专业的条条框框所束缚。在这样一个大的环境中，你可以尝试任何想做的事情。

一个 9 月的周末，纽约秋意正浓。戴凡老师如常在住处学习课程知识。一位外国友人的电话不期而至，邀约她出去欣赏枫叶之美。老师以学习为由婉拒了友人，不想却遭友人"责备"一番——"你怎么能如此浪费光阴呢？读书什么时候不行？等到十一二月叶子都掉光冷得都出不了门了，到时候你就后悔吧！"好奇驱使下，老师就跟着去了。目之所及，秋林秀逸，早空的红霞，晨曦的白云，织成一片凝绯的轻绡。这一切，让老师恍然大悟，"我开始无限心疼以前浪费掉的周末"。她开始在每个周末都尝试不同的事情，"每一分钟都值得珍惜。"而就是这个时候，她慢慢爱上了写作。每两个星期一篇文章，第一个周末定稿，第二个周末修改润色，将所游之地、所见之景都定格成隽永的方块字。

"至今我都要感谢当时《侨报》的编辑，两年我发了几十篇文章。而编辑没有改过一个字。"戴凡老师仍感怀于编辑在异乡的知遇之恩，叹惋于没能跟他当面道谢道别。

很多时候，我们都试图用计划规范自己的生活。而随着阅历的增长，视野的扩大，常常是"计划赶不上变化快"。有时候，为了做出百分百理性的计划，往往是牺牲了自己的兴趣，让社会的需求把个性的棱角一磨再磨，直到我不再是我，而是芸芸众生之一。"我不在乎外在压力。我在乎的只是 It pleases me or not（它让我开心与否）。"戴凡老师认为，成功绝不能以职称、收入、名气为标杆，而应以"每一天结束时你是否快乐"为标准。"不想做的做了，想做的又怕了，那么最后只能不开心。"随性地过，快乐地活，这才是生活的真谛。

不由得想起《幽窗小记》的一副对联："宠辱不惊，看庭前花开花落；去留无意，望天外云卷云舒。"

当得起这份诗情画意的，非戴凡老师莫属了。

尾　　声

“我绝不是一个女强人。我会很狼狈，也很容易崩溃。”面对我们的赞美，戴凡老师却这样解释。

老师娓娓道来，任何事物都不可以只从一个角度察看。也许外人觉得她处事高效，雷厉风行，但实际是她没有科学安排时间，时间表太满所致；又如外人觉得她求学无止境，但实际也可以理解为一直“找不着北”。不要神化成功人士，这样，在我们制定自己目标时，才会多一分理性，多一分坦然。世事绝无十全十美。

老师对中大学子的建议是，尽量听从自己的兴趣生活。她不否认生活中有种种无奈，但如果有条件，就一定要听从内心。只有这样，才能心情愉悦，更有动力，才会付出更多，更高效地达到目标。而盲目从众者，做不到极致的原因，往往是缺了这份奋勇向前的热忱。

访谈结束之际，老师带我们到阳台上吹吹风。眼前正是珠江，一览无遗，跃动着粼粼波光。和风拂面，好景当前，再附上心中的那份淡泊恬然——如此诗意地栖居，怎能不羡煞旁人？

情牵中大 心系外院
——访1980级赵长冬校友

校友简介：

赵长冬，1980年入读中山大学外语系日语专业，1984年毕业，曾在中大日语系执教12年，现任日本航空公司客运部经理，广州机场航空公司运营协会副会长。

采访者信息

作　　者：何颖诗

队　　伍：2010外院广州队

院系专业：外国语学院法语系

年　　级：2009级伍

采访时间：2010年9月10日

采访地点：铂尔曼酒店

采 访 人：张菁　何颖诗

走进广州新白云机场旁的铂尔曼酒店，经过富丽堂皇的大堂到达二楼，步入门前挂着醒目的“JAL”招牌的日本航空公司，却发现日航办公室的格调与酒店的豪华不一致。简洁、实用、开放，这是日航给我的第一印象。一问之下，原来这里并没设置个人办公室，日企讲求高效和节约的精神可见一斑。由于在来访的前一天没跟赵学长落实见面，加上学长最近公务缠身，所以我们在日航的会议室一边采访同是日语系的叶芊师姐，一边耐心等待学长。在下午4：55，赵学长刚从机场的亚运演练归来后，我们正式开展了这次的采访。

宝贵的一课

梳理得一丝不苟的头发，雪白的衬衫，挺立的、没有一丝污迹的领子，赵学长一领我们进会议室就指着墙上的日航训示中的“确认”，指出我们今天没有事前确认、落实预约的失误。在航空这个行业，凡事必须谨慎对待，多次确认，不能因觉得繁琐而跳过必须的程序，因为稍有差池，后果是不堪设想的。尔后，学长又举出生活中约会朋友的生动的例子，明白易懂。“这种模棱两可的模糊的意识，尽量不要在我们这个行当出现。在你们以后工作的地方，这几个基本要素在任何行业都是通用的，就是日语的‘确认’。”对于学长委婉的批评，我们心悦诚服，学到了宝贵的处世道理，在以后的工作中有了前车之鉴，就不会再犯今日的错误了。

在严肃地指出并纠正我们的错误之后，学长和颜悦色地和我们交流：在中大读什么专业？以前读哪个高中？来自哪里……等等，得知我读的是法语后，学长马上用一句标准的“Bonjour”跟我打招呼，让我倍觉惊喜。后来，学长说到他是Airport Operating Committee的Vice Chairman，所以有很多关于机场亚运安全问题的事要处理的时候，又不禁觉得学长的英语发音十分纯正，之前又从叶芊师姐处耳闻学长的日语“说得和日本人一样”，更难得的是，作为土生土长的广州人，学长的普通话也非常标准，丝毫不带“粤味”。不禁感慨学长出色的语言天赋，在几种语言中游刃有余，又各不受影响，真是我们学习外语的好榜样。当问到是否天赋使然的时候，师兄谦虚地归结为这是“兴趣＋努力”的成果。

最是那，青葱岁月

赵长冬学长于1980年入读中山大学日语系，1984年毕业。学长从广州第二中学毕业的那年是高考刚刚恢复的一年，随着“学好数理化，走遍天下都不怕”的大流，学长当初选择的是读理科，后来发现自己的长处不在理科，就及时“弃暗投明”改攻文科并考上大学，成为了那年代金贵的大学生之一，从此与中大结下了不解之缘。

忆同学少年，学长谈到，来自五湖四海的同学生活习惯很不一样，刚开始对于东北的同学冬天人手一个坐垫拿去教室上课，广东的同学百思不得其解，正如东北的同学觉得他们冬天仅仅在凉席上铺个薄薄的褥子睡觉一样不能理解，都是由于生活习惯的差异。后来，经过组织大家课余时间骑自行车到水库游泳、野炊等集体活动，由广州的同学提供炊具以尽地主之谊，同学习共畅游，其乐融融也。这让外地的同学更快地融入南方、适应南方的衣食住行，缩进了地域造成的距离，增进了同窗之谊。学长说起的这些趣闻轶事时，记忆犹新。

谈及对自己学习生活起较大作用的人和事，“我们那时讲究老师跟学生是同一战壕的战友，所以老师跟学生有的时候对问题的看法都差不多，很接近……这样有很多问题我们都可以跟老师去讨论、去探讨”。融洽的亦师亦友关系，令思想更加自由地交流，促进着学习的进步。

当提及印象最深刻的中大老师，那是赵学长至今还保持着联系的潘顺华老师。潘老师是一位日本华侨，日语说得十分流利，教学水平毋庸置疑。而且，潘老师不单单抓语言教学，在授课中还不断渗透日本文化等课本上学不到的知识，使学生获益良多。更难能可贵的是潘老师对学生的关爱之情，在学生去参加考级考试的时候，他一大早起来，陪着学生一起坐车去考场，途中还不断地以幽默来减轻学生的心理压力。赵学长当初因为是被分配到日语系的，对日语不大认真，可是在潘老师严厉的教育下，大学四年打下了扎实的日语基础，为日后留校教学打好基石。

改变职业生涯的一步

本科毕业后，学长选择了留在中大当老师，这一当，就是12年。可以说，他把最美好的年华奉献给了中大，中大给他最美好的年华留下浓墨重彩的印记。为人师表，一颗热诚的赤子之心和一颗责任心，促使着学长孜孜不倦地学习，日语水平突飞猛进。而受自己求学经历的影响，学长的教学离不开“兴趣”二字；又因为受潘老师的影响，学长对学生的要求离不开“严厉”二字。即使在日航里，除了曾经是学长桃李的94级叶芊学姐喊他“赵老师”，其他同事们也喜欢跟着喊“赵老师”。

说到这里，不得不提及赵学长改行的故事。学长坦承道：“由于国家政策的影响，学校对小语种（当时日语是小语种）的投入不足，渠道比较狭窄、可以参考的资料和文献也不多，工作的开展受到一定限制。而当时我想学校的接触面太窄，出来社会的接触面更广、学到的知识更丰富……”喜欢不断挑战自我、提高自身能力的学长，毅然离开了学校这个稳定的“安乐窝”，机缘巧合下经过另一位老师的介绍，来到日本佳速航空应聘。中午刚刚进行了面试，下午学长就接到了佳速航空的电话，问他什么时候可以来上班。能够如此迅速就得到当时日本第三大航空公司的肯定，与学长流利的日语和出色的能力是分不开的。进入佳速航空后，学长很快就从教师的身份转换过来，还举一反三，把与学生之间沟通的能力应用到实际工作中，成绩有目共睹。2002 年，日本佳速与日本航空合并，组成一家新公司：日本航空系统。在合并过程中，经历了人员的精简和调配，有实力的学长并没受到影响，成功地在新的公司站稳。后来 2008 年发生全球金融危机，日本航空公司内部再次经历了一次“震荡”，本着降低成本、提高效率的目的，公司开始了人人闻之色变的“裁员”，但学长依旧在这次暴风雨中如大树般坚强地站住，视风吹雨打为历练的机会，无他，皆因稳打稳扎、永远向前的不屈精神。从学长和下属的交流中，即使学长处于客运部经理这个位高权重的位置，但他毫无架子，倍感亲善，下班时间就和部下一起坐公司的大巴回市区，肯定是一位颇受部下爱戴的“赵老师”。

中大情，永不逝

尽管离校已久，师兄仍然心系母校，和学院里的老师多有联系，时常关注学校信息，甚至对中大今年新实行的三学期制也熟稔于胸。8 月份刚结束的同学聚会中，和赵学长同一届的英语系的戴凡教授（现任外国语学院英语系系主任）提出：让 84 届的校友们把这么多年来在社会上摸爬滚打的经验，结合以前在书本上学到的，汇合成自己的深刻体会，跟与现在的师弟师妹们分享。这个提议得到学长的积极响应，也和学长一直想为母校做些事的想法不谋而合。在采访过程中，学长也不断表示：“将来有机会，一定得回去中大教书或者干点与教育有关的事！”倘若将来真的实现，那真的是中大外院之福了！

最后，学长应我们要求表达对中大学子的期望时说：“其实呢，我还是希望你们将来毕业后，从心底里，希望你们到国企去。”看着我们疑惑不解的表情，学长解释说：“作为中国人来说，还是希望自己的国家、自己的企业更好。在外企，无论你工作多出色、薪水有多高，始终没有一种根的归属感。”简简单单的话语，使我们记住一个永不能丢的原则：无论你学的是哪门外语，你首先是个中国人，必须要承担起建设祖国的社会责任，决不能把“根”丢掉。

严谨认真、爱国爱校的赵长冬学长，如漫长冬日里的太阳，以理服人，以情动人，人在日企而情牵中大，不愧为中大莘莘学子的榜样！

优雅专一　笃行不倦

——访 1982 级张朝阳校友

校友简介：

张朝阳，女，注册咨询工程师，高级经济师；出生于江西，1982 年起就读中山大学外语系英语专业，完成本科学业后继续在外语系攻读英语研究生，1989 年毕业，现任广东天兆国际工程投资顾问（集团）有限公司董事副总经理。

采访者信息

作　　者：王伟标，外国语学院 08 级法语专业

采访队伍：外院广州 1 队

采访时间：2009 年 8 月 15 日

采访地点：张朝阳校友办公室

采 访 人：王伟标　刘芷艺　林婉薇　马良

张朝阳校友回忆道，在美女云集的外语系，追求优雅、讲风度是一种传统。“人的一切都应该是美的”，大学里的这种影响也渗透到她的工作中：“工作能力强也是一种美。”

“同学问我，‘换单位没有？’我说没有；‘换老公没有？’我说也没有耶！”师姐风趣的话让我们忍俊不禁。无论是对学习、对爱情，还是对事业，她都专一不移。“不管多困难，我一直都没有放弃对工作执着认真的态度，”师姐笃定的口吻透着决心。

优雅执着经理人

当采访小队到达天兆集团办公楼时，张师姐正在主持员工培训。她在百忙之中拨冗与师弟师妹见面，招呼热情，言谈平易近人，让我们感到十分亲切。笔者从交谈中了解到，天兆集团效益很好，集团下属广东省机电设备招标公司和广东省国际工程咨询公司是广东省行业里的龙头企业。翻看着公司的宣传册，中山大学珠海校区的照片跃入记者眼帘：公司曾承担过广东省多项重大工程的可行性研究报告和招标任务，包括广州大学城 7 所高校校区、广州国际会展中心、广州亚运场馆、广州地铁等项目。

1989 年研究生毕业之初（当时大学生就业是双向选择），师姐到多家企业应聘，收到了普华永道、中国大酒店、亨氏集团等企业的 offer。工作两个月后，“六四”事件发生，不少外资企业撤资了，普华永道的管理团队也撤离了广州。因此，师姐来到了广东省招标局，也就是广东省机电设备招标公司的前身。她从一个普通翻译做起，依靠自身过硬的英语水平脱颖而出，跻身主流涉外业务，在公司基层工作近十年；在单位的后十年，师姐一路调升：从部门负责人到副总经理再到董事副总经理，她感觉到自己的能力在提升，肩上的责任也在加重。无论在哪里工作，她都践行着坚毅不拔、认真负责的精神。

花样年华中大情

师姐当年以江西省外语类综合排名前几名的身份考入中大时，年仅16岁，只相当于现今高中入学年龄。“（同学中）还有14岁多的，”师姐补充道。“常晨光是15岁读大学的。”

她感谢中大：中大不仅让她掌握了过硬的英语知识，还让她接触到许多优秀的人，让她看到老师们优雅的生活方式。“一个哲学家说过，人的一切都应该是美的，”她带着恬静向我们诠释自己对美的追求。当时的外籍老师中甚至还有从牛津大学毕业的。老师们学识渊博，可谓高山仰止，让她看到了一个相当的高度。

“学习氛围特别好，老师特别负责，”师姐评价道——那时有早读课，老师亲自带；考二外时老师还开小灶。外语系当年在国内可谓叱咤风云：一年外交部在全国重点高校挑选翻译，全国仅招8人，外语系80级英语专业就有3人考上；后来82级法语专业一学生在外交部招新考试中获全国第一。

“学外语，我一点都不后悔。”谈到学外语的好处，师姐形容道，外语犹如为我们打开了一扇看世界的窗，让我们能够主动地接触世界上各种最新潮的思想、各国古老的历史传统，看别人没有翻译过的文字。优秀的英语水平不仅是谋生的工具，更给了她工作的自信：“别人做不来的，我做得来；别人可以做的，我能做得更好。”

康乐园中乐事多

“外语系的学生非常非常活跃，在很多社团里担任创始人或会长。”这一传统流传至今。当时班上的同学办起了外语学社，师姐经常担任活动主持人，相当积极。

回忆起往昔读研时团结友爱的班集体，师姐觉得很甜蜜——各种活动很活跃；同学思想开放，个性张扬，见解独到。大家阅读广泛，连“禁书”都不放过。针对国内文坛状况，同学间相互讨论并作出专业分析。对于遭受全国批判的白桦，当时班上就有同学敢于表示支持。

大学的课余生活当然少不了周末看露天电影。师姐最怕的就是观众中有不少男生与她同名——“最少有三个叫‘朝阳’的！”——对于呼唤“朝阳”的各种男声女声，她的应对总是十分谨慎。

一次英语研究生到黑龙江参加语言研讨会，班上有同学抱着足球上火车：真是做学术也不忘踢球！下火车后，“广东队”与当地研究生组成的“黑龙江队”开战，“我们女生就做啦啦队！”

在中大里，师姐还找到了自己的另一半——“那是一见钟情！”她饱含爱意的一句话逗得大家哈哈大笑。“当时是‘地下活动’，不允许的！本科生被抓到的话，分配时会‘发配边疆’！”官方反对恋爱的做法直到师姐1989年毕业时尚未结束。尽管“环境恶劣”，爱情还是禁不了的——正所谓青山挡不住，毕竟东流去。

深情寄语嘱学子

她表示，在初到公司的几年内主要是靠过人的专业知识技能来展示自身良好的工作能力，在单位立足；而后期发展则与个人的综合素质及知识丰富程度密切相关。两者都与大学生活有着重要联系。

“工作能力强也是一种美。”她指出，学生要具备不断学习的能力。为补充知识结构，师姐边工作边学习，获得了暨南大学经济学硕士学位，考取了全国注册咨询工程师执照。

对于大学专业课知识，她认为，“如果你在专业上有能力学好，就说明你有很强的学习能力和坚持能力”。面试官从专业知识的掌握程度可以看到一个人的思维能力和未来的职业水平。

她还把国营单位与外资企业做了比较：“外资企业比较按部就班，一步一个阶梯地爬上去，爬的过程比较轻松；我们这里是‘把羊放到狼圈里面去’。”新员工进入老员工圈子，容易受到欺负，脏活累活都被推过来，可能有些学生受不了——这样的情况有可能持续几个月甚至几年。

“我当年经历这个阶段是非常久的，差不多十年，”师姐也曾感困惑。

“不管多困难，我一直都没有放弃对工作执着认真的态度。”熬过了最艰难的阶段，“最终金子还是会发光，”师姐感叹道。

诚然，师姐一路笃行执着敬业、不断进取的信念，何尝不是一种美？路漫漫其修远兮，吾将上下而求索：她以优雅的步姿上路，稳健地迈向辉煌！

成长是我们的动词

——访1984级李广镇校友

校友简介：

李广镇，广东湛江人，1984年入读中山大学外语系英语专业，1988年毕业，现任广州市创游旅行社有限责任公司总经理。

采访者信息

姓　　名： 谢丽琼，外国语学院英语系2007级

队　　伍： 2009外院广州2队

采访时间： 2009年8月19日上午10：30分

采访地点： 李广镇校友办公室

采 访 人： 谢丽琼　曾丽璇

初见李广镇学长，我们心里都没有底，因为在采访前的小组会议上，我们对素未谋面的学长都很好奇，在互联网上搜索到学长的一些资料与事迹，却没有找到学长的照片。于是我们便根据电视剧中典型的总经理形象，并结合我们学院教授的某些特征，描绘了我们心目中的李广镇学长：头发梳得整整齐齐，三七分界，并抹上一层发胶；带着金丝方框眼镜；嘴角总是微微上扬，脸上总是带着慈祥的笑容；无论春冬都穿着白衬衫，永远系着黑领带；中年发福，挺着一个将军肚。见面后发现想象与现实相去甚远，李广镇学长远比我们想象中的年轻，在后来的采访中我们发现，李广镇学长不仅是外表的年轻，他还有着一颗拒绝沧桑的心。同时，他不苟言笑，一开始这让我们很紧张，不过在后来的接触中我们知道，学长是一个很真诚很坦率的人。

"我是慕名而来的"

每次采访，我们都喜欢问学长们同一个问题，"为什么选择中大，为什么选择外院"。同一个问题，总会有不同的回答，背后闪烁的是不同的沉思和人生观。"我是慕名而来的，"学长告诉我们。当时的中大还在老校区，红墙绿瓦，古树成荫，鸿儒往来，书声朗朗，是莘莘学子仰慕已久的天堂。同时，学长的父亲曾经在中大求学，经常给学长灌输关于中大的信息，因此中山大学这所闻名全省的著名学府也就成为了学长的一个奋斗目标。至于选择外语专业的原因，学长不假思索的回答透露了他永不服输的个性，而这点也是我们认为他能取得今天成就的重要原因之一。他告诉我们，当初他"突然发现自己的英语很好"，正当我们在纳闷"突然"二字时，学长解释到，因为自己在初中升高中的时候，没能考上重点中学，心情有点郁闷，但是并没有因此否定自己，而是更加发奋地用心学习。在那个暑假他把初三的六本英语教科书全背了下来，进入高中后他就突然地发现他的英语学得很好，所以也就选择了英语这个专业。

物质不丰富的年代，精彩的生活

20世纪80年代，中山大学早已闻名全省，外院更是名师汇聚，享誉全国的名师除了戴镏龄、王宗炎外还有好几个。与广外相比，口语能力确实存在差距，但中大偏重于学术，写作能力较强，培养出来的学生的气质和待人接物的方式也不一样。说到这里，我们三个小记者们都会心一笑，原来并非只有我们这一代外院人喜欢与广外比较，这一习惯由来已久。不同的是，当时中大外院的学生和广外的学生会组织联谊，大家会聚在一起跳舞烧烤，这一点确实让我们羡慕不已。

除了联谊，学长还经常打球。“除了羽毛球我什么球都打，什么运动都做，足球、篮球、体操、击剑、baseball等。”李广镇学长还是系足球队的守门员。在学长的回忆中，我们得知当年外院的足球相当厉害，名列全校前五名，在学长的前一届，外院足球队还争夺过冠亚军。与外院体育惨败的现状相比，真的希望不久之日能重振昔日之辉煌。“除了打球，我们还会去跳舞，我算是我们班上跳舞比较多的。”李广镇学长告诉我们，他们的课余生活都深深地打上了时代的烙印，课余活动大多是优雅的，文质彬彬的，如跳交谊舞。周末会去看电影或是去舞会，下围棋也是学长的爱好之一，同时，学长还钟情于武侠小说，因此经常去天字码头淘宝。

由于那个年代物质缺乏，旅游对于很多大学生而言都只能是一种奢望，或者说很多人对旅游根本就没有一个清楚的概念。不过在读书期间，李广镇学长会和同班同学结伴相约，四处拜访同学，虽然只是这样，乐趣也不少。说起同学，我们问起了学长与同学的一些深刻回忆，学长很直接地回答：“我们之间有很多深刻的回忆，可是在现在这个情景说不出。”学长还告诉我们，情感要靠积累，不能太激烈，这样才能持久。同时，学长还透露他是一个浪漫的人，一个理想主义者，他和他的同学们经历过很多事情，大家一起聚会的时候回首往事，很多事情仍历历在目。

“文字才是真正打动人心的”

和学长聊天的时候，李广镇学长会时不时地提到看书，并且会提醒我们后辈多读书，广读书，做到真正的博览群书。“我们以前会看《呼啸山庄》、《飘》、《教父》之类的，我们看书表面上是看情节，其实文字才是真正打动人心的。”话说到此处，我们都有些自豪。作为外院人，与其他专业生最大的不同在于我们可以接触外国作者的第一手语言及其所思所想。翻译过后的作品意思虽然得以保留，情已不同。这就是我们常说的词虽达意，却往往难以传情。在学长说起自己看过的书时，学长不忘关心师弟师妹，问到我们现在的阅读情况，当我们说我们现在只看了很少书时，学长很直接地告诫我们要多看书。“看书是在培养你的语感，同时，只有多看书，你才能很别人交流。”他还多次提醒我们外语是一种工具，现已非英语专业生所独有，我们的优势不断地在淡化，要想比其他专业生优秀，需不断自我增值。

外院人的气质

在前两次的采访中，我们得知80年代是一个带有理想主义色彩的年代，是文化复苏的时代，是见证了校园文化蓬勃发展的年代，当时有着形形色色的讲座和辩论会，于是我们便询问学长是否经常去听讲座，学长很直接地回答没有。其实这个回答一点都不叫人吃惊，因为在这次采访中，学长始终都是如此的坦诚直率，不会为了在师弟师妹面前突显自己而精心修饰自己的回答，“是就是，不是就不是”便是师兄的作风。“我们当时都是愤青，对于流行的东西都不感冒。”师兄如是评价外院的学生，他说到外院的学生大多都是超然物外的，不随大流，而追求个性的发展。当别人去听讲座时，他们会看《围城》，会讨论为什么钱钟书拿不到诺贝尔奖。

外院人的特质不仅表现在对待所谓的时髦与潮流，还体现在对自己的看法与信心。“当时的氛围是很积极的，我们都将工作和赚钱看作两回事。毕业后我们觉得自己是国家栋梁，天之骄子。我们都有天高任我飞的感觉。”学长还告诉我们，当他的一个同学被分配到一个不太合心意的岗位，他也没有气馁，相反，还是保持着“我会比别人做得更好”的信念。这便是外院人，或桀骜不驯，或脚踏实地。其实在这次采访中，我们不难发现，很多时候学长还带有这种外院人的气质，其实现在的他不仅看上去年轻，他还有着一个拒绝沧桑的心。

在工作中把握人生

上文提到学长因为“突然发现自己的英文很好”而选择了英语专业，这个貌似轻率的决定其实一点都不轻率，相反，它还为学长的职业生涯铺了起步砖。1988 年毕业后，学长被分配到广东省中旅工作，当时旅行社是为数不多的需要用到外语人才的单位之一。当了 4 年导游，学长被组织分配去负责出境游。回忆起当年，学长感慨万分。“当时的出境游并不像你们想象中的简单。”当时的中国就像现在的朝鲜，出境游不仅仅是钱的问题，不仅仅是市场的问题。程序烦琐，物质缺乏，变数太多。学长告诉我们，他们很多同事曾经坐过军用飞机和“空包”，即空用包机；很多同事睡过飞机跑道、火车站；酒店飞机只有抢才有。不过，经过一代人的努力，出境游慢慢地成为潮流，他们成功地将这个行业发展到又一新高度。在学长回忆往事的时候，从他的言语中能感受到一种开拓者的气魄，不畏惧前方，有着必胜的信念。

在谈论工作的时候，学长给我们说起了两个小故事，一个是学长第一次坐飞机时不懂得如何系安全带，而是他的一个外国客人帮他系的。另外一个是在中国大陆刚开放的时候，由于物质问题，很多东西都无法按照计划完成，于是一位台湾客人就一路上给学长的同事讲难听的话，直到那位同事哭了。学长知道此事后便把那位台湾客人骂了一顿。其实从这两个小故事中我们知道两条重要的道理：一是做什么都要有准备学习的精神，一路做过来可能有点辛苦，可是不断地前进就有会有更美丽的风景；二是工作时要有换位思维，无论是对客人还是对服务人员，多一点体谅总会让合作更愉快。

虽然那个年代物质缺乏，很多环节无法顺利完成，但是接到的投诉却很少。相反，现在物质条件极其丰富，投诉却是常有的事。我们三个在思考这个问题的时候，学长一语中的。他说：“投诉的出现代表问题的解决，代表物质开始能满足人的需要了。”这句话让我们领略到学长独特的见解，在采访中这样的例子也不少见。如谈论到人与人的交流时，学长说道：“科技促进了人类的发展，但同时也在毁灭人类。”再如，谈论分配制度的时候，学长说道："以前分配还不用愁，现在选择多了反而要烦恼。"这些话语给了我们审视问题的新角度，而这些角度，是来自一个在社会打滚已有20年的学长。他在自己的工作中把握了自己的人生，也在给予我们前进的方向。

寄　语

当我们请学长给我们提建议时，学长很谦虚地说他尚未有资格给予建议，他说他只能转达前人的话，让我们更清楚要怎样走前方的路。他说：一要珍惜四年的大学生活；二要勇敢向前进，不要多想，just go ahead；三要培养语言表达能力、逻辑性、自信心，因为这些都是立足社会的要素。

对于中大，他也希望中大能继续保持开拓进取的精神，要与时俱进。用经济学的话，就是"流行什么就卖什么"，特别是对于外院教学，学长希望不要一味地向学生灌输莎士比亚，而忽略了世界的发展。同时，要以提高学长掌握工具的能力为主要任务，要懂得调动学生的积极性。从学长的历程看，他一直看重"变"，从中旅到国旅，再到自己创业，研发不同其他旅行社的旅行路线，学长一直坚持着与时俱进，不断创新。学长把自己最坚持的信条、最真挚的感情注入到中大寄语中。我们知道，这是中大学子的母校情，永远心系母校发展，希望自己与母校一起前进。

驻守母校一线情
——铭记为深圳中大校友会默默奉献的12年青春

采访者信息
作　　者：曾德键
队　　伍：2006深圳队

情系中大，山高水长，一批批校友走出中大，走向社会，维系这校友感情的纽带，就是中大分布在全国各地的校友分会。暑假寻访深圳校友足迹的过程当中，深圳校友会的学长们给了我们很多的帮助，随便寻访的深入，我们逐渐发现，深圳校友会，这个充满感情的集体，其实才是我们深圳寻访之行的终点，深圳校友会二十几年风雨，是中大地方校友会发展的代表，在这里，凝聚着许多校友对母校一份沉甸甸的感情……

余向晖，深圳校友会秘书长，86级德语专业毕业。今年11月份，深圳校友会将迎来新一届的换届，而他，也将最终卸下校友会秘书长的职务。临近寻访结束，我们来到师兄的家里，师兄把自己珍藏的很多校友会资料拿出来和我们一起分享。一张张几分发黄的老照片，一本十年前的校友刊物（这本校友刊物，是他的自豪，因为它比中大校友总会的刊物还要早出版）带着几分沉重，几分自豪，12年的记忆一一泛起，沉甸而又厚重……

16年前，毕业后的他，来到了深圳工作，对于当时年轻的他来说，深圳是陌生的，1993年接触深圳校友会，他第一次知道了，在深圳这个陌生的城市，还有一个能给他感觉如此温馨的集体。1994年，他正式加入校友会，开始了他在深圳校友会长达12年的校友工作……

对他来说，12年的校友会工作经历，是他生命中最宝贵的一段回忆，12年，他随校友会和深圳的成长而成长……

深圳校友会，老前辈的期望

中大各地的校友分会，很多都是由一批对中大有很深厚感情的老校友发起筹建。校友会最实在的一点，在于为校友们交流感情建立一个平台，但是，组织各种活动，需要校友会成员时间与精力的投入。老校友们年事已高，这个任务自然落到了年轻校友身上。1994年，校友会的老前辈对刚毕业不久的余师兄语重心长说：校友会的工作需要一批像你一样的年轻人参与……他知道，这是老校友们对他这年轻校友的深厚期望……

和每一个地方的校友会工作者一样，他对校友工作的投入是无私的，付出的时候没有想过要得到什么，他只知道，自己接手的是这样一份使命，维系中大校友感情的责任。

为了这份责任，12年来，他一直在默默地奉献着。他和校友会的所有校友们，让来深圳工作的校友成为最幸福的校友。毕业后的中大人，在深圳这个陌生的城市里，深圳校友会给了校友们一个温馨大家庭。在余师兄所经历的12年里，校友会一直开展着各种丰富有趣的活动，为校友建立了一个交流与互助的平台。比如为校友筹备开演唱会，为深圳的环保做贡献，校友们一起到仙湖去捡垃圾，再到深圳海滩的聚会、晚会、出版刊物，收集联系方式，搭建沟通平台，协助学校在深圳开展一些活动。12年来为多少校友提供的各种帮助，数也数不清楚。其实，对深圳校友会来说，校友之间精神上的支持更重要。校友生病了，他们会组织一些校友去看一下。有些校友提拔，他们会发些祝贺信表示祝贺……

师兄十分自豪地说，当时深圳中大校友会，可以说是整个深圳最具影响力、最活跃的校友会。在深圳，没有人不知道中大深圳校友会的存在，没有人不知道中大人的优秀。

“小余”是校友会老前辈们对他的称呼。在校友会老前辈的印象当中，小余是他们最喜欢的一个人，因为小余能很清楚地记住每一个校友的名字。在校友聚会中，只要见过一次面，下一次他还能很清楚地叫出他的名字。但前辈们最看重他的一点，是他在校友会工作当中的优秀表现，什么事情交给他去做都可以很放心。在这样一个全靠感情所凝聚起来的集体中，更能考验一个人真实的责任心。也许是因为余师兄身上这个纯真的亮点，校友会的一些校友非常欣赏他。2002年的时候，一个校友请余师兄和他一起创业，就这样，余师兄因为校友会的工作，得到了人生转轨的一次重要机会，到了那家公司做了副总经理。

一做十二年，奉献无所求

深圳校友会两三年进行一次换届，12年过去了，一届届的校友会干部进进出出，留到最后的只有他一个人。人在任何环境当中，激情、热情，都会随着时间的增加而减淡，但余师兄却在校友会这个集体当中一做就是12年，而且，这12年里，他为校友会付出的都是实实在在的精力，做的都是实实在在的事。12年里，所有校友会的活动，很大部分是由他参与组织和发起。我问师兄，是什么让他坚持驻守在校友会这个集体，并默默地为它而奉献？

记得2001年校友会换届，作为一个为校友会服役8年的老干部，确实也应该放手一些具体的工作，休息休息。但是，校友会每一个人都知道，小余的工作是做得最好的，也只有小余对校友会的工作最了解。如果小余不做了，那将很难再找到一个适合做校友会工作的人。而且当时校友会面对着和中山医校友会整合过渡的一个重要转变，更需要一个对校友会有所了解的人来任秘书长此重任。校友会的老前辈再一次注目到了小余身上，他知道，只要老前辈一个希望，他的选择只有一个……

而这个选择，他一做就是再做4年，在这4年里面，他又不知道为校友会付出多少心血。

在交流当中，余师兄的一句话平凡而朴实的话，道出了他对校友会的全部：“这是校友们的一份感情，不能辜负别人对你的期望。”

2004年母校80周年校庆，校友会又迎来了一个喜庆的日子，同时，他也迎来一个新的挑战。在母校 80 周年的生日中，余师兄和深圳校友会一批干部，在深圳举办了一个大型的晚会，共同庆祝母校 80 岁生日，为他在校友会的工作当中，再加上了精彩与难忘的一笔记忆。

时光流逝，不知不觉间，昔日的小余今天也成了校友会的老前辈了，寻访结束要离开深圳的时候，我们找了校友会的几个师兄一起开了一个总结会。余师兄给我们的寄语是最多也是最深厚的，每一句话都饱含着他对我们中大学子成长的关切与希望。在他面前，我们寻访队伍的几个小同学，仿佛也成了未来的接班人，师兄们亲切的叫我们小建、小黄、小李……这个称呼让我们感受到，未来一份沉甸甸的责任已经交到了我们身上。

篇后语

很难忘在寻访的过程当中，师兄给我们的每一次帮助。在刚开始的时候，他怕我们自己请不到校友接受采访，亲自帮我们联系。为了请一个校友，他帮我们打了很久的电话，今天忙，明天打，不在，后天又继续打……

更令我们感动的是，很多次要去采访校友的时候，他亲自开车送我们到约好的地点，怕我们找不到路。可是，当我们见到校友的时候，他只是打了声招呼，然后回去，为的是想让我们和校友单独交流。

还记得有一次，他和我一起在楼下等一位校友，一边等一边还要教我很多做人与做事的道理，和我们说，联系校友时要怎么打电话，约访后千万不能迟到，深圳很容易塞车，定时间时要考虑到……印象中有数不清的细节，让我们感受着校友会对我们的支持与帮助。每一次看到余师兄离去的背影，就觉得那个形象特别的高大，一种深深的敬意油然而生。在写这篇稿件的时候，我回想起以前很多和师兄的回忆，突然有几分酸，他也是我在深圳遇到的最让我敬佩的一个校友，一个为了一份校友感情而默默奉献自己 12 年光阴的前辈。

交流的时候，师兄还不忘托我转达他对母校的问候，也给学校校友工作的开展提了很多建设性的意见。我答应他，我一定会把他的建议反映到校友会，总结的时候，我把每一点都写了下来，我希望能让母校校友会的老师知道，在距离母校的远方，有一位校友为校友工作的发展寄语了无限希望。

万澜同杯青海蓝

——访2002级张凤鸣校友

校友简介：

张凤鸣，2002级法语系，广州江南西酒窝创始人，《风尚周报》专栏记者。

采访者信息

作　　者：马驰，外国语学院2011级

队　　伍：2012外国语学院广州3队

采访时间：2012年7月26日

采访地点：广州市江南西　酒窝

这次的校友寻访，我们以“中大颜色”为主题，每个校友都有符合他性格定位的一种颜色，对于张凤鸣师兄（我们多称他为“小凤师兄”），我选了“青海蓝”。青海的蓝是不浮夸的蓝，是沉稳自由的蓝，同时也是大开大合的蓝。小凤师兄的经历很多，但最终向往的还是一杯酒的自由—— 一掬青海水，万澜同此杯。

威士忌的麦香还在口中呢喃，酒意微醺，故事开始在江南西路，酒窝……

酒窝是个酒吧，但酒窝首先是个窝，有酒的窝。

酒窝位于江南西路，地段谈不上寸土寸金，但因为固定的演出和艺术氛围，在文艺圈早已小有名气

张凤鸣师兄来自02级法语系。我们身上有很多相似的标签，外院男，复读生，爱喝酒……因为这些我和他在微博上偶识，只不过他大我十年，但这个“十年”的坎，由一串老师搭起的桥梁，轻松瓦解——那时郭丽娜老师还不那么爱讲语法，那时蒲志鸿老师的学院范儿已经十足，那时徐娴老师是他的同学而不是老师。那时，我们还在家乡，吃着火锅，唱着歌……

尽管小凤哥不靠这个赚奶粉钱，但他还是和酒窝长在了一起。如果我们只是路人甲乙，擦肩而过，小凤哥很快就会在人海晕开。但一把吉他在手，02 级法语系“歌神”，一开口，威士忌仿佛升高了度数，冰块也重新凝固。在王和通向王的道路上，这歌声高贵，但不跋扈。

大学，更想做一个学者

那时候，珠海还只有品种单一的啤酒，小凤哥的大学生活，也还没有酒精。开酒窝不是大学就有的想法，那时更想做一个学者。如今三十而立，言谈举止之间还是有学者的功底和气度。从毕业后兴趣所使创办“怪蜀黍”，到青年单身派对，到音乐沙龙，成立在江南大道，再到今天在文艺圈已小有名气的酒窝，每一步都那么细碎，贴地，波澜不惊，没有惊心动魄的高潮，没有非死即生的隘口，但这种向往自由的快感和执着，让无数与名利有关的干扰，无地自容，不战而屈。自由与洒脱从不是在犯错成本低廉的少年学会吸烟、喝酒、文身这么简单，而是即使未来如雾，诱惑如潮时，君心如昨。小凤师兄在《风尚周报》开了专栏，文章内容杂而不乱。之所以说杂，是因为既有和语言学相关的思考，也有对音乐、对电影的评论。之所以说不乱，是因为小凤师兄的文字有很高的辨识度，没有矫揉造作，不是卖弄专业词汇的纯技术帖，但是能读出一个学者独立的、自由的思考。

访谈间隙，小凤师兄给我们普及了一些葡萄酒的鉴别方法和饮用礼仪

那时候，外院男有四十个

“我们还有候补呢，”小凤哥腼腆又无奈的说，“那时外院男打比赛，我们经常是院队打人家班队还……哈哈哈哈。”那时的外国语学院，“男女比例”这个话题还上不了《南方周末》，但那段对话里的情绪，让我在一瞬间找到了共鸣。这也造就了全世界外院男一些共同的属性，经得起戏谑，更敢于自嘲，自觉地承担更多的责任，却又在鲜花之中安之若素。小凤师兄的钱包里还有当年的校园卡，十年过后，校园卡还是那个色

调，卡已经很久，照片也已经模糊，但是这张卡里与中大有关的记忆还全部封存，就像当被问到现在还是否与当年的外院男有联系时，他说今年开学还准备做一个入学十年的活动，邀请当年02级外院男重回母校。我想那时，当十几个三十而立的男人重新翻出球鞋，或跑或走地活跃在修葺一新的人工球场时，时间也只能躲在一边当个配角吧。

小凤师兄还保留着当年的校园卡和羊城通

浪漫与不浪漫，与语言无关

大四进入维纳斯十强的法语系歌神拿起了吉他

仿佛并蒂莲，提到法语，会自觉不自觉的，和浪漫联系在一起。其实理性地说，语言本身只是一种工具。当我问到法语对他的性格和生活方式有没有影响时，他想了想，说："浪漫的是法国人的生活习惯，是她的哲学，她对情感的表述。"是啊，我看到《le neuf pont》里一拍即合的流浪，我闻到《37'2》里明明白白的疯狂。文史哲更是不遑多让，卢梭、蒙田、加缪、伏尔泰、狄德罗……小凤哥还强调，语言是个工具，法语速成班现在也不少，之所以要把法语作为一个专业学习四年，一定要学到和"速成班"不一样的东西。就像他在《风尚周报——双语思考更明"智"》一文中提到的：语言与思维是相关的，语言能够对人们的思维结构和认知产生影响。语言又是符号系统的一种。所有的符号系统在理论上，都会对大脑的思维结构和认知产生影响，而且其中的原理和机制也大致相同。一个好的符号系统可能更直接、更直观、更有利于信息的加工和处理。我想，这四年的学习，要能够向这个境界有所靠近。

回迁，是一道分水岭吗？

原来，那时候珠海校区就叫“珠海养老院”了，以大一大二为主、比起广州较少的商业气息，使得珠海校区的孩子与残酷的社会有点脱节。但也是这个校区塑造了他热爱自由、爱自然、更加注重内心世界安详的性格。“回到广州，你会发现周围人很多开始做起了生意喔，很多人过起了后高三时代，开始在图书馆安营扎寨准备考研了喔。”小凤哥也不例外，回迁之于他也是一道分水岭，只不过在思考未来之路的同时，更多地，还存着那一份素有的宁静与自由。

我问他：哥，酒窝能开到80岁吗？

他照例腼腆，结巴了一下：嗨……酒窝是个台子，你走了，新的血液流进来，就是这样——没有占有欲，没有多厚重的期待，简简单单的酒窝，在广州黏黏的雨水里，安详，耀眼。

对我们呢？这饱受争议的90后，有啥想说的吗？

他突然严肃了：大一大二要记得沉淀，大三大四记得参加社会活动。但不管怎样都要记得，要有自己的思考，要用自己的正能量，影响周围的人，这个社会，还需要你们去推动……中大最重要的精神在于自由和包容。相对于其他高校，中大的气氛是比较自由的。这就为自己独立思考提供了通道。从这么好的环境中走出去，一定要认为自己是有力量的，认准一个信仰，去消化它，再去笃行它。

这些我们以为我们都懂的道理，在那时才算真正知道：哦，原来自己肩上不只是自己的未来，还要有那份兼济天下的心，要活得大写、自在。

走在从酒窝回旅店的路上我就在想：安逸的生活才是戏谑的。我们这一代的童年没有兵荒马乱，青年没有体制巨变，对于大多数90后，12年的应试教育从6岁入学就能看到头。洗涮了过犹不及的偏激和矫枉过正的淡漠之后，我们对此不应怨念，因为生活在十八九岁进入大学那天开始有了选择，有了悬念。未来的你可以教书、可以下海；可以国考、可以读研。未来由一个只有备选答案的单选题，变成了没有固定备选答案的多选题。我想自己和很多中大学子一样，或早或晚的，或意识到或没意识到的，都开始在想这三个问题：我会干什么，我能干什么，我想干什么。“我会”是带点无奈后的底线，自己的大学专业，就起码应该是这条线。它像一个平时一言不发，在二哥“理想”和三弟“柴米油盐”掐架时挺身而出的大哥，兄弟阋墙时掐灭烟头一拍桌子，说：哥俩别嚷嚷了，不就活命过日子嘛，我来养活。但这说到底可能只是“饱暖思淫欲”的“饱暖”。生存，但不是生活。“我能”就是底线之上的自信，像被爹妈被老板教训时掷地有声的反击：我能做新闻写专栏，我能做报表干出纳，我能编程写代码，我能做口译翻文件……作为中大人，这是我们起码的要求，当兵临城下干戈不止时，一出鞘，就是寒光霜刃，令人心悦诚服。“我想”……这个词打出来后，流畅的思路终止了，我终于还是没能找出那个恰切的文字，承载当下的心情。我先是感激，我知道，这个社会起码给了我去想的余地；又是凝滞，在手托腮，脚踱步后我还没法给出答案；继而失落，看来芸芸众生，我不过是统计学上的一次累加；最后突然明白，小凤师兄想自由，想做一个学者。但他同时在法资企业做着翻译。这份工养活了酒窝，而开的专栏，也是学者的一种存在方式。在第三个层次暂时无法精确到形而下的层面时，我们不妨在“我能”上脚踏实地。用“我能”，养活“我想”。做一只长颈鹿吧，贴着地走，但目光，始终在远方……

生活在别处
——访 2002 级徐娴校友

校友简介：

徐娴，2002 年入学，就读于中山大学外国语学院法语系，之后于“世界三大顶级高等翻译学院”之一的巴黎高等翻译学院进修 4 年。现就职于中山大学外国语学院法语系。

采访者信息

作　　者：葛梓，2011 级外院英语系

队　　伍：2012 外国语学院广州 3 队

采访时间：2012 年 7 月 27 日

采访地点：外国语学院南校区法语系办公室

台风频频的 8 月，雨后的空气湿润黏重，裹挟着热浪向我们袭来。而此次访谈之地，却是我们再熟悉不过的地方——南校区外国语学院大楼。推开法语系办公室的门，一阵清凉之气迎面而来，顿觉身心舒畅。眼前的徐娴老师，娇小玲珑，一袭素雅的黑，却并无冷美人之态，热情十分地招呼我们，与我们聊着课余生活暑期安排。“汗一个”“伤不起”……老师妙语连珠，笑声爽朗，或许是年岁相隔不远，我们相谈甚欢。随后，老师开始回忆起大学以来走过的人生轨迹，我们亦如痴如醉地徜徉于一片故事之海……

振翅康乐园

2002 年，徐老师结缘中大法语系，踏入珠海校区这片宁静乐土。彼时，老师真正心仪的却是国际政治。由于对法语兴趣缺失，老师将精力都集中于社团活动之中，学习成绩曾一度坠入谷底。而大三回迁康乐园时，事情发生了转机。对于口译的浓厚兴趣，以及国际政治的辅修课程，都将老师拉回“学术”之路，学习成绩稳步上升，直至名列前茅。

大四是忙碌而充实的，与现在的大四生不同的是，当时老师还有非常多的课业知识要学习。GRE、托福等一系列大大小小的考试也见缝插针地将老师的日程表挤得满满的。

老师选择的是一条出国进修之路，而摆在老师面前主要有两个选择——另叩政治之门还是延续语言之路？为了准备巴黎政治学院的考试，老师疯狂地汲取各种政治学知识，美国政治学家萨缪尔·亨廷顿的著作已烂熟于心，几乎能倒背如流。全球 107 人报名，23 人进入笔试，再层层淘汰至 7 人参与面试。遗憾的是，虽然杀入最后一轮面试，由于名额仅有两个，老师最终还是未能如愿。“我已经于心无憾了。世间事大抵如此吧。”再说，上帝亦毫不吝惜地打开了另一扇窗——巴黎高等翻译学院录取了她。这是一所录取率极低、淘汰率极高的学府，位列世界最顶尖的三大高等翻译学院之一，在此

成功毕业的学员可以前往欧盟、联合国和教科文组织工作，可谓前途无量。就这样，老师从康乐园振翅而飞，在语言的道路上翩翩起舞，开始了长达四年的法兰西求索之旅。

魔鬼学校生存记

“这是一个不折不扣的魔鬼学校。”徐老师谈起法国求学生涯，至今内心仍百味陈杂。

法国学校一直以淘汰率高而使国际学生望而却步。而巴黎高等翻译学院淘汰率更是远高于50%。而一旦被淘汰，法国移民局便不再签发居住证，只能被遣送回国。老师入学那年一共有18人，而最后毕业的却仅有5人。“我亲眼目睹，每一年，身边的朋友一个个地消失，”徐老师感慨道。“而系主任在每一次的开学大会上，都会笑着说，恭喜你们幸存了下来。”

在那里，也只有“survivre（生存）”才能贴切地描述老师的生活境遇。按理说，全球层层遴选出的18个学生，进校之前也应是同龄人在此领域的佼佼者了。而这些自视极高的“大神”们在这里被批得体无完肤，经受了各种打击。老师的要求是always do better（永远都要做得更好），在你还没有愈合的心灵创伤上撒盐亦已是家常便饭。在这种高压政策之下，学生往往是“要么毁灭，要么成长”。在课堂遭羞辱毅然离开再不回头的，甚至是跳楼的案例在这所魔鬼学校不足为奇。而能承受下去的人，慢慢具备了泰山崩于前而安之若素的心理素质，而且是“崩几次都不倒”的心态。

每日要记的知识点多得吓人，因为口译本身就要求你有百科全书般的知识储备，要求你做一个walking dictionary（活字典）。囿于中西方思维固有的障碍，你往往不得不死记硬背。而就算无比艰难地记了下来，你在考试也不一定十拿九稳。“每一次考试都是凌迟。”老师仍心有余悸。每次的考试分成好几场，要求你有打持久战的耐心和体力。而每场考试下来，老师不是在办公室批改试卷再发下，而是当着全班的面拿着你的试卷公开批斗，毫不忌讳地嘲讽，挖苦，让你心慌意乱，开始怀疑自己的记忆力，甚至严重挫伤对下一场考试的信心。

大家都在拼命地忙学业，各扫门前雪，朋友也一个个在身边消失。生活上完全不能依赖别人，照顾好自己完全是自己的责任。在法国的四年，物质上的需求、学业上的压力已经占据了徐老师生活和思想的全部。“孤独寂寞已经是一种很小资的、微不足道的情绪，”老师笑着说。

一路走来一路读

让我们感触最深的，是老师的细致入微的观察力和鞭辟入里的洞察力。她喜欢对身边发生的事情做深层的解读。

在法国的四年，老师打交道最多的，竟是警察、小偷、律师、消防员……这些“暴力机关”从业者。而她也与我们分享了她印象最深的两个小故事。

一个普通的傍晚，晚6点，巴黎如常已陷入了夜色。徐老师刚进门，她的室友，一个与她同龄的韩国女生就神色异常地问她，有没有闻到一股酸臭味。然后就引她来到一块把她们和邻居的房间隔开的隔板前，指了指上面的裂缝。老师前去闻了闻，还真觉如此。然后她们突然意识到，隔壁的年轻夫妇前几天在吵架，而其中一个呼一声关门离去后，房间再无声响。她们亦已很久没有见到那一家三口了。两个客居他乡的女孩越想越怕，于是报警了。

不久后，便衣警察来了。他们是没有武装的警察，只是前来问询。于是，整栋阁楼开始骚动了。那些便衣警察便聚集在老师邻居的门口，狠狠地敲门，却始终没人应门。无奈中只能找来真正的武装警察。此时，月色渐深。

而老师呢，对目前场景的兴趣已经超过了心中的恐惧不安。她在默默地观察周围人四种人不同的反应。

“第一种人，我的韩国室友，有一个法国男友。报警后，她马上联系了他，并要求到他家过夜。然后马上准备撤离。对她来说，是在异乡的茫茫大海中抓住了一块求生的浮木。第二种人，那些大声讨论的便衣警察呢，很是焦虑。但这并不是对于案件的紧张，而是对于不能下班的烦躁。下班对于法国人来说，是一种不可被剥夺的权利，而现在已经7点钟，早就扰乱了他们的私人空间。第三种人，三楼的黑人律师，这个时候却挂着自信的微笑。因为对他来说，麻烦意味着金钱。一旦发生命案，房东或这对年轻夫妇的任何一方肯定脱不了干系，所以他们很有可能要找他帮忙，于是money就来了。而第四种人，二楼的波兰夫妇，很惊恐。因为他们在法国从事着比较卑微的职业，好像是看门人，所以他们处于孤立无援的状态。他们又担心这件事会对他们有不良影响。果然，他们一直联系着房东，虽然房东这个时候在千里之外的一个小城市里。”

老师就这么观察着，分析着，解读着，乐在其中。“接着武装警察来了。跟法国国庆列兵式那些高大英挺的帅哥警察完全不同，那些武装警察是一些看起来绝对不会让人有安全感的40多岁略发福的中年男子。而只有队长破门而入搜寻，其他的警察都只围在门口张望着，不敢往里一步。”

故事的结局是虚惊一场。酸臭味亦来自死老鼠。但是老师却在这个事件中窥得人事百态。

另一个故事发生在老师的学校。一天下午她坐在学校咖啡厅看书，此时人影寥落。突然，咖啡厅警报大作，接着来了几个消防警察。而他们张望了一会，其中一个慢悠悠地走到了她身旁，看见她在看一本中文书，于是开始问她：“你来自哪里?”她如实回答。然后警察又问：“你在做数学题吗？我可以教你啊。”

老师当时只能哭笑不得。一方面，她惊诧于警察悠闲的姿态，明明是有事故，你竟然可以不管不顾和一个女学生搭讪！另一方面，她又觉得这个警察不靠谱得非常可爱。

老师总结这两个小故事的警察时对我们说，各民族的劣根性都有，正所谓天下乌鸦一般黑。当你的视野只局限于自己的国度时，往往会觉得万事皆有不如人之处，就会不自觉陷入偏激的轨道。而只有跳出这根深蒂固的视野，在一个陌生的文化环境中，边行走边解读，你才能真正对事物做出不太失偏颇的决断。

万水千山任我行

徐老师在法国的4年，没有回国一次。读书之余，她利用放假时间，独自一人游历了欧洲及中亚多达26个国家，以尽可能地体验欧洲的文化。

老师笑道，万千美景尽收眼底后，已经没有余波可以让自己更感动。所谓“曾经沧海难为水，除却巫山不是云”正是如此吧。旅行的意义，于她而言，是可以逐渐得到“我活着是为了什么”这一深层次问题的答案。而这一问题，历代哲人认为只能从宗教和哲学两个方面得到解答。而旅行，就很好地让人体悟到宗教和哲学。她认为，现在很多人都把旅行当作一种自我放逐，一种从现世的羁绊中解脱出来的途径。而这种旅行的目的，就不再纯粹，被压上了沉重的包袱。而相反地，如果不将旅行的目的看得太重，且行且歌，迷路了就尽情欣赏别样的风景，这样才能体现出旅行的意义所在。

当然，一个年轻女子独自上路，还是会遇上各种问题。其中让人惴惴不安的一点就是性骚扰的可能。由于资金紧张，她去旅行只能住青年旅社。“我背着法棍和水就上路了。”老师风趣地说。在威尼斯一间 hostel，老师就遇到过男招待进入她的房间，主动提出给她做 massage（推拿）——当然是明显的性暗示。不过被她巧妙地拒绝了。她感叹道，其实她很欣赏这些意大利人的直爽。热带地区的人如同他们头顶的阳光一样热情奔放。

而老师在土耳其的经历，更是令人惊叹不已。当时正值土耳其加入欧盟。而老师以为自己的法国护照就可以让她像去其他欧盟国家一样，同样免签入境土耳其。于是她又像往常一样，打电话提前订好机票旅馆，没有作其他的准备就飞去土耳其了。

殊不知，土耳其虽然加入了欧盟，但它并未加入申根协议——这就代表着必须提前得到土耳其的签证才能入境。于是，当老师晚上 11 点半到达时，海关人员把她扣留了下来，并把她当成非法入境者。

被扣押后的一段时间内，老师也是惊恐万分。海关的警察要求她先回法国，在土耳其驻法国大使馆办好签证后才能批准入境。但她订的返程票在五天后，因此她没有办法立即返回巴黎。此时她强迫自己冷静下来，然后思考，试试有没有可能说服那些警察让她入境。于是她鼓起勇气，开始和他们聊天。她先解释道，如果他们将她立即遣返，那么还需一名陪同警官以及回程班机票，这样对于土耳其海关来说可谓浪费人力和资金。然后又开始与他们探讨土耳其的文化，说她非常仰慕《可兰经》，一直在研究土耳其到底是东方还是西方的国家。而这些土耳其警官们也来了兴致，与她共同探讨土耳其从属西东方的问题。总之，在深夜里，在海关这种让人不愿久留的官方之地，这竟不失为一次愉快的谈话。他们的关系也由敌对转为相互理解，甚至是亲近。接着，这些警官看她如此有诚意，最终决定让她入境！唯一的条件是她在游览时必须有警察的监视，以及晚上必须返回海关睡冷板凳。

而这一条件后来竟为她带来了便利。监视的警官是个年轻帅气的土耳其小伙，带她四处游览，反而成为她免费的当地导游；而回海关睡冷板凳，虽然不舒服，但也给她省下了不少的旅游开支。Bravo！至今那个年轻帅气土耳其警官，还是她 Facebook（脸谱网）上的好友。

我们也同样为老师这化险为夷的经历而唏嘘不已。老师说，她和土耳其警官如此语言不通，最终都能通过蹩脚的英语达成默契，那还有什么是讲不通的呢?!

生活在别处

两个半小时后，我们结束了和徐娴老师美好的午后谈话。临别之时，我突然想到了一句法语“La vie est ailleurs.”中文是“生活在别处”，直译为身处异乡。而更深一层意思是，人们总是对自己不满意，而对别人的生活更加向往。这是一种对生活固有的矛盾之感，但也是促使我们对生活不断追求，不断改进的原动力之一，因为更好的生活永远不在此处。法国诗人兰波创造了这句话，写在巴黎大学的墙壁上，并为之拿出一生的时间去努力争取。

脑子里回响起徐娴老师对我们的嘱咐：“你们这些年轻人啊，要多出去走走！”是啊，如果对目前周而复始的生活产生了审美疲劳，为何不跋涉一番，寻找自己真正想要的生活？不过也有可能，百般搜寻后，你发现彼岸的花还是没有故乡的芬芳。但不正因如此，你才找到了适合你的生活么？就像徐娴老师，这么多年走来，经历了浮躁，又经历了平静，一番抉择后，回到了康乐园。

走，一起去探寻别处的生活吧！这会是一条美妙的探索之旅。

漫漫外院路，悠悠岁月情

——访原外国语学院院长吴之桐教授

采访者信息

作　　者： 梁翠环　叶玮华

修　　改： 莫嘉茵

小组成员： 陈　晨　胡　欢　梁翠环　叶玮华

2013 年 5 月 12 日，中山大学外国语学院大楼一如既往地像一位深沉的学者一样，静默矗立在逸仙路的东侧，四周环绕着婆娑树影。春末夏初的微风轻轻吹拂，早晨明媚的阳光静静倾洒。今天，一个期盼已久的访谈即将到来。在做好了充分的前期准备之后，我们小组今天终于要开始采访外国语学院前院长吴之桐教授了。想到初次与吴教授见面，我们既紧张又期待。这时，一位衣着整洁、精神矍铄的老人迈着稳健的步伐向我们走来。这就是吴之桐教授了。在作了自我介绍后，我们的紧张感因吴教授的亲切笑容得以消解，采访活动得以顺利开展。

有缘千里来相会——走进中大外院

吴之桐教授曾担任我院院长及日语系教授。吴教授徐徐地跟我们谈起了从求学到走进中大外院的漫漫历程。

吴教授于 1964 年毕业于上海外国语学院（现为上海外国语大学）外贸外语系的日语专业，是上海外国语学院外贸外语专业的首届毕业生。毕业之后，吴教授北赴吉林大学任教，后来又于 1979 年来到南京大学。在南京大学任教期间，曾经有一段时间到北京参加日本人开办的“全国日语教师进修班”。完成进修课程之后，吴教授又前往日本，于名古屋的南山大学给外国人教授日语。后来在 1990 年来到了中山大学外国语学院担任日语系教师，其中 1995 年至 1999 年期间还担任了院长一职，全面负责行政、学科建设、师资队伍建设、财务、国际合作与交流等工作。

曲曲折折外院路，柳暗花明又一村

据吴教授讲述，我们外国语学院的整体实力曾在全国名列前茅。1952 年国家对高等院校进行院系调整后，在全国的综合性大学中有三个重点的外语系，其一是华北地区的北京大学，其二是华东地区的南京大学，还有一个就是华南地区的中山大学。当时中大外语系的师资水平、教学水平都是全国领先的。

不过，外院这一路走来并非总是一帆风顺。到了 20 世纪 60 年代，“文化大革命”的浪潮来袭，中大外语系被撤销，许多老师和学生都参与到“上山下乡”运动中去。另外，广州外国语学院（现为广东外语外贸大学）的成立也给外语系的发展造成了极大的冲击。这期间，外语系流失了不少优良的师资和宝贵的教学资料。说到这里，吴教授不禁深深地叹了口气，脸上写满了惋惜之情。好不容易等到“文革”结束，全国各高校的教学秩序逐渐恢复正常，中大外语系也在 1978 年得以恢复，重新走上正轨。而经过全体外院人十余载的辛勤耕耘，外语系的规模逐渐扩大，师资水平、教学水平也有了很大的提高。

历变弥新，向精英化出发

1990 年，意气风发的吴教授初到中山大学外语系任教。当时，外院的规模比现在大得多，主要由四大部分组成，包括英法德日四个专业、英语培训中心、大学英语教学部和对外汉语中心，那时全院共有教职工 200 余人，本科生及研究生近 400 人，济济一堂，共筑更具实力的外院。

到了 1992 年，以往的外语系已经发展成为现在的外国语学院。后来经过学校的规划调整，大学英语教学部被纳入了外语教学中心管理，汉语中心也发展为现在的国际汉语学院。而像英诗研究所等几个早期的科研机构则一直传承至今，另外还先后设立了俄罗斯语言与文化研究中心、澳大利亚研究中心等，大大拓宽了学院的学术研究领域。

在本科生教育方面，学院一直保留着传统的英语、法语、德语、日语四个系。曾计划增设俄语专业，但因师资等问题未能办成。吴教授带着坚定的语气对我们说，为保证良好的教学成果，外院的英法德日四个专业一直坚持走精英化教学道路，开展小班教学的模式，学院每年招生一般为 100 余人。而在研究生教育方面，学院先后设立了英、日、法、德的语言文学硕士学位授予点，特别是为了争取设立日语、法语的语言文学硕士学位授予点时，时任院长的吴教授为此可没少东奔西走。外院的各个硕士专业同样走精英化教学道路，每年只招几人。

软件硬件两手抓，构筑外院更强实力

为保证外院高水准的教学质量，除了招收优秀生源以外，吴教授在担任院长期间还大力引进人才，充实外院的师资。当时，吴教授不辞劳苦地奔走于各地，从国外引进了一批各专业的博士，如日语专业的邱雅芬老师、英语专业的黄国文老师、法语专业的陈元老师、德语专业的王蓓蓓老师等。如今他们都已成为学院各部门的顶梁柱，领导各个专业进行学科建设了。

在硬件设施方面，目前的外国语学院大楼是在 1998 年才落成的，在那之前，学院的教学和办公主要在现为网络中心的楼栋以及现为国际汉语学院的楼栋里进行。吴教授回忆起当时工作的日子，虽然硬件设施不如现在的优越，但在全体师生的共同努力下，教学工作蒸蒸日上。

一步一个脚印，建设更好的日语系

至于日语系建设的历史，我们从吴教授的讲述中得知，中山大学外国语学院日语系于 1998 年设立硕士研究点，但是由于教师人数少，高级职称的教师人数不够，一直没能成功申办博士点。现在有的老师会挂靠中文系培养博士生，如邱雅芬老师。现在已调

去杭州的肖平老师原来也是挂靠应用语言学、语言学和应用语言学招收博士生的。

日语系的教学内容一脉相承，稳中求新，开设的课程一直以精读、泛读、文学史、写作、口语、翻译为主，学生使用的教材也主要是全国统编的。以前还开设了“日本文化”这门课，这门课对任课老师的要求很高，不仅需要全面熟悉日本的历史、地理和风土人情等，还需要对日本文化进行深入剖析，吴教授深刻地认识到开设这门课程的重要意义，便主动承担起这门课的教学工作。吴教授退休后，该课程改称为“日本概况”，现由沈雪侠老师任教。沈老师也秉承了吴教授的敬业精神，深入浅出地讲解日本文化知识，拓宽学生视野。

另外，为了充实多元的师资力量，日语专业会聘有两名外教，一般教授口语课和写作课。其中有一对姓丰田的日本夫妇，他们有着丰富的教学经验，授课生动活泼，课后与老师同学相处得特别融洽，给师生们留下了深刻的印象。

莘莘学子齐进取，芬芳桃李香满园

正是因为有了优越的软件和硬件设施，日语系也不断涌现出许多优秀学生，足以成为当代中大人的学习榜。

1994 年，教育部外语指导委员会举办了一次面向日语系二年级学生的全国统考。当时的日语专业总成绩排名全国第一。说到这里，吴教授脸上洋溢着无尽的欣慰。后来全国日语专业四级和八级考试取代了这种全国统考。还有在另一项由日本国际交流基金会举办的日语能力测试中，我院日语系也是连续多届取得了广州地区第一的好成绩。全国共有八个考区，取得考区第一名的学生可派往日本参观访问半个月，几乎每次都有中大的学生受邀前往日本。

说来也巧，现日语系高级讲师刘文星原来也就读于中山大学日语专业，还曾是吴教授的学生。刘文星老师当年就曾在日本语能力测试中得到了华南地区第一名的好成绩，受邀到日本参观访问。学习成绩优异的刘老师在本科毕业后又到了日本早稻田大学继续深造，学成归来之后，因为一份始终萦绕心头的外院情而选择回到中大外院日语系任教。

另外，童德和刘妍这两位学生也尤其让吴教授印象深刻。童德现在已经是上海一家外企的总经理了，当年也在日本语能力测试中考得广东省第一名。刘妍是长春外国语学校毕业的保送生，日语特别出色。这几年也陆续有我们日语系的学生在日本语能力测试中取得满分的好成绩。吴教授在谈到学生们的成绩时，脸上的笑容更加灿烂了，想必是在为学生们的优秀感到自豪和欣慰吧！

除了专业考试，日语系的学生还会经常参加一些省级和全国级的演讲比赛。最初，我们日语系的学生在演讲比赛中的成绩跟其他院校日语系学生的成绩相比还是有一段距离的。但是 1995 年以后，我系的老师加大了对学生日语口语的训练，成效明显，在演讲比赛中也开始崭露头角。

日语系所取得的成绩也是受到外界肯定的。在日本国际交流基金会的协助下，2010 年在外国语学院一楼设立了中国华南地区目前唯一的中日交流之窗，向广大的日语学习者、日本文化爱好者提供了现代日本的新鲜信息，也举办了很多中日研究领域的学术演讲、文化活动，为中日文化交流搭建起了重要桥梁。

中大学子的综合能力较强，一直都备受用人单位青睐。据吴教授回忆，在 20 世纪 90 年代，日语系毕业生的就业率都是百分之百的，毕业生的去向主要是进入外资企业，也会有读研、出国的学生。

谈到就业与未来，吴教授感慨地对我们说，现在的大学生正生活在多元化的世界中，可以获得各种新知识，但同时对自己民族的历史和传统文化的了解却减弱了。吴教授坚持认为，学生时代还是应该多读书，多读好书。

在轻松愉快的气氛中，我们的访谈不知不觉便接近了尾声。告别时，看着吴教授渐渐远去的身影，我们感触良多。通过本次采访，我们不但了解到学院在风雨波折中日臻风华的发展史，更亲身感受到吴教授在求知和育人的道路上孜孜不倦、辛勤耕耘的精神。吴教授伴随着外院走过了十余载的风雨历程，一直坚守教学岗位，无私付出，这种治学严谨、诲人不倦的精神正是以吴教授为代表的外院人的精神品质，相信外院人能一直传承这种精神，并将之发扬光大！

缘系中大　桃李成蹊
——访问肖洁文教授

采访者信息
作　　者：郭苗苗
修　　改：王博文
小组成员：宋婧斐　杨柳婷　尹文萍

金色的夏天映照似水的年华，我们小组非常有幸采访到英语系的肖洁文老师。肖老师早年毕业于外交学院，曾长期从事国际问题研究。后担任中山大学外语学院英语系主任，前些年每年带领中大学生夺得口语和辩论大赛的各大奖项。同时，也曾是国家教材编审委员会英语专业组成员，国家教学指导委员会成员。

2013年6月2日下午，我们来到中山大学西区的教职工住宅区，如约见到了肖洁文老师。开门映入眼帘的是身姿挺拔、和蔼可亲的肖老师。肖老师笑容可掬地欢迎我们的到来。虽已年近八十，发丝花白，但并没有丝毫驼背之相，更显得年轻，精神头十足——或许这正是学术与工作给予她的。

年轻时代·翻译经历

谈到翻译，肖老师详尽总结了翻译实践，以及带学生远赴重洋参加辩论赛的经验，给我们传授了很多珍贵、实用的经验。

肖老师认为，作为一名翻译，外语水平固然重要，但汉语底子也是万万不可缺少的。如原外语系创办人戴镏龄教授的中文修养深厚。肖老师谈起自己的见闻时说道："有同事告诉她美国报刊曾描绘习主席是'at ease with himself'，你心里很清楚这个意思，但怎么用中文翻译表达？有比较好的翻译是'怡然自得'。我肯定此人汉语功底好。"

其次，做口译必须有强大的背景知识支撑。肖老师曾在一次口译研讨会上发表《功夫在话外》的论文。1996年退休后，跟着高文平老师进入"同传"市场，一是因为老师热衷于接受未知的挑战，想加深对口译的理解；另外则是为了拓宽自己的视野，因为老师认为，外语系的学生有一个共同的短板：视野狭窄。平常不关注社会，翻译的时候就无从开口。所以肖老师会在赛前准备的时候要求学生了解国内外热点。她说，口译其实是个应用型专业，比语言水平更为重要的是背景知识，译员必须见多识广，这样才能"翻得快，脑子快"。

除此外之，肖老师还总结到：翻译的时候还得多靠大脑，一是记忆演讲内容，二是总结演讲的逻辑，不能过度依赖笔记。虽然国外有总结出一些口译理论和教程，但是，翻译的时候速写、笔记、速记其实都不如大脑来得快速高效，因为口译是个高强度工作，精力必须高度集中，而且演讲者要点多、语速快，有时再加上一些口音问题，最后就苦了翻译。所以要全神贯注去听，抓其要点，分析结构。说到这里，肖老师笑着说："口译工作是很苦的，但是我觉得 challenge 对我而言是很有意思的。"

最后，一定要做好会前准备，比如嘉宾如果是位日本人，那么就必须提前弄清楚他/她的名字还有英文名，有时主办方会提供会议资料，那么事先就要把资料看熟，如果是官员发言则要熟悉一些常用的语言表达。

从肖老师的叙述中，我们对做翻译的种种辛苦也加深了了解，但同时也感受到洋溢在老师心头教书育人的幸福感和自豪感。这些道理被老师的亲身经历所充实，也使我们眼前的学术变得鲜活有力，突然之间，也觉得自己充满了正能量。

乐于创新·勇于实践

肖老师于 1957 年毕业于外交学院国际法专业，在北京从事多年国际问题研究，后来到中大任教，初到中大时是 1973 年，"文革"还没有结束。肖老师最初在经济系教"大学英语"，后来老师便调到英语专业任教，当时开设的课程有精读、听力之类的基础课程。老师出国深造之后，将国外学到的知识也应用到外院教学当中，新开设了语言学、语义学、应用语言学、英语文体学、教学法等课程。

肖老师教学中比较有创新的是口译，在老师看来，口译这门课对于学外语的学生来说，是非常必要的。那时候国内还没有口译教材，完完全全靠老师自己寻找，四处请教。当时，向广外、北外、厦大外语系，上外的同行们不断学习，交流，讨论教材的编写和教学方法。77 级有一位校友在联合国当同声传译，肖老师也经常向他请教。让老师一路坚持下来的，是老师的兴趣。在肖老师眼中，翻译不仅仅是机械的双语互换，咬文嚼字，而真真正正是一件"有意思"的事情，能够帮助交流和相互理解。"记得有一次我做口译的时候，我就说'我喜欢外语，喜欢翻译'。结果一个墨西哥人就说：'能够做自己喜欢的事才是很幸福的。'"

中大成就了肖老师一代良师的赞誉，肖老师也倾尽自己所知所学，为中大培养了一代又一代的优秀学子，并且用行动践行了她的信念、实现了她的梦想。老师用她丰富的教学经历和对无数届莘莘学子的深厚感情，告诉我们成功的唯一秘诀——选择自己喜欢的东西作为自己的工作，并为此不断努力。

出国深造·放眼世界

1978 年，改革开放拉开序幕，国家决定选派首派优秀教师出国深造，为未来中国同世界交往牵线搭桥。虽然一个学校仅有三个名额，但肖老师凭借过硬的专业水平在层层选拔中脱颖而出，取得了为期两年于英国深造的机会。而在英国的这两年，让老师接受、吸收了中西方的学术文化的精髓，并积淀了她自己独有的优雅气质。

肖老师说："我当时出国留学想法比较单纯。我就想去学英语教学——我要去弄清楚，怎么样能看懂一篇文章。我对 meaning 和 reading comprehension 之类的很感兴趣，我想去了解优秀的理论。另外，我好奇心比较强，比较喜欢学习新东西，想去了解各个国家的文化背景。"

海外经历赋予老师的不仅是在当时来说更为先进的知识水平，还有一颗强大的平常心，让老师无惧生活的挫折和挑战。老师在深造这段时间里，相较于当地的生活成本，所领取的补贴不过是杯水车薪。但物质相对匮乏并未减弱老师对知识的热爱，而且通过与不同国家、拥有不同文化背景的人的交往，老师领悟到，虽然世界上国家各异、文化多样，但大家关于人性和人生的思考，却是相似的。肖老师曾这样总结她的一生："（我）也没有什么遗憾的了，反正我们都奋斗过了，这就行了。"

"反正我们都奋斗过了，这就行了。"在外交部直属研究所从事国际问题研究到大学教授再到出国深造……如此辉煌的人生历程，然而肖老师仅用这一句做了总结。这也许就是对于我们而言最为质朴、最有价值的忠告。采访结束后，肖老师把她的藏书《语用学》、《语篇分析》等送给我们。每一本都弥足珍贵、价值非凡。搬着沉甸甸的书本离开时，我知道这位祥和的学者对我们有着怎样的期待。

后　记

在中山大学建校90周年，也是中山大学外语学科建立90周年之际，《中山大学外语学科90年》以及《思华年——中山大学外语人的故事》刊行了。如果说“一所学校是一部历史”，那么一个系、一个学院就是这部大学历史的缩影，同样“沉淀着各个时期的校园文化生活，记载和延续着学校的学术传统和文化精神”。这两部书，前者以档案资料为依据，叙述、勾勒了外语学科90年来历经风雨，分分合合，顽强成长，发展壮大的历史；后者则收录了中山大学外语人讲述的自己的故事，这里有我的老师、我的学生、我的同窗，我的大学……有教授们治学育人的故事，学子们求学成长的经历，校友们奋力打拼的身影……这些生动的故事跃然纸上，他们与历史文献一起从各自独特的视角为大家展现了外语学科的学术传统、文化精神和外语人的校园生活。

著名学者陈平原教授说过，对于一所历史悠久的大学，“积累故事”与“积累资产，积累大楼，积累图书”同样重要。《思华年》就是在为外语学院、为外语学科“积累故事”，教授们所讲解的具体课程可能已经模糊，但那些生动的故事却能经历时间的冲刷而流传久远，因此，学院的文化、大学的精神也就在这故事中清晰起来。

感谢区鉷教授勇挑重担，接受学院的邀请担任《中山大学外语人的故事》的主编，并为本书起了一个非常有诗意的名字《思华年》。

感谢中山大学党委副书记李萍教授对本书工作的关心和支持。

感谢由中山大学原党委常务副书记梁庆寅教授担任主任的“纪念孙中山先生创办中山大学90周年校庆丛书编委会”将本书纳入校庆丛书系列并给予出版资助。

感谢中山大学宣传部以及丘国新部长为本书立项为“纪念孙中山先生创办中山大学90周年校庆丛书”所做的大量工作。

感谢外语学院88级校友王忠青资助本书出版。

感谢所有关心本书以及参与本书编辑出版的人。

许东黎
中山大学外语与翻译大学院党委书记
2014年10月23日